法の観察

法と社会の批判的再構築に向けて

和田仁孝・樫村志郎
阿部昌樹・船越資晶 編

法律文化社

序文

阿部昌樹／樫村志郎

1

　本書は，長年にわたってわが国の法社会学研究を牽引してきた棚瀬孝雄が古稀を迎えたことを慶賀して，京都大学大学院法学研究科において，あるいは日本法社会学会関西研究支部の定例研究会をはじめとする様々な研究交流の場において，多大な学恩を受けた研究者たちが，その研究の成果を献呈するものである。

　まずは，本書の構成を簡単に説明しておくことにしたい。

　第1部「社会のなかの法」には，社会のなかで法が作動する，その現実を観察し，そのあり方を分析したうえで，あるべき法の姿を構想するための理論的前提を検討することに主眼を置いた3本の論文と，法の作動の現実に関する諸理論を基礎として，特定の法領域に焦点を絞って，社会のなかの法を観察し，分析した3本の論文が収められている。

　船越資晶「ネオ・マルクス主義的法モデル再論」は，アメリカの批判法学に与する研究者のうちで，「ネオ・マルクス主義的」なスタンスを採っていると見なされている者たちが依拠している法モデルを，批判的に検討したものである。船越によれば，ネオ・マルクス主義の法理論家たちは，法の相対的自律性と，その相対的に自律した法が有する正統化機能とを強調することによって，伝統的なマルクス主義法理論からの脱却を試みているが，それは，伝統的なマルクス主義法理論が提示した法モデルを脱決定論的かつ脱本質論的なものへと転換させようとしつつ，その試みを中途でやめてしまった，そうした意味で不

十分な企てにとどまっている。社会のなかで法が作動する，その現実を観察し，分析するためには，脱決定論的かつ脱本質論的な指向を，より徹底していくことが必要である。

高橋裕「川島武宜の戦後—1945〜1950年—」は，わが国における法社会学の創始者の一人である川島武宜の，戦後数年間における活動の軌跡を丹念に辿ることをとおして，川島の法社会学理論の形成を，その時代的な背景との関連で理解しようと試みたものである。高橋によれば，この時期の川島は，法の社会学的研究に取り組む者の立ち位置にかかわる2つの問い，すなわち，「市民」に対していかなる距離をとるべきかという問いと，「法解釈学」に対していかなる距離をとるべきかという問いのそれぞれに，いかに答えるべきかに関して，揺らぎもしくは逡巡を示しており，そのことが，後年における彼の法社会学理論の形成に，看過できない影響を及ぼした可能性がある。

佐藤憲一「法学的身体と裁判の未来」は，法を学ぶことをとおして法的思考様式を内面化した者とそれ以外の者との思考パターンの相違を，「法学的身体」と「非法学的身体」という概念を用いて分析したものである。佐藤によれば，守るべき「決まり」が権威を有するものとして存在することを所与の出発点とする教義学的思考である法的思考を内面化した「法学的身体」と，そのような法的思考を内面化していない「非法学的身体」とでは，ものの見え方，感じ方，考え方が大きく異なっており，そのことが，例えば，裁判に対する評価の相違として現出する。そうした差異は解消されるべきものであるとしたならば，そのためには，「法学的身体」の「非法学的身体」への，「決まり」の権威やその所与性をいったんは棚上げにするような歩み寄りが求められる。

原田綾子「児童虐待事件における親の当事者性と手続参加—再統合支援のための制度設計に向けて—」は，親がその子を虐待していることを理由として親子を強制的に分離した後に，虐待の再発を防止しつつ親子の再統合を実現していくための手続をどのように設計していくべきかを，日米の児童虐待法制の比較をとおして検討したものである。原田によれば，わが国では，子の保護に重点が置かれる結果，親を行政的措置の客体視する傾向が強いのに対し，アメリカでは，子から強制的に分離させられた親が，再統合のためのプランを，ソー

シャルワーカーと対等な立場で話し合うための司法的ないしは準司法的な手続が整えられ，そうした手続が円滑な再統合に寄与している。このことを踏まえて原田は，わが国においても，親子の再統合を目指して進められていく手続における，親の主体性ないしは当事者性を強化すべきこと，そのための方策として裁判所の関与を拡充すべきこととを提言している。

　小泉明子「婚姻防衛法の検討―合衆国の婚姻概念をめぐる攻防―」は，婚姻防衛法を違憲と判断したアメリカの連邦最高裁判所のウインザー判決を素材として，彼の地における同性婚に対する法的対応の状況を検討したものである。小泉によれば，連邦法上は，男女間の夫婦としての法的結びつきのみを婚姻と見なす旨を定めた，婚姻防衛法の規定を違憲であると判断したウインザー判決は，司法が社会変化を先導している事例と捉えるべきではない。そうではなく，性的指向に基づく差別を可及的に是正していくべきであるという考えが，連邦レベルにおいても州レベルにおいても，そしてまた，政治の領域においても一般世論としても，次第に広範な支持を得るようになってきており，ウインザー判決は，そうした世論や政治の動向に棹さすものに他ならないのである。

　河合幹雄「刑事施設視察委員制度と市民の司法参加」は，2006年に創設されたわが国の刑事施設視察委員会制度に着目し，それが市民の司法参加の仕組みとして肯定的に評価するに値するものであるかどうかを，河合自身がこの制度の一部である横浜刑務所視察委員会の委員を務めた経験を踏まえて検討したものである。刑事施設視察委員会の委員は，弁護士会をはじめとする各種の団体が推薦した者を，法務大臣が任命することになっている。この任命方法には，法務省にとって都合のよい者のみが委員となる可能性が内在しているが，河合によれば，実際にはそうはなっておらず，弁護士会から推薦された委員が，法務省に対する批判的なスタンスを維持しつつ，建設的な提言へとつながる方向に議論を牽引していることが観察される。その点を捉えて河合は，この制度は司法への実のある市民参加を実現したと結論づけている。

　第2部「紛争と紛争処理」には，民事紛争に限定されない広い意味での紛争ないしはトラブルが惹起し，処理されていくプロセスや，そのプロセスへの法

序文

ないしは法的諸制度の関わりについて検討した，6本の論文が収められている。

和田仁孝「法と共約不可能性—「被害」のナラティヴと権力性をめぐって—」は，医療事故紛争を素材として，「被害」がいかに認識され，構築されていくかを考察したものである。和田によれば，医療事故紛争においては，被害者やその遺族が語る「被害の物語」，医学の専門家がその専門家としての資格に基づいて語る「医学の物語」，そして，医療職に従事する者が医療現場の実態を踏まえて語る「医療現場の物語」という，生じた出来事に意味を付与する相互に共約不能な複数のナラティヴが交錯しており，そのことが，当事者たちに種々の葛藤をもたらす。法は，そうしたナラティヴの交錯状況に，第三者的な立場から介入し，葛藤を除去しようとする企てと見なすことができるが，しかし，和田によれば，法が実際に実現しているのは，他のナラティヴの権力的な抑圧に過ぎないことが少なくなく，そのことがしばしば，医療の現場に，法に対する密猟的な抵抗を産み出しているという。

樫村志郎「市民法律相談における法への言及—その明示的および暗示的諸方法—」は，法律相談の場において紛争当事者からの相談に対応する弁護士は，必ずしも常に，明示的に法に言及しているわけではないことに着目し，相談担当弁護士の法への明示的な言及が，どのような状況の下で，何を目指して行われており，また，相談担当弁護士のそうした実践が，法律相談という相互行為の状況をどう展開させていくかを，会話分析の手法を用いて分析したものである。樫村によれば，法への明示的な言及は，それを行わなければ相談者に適切な助言を与えることができないと，相談者の先行する発話から判断した相談担当弁護士が，適切な助言の提供という終局に向けて相談過程をコントロールしていくことへの関心に基づいて行う言語的実践として理解することができる。

西田英一「痛みと紛争解決—たどり着けなさを声で知る—」は，事故等により「痛み」を経験している者を当事者とする，その事故等に起因する紛争処理のプロセスにおいて，「痛み」は，どのように扱われるべきかを検討したものである。西田によれば，「痛み」の感覚は，事故等によって，それまで安住していた物語的に安定した世界から引き剥がされ，混沌のなかに投げ込まれることによって生じるものであり，それゆえに，「痛み」を感じている者には，自

らの「痛み」を語り，聴いてもらうという経験をとおして，新たな意味世界を見出し，それを自らのものとして再所有していくというプロセスが必要である。紛争処理のプロセスにも，「痛み」の語りをただ聴くという段階が組み込まれるべきであるということになる。

佐藤岩夫「労働紛争当事者の評価構造における公式法の位置─労働審判制度利用者調査の労働法社会学的含意─」は，2004年に創設された労働審判制度の利用者を対象として実施した調査票調査および追加的聞き取り調査によって，中小企業の使用者の労働審判制度に対する評価や満足度が，労働者や大企業の使用者のそれと比較して系統的に低いという結果が得られたことを踏まえて，なぜそうした調査結果が生じたのかを探究したものである。佐藤によれば，中小企業の経営や労務管理の実状は，大企業のそれと比して，公式法が求めるものからの乖離が大きく，それゆえに，中小企業の使用者は，自らが当事者となった個別労働紛争を公式法に則って解決することを求められることに，強い違和感を覚える。そして，この違和感が，中小企業の使用者の，労働審判制度に対する評価や満足度の低さにつながっている。佐藤によれば，しかし，中小企業の使用者は，労働審判手続の結果に不満を抱きつつも，公式法の遵守に向けた行動をとっており，労働審判制度には，中小企業の労使関係に公式法を浸透させていくという効果が認められる。

渡辺千原「非専門訴訟における専門的知見の利用と評価─セクシュアル・ハラスメント訴訟からの一考察─」は，従来は専門的知見を要するタイプの訴訟とは見なされてこなかった訴訟においても，社会に生起する紛争に対する裁判所の応答性を高めていくためには，専門的知見を積極的かつ的確に活用していくことが必要であることを，そうした「非専門訴訟」の一類型であるセクシュアル・ハラスメント訴訟を素材として明らかにしている。渡辺によれば，わが国においてセクシュアル・ハラスメントに関する法理の発展を促してきた要因として，フェミニスト・カウンセラー等による被害者支援の実践を無視することはできない。彼女らが被害者を支援する立場から法廷で行った証言や法廷に提出した意見書が，セクシュアル・ハラスメントに関する法理の発展に大きく貢献してきたのである。渡辺は，この事実を踏まえて，様々な類型の訴訟が，

序　文

多様な専門知に開かれたものとなっていくことの重要性を強調している。

　阿部昌樹「地方自治への司法介入―神奈川県臨時特例企業税事件を手がかりとして―」は，裁判所を，自治体の政策変更を挫折させることができる，そして，それゆえに，自治体としては，その同意を得ることなしには新規の政策を形成し，実施することができない「拒否権プレイヤー」として捉えたうえで，自治体を相手として企業が提起した一つの訴訟を素材として，裁判所が，そうした「拒否権プレイヤー」として立ち現れることの含意を探究したものである。阿部によれば，自治体の政策形成や政策実施に関わる諸アクターが，裁判所を「拒否権プレイヤー」として認知したならば，そうした認知の変化は，それらの諸アクターの行動にも変化をもたらし，そしてさらには，それらの諸アクター間のパワー・バランスをも変えていく。それが，裁判所が「拒否権プレイヤー」であることの含意である。

　第3部「法専門職の変容」には，近年におけるわが国の，弁護士をはじめとする法専門職の変容もしくはその可能性に関連した4本の論文が収められている。

　藤本亮「弁護士所得の出生コーホート分析の試み」は，主として日本弁護士連合会が10年ごとに実施している「弁護士業務の経済的基盤に関する実態調査」の結果に依拠して，わが国における弁護士業務に生じつつある変容を，弁護士所得の変動という側面から捉えようとしたものである。藤本によれば，弁護士の所得の経年的変化には，とりわけ2000年から2010年にかけての変化に，出生コーホートごとの相違が認められる。この事実からは，2000年代における弁護士の増員が弁護士業務にもたらした影響は，すべての弁護士に対して一様ではなく，それぞれの弁護士がこの時代に，自らの弁護士としてのキャリアのどの段階に位置していたかによって，影響の内容や程度が異なっているという推測を導出することが可能である。

　福井康太「日中企業における弁護士役割比較」は，中国の企業における弁護士利用状況に関するオリジナルなデータに依拠して，企業法務の領域への弁護士の進出という方向での弁護士業務の変容は，わが国よりも中国の方が，かな

り進んでいることを明らかにしたものである。福井によれば，中国では，所定の規模以上の企業には企業内弁護士の雇用が義務づけられていることに加えて，企業経営に携わる人々の間に，企業内には弁護士にしかできない仕事が多々あるという認識が広く浸透しており，その結果として，大企業を中心として，企業経営の中核に近い領域への弁護士の進出が，わが国よりもはるかに顕著となっている。換言するならば，わが国においては，この側面における弁護士業務の変容は，未だ緒に就いたばかりなのである。

馬場健一「本人訴訟の規定要因─『弁護士の地域分布と本人訴訟率』再考─」は，棚瀬が1977年に公表した論文（棚瀬1977c）で示した，わが国において本人訴訟という紛争解決方法が選択される際の，その選択の規定要因に関する分析を批判的に再検討するとともに，1970年代以降に，本人訴訟という紛争解決方法が選択される契機に，経年的な変化が生じているかどうかを検討したものである。馬場によれば，本人訴訟率の操作化方法や弁護士の利用可能性に関する指標として，棚瀬が用いたものとは異なったものを用いることによって，棚瀬が統計分析によって導出した知見の一部は否定されることになる。また，近年における変化として，とりわけ大都市圏を中心として，紛争当事者が，裁判所や弁護士が提供するサービスを，その利用が自らにもたらす便益を計算したうえで，かつてよりもより主体的かつ合理的に利用するようになってきている可能性が観察される。弁護士は，訴訟代理業務に関する限りは，依頼者ないしは潜在的依頼者との関係で，より受動的な立場へと変容しつつあるのである。

仁木恒夫「対話調停における共約不可能性」は，民間の調停機関において実施された対席調停の一事例の分析をとおして，棚瀬がかつて調停の機能化の条件として指摘していた「調停内部での利己的なモメントと共同的なモメントとの接合」（棚瀬1992：296）が，どのように生じうるのかを探究したものである。仁木によれば，紛争当事者にとって，過去は消し去ることができないものであり，それゆえに，紛争の両当事者には，それぞれに異なる，共約不能な過去の経験を有していることを前提としたうえで，それでもなお，相手方の立場に身を置いてみようという姿勢を示すこと求められる。そうした姿勢を相互に示しあうことこそが，「利己的なモメントと共同的なモメントとの接合」に他なら

ず，それが，調停手続において合意が成立する契機となる。仁木のこの分析は，調停に臨む紛争当事者に焦点を合わせたもので，調停主宰者として手続に関わる，弁護士をはじめとする法専門職に焦点を合わせたものではない。しかし，仁木が展望するような対話型の同席調停が，民間の調停機関において広範に実践されるようになったならば，そうした変化は，法専門職の活動に少なからぬ変化をもたらすはずである。

2

　以上，本書に収められた論文の概略を示してきた。いずれの論文についても，その骨子をごく大まかに述べたにすぎないが，しかし，棚瀬がものしてきた諸著作に慣れ親しんできた者であれば，こうした粗雑な要約に目を通しただけでも，それぞれの論文に棚瀬の学問的影響が及んでいることを察知することであろう。もちろん，棚瀬の著書や論文に直接に言及している論文もあれば，そうでない論文もある。しかしながら，前者に分類される論文のみならず，後者に分類される論文のそれぞれにも，棚瀬の法社会学者としての学問的実践の影響を，濃淡の差こそあれ，読み取ることができるはずである。そうした意味で本書は，棚瀬が，今日の法社会学の担い手の世代に対して，いかなる影響力を有しているかを証言するものでもある。

　棚瀬の学問的活動は，多年，多岐にわたり，京都大学を退官した後，中央大学での勤務を経て，弁護士業務を主軸とするに至った今もなお展開中であり，その全貌を，この「序文」の範囲で正当に要約することは不可能である。そこで，ここでは，本書の構成に即して，わが国における法社会学の創設者の世代のメンバーであり，その後の法社会学専門研究者に大きな影響を及ぼした，棚瀬の法社会学を説明したい。

　一つの学問分野が，ある特定の期間にある範囲の研究者の集団によって創設されるということがしばしばあるが，わが国の法社会学もその一例ということ

ができよう。ある解釈によれば，その創設に向けての取り組みが本格化したのは，1920年ごろにオイゲン・エールリヒを含むヨーロッパの法社会学の動向が紹介された時期とされる。また，その完成は，ひとまず，川島武宜責任編集による『法社会学講座』全10巻（川島編 1972-1973）が刊行された1970年代前半に求めることができよう。『法社会学講座』は，その刊行当時の学界では，タルコット・パーソンズを中心とするアメリカ社会科学の影響を強く受けたものとして受け止められた。この評価を前提とするならば，わが国における法社会学の創設は，ヨーロッパ社会学からアメリカ社会学へという影響関係の変化と，それに伴う研究様式等の変化を伴って進行したと言うことができよう。そのプロセスに関わった研究者たちは相互影響関係にあった。かれらは法社会学とは何かを論じ合い，変化する科学の様式に対応しつつ，法社会学を構想し，創設した。その構想には，日本の同時代の法への認識的関心だけではなく，それに対する批判的かつ構築的な関心があった。その関心は，独特の問題設定，独特の分野意識，独特の研究様式に現れている。

　棚瀬は，1943年に名古屋市に生まれ，1966年に司法試験に合格した後，1967年に東京大学法学部を卒業した。同年，民法専攻の助手となり，川島武宜の最後期の弟子の一人となった。1971年に名古屋大学助教授となったが，その後，1971年から74年にハーバード大学で社会学を学び，1977年にPh.D.（社会学）を取得した。川島武宜に代表されるわが国における法社会学の創設者の多くが，法社会学者であると同時に法学者・法実務家でもあったが，棚瀬もまた，司法試験に合格し，その研究者としてのキャリアを民法学から出発したという共通性がある。しかし，彼は，大学院レベルでの社会学の教育を受けて博士号を取得し，その経験を基礎に，法社会学を，彼よりも年長の研究者が指向したよりもさらに学際性の強い専門分野として確立していくことを主導することができた（棚瀬 1977b；1978等）。なお京都大学退官までの棚瀬の略歴および主要著作目録は，法学論叢（2007）にある。

　そうした意味において，棚瀬は，わが国において，一つの学問分野としての法社会学を創設した世代の，最後の体現者であると言ってよいであろう。棚瀬はまた，1977年以降京都大学助教授・教授として，そしてまた，引き続き様々

な共同研究を通じて，多くの後進研究者を育てることにより，法社会学研究の現在のあり方に大きな影響力を及ぼした。棚瀬法社会学の理論的重要性の一つは，この双面性に存在する。

さて，本書の表題にある「法の観察」は，棚瀬が自らの学問的課題を表現するために好んで用いた言葉であるが，そこに言う「観察」とは，法のあり方を事実として認識し，説明するというこの語の通常の意味を超え，法の深層にあるメカニズムの把握と，それに基く法の批判的再構成への指向をも包含する学問的実践を意味している。

たとえば『訴訟動員と司法参加』(棚瀬 2003)のはしがきには，「法社会学は，定義的に言えば，法を観察する学問」(p.xi)だとあるが，それは，「実証性」，「学際性」，「批判性」の3点を特徴とする研究方法論の縮約的な表現である。「実証性」とは，「法が誰かに援用され，争われ，そして法の解釈や，執行を経て，社会に一定の作用を及ぼしていくその一連の過程を，……分析していく」ことである。「学際性」とは，「いま対象としている法の分析に使えそうな理論的水脈を探り当て，それをまとめて読んで，理論的な視角なり，分析枠組みなりを抜き出して法に合うように作り替えていく作業」を意味する。「批判性」とは，以上を基礎として「哲学で超越論的といわれる，われわれの認識の背後にあって認識を可能にしている条件を反省的に対象化するような営み」を指す。このような深層的追求をも伴って実践される学問的営為が棚瀬の言う「法の観察」であり，それは，たとえば裁判という研究対象に対しては，「法律家や当事者・国民が無意識に前提としている世界，あるいはその法の語りに貫徹する社会の構造的な力を表に出していく」効果をもつとされる。

裁判ないしは紛争処理過程の研究とともに棚瀬が精力的に取り組んだのが法解釈の研究であるが，棚瀬自身の言葉によれば，「本格的に法社会学の方法を使って法解釈の問題に取り組んだのはここ十数年のこと」(棚瀬 2006：72)である。それは，おそらく，「離婚後の面接交渉と親の権利」(棚瀬 1990)の公表以降の研究を指しているのであろう。この時以降，棚瀬は，家族法，不法行為法，契約法，憲法等の多様な法分野を対象として，それらの法分野で展開されてい

る法解釈の，法社会学的手法による研究を進めていく（棚瀬 1991c；1991d；1994；1999；2002等）。そして，とりわけ家族法の分野は，実務家としての活動に軸足を移した後も，主要な関心対象であり続けている。こうした棚瀬の家族法への一貫した強い関心を踏まえるならば，棚瀬最初の公表業績「過失相殺―七歳の児童の道路上遊戯についての親権者の監督上の過失の有無―」（棚瀬 1968）が，家族法と不法行為法とが交錯する領域における判例の評釈であったことは，興味深い。また，法社会学を通じて法解釈の深層へと迫ろうとする関心は，棚瀬法社会学が，川島等を含むわが国の法社会学の創設者の世代の産物であることを，十分に伺わせるものである。

それでは，棚瀬が観察した法の深層には，何があるのであろうか。

注目に値するのは，法の観察を通じて法の批判的再構成へと向かう関心は，1990年に突然現れたものではないということである。たとえば，棚瀬の法社会学者としての研究上のスタンスを明確にした1970年代後半の一連の論文の一つでは，社会学において支配的であった構造機能主義の意義と限界を，社会学理論に固有の「実証研究道具としての有効性という視角」からのみならず，「そこに見え隠れする，社会分析における個人の分析的地位の復権」という実践的・価値的視点からも検討するという課題設定がなされている（棚瀬 1978 (一)：17）。ここには，棚瀬法社会学において繰り返されるテーマである，法の自由と社会の道徳との対立関係という図式が見られる（樫村 2007）。

それは，いわゆる現代型訴訟のあり方をいちはやくとりあげた「裁判をめぐるインフルエンス活動」（棚瀬 1972）から，1970年代のボストンにおける少額訴訟との出会いに由来する一連の裁判過程研究（棚瀬 1976；1979；1980-81；1983等）を経て，日本的法意識の問題を再解釈しようとする「日本人の権利観―刑罰意識と自由主義的法秩序―」（棚瀬 2005）へと至る諸論考のなかにも読み取ることができるものである。たとえば，「裁判への信頼と裁判利用行動」（棚瀬 1979）では，ボストンの少額裁判所利用者の意識調査が分析されるが，棚瀬は「こうした分析から少し大胆なプロジェクション」（棚瀬 1979 (三)：66）を行い，次のように述べる。「法意識論をはじめとして，これまでの議論においては，権利主張と裁判利用とが，互いに他を前提しあうような相互依存的な関係にあ

るということが，いわば自明視されてきた。……しかし，……そこには，権利追求の意欲が強く，通常の裁判利用の枠をはみ出しかねないベクトルと，逆に裁判への依存姿勢が強く，権利主張の内実が伴わないままに消極的な利用‥‥に傾斜していくベクトルとの二つの背反的な意識ベクトル」がある。それは，裁判過程については当事者が権利主張と裁判への依存の背反性を，法一般については順法精神と権利意識の背反性を見据えるという理論的視角となる（棚瀬1991b）。

なお，近年になるほど，棚瀬は，批判法学，ポストモダニズム，共同体論等の規範的ないしは実践的な理論を援用することが増えている（棚瀬2001b；2002；2010等）。しかし，久保秀雄（2012）によれば，それらは，パーソンズという地平に接ぎ木されたものであり，棚瀬法社会学はそれらを独自に摂取したものだという。棚瀬にとっては，規範的ないしは実践的な諸理論は，社会生活の一側面を代表する法・権威・自由と，それとは別の側面を代表する社会・批判・主体との不安定な緊張関係を安定的に観察するための用具なのである。阿部昌樹（2007）も，棚瀬の「法解釈の法社会学」が「法の中の『社会的なるもの』の過少と過剰」の双方を批判的に問題化する取り組みであるという解釈を示している。棚瀬は，そのような「学際性」や「批判性」を伴って遂行される「法の観察」を前提としてはじめて，「容易に順法の側にからめとられない強靭な法秩序」（棚瀬1991b：133）への展望が開けると考えたのである。棚瀬にとっては，「法の観察」を徹底して遂行していくことこそが，法社会学という学問的実践であり，そのスタンスはいささかも揺らぐことはなかったのである。

3

繰り返しになるが，棚瀬は，現にある法を対象として微細にわたって観察し，その特質を剔出したうえで，それとは異なる法のあり方も十分に想定可能であるにもかかわらず，現にある法が現にあるようにあるのはなぜかを徹底して探究することこそが法社会学の課題であると考え，そうした学問的実践を

「法の観察」と呼んだ。

　本書に収録されたすべての論文に看取可能な棚瀬の学問的影響を，一言で述べるならば，それは，いずれの論文も，法社会学という学問的実践の根幹は「法の観察」であるという棚瀬の立場を継承しているということである。

　第1部の前半の3論文は，視角や概念に相違はあるが，おおまかに言うと，中立性，自律性，および妥当性という3つの構成的属性を有する（棚瀬2001b：32）と想定される「法」が，経済，市民，生活世界等として捉えうる「社会」という基盤とどう関わっているのかの解明に取り組んだものであり，後半の3論文は，個別の生活領域を規制すべき任務を負う「法」が，その対象である社会との間で複雑な相互的規定関係にあることを具体的に解明するものである。

　第2の前半の3論文は，社会的相互行為としての法的紛争過程を構成する言説の，実践の構造や反省的作用のあり方を解明するという関心に基づくものである。棚瀬には，「紛争と役割過程」（棚瀬1977b）に始まり，少額訴訟や種々の裁判外紛争処理手続の内在的解明を試みた諸論考（棚瀬1983；1992；1996等）へと引き継がれていく，紛争ないしその処理にかかる相互行為の分析への関心があるが，これらの論文は，それをそれぞれの仕方で受け継ぐものである。後半の3論文は，裁判過程の実相に観察の目を向けつつ，それをより広い社会の中で作用するものとしてとらえる。これらの関心は，現代型訴訟のダイナミズムにいちはやく着目し，それを政治社会学的な視角から解明しようとした「裁判におけるインフルエンス活動」（棚瀬1972）に始まり，『たばこ訴訟の法社会学』（棚瀬編2000）や『法の言説分析』（棚瀬編2001a）に至る，法と裁判の生きた姿への着目と，その批判的解明への棚瀬の関心を受け継ぐものである。

　第3部の4論文は，法律家とりわけ弁護士のあり方を取り上げている。この主題は，棚瀬にとっては，『現代社会と弁護士』（棚瀬1987）に始まり，司法制度改革を対象とした諸論考（棚瀬2010等）へとつながる実践的かつ創造的な研究の主題であり，個人としてまた集団としての弁護士のあり方について数多くの論考が発表されてきた。これらの論文は，棚瀬のそうした法律家の現代的なあり方についての分析と展望とを継承するものである。

　天空の惑星を観察するためには天体望遠鏡が必要であり，微生物を観察する

序　文

ためには顕微鏡が必要であるように,「法の観察」にも,そのための洗練された道具が必要である。現にある法とは異なった法のあり方を構想するためには,十分な想像力が要求される。自らが行った「法の観察」の結果を,他者に理解可能なかたちで提示するためには,適切な概念を用いることが必要であり,そうした概念を彫琢するためには,社会諸科学の理論を十分に咀嚼する必要がある。それに加えて,自分が観察している対象が間違いなく法であり,それ以外のものではないことに,常に留意し続けなければならない。棚瀬は,それらのことを,本書に収録した論文の執筆者たちに,さまざまなかたちで教えた。

本書は,棚瀬のそうした教えを踏まえて,そしてまた,棚瀬自身が「法の観察」をどのように実践してきたのかを念頭に置きつつ,「法の観察」のための道具の再構築を試みた論文や,「法の観察」を実践した結果を報告する論文の集成である。そして,そうした意味において,本書は,棚瀬よりも遅れて生まれ,それゆえに,幸運にも棚瀬という巨人の肩の上に乗ることができた研究者たちの,そうすることができたことの利点を最大限に活かした論文集に他ならない。

【引用文献】

＊棚瀬孝雄の著作
(1968)「過失相殺―七歳の児童の道路上遊戯についての親権者の監督上の過失の有無―」法学協会雑誌85巻6号114-122頁.
(1972)「裁判をめぐるインフルエンス活動」川島武宜編『法社会学講座5・紛争解決と法I』岩波書店,306-354頁.
(1976)「裁判イメージと訴訟体験」私法38号216-226頁.
(1977a)「弁護士の地域分布と本人訴訟率(上・下)」ジュリスト635号80-92頁,636号120-126頁.
(1977b)「紛争と役割過程―紛争解決過程の社会的位置づけ―(一～三・完)」法学論叢101巻4号1-29頁,5号1-30頁,6号1-29頁.
(1978)「社会分析における個人の地位―構造機能分析から過程分析へ―(一～四・完)」法学論叢103巻2号1-34頁,3号1-26頁,4号20-54頁,5号1-38頁.
(1979)「裁判への信頼と裁判利用行動―法意識論と政治参加論の視角の交錯―(一～三・完)」民商法雑誌80巻4号377-395頁,5号535-551頁,81巻1号35-71頁.
(1980-81)「裁判受容過程の構造分析(一～五・完)」法学論叢108巻2号1-31頁,4号

19-41頁，6号1-21頁，109巻1号31-64頁，2号1-26頁．
(1983)『本人訴訟の研究―あるべき少額裁判のモデルを求めて―』弘文堂．
(1987)『現代社会と弁護士』日本評論社．
(1990)「離婚後の面接交渉と親の権利―比較法文化的考察―（上・下）」判例タイムズ41巻2号4-19頁，41巻3号4-15頁．
(1991a)『応用心理学講座5・法の行動科学』（木下冨雄との共編著）福村出版．
(1991b)「順法精神と権利意識」棚瀬孝雄・木下冨雄編『応用心理学講座5・法の行動科学』福村出版，130-153頁
(1991c)「契約と私的自治・序説」法曹時報43巻1号1-24頁．
(1991d)「不法行為責任の道徳的基礎」ジュリスト987号68-74頁．
(1992)『紛争と裁判の法社会学』法律文化社．
(1994)『現代の不法行為法―法の理念と生活世界―』（編著）有斐閣．
(1996)『紛争処理と合意―法と正義の新たなパラダイムを求めて―』（編著）ミネルヴァ書房．
(1999)『契約法理と契約慣行』（編著）弘文堂．
(2000)『たばこ訴訟の法社会学―現代の法と裁判の解読に向けて―』（編著）世界思想社．
(2001a)『法の言説分析』（編著）ミネルヴァ書房．
(2001b)「法の解釈と法言説」棚瀬孝雄編『法の言説分析』ミネルヴァ書房，1-40頁．
(2002)『権利の言説―共同体に生きる自由の法―』勁草書房．
(2003)『訴訟動員と司法参加―市民の法主体性と司法の正統性―』岩波書店．
(2005)「日本人の権利観・刑罰意識と自由主義的法秩序（一～二・完）」法学論叢157巻4号1-32頁，157巻5号1-35頁．
(2006)「現代法理論と法の解釈」司法研修所論集115号72-98頁．
(2010)『司法制度の深層―専門性と主権性の葛藤―』商事法務．
＊その他
阿部昌樹（2007）「法解釈の法社会学」(法社会学会関西研究支部シンポジウム―棚瀬法社会学の再検討―，京都大学，2007年3月3日)．
樫村志郎(2007)「『啓蒙』と『反省』の法意識論―棚瀬法意識論の近代性と主観性―」(法社会学会関西研究支部シンポジウム―棚瀬法社会学の再検討―，京都大学，2007年3月3日)．
川島武宜編（1972-1973)『法社会学講座第1巻～第10巻』
久保秀雄（2012)「棚瀬孝雄の法社会学理論―ポストモダンと再帰性」(日本法社会学会学術大会報告，京都女子大学，2012年5月10日）．
法学論叢（2007)「棚瀬孝雄教授略歴・著作目録」法学論叢（棚瀬孝雄教授還暦祝賀記念号）160巻3・4号巻末1～11頁．

目　次

序文　　阿部昌樹／樫村志郎

第1部　社会のなかの法

ネオ・マルクス主義的法モデル再論 ……………………………船越資晶　3
　　はじめに　　I　相対的自律性　　II　正統化　　III　価値法則
　　IV　法意識　　おわりに

川島武宜の戦後——1945〜1950年 ………………………………高橋　裕　19
　　はじめに　　I　軌跡：1945〜1950年　　II　川島武宜の戦後
　　III　幇間・有閑・士族　結びにかえて

法学的身体と裁判の未来 ……………………………………………佐藤憲一　53
　　I　法学の世界と規範的法社会学　　II　法学部の文化　　III　法学
　　的思考と権威主義　　IV　「決まりを守る心」と「損得で動く心」
　　V　精神と身体　　VI　法学的身体　　VII　裁判の未来

児童虐待事件における親の当事者性と手続参加
　　——再統合支援のための制度設計に向けて ………………原田綾子　80
　　I　本稿の課題　　II　日米の虐待法制の比較　行政，司法，親の関係
　　III　行政と対立する親への支援と司法の役割　強制と参加　　IV　制
　　度改革の展望

婚姻防衛法の検討——合衆国の婚姻概念をめぐる攻防 …………小泉明子　98
　　はじめに　　I　DOMAをめぐる訴訟状況　　II　Windsor v. United
　　States事件　　III　Windsor最高裁判決　　IV　Windsor判決の論点
　　むすびにかえて

刑事施設視察委員制度と市民の司法参加 …………………………河合幹雄　115
　　I　問題の所在　　II　改革の経緯と実態　　III　立法の背景から見
　　た市民参加　　おわりに

目　次

> # 第2部　紛争と紛争処理

法と共約不可能性——「被害」のナラティヴと権力性をめぐって ····· 和田仁孝　137
　　はじめに　　I　「被害」の認知的構成　　II　分析のための枠組み
　　支配と抵抗の再帰的関係　　III　医療事故における「被害」をめぐる共約
　　不可能性　　IV　医療事故における法の位置　　共約不可能性と権力
　　V　意味構成過程をめぐる権力への抵抗と帰結

市民法律相談における法への言及
　　——その明示的および暗示的諸方法 ················· 樫村志郎　159
　　I　問題　　II　法的諸活動のエスノメソドロジー的研究　　III　相
　　互行為場面としての市民法律相談　　IV　助言供与の諸方法
　　V　結論

痛みと紛争解決——たどり着けなさを声で知る ················ 西田英一　184
　　I　問題の所在　　II　痛みは語れるか？　　III　声に立ち会う
　　徹底的な受動性の中で　　IV　痛みの声と紛争解決　　おわりに

労働紛争当事者の評価構造における公式法の位置
　　——労働審判制度利用者調査の労働法社会学的含意 ··········· 佐藤岩夫　201
　　はじめに　　I　労働法社会学研究の系譜と本稿の視角　　II　労働
　　審判制度利用者調査　　III　労働審判手続をめぐる当事者の評価構造
　　むすび：労働関係の「法化」

非専門訴訟における専門的知見の利用と評価
　　——セクシュアル・ハラスメント訴訟からの一考察 ············ 渡辺千原　223
　　はじめに　　I　セクシュアル・ハラスメント訴訟の展開と専門的知
　　見　　II　セクシュアル・ハラスメント訴訟における専門的知見と事
　　実認定　　III　事実認定の専門性と物語性　　結びにかえて

地方自治への司法介入
　　——神奈川県臨時特例企業税事件を手がかりとして ············ 阿部昌樹　249
　　I　拒否権プレイヤーとしての裁判所　　II　神奈川県臨時特例企業
　　税事件　　III　裁判所が拒否権プレイヤーであることの効果

第3部　法専門職の変容

弁護士所得の出生コーホート分析の試み……………藤本　亮　273
Ⅰ　問題の設定　　Ⅱ　分析されるデータと分析の方法　　Ⅲ　世代別にみた所得水準の推移の分析　　Ⅳ　相対的低所得層の分析　　おわりに

日中企業における弁護士役割比較……………福井康一　298
はじめに　　Ⅰ　中国における弁護士の活用状況　　Ⅱ　企業内弁護士に期待されるタイプと能力・特性　　Ⅲ　企業内弁護士の役割に関する日中比較　　おわりに

本人訴訟の規定要因──『弁護士の地域分布と本人訴訟率』再考 ……馬場健一　315
Ⅰ　概要　　Ⅱ　方法論の再吟味　　Ⅲ　再検証　　Ⅳ　近年の変化とその背景　　まとめ　都市における法化と訴訟利用

対話調停における共約不可能性……………仁木恒夫　335
はじめに　　Ⅰ　調停過程の概要　　Ⅱ　主体的な要求の提示と過去の重力　　Ⅲ　他性に開く非同一的な主体　　Ⅳ　合意と共約不可能性　　むすびに

あとがき　　船越資晶／和田仁孝

■執筆者紹介 （執筆順，＊印は編者）

＊船越　資晶	（ふなこし・もとあき）	京都大学大学院法学研究科教授
高橋　裕	（たかはし・ひろし）	神戸大学大学院法学研究科教授
佐藤　憲一	（さとう・けんいち）	千葉工業大学工学部准教授
原田　綾子	（はらだ・あやこ）	名古屋大学大学院法学研究科准教授
小泉　明子	（こいずみ・あきこ）	新潟大学教育学部准教授
河合　幹雄	（かわい・みきお）	桐蔭横浜大学法学部教授
＊和田　仁孝	（わだ・よしたか）	早稲田大学大学院法務研究科教授
＊樫村　志郎	（かしむら・しろう）	神戸大学大学院法学研究科教授
西田　英一	（にしだ・ひでかず）	甲南大学法学部教授
佐藤　岩夫	（さとう・いわお）	東京大学社会科学研究所教授
渡辺　千原	（わたなべ・ちはら）	立命館大学法学部教授
＊阿部　昌樹	（あべ・まさき）	大阪市立大学大学院法学研究科教授
藤本　亮	（ふじもと・あきら）	名古屋大学大学院法学研究科教授
福井　康太	（ふくい・こうた）	大阪大学大学院法学研究科教授
馬場　健一	（ばば・けんいち）	神戸大学大学院法学研究科教授
仁木　恒夫	（にき・つねお）	大阪大学大学院法学研究科教授

第1部
社会のなかの法

ネオ・マルクス主義的法モデル再論

船越資晶

はじめに

　マルクス主義的法モデルを更新しなくてはならない。国家の相対的自律性をめぐる政治学領域での論争[1]を念頭に，批判法学派のカール・クレアはその理由を4つ挙げている。第1に，後期資本主義段階の国家は，私的な経済活動・社会活動に組織的かつ広範に介入し，それどころかこれらを再生産している——土台の政治化。第2に，労働・教育・福祉・家族など，私的生活上のありとあらゆる重要問題が公共政策の対象となっている——上部構造の変容。第3に，従来の土台—上部構造論は，企業・労働組合・大学などの私的機関が準政府機関化するという後期資本主義段階に特徴的な現象を説明することができない——コーポラティズム。そして第4に，従来の土台—上部構造論では，国家権力が文化的基盤の上に存立していること，資本主義的社会秩序が国家の文化的機能によって再生産されていること，さらには，自由民主主義的な政治体制が（部分的にではあるが）労働運動の成果を体現していることを正しく把握することができない——正統化（Klare 1979：pp.125-127）。こうした状況認識に基づいて，クレアらは，批判法学派内部にネオ・マルクス主義的な分派を生み出していくことになったのであった。

　ところで，筆者は別所（船越 2011：第四章第四節）で，批判法学派法社会理論の現時点における到達点，ダンカン・ケネディのピンク・セオリーを再構成

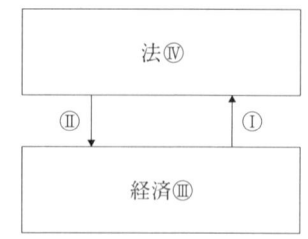

図1　ネオ・マルクス主義的法モデル

①決定　②正統化　③法則性　④一体性

（船越 2011：216 頁より）

し，ポスト・マルクス主義的法モデルとして提示したことがある。そしてその際，ピンク・セオリーがクレアらのネオ・マルクス主義的法社会理論に対する批判理論であることから，ポスト・マルクス主義的法モデルを導くためのいわば踏み台として，ネオ・マルクス主義的法モデルも構成しておいた。それは「①下部構造による上部構造の決定」「②上部構造による下部構造の正統化」「③下部構造の法則性」「④上部構造の一体性」という4つの要素から成る法モデルであったが（図1），その記述は，主としてケネディによるネオ・マルクス主義的法社会理論の概説に依拠したものであった。そこで本稿では，「ネオ・マルクス主義者」自身の議論を素材として，ネオ・マルクス主義的法モデルにさらなる肉づけを施していくことにしたい。具体的には，クレアのほか，アイザック・バルバス，ピーター・ゲイブル，マーク・タシュネットの議論を素材として採用する[2]。なお，再び断っておくが，本稿の試みは正確なマルクス主義法学史の叙述を意図したものではない[3]（筆者はその能力を欠く）。

Ⅰ——相対的自律性

　ネオ・マルクス主義者は，マルクス原典に見出されるその法理解[4]を批判する仕方で，自らの法理解を提示している。彼らのそのような原典解釈を集成すると，ネオ・マルクス主義的法モデルを導くための踏み台となるマルクス主義的

法モデルを得ることができるであろう。その第1の構成要素は経済決定論である——法は，経済的土台に規定される上部構造にすぎない。念のため，クレアにならって原典を引用しておこう (Klare 1979：p.125)。

> 人間は，その生活の社会的生産において，一定の，必然的な，かれらの意志から独立した諸関係を，つまりかれらの物質的生産諸力の一定の発展段階に対応する生産諸関係を，とりむすぶ。この生産諸関係の総体は社会の経済的機構を形づくっており，これが現実の土台となって，そのうえに，法律的，政治的上部構造がそびえたち，また，一定の社会的意識諸形態は，この現実の土台に対応している。物質的生活の生産様式は，社会的，政治的，精神的生活諸過程一般を制約する。人間の意識がその存在を規定するのではなくて，逆に，人間の社会的存在がその意識を規定するのである。(マルクス 1956：13頁)。

これに対してネオ・マルクス主義者は，周知のとおり，経済的土台に対する法の「相対的自律性 (relative autonomy)」を主張したのであった。例えばクレアは，これを規定して，「法は究極的には社会秩序を反映維持するものだが，にもかかわらず法は，固有の内的論理・独特の言説様式・制度的パターン——これらは，法外の社会的政治的有力者の意思からある程度独立し，自らの権利において社会的全体の重要部分を構成するものである——を備えている[5]」と書いている (Klare 1978：p.269, n.13)。

法の相対的自律性が作動するメカニズムについては，タシュネットがモデル化を試みている[6]。法曹集団は他の社会集団から分化すると，「自律性イデオロギー (ideology of autonomy)」を表出するようになる。すなわち，過去の行為と現在の行為の間に「一貫性 (consistency)」を要求する——それこそ過去の決定に「由来する」決定を下さなくてはならないとする (Dworkin 1986：p.93 [ドゥウォーキン 1995：159頁])——伝統がそれである。もちろん，法曹集団は自らの物質的利益を追求する存在でもあるが，この伝統が法のかたちに重大な影響を与えることは否定できない。こうして，ネオ・マルクス主義者にとって法の発展は，支配層の物質的利害にのみ促されて生じるのではなく，手持ちの概念枠組を調整して新規の事案を処理する／それが可能となるよう事案のほうを加工する[7]という法曹独自の思考方法「概念化 (conceptualization)」の結果として生じるものでもある[8]，ということになるわけである (Tushnet 1977：pp.88-91)。

こうした法理解に基づく実作として，ここではクレアの労働法分析——それ自体「ニューディール労働法改革がマルクス主義理論に突きつけた困難を解決する試み」(Klare 1979：p.130) であったことを強調しておこう——について再確認しておきたい。マルクス主義的法モデルによると，自由主義的な労働法が形成されたのは，社会変革の芽を摘むために支配層が戦略的譲歩を敢えて行ったからであるということになりかねないが，このような見方では，労働法がもともと「労働者階級の闘争によって生み出されたものであって，それはつねに労働者のニーズへの実体的な配慮を示してきている」という事実を説明することができない——本来労働法は，反資本主義的な社会変革のマニフェストでもあり得たわけである (Klare 1978：pp.285-289；Klare 1979：pp.130-131；Klare 1982：p.73 [クレア1991：111頁])。ところが，労働法の下で実際に生じたのは労働運動の体制内化であった (Klare 1978：p.267；Klare 1979：p.130；Klare 1982：p.76 [クレア 1991：116頁])。なぜそのような事態が生じたのか，この謎を解明する鍵は労働法の形成因たる「二重の運動 (double movement)」にあるとクレアは主張する。すなわち，労働法は，たしかに一方で，労使間での《再分配》の実施を認めているが，しかし他方で，労使とも《効率性》という共通の目標にコミットしなくては共倒れになると警告している。そこで，労働法は，労使間の紛争解決においては《法的手続》の遵守が重要であるとし，労働者の《参加》に制約を設けている，というわけである (Klare 1982：p.76 [クレア 1991：117頁])。こうしてクレアは次の結論を導いたのだった。連邦最高裁は社会の管理運営者としての職業意識を遺憾なく発揮して，これら左右の極端な主張の間で「バランス」をとろうとした——その結果，たしかに労働者の権利は実現されたが，労働法はその政治的な「徹底性を喪失 (deradicalize)」することになったのだ，と (Klare 1978：pp.280, 292；Klare 1979：p.131)。

　以上のように，法の相対的自律性を確保したネオ・マルクス主義的法モデルは，これに続けて，法に固有の機能——正統化——を見出すことになる。節を改めて論じよう。

　　——法は「階級闘争の場」であり，法曹集団の法意識 (法的思考) が闘争の帰

趨に影響を与える (アルチュセール 1975：39頁；Gordon 1982：pp.285-286 [ゴードン 1991：246-247頁]；Kennedy 1997：p.282；船越 2011：215頁)。

Ⅱ——正統化

　批判法学派のジェームズ・ボイルは，以下の原典の引用とともに，同派が批判の対象としたマルクス主義的な法理解を陰謀論と呼んでいる——法とは，支配層が自らの目的を達成するための道具にすぎない (Boyle 1985：pp.722-723)。マルクス主義的法モデルの第2の構成要素は，法の道具性（階級性）である。

> 私有が共同体から解放されることによって，国家は市民社会とならんでそのそとにある一つの特殊な存在となった。しかしながらそれはたんに，ブルジョアがかれらの所有およびかれらの利益の相互保証のために，外部ならびに内部へむかって必然的に自分たちにあたえるところの組織の形態にほかならない……国家は，支配階級の諸個人がかれらの共通利害を主張する形態，そして一時代の市民社会全体が集約されている形態である。だからその結果として，すべて共通な制度は国家によって媒介され，一つの政治的な形態をとることになる。そこから，まるで法律が意志に，しかもその実在的な土台からきりはなされた意志すなわち自由な意志にもとづくかのような幻想がうまれてくる (マルクス・エンゲルス 1978：93-94頁)。

　こうしてマルクス主義的法モデルにおいては，法は道具的機能を果たすものにすぎないとされるわけだが，まずはタシュネットがそれを2つに分類していたことを再確認しておこう。1つは「抑圧的機能 (repressive function)」であった——法は，物理的強制力によって，支配層の利益に対する挑戦を鎮圧し階層秩序を維持する手段となる。もう1つは「促進的機能 (facilitative function)」である——法は，支配層の要望に応えるという直接的な仕方で，あるいは，支配層が自由に利用できる制度を創設するという間接的な仕方で，その経済活動を支援する手段となる (Tushnet 1977：pp.96-99)。

　これに対してネオ・マルクス主義者は，これら2つの機能に加えて，法は，資本主義的社会秩序を「正統化 (legitimation)」する「イデオロギー的機能 (ideological function)」も果たしていると主張したのであった——「抑圧的となり[13]

イデオロギー的となる二重の《機能作用》」(アルチュセール1975：38頁)。タシュネットは，この機能も発動対象の違いによって2つに分類している。1つは，被支配層に対して発動するものであり，法は，彼らの置かれた状態が倫理的に正当なものであることを説得する役割を果たしている，というものである。すなわち，資本主義的社会秩序(の下での富の不平等な分配)は不当ではないかという被支配層の疑問に対して，法は，合法的な取引の結果なのだから現在の分配状態は正当であると彼らを教育する——合法的とされると，それだけで被支配層は現体制に同意を与えてしまう——というわけである[14)・15)] (Tushnet 1977：pp. 94, 100；Tushnet 1978：pp. 100-101)。

正統化機能にはもう1つ，支配層に対して発動するものがある。富の蓄積を正しいことと信じてこれに邁進する支配層は，他方で，自由・平等といった伝統的な理念に照らして現在の分配状態が不当なものであることに気づいている。ここで法は，彼らが現在享受している地位が，法のまさに自律的な作動の必然的な結果である(「法は科学だ」)と説くことによって，彼らの倫理的葛藤を緩和する役割を果たしている[16)]——自分の行為は非人間的なものではなく，むしろ法に基づいた理性的なものであると誤解させることによって，彼らを支配層として構築している[17)]——というわけである (Tushnet 1977：pp. 91, 94, 101；Tushnet 1978：p. 98)。

——法は「国家のイデオロギー装置」として，資本主義的社会秩序は正当である(個人の自由と平等の所産である)というメッセージを拡散している (アルチュセール 1975：47頁；Gabel & Feinman (1982)：pp. 175-176［ゲイブル／ファインマン 1991：181-182頁］；Kennedy 1997：p. 282；船越 2011：216-217頁)。

Ⅲ——価値法則

ここまでは，ネオ・マルクス主義者の議論を比較的忠実に跡づけてきた。彼らはみな，マルクス主義的法モデルを更新しようとしている。しかし，その試

みは成功しているであろうか？　まず，法の相対的自律性について，これは決定論（determinism）を乗り越えるために提出された議論であったが，すでにみたようにネオ・マルクス主義者は，経済的土台に対する法の自律性が文字どおり相対的なものにすぎないことを承認しているのであった。タシュネットは端的に言っている——「法律家がその職業的利害ゆえにブルジョアの利害に反する立場に立った場合，実力によってその任を解かれることもあり得る」(Tushnet 1978：p.111)。ネオ・マルクス主義的法モデルにおいても，やはり法は——最終審級において——経済的土台に規定されるのである（アルチュセール 1975：25頁；Kennedy 1997：p.282；船越 2011：215頁）。

　このように，ネオ・マルクス主義的法モデルが，本来それが乗り越えの対象としたはずの決定論的性格をとどめていることは，経済的土台の内実に関するその規定をみればより明白となる。ただし，クレアについて冒頭でみたように，たしかにネオ・マルクス主義者は，自由競争資本主義→後期資本主義というように経済の発展段階を画した上で，これに照応する仕方で法も変化してきたと説いているのであるが（Gabel 1977：pp.617-618；Gabel & Feinman 1982：p.182 ［ゲイブル／ファインマン1991：191頁］；Klare 1978：pp.273-274；Klare 1979：pp.125-127；Tushnet 1978：pp.102-104；Kennedy 1977：p.281），このメカニズムについて正面から論じているのはバルバスだけであると言ってよい——「価値法則（law of value）」が衰微すると古典的な「法の支配」も衰微する（Balbus 1977：p.586）。

　それでは再確認しておこう。資本主義社会に固有の生産物の交換形態——「商品形態（commodity form）」——の論理について，バルバスはマルクスの商品論（マルクス 1969：第一篇第一章）に依拠しつつ，次のように論じていたのであった。商品は本来，使用価値である，すなわち，質的に固有の具体的労働によって生み出された質的に固有のモノである。ところが他方で，商品は交換価値でもある。このことが意味するのは，本来は通約不可能であるはずの商品が，相互の質的差異を捨象されて等価物に転化する——それに先立って，労働も抽象的労働に転化する（人間的起源を忘失する）——ということである。こうして，商品形態とは，それを起動させたヒトの意思から独立して自然法則に類する仕方で作動する（モノがそれ自身の生命を持つようになり，造物主たるヒトを支配する）

交換形態であると言うことができる (Balbus 1977：pp. 572-575, 584-585)。

次節の議論を先取りすることにもなるが，続けよう。バルバスによれば，資本主義社会において生産物が商品の形態をとるとすれば，人間は市民（法的主体）の形態をとるようになるのであった。すなわち，資本主義社会に固有の人間の交通形態――「法的形態（legal form）」――の論理は，商品形態のそれとパラレルなものになるというのである。まず，市民は本来，質的に固有の社会的利害（これ自体，各人の営む固有の社会的関係によって生み出される）を備えた質的に固有の存在である。ところが他方で，市民は，他の市民を代表する／他の市民によって代表される存在でもある。このことが意味するのは，本来は通約不可能な存在であるはずの市民が，相互の質的差異とその社会的起源を捨象されて等価的存在に転化するということである。こうして，法的形態とは，それを起動させた人間の意思から独立して自然法則に類する仕方で作動する（法がそれ自身の生命をもつようになり，造物主たる人間を支配する）交通形態であると言うことができる (Balbus 1977：pp. 575-576, 582-585)。

さて，以上のようにバルバスは商品形態と法的形態の間に「相同性 (homology)」を見出した[18]わけだが，肝心の後期資本主義段階における法と経済の関係が分析されないままに終わっているなど，未解決の問題は多い[19]。だが，ここでは，とりわけケネディにとって不満だったのが，「ひとたび法的形態が成立するや，商品の確定的な論理に従って当該法システムの個々のルールが資本主義を発効させる」とするこの図式では，批判法学が繰り返し指摘してきた法の不確定性が等閑視されてしまう点にあったことを強調しておこう (Kennedy 1997：pp. 282-283)。ネオ・マルクス主義者は法を単純化しすぎているのではなかろうか？　節を改めて論じよう。

――法は，「自然科学的な正確さで」作動する経済的土台に由来し，発展段階ごとに異なるその要請に応答する (マルクス 1956：14頁；Gordon 1984：pp. 61-65；Kennedy 1997：pp. 281-283, 293；船越 2011：214-215, 224-225頁)。

Ⅳ——法意識

　ネオ・マルクス主義的法モデルはマルクス主義的法モデルの更新に成功しているか，次は正統化論に即して検討してみなくてはならない。この議論は，法の階級的本性というマルクス主義的法モデルの本質論（essentialism）を乗り越えるために提出された議論であったが，総体としての法の機能を同定——法を「システムとして把握（systematize）」（Kennedy 1997：p.265）——しようとすることによって，その本来の目的を達成し損なっていると言えるのではなかろうか。例えば，タシュネットにおいて，法のイデオロギー的機能は他の機能と重畳的に発現するとされたのであったが，これが可能となるのは，個々の法（法的ルール）と法総体（法システム）を区別し，正統化機能が後者のレベルに位置づけられているからにほかならない——もちろんこれは，前者のレベルで法の階級的本性を語るというマルクス主義的法モデルの強引さを批判してのことである（Tushnet 1977：pp.94-96）。しかしながら，例えば，宗教的自律性イデオロギーの下で重要事項に関する決定を行っている社会が世俗化によって動揺するといった事態を想起すれば了解されるように，自律性イデオロギーと社会秩序の正統性の結びつきは，「まさに法の『本性』から導かれるという意味で『本質的（essential）』ではない」であろう[20]（Kennedy 1997：p.236）。
　本稿の目的を若干逸脱してしまったようだ。ネオ・マルクス主義的法モデルが本質論的性格をとどめていることは，法的上部構造の内実に関するその規定——「法意識（legal consciousness）」論——をみればより明白となる。ここではゲイブルの契約法分析について再確認しておこう。[21]
　ゲイブルはまず，契約条件に関する法理の変化に着目する。すなわち，19世紀後期の裁判所は，契約条項に完全に適合した履行を一方当事者が行わなかった場合には，他方当事者による契約解除を認めるという厳格な法理を採用していたのだが[23]，20世紀になると，裁判所は，問題となっている契約条項との不適合が重大なものとは言えない場合には，契約解除を認めないという柔軟な法理

を採用するようになったのであった。ゲイブルは次に，このような個別の法理の変化の背後に，契約法全体を貫く法意識の変化——絶対的責任から相対的責任へ・法律問題重視から事実問題重視へ・文言に対する拘泥から社会規範の活用へ・利己的な当事者像から信義則に従う当事者像へ・形式論理の墨守から価値判断の承認へ——が横たわっていると主張する。そして，当然のことながらゲイブルは，このような法意識の変化を，自由競争資本主義から独占資本主義への経済構造の変化と関連づけるのであった。すなわち，19世紀後期においては，競争関係にある個人を単位として「原子置換的（atomic-substitutional）」に労働関係が編成されていたため，これを言表する法的言説もまた，内心を欠いたアトム間の非道徳的関係として世界を描出する——実証主義的な——知的枠組（エピステーメー）（フーコー 1974）の内部で作動しなくてはならなかったのに対し，20世紀になると，労働関係が非競争的な集団を単位として「集合協調的（cluster-cooperative）」に編成されるようになったことに対応して，内心を備えた人間どうしが取り結ぶ道徳的関係として世界を描出するものへと知的枠組（エピステーメー）が変化した結果，法的言説も自然法論的な様相を呈するようになった，というのである（Gabel 1977：pp.607-620）。

　以上のようなゲイブルの法意識論において重要なことは，言うまでもなく，それが「整合性（coherence）」のある（！）世界理解をもたらすものとして把握されていることである（Gabel 1977：p.618；Tushnet 1978：p.101）。さらに付け加えるならば，ゲイブルにおける法意識は，これも当然のことながら「幻想（utopian imagery）」にすぎない。それは，資本主義的社会秩序が階層秩序を成しているという真理を隠蔽する「護教論（apology）」でしかないと断定されるのである（20世紀契約法は信義則を唱えているが，市場は不公正に満ちている）（Gabel & Feinman 1982：pp.172-173, 181-183［ゲイブル／ファインマン 1991：176-178, 190-193］）。

　——法は，資本主義的社会秩序を幻想によってコーティングすべく，「一見不調和な全体の統一を形成して」作動する（アルチュセール 1975：38頁；Kennedy 1997：pp.290-293；船越 2011：215-216, 223-225頁）。

おわりに

　ネオ・マルクス主義的法モデルとは何だったのか？　あくまでもポスト・マルクス主義的法モデルからすればだが，それは，マルクス主義的法モデルの脱決定論化・脱本質論化への歩みを開始しながら，それを途中でやめてしまった法モデルだったと言うことができるのではなかろうか。たしかに法は，経済的土台という根拠から離陸しかかったのだが，しかし最終的には，再びそれへと係留されることになったのだった[25]。また，たしかに法は，ブルジョア的であることは断念したかもしれないが，しかしやはり，資本主義的であるという本質を放棄することはなかったのだった[26]。

　ポスト・マルクス主義者ならば次のように言うのではなかろうか。ネオ・マルクス主義的法モデルが中断した歩みを再開するのなら，知的な「徹底性[27]（radicalism[28]）」が必要となるだろう，と。ポスト・マルクス主義的法モデルへの道標とすべく，再び次の一節を掲げておいて，ひとまず本稿を閉じておきたい。

　　篤実——，これがわれわれの徳，われわれ自由な精神の免れえない徳であるとすれば，いまや，われわれはすべての悪意と愛とを挙げてこの徳のために働き，われわれに残された唯一のわれわれの徳を「完成する」ことに努めて倦まないであろう……われわれは，われわれ最後のストア主義者は，依然として峻厳でいよう！　そして，われわれはこれを援助するために，われわれのうちにある悪魔性のみを，——無骨と偶然に対するわれわれの嘔吐，われわれの《禁じられたものに対する志向》，われわれの冒険心，われわれの利巧な贅沢に慣れた好奇心，貪婪に未来のすべての領域を求めて彷徨し熱狂するわれわれの最も精妙で最も秘匿的で最も精神的な力への意志と世界征服への意志などを送り届けよう。——われわれは，われわれの「悪魔」のすべてを挙げてわれわれの「神」の救援に赴こう！（ニーチェ 1970：207頁）

【注】

1）　さしあたり，田口（1979：第Ⅲ章）を参照。
2）　「ネオ・マルクス主義者」とは誰のことかという筆者の問いに答えて，ケネディが挙げ

第 1 部　社会のなかの法

　　　たのがこの 4 名である（もっとも，バルバスは早々に批判法学運動から退出したらしいが）——ケネディとの会話（2013年 3 月14日，ハーバード・ロー・スクール）。なお，彼らの議論を紹介検討した邦語文献としては，さしあたり，田中（1985），松井（1986），矢崎（1987），石田（1989-90）がある。
3 ）　それどころか，ネオ・マルクス主義者の論稿を網羅するものでもなく，利用対象は，ケネディがピンク・セオリーを構築する際（Kennedy 1997：ch.11）に利用した論稿の主要部分に限られている。その全面的な再検討については他日を期したい。
4 ）　もっとも，ネオ・マルクス主義者は厳密な原典解釈を志向しているわけではない。例えばクレアは，この後に取り上げる経済決定論について，「この見解が擁護可能なものかどうかに関する議論や，その業績全体に照らしてマルクスが本当にこのような見解を抱いていたと言えるのかどうかに関する議論を繰り返すことはしない」としている。Klare（1979：p.125）参照。
5 ）　このクレアの規定は，バルバスの規定を受けてのものである。「法秩序がその外部の行為者〔＝支配層〕の選好から自律的であると言うことと，資本主義システムから自律的であると言うこととは別のこと」であって，むしろ「法が第 2 の意味で自律的でないのは，第 1 の意味で自律的であるからである」。Balbus（1977：pp.572-573）参照。
6 ）　タシュネットが以下の議論を提出する際に踏み台としたのは，ローレンス・フリードマンの利益多元主義であってマルクス主義ではない。しかしながら，ネオ・マルクス主義者は，マルクス主義と利益多元主義は，経済が法を規定するという論法を採用している点で違いはない——違いがあるとすれば，マルクス主義にとって経済は支配層の利害が貫徹する場と決まっているが，利益多元主義にとってはそうとは限らないという程度にすぎない——としているので，本稿でも両者を区別しないで議論を進めることにする。Balbus（1977：p.571, n.1），Gordon（1982：pp.284-285）［ゴードン 1991：244-245頁］参照。
7 ）　ピアジェのシェマ論を下敷きにした。Piaget（1967：pp.3-17）［ピアジェ 1968：9-27頁］，船越（2011：88頁注82）参照。
8 ）　ここから，ネオ・マルクス主義的法モデルは，「法の支配」をそれこそ「掛け値なしの善」として称揚する法モデルであると解釈することも可能になる。Thompson（1975：p.266），Kennedy（1997：p.282），船越（2011：215頁）参照。事実，本文中のようなタシュネットの議論に対しては，法の自律性を強調しすぎるあまり，フォーマリズムに逆戻りしかねないとの警告がバルバスより発せられている。Balbus（1977：p.572, n.2）参照。もっとも，タシュネット自身は，「法の支配」は誰もその望ましさを否定し得ないがゆえに，却って社会主義の実現を困難にする罠にもなるとも指摘しているが。Tushnet（1978：pp.110-111）参照。
9 ）　訳文を改めた——以下，邦語訳のある英語文献を引用する際にも，訳文を改めることがある。
10）　ケネディのイデオロギー論を下敷きにした。Kennedy（1997：pp.45-48），船越（2011：196-197頁）参照。
11）　本来であれば，労働運動参加者がこのような連邦最高裁の意識を自らのものとすることによって，という因果関係に関する（争いのある）テーゼを追加すべきところである。Klare（1978：p.268），Klare（1982：p.73）［クレア 1991：111-112頁］参照。後注15）も参

照せよ。
12) ケネディの比較衡量批判を下敷きにした。Kennedy（1990：pp.801-803）参照。なお，クレアは論をさらに進めて，以上の分析は，法過程が新たな資本主義のかたちを決定したことを，ひいては「法による土台構築理論（constitutive theory）」への道が開かれたことを意味するものであると自賛しているが，ケネディにとってこれは，法律家にとっての常識を確認したにすぎなかったようである。Klare（1979：p.131），Kennedy（1997：p.286），船越（2011：219頁）参照。
13) クレアもタシュネットの三類型を受け容れている。Klare（1979：p.132）参照。
14) グラムシを下敷きにした。「知識人たちは，社会的ヘゲモニーと政治的統治，すなわち，(1)支配的な基本的集団によって社会生活におしつけられる指導にたいして住民大衆があたえる『自発的』同意……の副次的機能を行使するための支配的集団の『手代』である」（グラムシ1986：第3巻89頁）。「これは大衆教育の問題であり，達成すべき目的の必要にあわせて大衆を『順応』させるという問題である。まさにこれは，国家内，社会内での法の役割だ。『法』をつうじて国家は支配集団を『等質』化し，指導集団の発展路線にやくだつ社会的画一性をつくりだそうとする。法の一般活動は……倫理の問題をよりよく，つまり具体的に理解するたすけになる」（グラムシ1986：第6巻131頁）。
15) 前注11）でみたように，クレアはこのような論法をかなり額面どおりに受け取っているが，これに対して，むしろタシュネット自身は，被支配層は法の役割について曖昧な理解しかもっていないなどとして，この論法の経験的妥当性について懐疑的である。Tushnet（1977：p.100）参照。なお，この点に関するピンク・セオリーの立場につき，船越（2011：212-213頁注20）を参照せよ。
16) タシュネットは，法曹集団支配層についても同じことが言えるとしている。すなわち，彼らは，自分たちが実際上行っていること（経済成長の促進）と職業倫理上行わねばならないこと（公正・正義の実現）との葛藤に苦しんでいるのだが，法の相対的自律性がこれを緩和する役割を果たしている（自分たちが行っていることは，法的推論という法内在的な要請に従ってのことである）というわけである。Tushnet（1977：pp.92-93），Tushnet（1978：pp.98-100）参照。
17) アルチュセールを下敷きにした。「じっさい，ブルジョア階級は自らの神話で他の階級の人びとを説得するまえに，自らもその神話を信じているにちがいない……たとえば，自由というイデオロギーにおいて，ブルジョア階級は自らの実在条件と自らの関係，すなわち自らの現実的な関係（資本主義的な自由経済の権利），だが想像上の関係（自由な労働者をもふくめて，すべての人間は自由である）に包みこまれた，その現実的な関係をきわめて正確に体験している……支配的なイデオロギーは，支配階級が被搾取階級を支配することに役立つだけでなく，支配階級に，世界とのみずからの関係を，現実的で正当化されたものとして容認させながら，みずからを支配階級として形づくることにも役立っている」（アルチュセール1994：417-418頁）。
18) もっとも，これはバルバスが次の引用を行いつつ半ば認めているように，パシュカーニスの議論を焼き直したものにすぎない（Balbus 1977：p.577, n.5）。「ちょうど生産物の有用な本性の自然的な多様さが，商品においては価値の単純な外皮であり，人間労働の具体的な種類が，価値の創造者である抽象的な人間労働に解消するように，物にたいする人間の関係の具体的な多様さは，所有者の抽象的な意志としてあらわれ，人類（homo

sapiens)の一人の代表者を他から区別するすべての具体的な特殊性は，人間一般，すなわち法律的主体という抽象に解消する」(パシュカーニス 1986：117-118頁)。
19) ネオ・マルクス主義的法モデル一般に共通するこれらの問題については，Kennedy (1997：pp.287-288)，船越 (2011：220頁) を参照せよ。
20) ケネディの正統化論の非批判法学的な性質については，船越 (2011：第四章第三節) を参照せよ。
21) この作業を通じて，「物質的条件が世界理解の基盤を形作っている」との前提に立ち，「物質的変容の知覚／に対する応答を編成しようとする中から生じる」ものとして法意識を捉えるネオ・マルクス主義者の法意識論——ゲイブルについては，法システムの自律性に対する考慮が不足しているとの指摘がなされているほどである——と，「固有のパターンに従って進化する概念とその知的操作方法の体系」として法意識を捉えようとするケネディのそれとの相違が改めて浮き彫りになるであろう。Tushnet (1978：pp.101-102)，Kennedy (1980：p.4)，船越 (2011：32頁) 参照。
22) さしあたり，樋口 (2008：第11章) を参照。
23) Norrington v. Wright, 115 U.S. 188 (1885).
24) Helgar Corp. v. Warner's Features, Inc., 222 N.Y. 449, 119 N.E. 113 (Ct. App. 1918).
25) より一般的な言い方をするならば，ネオ・マルクス主義的法モデルは，その売り文句に反して，法を法外の要因によって説明する還元論 (reductionism) にとどまっていた，ということになろうか。いずれにせよ，ポスト・マルクス主義的法モデルにとって，法批判の技法を経済的土台に対しても差し向けないのは自家撞着にほかならない。Kennedy (1997：pp.287-289)，船越 (2011：220-221頁) 参照。
26) ポスト・マルクス主義的法モデルは，法がそれこそ社会主義的 (利他主義的) でもあることを承認する。Kennedy (1997：p.287)，船越 (2011：219-220頁) 参照。
27) もちろん，再開しないという選択肢もあり得るだろう。それがネオ・マルクス主義的なものかどうかはさておき，法の根拠や本質への郷愁には断ち難いものがあろうから。船越 (2013：332頁) 参照。
28) ケネディの方法論「非合理主義／ポストモダニズム」を想起せよ。船越 (2011：230-233頁) 参照。

【引用文献】

アルチュセール，ルイ (1975)『国家とイデオロギー』(西川長夫訳) 福村出版.
——(1994)『マルクスのために』(河野健二・田村俶・西川長夫訳) 平凡社ライブラリー.
Balbus, Issac D. (1977) "Commodity Form and Legal Form," 11 Law & Society Review 571.
Boyle, James (1985) "The Politics of Reason: Critical Legal Theory and Local Social Thought," 133 University of Pennsylvania Law Review 685.
Dworkin, Ronald (1986) *Law's Empire*, Harvard ［ドゥウォーキン，ロナルド (1995)『法の帝国』(小林公訳) 未来社］.
フーコー，ミシェル (1974)『言葉と物——人文科学の考古学』(渡辺一民・佐々木明訳)

新潮社.
船越資晶（2011）『批判法学の構図——ダンカン・ケネディのアイロニカル・リベラル・リーガリズム』勁草書房.
―― (2013)「初期アンガーの再活用——『法の支配』の歴史社会学」法学論叢172巻4＝5＝6号331-354頁.
Gabel, Peter (1977) "Intention and Structure in Contractual Conditions: Outline of a Method for Critical Legal Theory," 61 Minnesota Law Review 601.
Gabel, Peter & Jay M. Feinman (1982) "Contract Law as Ideology," in Kairys ed. (1982)［ゲイブル，ピーター／ジェイ・M・ファインマン (1991)「イデオロギーとしての契約法」(松浦以津子訳) ケアリズ編 (1991)］.
Gordon, Robert W. (1982) "New Developments in Legal Theory," in Kairys ed. (1982)［ゴードン，ロバート・W (1991)「法理論の新たな発展動向」(深尾裕造訳) ケアリズ編 (1991)］.
―― (1984) "Critical Legal Histories," 36 Stanford Law Review 57.
グラムシ，アントニオ (1986)『グラムシ選集〔新装版〕』(山崎功監修) 合同出版.
樋口範雄 (2008)『アメリカ契約法〔第2版〕』弘文堂.
石田眞 (1989-90)「『批判法学』からみた労使関係と法——『ワグナー法』論争をめぐって (Ⅰ)(Ⅱ完)」季刊労働法152号127-138頁・154号108-117頁.
Kairys, David ed. (1982) *The Politics of Law: A Progressive Critique*, Pantheon［ケアリズ，デヴィド編 (1991)『政治としての法——批判的法学入門』(松浦好治・松井茂記編訳) 風行社］.
Kennedy, Duncan (1980) "Toward an Historical Understanding of Legal Consciousness: The Case of Classical Legal Thought in America, 1850-1940," in Steven Spitzer ed., 3 *Research in Law and Sociology*, JAI Press Inc.
―― (1990) "The Liberal Administrative Style," 41 Syracuse Law Review 801.
―― (1997) *A Critique of Adjudication {fin de siècle}*, Harvard.
Klare, Karl (1978) "Judicial Deradicalization of the Wagner Act and the Origins of Modern Legal Consciousness, 1937-1941," 62 Minnesota Law Review 265.
―― (1979) "Law-Making as Praxis," Telos, no. 40.
―― (1982) "Critical Theory and Labor Relations Law," in Kairys ed. (1982)［クレア，カール・E (1991)「批判理論と労働関係法」(井上典之訳) ケアリズ編 (1991)］.
マルクス (1956)『経済学批判』(武田隆夫・遠藤湘吉・大内力・加藤俊彦訳) 岩波文庫.
―― (1969)『資本論（一）』(向坂逸郎訳) 岩波文庫.
マルクス・エンゲルス (1978)『ドイツ・イデオロギー』(古在由重訳) 岩波文庫.
松井茂記 (1986)「批判的法学研究の意義と課題——アメリカ憲法学の新しい潮流 (1)(2完)」法律時報58巻9号12-22頁・10号78-90頁.

第1部　社会のなかの法

ニーチェ（1970）『善悪の彼岸』（木場深定訳）岩波文庫.
パシュカーニス（1986）『法の一般理論とマルクス主義〔復刊版〕』（稲子恒夫訳）日本評論社.
Piaget, Jean（1967）*Six Psychological Studies*（David Elkind ed., Anita Tenzer trans.）, Random House, Inc［ピアジェ，ジャン（1968）『思考の心理学——発達心理学の六研究』（滝沢武久訳）みすず書房］.
田口富久治（1979）『マルクス主義国家論の新展開』青木書店.
田中茂樹（1985）「法の相対的自律性——A・ハントとE・P・トムソン」大橋智之輔・田中成明・深田三徳編『現代の法思想』有斐閣422-441頁.
Thomson, E. P.（1975）*Whigs and Hunters: The Origin of the Black Act*, Allen Lane.
Tushnet, Mark V.（1977）"Perspectives on the Development of American Law: A Critical Review of Friedman's 'A History of American Law,'" 1977 Wisconsin Law Review 81.
——（1978）"A Marxist Analysis of American Law," Marxist Perspectives, no. 1.
矢崎光圀（1987）「新しい法モデル＝法機能論と世紀末」『日常世界の法構造』みすず書房139-172頁.

【付記】　本稿は，科学研究費補助金基盤研究（C）（平成24年度～平成27年度）の研究成果の一部である。

川島武宜の戦後——1945～1950年

高橋裕

はじめに

　日本における法と社会に知的関心を向け、それに学問的に取り組んでいくときに、川島武宜が残した諸研究の影響力から逃れることはおよそ不可能であろう。しかし、その影響力がどのようなものであるかを、現時点で検討する作業は充分に行なわれているか？　ひょっとすると我々——とりわけ、一定以下の世代の法社会学研究者——は、川島の業績に正面から立ち向かう機会を持たないままに、彼が示した問題設定とアプローチを自己の研究の自明的前提として取り入れることとなっているかもしれない。[1]　本稿は、そのような認識のもと、川島の諸研究のどのような面が、どのように、現在の法社会学に影響を及ぼし続けているのかを、筆者なりに検討する試みの第一歩である。

　棚瀬孝雄はかつて「川島の法社会学を……時代的な背景の中で理解するだけでは、まだその真の意義をとらえたことにならない」という観点から、示唆の多い川島法社会学論を提示した(棚瀬[1993](2002)。引用は同：3)。しかるに本稿では、川島の諸研究が、どのような社会的・歴史的そしてまた個人史的文脈の中で現われてきたかに着目する。自身の研究に対する学界・社会からの反応をフィードバックさせながらさらに研究を進めるという作業を繰り返し、そしてそれを通じて自己の理論と方法とを精錬していった川島のような研究者に接近していくうえでは、「時代的な背景の中で理解する」こともまた有意義であ

り必要であると、筆者は考えるためである。このような作業はまた、1960年代後半という時点においてこそ川島のもとで研究を始めた棚瀬孝雄の、その法社会学の特質に光を当てる作業にも連なることだろう。

本稿では、さしあたり検討の対象を第二次世界大戦後からの数年間に絞る。分析と理論とがダイナミックに展開していった・川島の法社会学理論の開花期に当たるこの時期の展開を丁寧に追跡することは、彼の法社会学を理解するうえで枢要であろうという見通しが、その選択の基礎にある。もとより、以下で描き出す川島像はそこに接近する際の筆者自身の視角と関心とに大きく制約されることになるし、そもそも、質の高い「川島法社会学」論が多く蓄積されてきている現時点において本稿が新たに付け加えるものは少ない。しかし、川島の研究業績を、それらが生み出された諸背景との関係で詳細に分析しようとする作業がこれまで十分には行なわれていないことに照らすならば、本稿の作業は端緒的試みの一つとして一定の意味があるものと信じる。

I ——軌跡：1945〜1950年

1 位置につく——1945年

終戦時に川島は満35歳、東京帝国大学法学部の既に教授の任にあった。終戦に先立つ疎開をめぐっては、大塚久雄・飯塚浩二らとの知的交流を与瀬町（現・神奈川県相模原市）において行なったことが知られており（1978：186-191。飯塚（1970）も参照）、その当時川島は同地より東京に通っていたという（1978：189）が、彼が8月15日をどこで迎えたかは明らかでない。

川島はこの年に著作を公表しておらず、研究活動という面では、次年度以降の活躍に向けてスタートラインに立った時点として位置づけられる。そしてまた、終戦直後すなわち1945年末頃までの川島の動向を知る手がかりは——論稿が公表されていないこともあって——さほど多くない。しかし、私たちが得られる資料による限り、広い意味での教育活動への献身が大きく二つの場面において見られる。

第一に，当然のことではあるが，高等教育の現場において。この時期に大学院を含む大学での教育活動は急速な再開を遂げ（百年史（1986）：251），1950年代以降の法学・法社会学に強く関与しまた影響を及ぼすことになる研究者たちが研究活動を開始していることから，川島の活動も直ちにそうした者への教育に大きくかかわっていったものと考えられる。たとえば加藤一郎は 8 月のうちに大学院後期特別研究生に，潮見俊隆も 9 月に大学院特別研究生（前期）にそれぞれ採用決定され（百年史（1986）：251）[8]，11月には川島が演習の開講を教授会に申し出て承認されている（百年史（1986）：252）[9]。

　第二に，市民への啓蒙的教育の現場において。この関係では，まず，庶民大学三島教室[10]での活動が挙げられる。静岡県三島市では，末弘厳太郎門下の木部達二[11]らを中心として地域の市民に向けた文化運動が終戦後から開始されたが，その最初期にあたる1945年12月に川島は「日本の社会と婦人」と題する講演を行なっている[12]。次に，その動向と並行して，青年文化会議の組織化が進行していたことも重要である。青年文化会議の設立に向けては，1945年10月初旬から設立の動きが生じ11月中には方向性が定まり，その後会員の獲得に向けた努力がなされたというが[13]，その中心にいたのは「大学新聞」紙の編集に携わった中村哲・瓜生忠夫・桜井恒次らであった[14]。このうちの桜井は，終戦前より川島との密接な結びつきを有している[15]。「結局，青年文化会議は大学新聞の言論人くずれと［東大］法学部研究室を拠点として作ったといっていいと思うが，川島（武宜）さんや木下順二君などにも入ってもらって，総合的な文化運動をめざした」（中村（1996）：4[16]。ブラケット内は高橋附記）。そして，この青年文化会議への参画は翌年にかけて川島をもう一つの市民教育活動へと導く。ここで，筆を1946年へと進めることにしよう。

2　走り出す——1946年

　1946年は，戦後の知的潮流の牽引者としての川島の言論および実践活動が軌道に乗った一年であった。まず，戦後の彼の代表作の一つである『所有権法の理論』（1949c）について[17]，「昭和21年の正月休みに……本書の最終章を書」いたという（1949c：はしがき 6 ）[18]。 2 月 2 日には青年文化会議の発足総会が開催さ

れ，川島が執筆したとされる同日付けの「宣言」[19]が発表された。

　この青年文化会議とのかかわりは，さらに，川島を新たな市民教育の現場へも向かわせる。それは農村文化協会長野県支部での活動であり，ここでもまた桜井恒次が，同協会の八木林二と青年文化会議とのあいだの仲介をしたという記録が残る[20]。1946年3月22日から28日にかけて川島は，古島敏雄・中村哲・内田義彦・野間宏・桜井恒次らとともに，下伊那・上伊那を含む長野県下のいくつかの市町村を回って講演を行なったという。川島の講じた題目は「日本農村の生活と意識」であった。後述するとおり，川島と農村文化協会長野県支部との関係は，その後，著作の刊行にまでつながっていく。

　続く4月になると，（時期が明確なものとしては）川島の戦後最初の論稿が公表され，また執筆される。公表業績として最初のものは，管見の限りでは，「学問の幇間性と有閑性」という刺激的な題名で4月11日付けの『大学新聞』に掲載された小稿（1946a）であり，「日本文化の反省と展望」（1946b）[21]がそれに続く。後者は『潮流』1巻5号の特集「文化闘争の自省と展望」中の一本で，青年文化会議への関与が同誌への執筆へと川島を導いたのであろう[22]。法への直接的言及を行なうよりは，諸文化のあり方を，市民および国家とのかかわり方に焦点を合わせつつ論じるものであった[23]。

　5月に入り，昭和21年度の入学者が東京帝国大学に入学してくる。女子および専門学校卒業者に入学資格が認められた最初の学年である。同5月に川島は，「所有権法の理論」の内容を基礎にした特別講義を行なったという（1949c：はしがき4）[24]。末弘厳太郎が東大教授を辞する旨を示すなどもしたこの時期[25]，川島は自己の――法学の範囲を超えて大きな社会的影響力を持った――代表作の一つ，「日本社会の家族的構成」（1946c）の執筆もしていたのではないか[26]。発表は『中央公論』1946年6月号で，6月18日には民主主義科学者協会の歴史部会において同題の報告を行なっている[27]。さらに，戦後の川島の最初の単行著作となる『家族制度調査項目表』（1946d）[28]と『日本農村の生活意識』（1946e）とが，この時期にいずれも農村文化協会長野県支部から刊行された[29]。後者は，同年3月23日に行なわれた講演の速記に加筆されたものという（1946e：2）[30]。

　7月に入ると，川島の新たな公的活動が始まる。民法改正に向けた司法法制

審議会第二小委員会への参加である。川島は同委員会の幹事の一人に指名され、家・相続・戸籍法を分担するA班のメンバーとして、同月13日以降9月まで集中的に改正案の起草に当たる[31)・32)]。その合間を縫って、青年文化会議の関係で再び長野にも赴いている（野沢（1999）：183註(3)）。そしてまたこの時期に、戦後の川島の法社会学理論を最初にまとまった形で提示し・既に権利関係と権力関係との対比（高橋（2006）：267-270参照）も示唆する「遵法精神の精神的および社会的構造」(1946f。川島自身による後の時点での位置づけとして1982c：410-411参照）と、法社会学と法解釈学との関連を圧縮して示しつつ法概念論に及ぶ重要論文「労働法の特殊性と労働法学の課題」(1947a。単行書収録の際に稿末に「1946年11月」と附記（1950a：266））なども執筆されたのだろう。なお、川島は『ある法学者の軌跡』のなかで歴史学研究会についてやや詳しく説明をしているが、この時期に彼が同会との間で持った接点を記録するものとして、同年8月28日開催の石母田正『中世的世界の形成』合評会の模様を伝える記事も残っている（記事（1946d））。

かくして、1946年は川島にとっては戦後の諸活動の実質的なスタートの一年となり、その間に彼は、自己の理論とそれに基づく実践とを、市民との関係でも、法律家との関係でも、また他分野の研究者との間でも、多面的にかついわば臨床的に、構築していったのだった。

3 駆ける——1947年

1947年に入って早々に川島は眼疾に襲われる。このことは、研究活動に相当程度の制約を生じさせたのではないかと思われ、その後しばらく、発表される論稿は口述筆記による執筆であったとされている[33)]。しかし彼はそのような状況下でも論稿の発表（1947b/1947c/1947d/1947eなど）を続けていった。同時期のシンポジウムへの参加も記録されている（1948c）[34)]。病気を押しても活発に言論活動を続けていったのは、一つには、川島の当時の構想・発想の豊かさに、もう一つには、民主主義の実現に対する使命感に、裏打ちされるところが大きかったのだろう（1978：199参照）[35)]。

また、前年来かかわりを持った民法改正との関係では、草案に対する批判を

積極的に公にし始めるのがこの時期である。すなわち，川島個人としての活動としても（1947g／座談会（1947）：27-28），この年の1月より磯田進・内田力蔵・来栖三郎・杉之原舜一・野田良之・山之内一郎ら有志で検討を始めた「民法改正案研究会」の活動としても（民法改正案研究会（1947a）／民法改正案研究会（1947b）。またこれとは異なるグループであるが，関連して家族法民主化期成同盟（1947）も参照），さまざまな成果が示されるようになるのである。なお，この年の夏には『所有権法の理論』の序文が書かれ（1949c：はしがき5），同書が完成したことが窺われる。フィールドワークとして，建設請負の実態にかかわる調査が開始されたのもこの年のことだったようである。方法論の関係では，「社会学における計量的方法の意義とその限界」（1947h）が9月に執筆（1950a：96参照）されている。以上を要するところ，病疾にもかかわらず川島の活動は停滞することがなかった。

教育活動に目を向ければ，この年より川島は，東大で民法の講義を担当することになり，47年度には民法第1部を担当している。内容は，民法総則の説明に留まらず，民法全体の総論たることを目指したものだったようである（1951c：はしがき1。座談会［1990］（1991）で広中俊雄がその様子を語る）。なお，同年4月には唄孝一が東大特別研究生として，石村善助が東大助手としてそれぞれ採用され，10月には渡辺洋三が東大特別研究生に採用されている。その間，5月3日に日本国憲法施行。また，東京帝国大学が東京大学に改称されたのは9月のことだった。

ところで，この年の川島の活動で，法社会学研究の観点から逸し得ないのは，日本法社会学会設立に向けたものであろう。それまで日本国内ではごく僅かにしか存在しなかった法学系の学会を，法社会学について作ろうとした理由と経過については，川島自身によって詳しく述べられている（1978：236-239/1979：3-4。関連して潮見（編）［1964/1967］（1968）：26-34も参照）。米国における学会の存在と意義とを占領軍付きの米国人研究者から教えられた川島が，磯田進とも相談をしつつ，「既存の学問分野にとらわれないで自由に有志が集まって議論できる」場（1978：237）として構想し，尾高朝雄に呼びかけてもらいながら創設を実現したのだという。今日のさまざまな「学会」の叢生状況に照ら

すならば，川島も自負するとおり（潮見（編）［1964/1967］（1968）：31-32）先見の明があったというべきであろう。学会設立に際しての発起人は尾高に加えて末川博・中川善之助・平野義太郎・舟橋諄一。また，この創立総会の際に川島は「三重県安乗村の漁民の家族構造について」という報告を行なっている（記事（1951b）：191。総会の様子を伝える短文として記事（1948）：220-221も参照）。

　最後に，この年の末には「孝について」が執筆され，『日本社会の家族的構成』刊行の準備が整っていることもここで指摘しておきながら，48年の活動へと眼を移すことにしよう。

4　立ち止まる──1948年

　1948年に入っても川島の活動は一見したところでは旺盛である。特にこの年は，『日本社会の家族的構成』(1948a) が5月に刊行されるとともに，年末には，川島の法律学上の最初の単行著作というべき『債権法講義』(1948e) も刊行されており，川島の著作が書籍の形で広がっていった最初の年であった。ただし，学術論文の公表という点では前2ヶ年に比べて少々落ち着いたというべきであろう。すなわち，公表業績を見る限り，この年の活動の大半は，啓蒙的なものも含めて座談会への参加によって占められ（6月に公表された1948cが前年の活動の記録であることは前述した），年の中盤までで川島の単独執筆でまとまりある論稿としては「生産管理の違法性と合法性」(1948d。稿末に7月執筆との記載がある) を挙げうるくらいである。7月に再度眼疾に襲われたということ（1949e：はしがき15参照）が，これには関係しているだろう（年末に至り「民俗学と法社会学」(1949b)[41] および「土建請負契約のいわゆる「片務契約的性格」について」(1949a)[42] と，執筆が相次いだことは，健康の回復に応じてのことと想像しうる）。

　ただしそのような状況の中，この年の川島は，その後の理論展開に大きな影響を及ぼす契機を得つつもあったのではないかと思われる。「思想の科学」グループとの出会いがそれである。鶴見和子との接点が（遅くとも）年初のうちにできており（座談会(1948a)），早々にグループが主催する会合にも出席（座談会(1948b)），そして3月には『思想の科学』誌掲載の「法社会学と言語」(1948b) を執筆するに至る（執筆時期については1950a：75参照）。この論稿が川島の理論の重

第1部　社会のなかの法

要な展開を示すものであることについては，後述する。

　また，この年に川島は平和問題に関する討議に参加している[43)]。これは，同年7月に発表された「戦争をもたらす緊張の原因に関する声明」(オールポートほか［1948］(1949))に呼応して組織されたもので[44)]，この年の12月12日には集中討議を行なう会合が開催された。その活動はさしあたり1949年初頭まで続き[45)]，さらに「三たび平和について」(平和問題談話会(1950b))へ，ひいては憲法問題研究会へとつながっていくものであり，これらの活動に対する川島の位置どりも，長期的視点の下では一定の関心を惹くものと筆者は考えるが，その検討は本稿の直接的射程を超える。ここではその指摘のみにとどめて先に進むことにしよう。

5　跳ぶ——1949年

　1949年は，前年とは変わって，川島の研究上の重要な著作が相次いで公表される一年となった。まず，かねてから用意されていた二つの単行書として，2月には『所有権法の理論』(1949c)が，5月には『民法解釈学の諸問題』(1949e)が，それぞれ刊行される。具体的な刊行時期は，当時の刊行事業の一般的困難に照らすならば，川島の希望通りにはならなかったであろうが，それは期せずして，法学の刷新の——かけ声のみではなく——実践者としての川島という像を読者に見せることへとつながったことだろう[46)]。

　さらに，新稿として「法社会学における法の存在構造」(1949f)と「封建的契約とその解体」(1949g)とが相次いで公表され，川島の法社会学理論は大きな跳躍を見せる[47)]。前者は，その時点での川島が考える法社会学のアウトラインを示すいわば綱領であり[48)]，後者はそれに従いながら新たな方向に舵を取りつつ個別主題にかかる研究を提示したものと，位置づけることができる。それらの作業が法解釈学に寄与するところは大きい，という自負もあったはずである[49)]。歴史的観点をより強めながら，かねてからの関心対象であった家族構造と家族法の領域にかかる個別研究として執筆された力作「民法典の「親族」概念について」(1949-1950)の発表もこの年から翌年初頭にかけてであった。さらに，翌年刊行される『土建請負契約論』も，49年のうちにはおおよそ準備されていたの

ではないかと思われる。この頃に川島の法社会学は、方法論的な議論のみに留まることをやめ、また啓蒙的な議論の水準からも離れ、より具体的・経験的に法現象を分析するものへと移行していったといってよい。

年末には、それらのうちのいくつかも含めて、自らの既往の法社会学関連の研究論稿をまとめた論文集『法社会学における法の存在構造』の編纂を終えている。そしてまた、それらの過程において、「思想の科学」との結びつきも変わらず密接である。さらに、その間には、いわゆる「法社会学論争」が開始され、川島も一定の関与を見せることになった——以上の概観のみでも、この年の川島の驚異的ともいうべき知的生産性の高さが理解できよう。川島の研究の展開にとってのこの1949年という時期の意義については、Ⅱ5で再び検討することとしたい。まずは本稿で扱う最後の一年を見るべく、先を急ごう。

6 転回する——1950年

実り多い飛翔の年であった1949年を経て迎えた1950年は、川島にとって重要な一年になったと思われる。ただしそれは、刊行書籍・公表論稿の質ないし量という点においてではない。単行書として川島の代表作たる『法社会学における法の存在構造』と『土建請負契約論』が現われたが、先述の如くそれらはおおむね前年中の作業に基づくものであったと思われる。川島を編著者に掲げる単行書は他にもいくつかあるけれど、共著・共編ばかりであり、かつ、それらへの川島のコミットメントの度合いは明らかでない。そしてまた、この年に公表された論稿もさほど多いわけではなく、前半に刊行されたまとまったものとしては、ルース=ベネディクト『菊と刀』についてのレヴュー論文（1950c）があるのみである。にもかかわらず、重要であるとはどのような意味においてか？一つは、この年に彼が初めて海外に行く機会を得たという意味において、もう一つは、政治状況の激変に巻き込まれたという意味において。

まず彼の最初の洋行について簡単に振り返ってみよう。行き先はアメリカ合衆国で、3月11日に日本を発ち（記事（1950a））、6月29日に帰国した（1950f：89）。スケジュールの詳細ははっきりしないが、「東部、中西部、西部の種々の大学を訪れ」る視察旅行であったという。その際に彼が米国で受けた刺激は、特殊

第1部　社会のなかの法

法社会学的観点からはあまり大きくなかったようだが（1978：217-218/1979：8-9），その後の彼の議論の展開に照らしてみるならば，当時の米国社会学・社会心理学の研究状況を実見しその発想と水準を彼なりに理解する契機を得たことが川島に及ぼした影響は大きかったように思われる（1982b：394, 411参照）。そしてまた，この米国旅行によって彼は，民法改正作業などを通じて持った米国人の知己たちとの接触から断片的に得ていた印象をさらに一般化する比較の視座を，自らの実際の経験に即した形で手にしたとも，実感したのではないか？　その後の川島には，既に同年のうちに1950e/1950fが現われるなど，米国を日本との比較の対象として用いる傾向がとみに顕著になる。

　しかし，帰国した彼をほどなく襲ったのは，レッド・パージの可能性であった。先に「政治状況の激変に巻き込まれた」と記したのはこの謂である。川島の米国旅行は，1950年6月の朝鮮戦争の勃発という歴史的時点に重なっているが，それに先立ちマッカーサーによる日本共産党幹部の公職追放が生じるなど，この時期には占領政策のいわゆる逆コースが疑う余地のないものとなっていた。さらに，高等教育の現場では，前年7月の新潟大学での発言に端を発するウォルター＝イールズの介入的声明の連続とそれへの学生の反発がもたらす緊張が，50年5月以降に激しく高まる。吉田茂首相による時の東大総長・南原繁に対する「曲学阿世の徒」発言が生まれたのもこの年の5月初めのことである。

　そうした経過の中で，川島の帰国の頃には，研究・教育の現場への政治的介入の可能性は抽象的危機の段階を超えていた。それはやがて川島の間近にまで迫り，川島自身，自分がレッド・パージの対象予定であるという情報をGHQから得るに至ったという（松沢（1995）：350）。学生たちによるレッド・パージ反対の運動が高潮に達した50年10月には，学生・教員・職員の合同集会にも出席[59]。その頃川島は当時の横田喜三郎法学部長から呼ばれ，忠告を受けたという。丸山眞男の証言によれば，その内容は「学生たちはあんなことを言っているけれど，法学部からは決して犠牲者は出さない。だから軽挙妄動はしないでくれ」というものであった（松沢・植手編（2006）：（下）91-92）。

　その直後の私法学会での講演「権利の社会的基礎」（山田（鐐）（1950）/記事

(1951a)）を経て，川島が「近代社会の法構造」(1951b) を執筆したのは，おそらくその頃のことだったろう。同稿は，「諸々の協同体関係は今なお残存している一方，また他方においては市民社会の危機が国際的な危機と相まって存在している。これが，日本における市民法の現在のすがたである」と，当時の国際状況に言及しながらペシミスティックな筆致で擱筆された (1951b : 48)。そして，この振幅の激しい一年の暮れを，川島は肺炎を患いながら過ごすことになる。法社会学の概説書の執筆予定が遅くともこの年のうちに確定していたはずであるが，それが刊行されることは──予定された形においては──遂になかった。

II──川島武宜の戦後

　以上，繁簡宜しきを得ない叙述となったが，終戦から1950年末までの川島の活動の軌跡を編年的に追跡してきた。既に示唆したように，そのおおよそ5年間のみをとっても，1948年に一つの重要な境を見いだせるように筆者には思われる。以下，その変化を五つの──相互に関連する──ポイントに分節化しながら，川島の戦後をさらに追跡してみよう。

1　市民への接近

　終戦直後の川島は，社会的啓蒙の実践者として，自らの声を市民に直接届けようとしていた。或る時は静岡へ，或る時は長野へ，そしてまたおそらくはそれ以外の場所へも，自ら赴き，戦後の・それまでとは大きく異なる価値観と歴史観のもとで，社会がどのように変わっていくか，そして市民がどのように振る舞うべきかを，指し示そうとしていた。戦後の数年間，川島は講壇のみに留まる研究者では決してなかった。そのような川島の姿勢がとりわけ顕著であったのが，1948年前半までであったと思われる。
　当時の川島の社会的活動に意義を与えた条件は，少なくとも二つある。一つは，川島に内在的な条件。彼は戦後直ちに，社会科学者が有するべき知的主体

性・自律性と，社会実践への責任とを強く主張している（1946a）。そのような主張を行動と一致させるうえで，青年文化会議への参加も庶民大学三島教室への参加も，川島にとって枢要な契機であった。そしてまた彼には，続く2で見るとおり，自分よりも上の世代の学者と自分は異なる，という痛切な自負心があった。そうであれば彼は，「自分であるからこそできる／自分でなければ，できない」という使命感のもとで社会的啓蒙活動に取り組んだはずである。川島における当時の実践は，しごく内発的なものであったと思われる。

　しかし，語り手がひとり力を入れても，聴き手に声が自ずと届くわけはない。市民の側にも整うべき条件があり，そして少なくとも一部の市民には，川島の声を受容する用意があった。笹川（1980）が，農村文化協会長野県支部の活動との関係で生き生きと伝えるように，学徒出陣まで含む徴兵と総動員体制の果ての敗戦という事態を受け，なぜ自分たちが戦争に巻き込まれ，また積極的に関与していったかを，自責の念も籠めつつ，考えようとした市民は少なくなかったろう。もし日本が戦争に敗れると考えていたら，違った行動をとることができたのではないか，しかし，自分は敗戦という事態を考えることすらできなかった——「自責」の中には，そのような意識も含まれる。そのように考える市民にとって，戦中の時点で既に敗戦を見通すことができていた者がいたことは，驚きと畏敬をもって受けとめられた事実であったに違いない。そして，かくも将来を見通す力が，「社会科学」——それはもちろん，当時の知的状況においてはマルクシズムを中心とするものである——によって基礎づけられているとすれば，そのような学問に触れて，その知見と発想とを自らのものにしたい，そうすれば，これからの指針も得られるはずだ，と考えただろうと思われる[63]。そのような人々にとって川島は，自分たちの関心と欲求とに応えうる社会科学者だったのであった。たとえば彼の『日本農村の生活意識』（1946e）が当時の農村の青年に対して発揮した強い魅力は笹川孝二が描き出すところである（笹川（1980）：140-142）。

2　法解釈学からの離隔

　1947年頃までの川島の活動を眺めるならば，法学研究者を第一次的な読み手

に想定していないように思われる業績が多いことにも気がつく。法学の領域のものでまとまった論文と呼べるのは、「遵法精神の精神的および社会的構造」(1946f) と「労働法の特殊性と労働法学の課題」(1947a) 程度というべきであろう。もちろん家族法にかかわるものは少なくないのだが、それらも個別的論点にかかわる議論が多く（たとえば1947d），その分野での本格的な研究論文は「民法典の「親族」概念について」(1949-1950) まで現われない。本稿で扱った時期には――そもそも大審院判例が少なかったことが与ってはいるけれど――判例評釈も少ない（一覧として1986b：358。瀬川 (2010)：53も参照）。

これは一つには、もちろん、**1**で注目した社会的啓蒙活動への注力の裏返しと考えられるが、そればかりではなく、法学・法解釈学、それも、自分よりも上の世代の研究者たちが築いてきた法解釈学からの意識的な離反という契機もそこには働いていたのではなかったか？　先にも触れたとおり、終戦直後の川島においては世代論的な言辞とそれに基づく活動が特徴的であり、そうであれば研究者としての活動という面でもそれを実践しようと川島が考えたのではないか、というのはさほど無理のない想像であろう。

しかしまた、そうした川島の気概とでも呼ぶべきものは、川島の東大法学部内部での立場を少々難しいものにしたかもしれない。たとえば、青年文化会議の「宣言」は、我妻栄を激怒させたと伝えられる[64]。また、民法改正作業における当時の川島の位置づけも我妻と必ずしも順接的ではなかったとは、たとえば、1985：127-128で川島自身が述べるところである（そこで言及される「家族制度廃止要望決議」とは1947年5月に出された家族法民主化期成同盟 (1947) のことであろうか）。東大法学部のスタッフを中心にして企画され1947年より有斐閣からの刊行が始まった「法学選書」の執筆陣（予定者を含む。矢作 (1980)：411-413参照）にも、憲法普及会の活動を基礎とした「新憲法体系」（国立書院）の執筆陣（同じく予定者を含む。矢作 (1980)：417参照）にも、川島の名は見られない。

そうであれば、日本法社会学会創立の際に、我妻を初めとする同僚中のシニア・メンバーたちが冷淡な態度をとったというのも理解できないことではない[65]。そして、もう一度川島の側に翻ってみれば、この創立総会の際に彼が題目として選んだ「三重県安乗村の漁民の家族構造について」という報告が[66]、この

当時の川島の研究の公表状況からすると明らかに唐突であることの意味も，この文脈において理解できるようにも思われる。このとき川島は，法解釈学とは全く異なる・経験的で基礎的な研究を展開する分野として法社会学を現出させようとして，この題目を敢えて選んだのではないか。すなわちそれは法社会学を法解釈学から独立した学問分野として定位させようとする川島の戦略の一つであった，というのがここでの理解である。しかしまたそのような戦略は，法社会学からの我妻らの距離をさらに遠いものにすることにつながりえた。[67]

3　1948年の反転

　しかし，川島の姿勢は，1948年頃に変化を遂げたように筆者には見える。一方で，市民に対する啓蒙的な活動は，48年後半からは目立たなくなる。前述したように学外において「思想の科学」グループでの活動や平和問題談話会での活動はある。しかしそれは，市民に対して直接語りかけるという行動ではない。他方で，著述活動は，法学者に向けられたものを主軸とするようになる。それも，法社会学の自律性を強調するというよりも，法解釈論との接合性を強く意識した方向でそうした論稿が著わされていく。そのことを（直接的には民法ではなく，労働法の領域にかかわるものだが）46年末の「労働法の特殊性と労働法学の課題」（1947a）と，48年夏の「生産管理の違法性と合法性」（1948d）とを比較しながら，みてみよう。

　「労働法の特殊性と労働法学の課題」において川島は，戦後の社会経済状況を前提にする限り，労働法の領域における解釈論は意味が少ないことを説く：「［解釈の］前提そのものの存在が問題となるときには，解釈学はもはや問題を解決しえなくなる。……すべての歴史的変動の時代には……解釈学の根拠前提そのものが問題としてあらわれ，そのときには法律学の主な課題は解釈などからはなれて，社会における現実の行為規範の分析から出発しなければならなかった」（1947a：28-29）。そうして，生産管理についても，「生産管理が合法的かいなかという問題は，争議手段として生産管理の方法をとることを承認させあるいは禁止するための政治的武器で」あって，「既存の法原理からの論理的演繹のみを問題とするかぎり，肯定論も否定論も結局においては水かけ論以上

には出ない」と言い放つ (同：27) のみである。その際に彼は, 法学者として具体的にどのような議論を展開すればよいのか, を明示的には示そうとしない。それに対して「生産管理の違法性と合法性」では, 新たな憲法と労働関連法の成立という条件下において「民法や商法や刑法等の従来の市民的な法律規定もまた一定の範囲で影響をうけている」と述べつつ, そのような市民法上の諸原理の変化を視野に入れねばならないという「問題的視点から, 生産管理の合法性の問題を考察し, 労働法的な理論構成, 労働法的な解釈学とはどのようなものであるか, またどのようなものでなければならないか, という問題の解決へのいと口」(1948d：7) を作るべく, 緻密な議論を, それもあくまで法解釈論として, 展開する。なるほどこれら二つの論稿の間で, 行為規範と裁判規範との区別を前提とする川島の理論の大枠は変わっていないかもしれない——少なくとも川島は, 変わっていないと考えていたかもしれない。しかし, 問題への接近の仕方に重大な変化が現われていることは明白である。

そして, そのような性質を持つものとしての法社会学への志向性は, 著書からも窺われる。48年末に刊行された『債権法講義』(1948e)[68]は, 第一次的には解釈論的な議論よりも, 制度の社会経済史的淵源ないし合理性を説明することに焦点を合わせようとしている点で, 特色ある教科書であるといってよいが, 川島自身はそのような「法社会学の立場からの分析」が「法解釈学にとっても多くの基本的な指針をあたえ得る」ものと規定している (1948e：4-5) のである。この刊行と並行して, 『民法解釈学の諸問題』(1949e) の刊行も準備されていたことに照らすならば, 川島は1948年に, 自己の法社会学の構想との実際的連関が明確な法解釈学のあり方を世に問う必要性をはっきりと感じ始めたのではないか。

4　方法としてのコミュニケーション

そしてまた, この1948年が, 「思想の科学」グループへの積極的なかかわりの始まりの年だという点で注目すべきと思われることも, 先述した。同グループが川島に与えた刺激はたとえば, 方法論的な問題を扱う「法社会学と言語」[69] (1948b) に顕著である。方法論的な検討は既に前年の時点でも「社会学におけ

る計量的方法の意義とその限界」(1947h) として現われていた。同稿は，今日のことばでいえばマクロ社会学とミクロ社会学との連結という問題意識から量的方法論——それはこの時点の川島において，当時の米国での社会学における問題設定のありかたと，それを可能にする米国の社会構造と結びつけられて，理解されている——の限界を指摘するものである。そこには，米国における社会学への距離感が明らかに見てとれる。それに対し，「法社会学と言語」では，まさに社会構造を量的に観察可能なものにする媒体として，ことば（それも，他者との間でどのようなことば遣いをするかという・コミュニケーションのあり方）に着目することの有効性が具体的に論じられている。米国の社会科学方法論の知見がこの論稿において明示的に引証されているわけではないが，発表誌から考えて，当時の『思想の科学』誌が積極的に紹介していた記号論および言語理論（そして，それと結びつく米国の社会科学理論）からの影響とそれらへの積極的な接近が背景にあることは疑いがたい。この頃川島は，自らの拠って立つ理論枠組みの転換をも可能にする道具を手にしようとしていたのである。

　そしてまた，その後の川島の理論展開を考えるならば，ことばへのこのような関心に，川島がやがて終生の関心事とする「ことば的技術として法」の理論・法的コミュニケーションの理論への発展の胚胎を見てとることは，誤りではあるまい。「思想の科学」グループとの邂逅を筆者が重視する所以である。

5　「所有」から「契約」へ

　それに続く1949年が川島法社会学の飛翔の年であった，とは前述したとおりであるが，その飛翔のうちには，川島の民法上の関心の大きな転換も含まれている，というのが筆者の理解である。すなわちこの頃に，川島の関心の焦点は物権法から債権法へと移行していったように思われるのである。代表作『所有権法の理論』も1949年に刊行されているため，いささか見えにくいことであるが，前述したとおり同書は1947年頃までに成立したものであって，この年の代表的業績の一つは「封建的契約とその解体」であり，また土建請負契約に関する研究も着々と進んでいた。債権法の教科書が早くも改訂された (1949h) のもこの年である。

もとよりこの時期の川島の理論構成は，近代の市民社会を構成する法的要素のうちの最も基本的なものは私的所有ということで一貫している（たとえば1951b：37註(3)参照）。しかしまた，たとえば，『所有権法の理論』の中で示される封建制の説明（1949c：75-80）と「封建的契約とその解体」におけるそれ（1949g：（上）45-46）とを比べるならば，社会構造および社会現象の理解そのものに占める所有および契約の比重について，川島の中で変化が生じているのではないか，というようにも思われるのである。そして，前述のとおり，方法論的にも川島にはこのとき既に，コミュニケーションという・契約過程を分析するために重要なツールを手にしつつあったのだった。川島の法社会学理論がやがて紛争という社会過程を軸に構成されるようになることは周知であるが，「所有」から「契約」へという関心の変化は，その一つの前ぶれではなかったか？　その可能性の検討は，1951年以降の川島の足跡を追う作業の中でなされることになろう。

III——幇間・有閑・士族　　結びにかえて

　以上，川島の戦後をやや詳しく追いかけてきた。生産的でありながらも，その志向する先と密度とが時期に応じて少しずつ変化した5年余であったことを示しえたのではないか。そして，1951年以降には，50年秋の私法学会での講演を基礎にして書かれた「権利の体系」(1951e)を初めとして，川島法社会学理論のいっそうの展開が待っている。そこに至る，そしてまたそこから先の，川島を追うことはこれから先に取り組まれるべき課題である。
　ところで，この5年間の川島においてもう一つ一貫していたものがある。それは，学者のあり方への強い関心である。青年文化会議の「宣言」に見られる旧世代の学者を峻拒する態度はそれと結びつくものであろうし，また，平和問題談話会での討論においても彼は，太平洋戦争を防止できなかったことの理由の一つとして「日本の学者が日本の人民，民衆と絶縁されていて，これになんら働きかけることができなかった」ということを挙げ，それを宣言内容に反映

するのを求めるほどであった(特集(1949):58)。そしてそうした研究者のあり方への強い関心はまた，本稿で取り上げた期間における最初の川島の論稿が「学問の幇間性と有閑性」(1946a)であり，最終時点での論稿が「学者士族」(1951a)[75]でありと，いずれも研究者のあり方をめぐるものであることに象徴的に顕われている。

　しかし，「学問の幇間性と有閑性」と「学者士族」とを読み比べると，私たちは直ちに両者の筆致に違いを見いださざるを得ない。両者は，研究者が真理探究を課題とする，という前提を共有する。そのうえで，前者は述べる：「現在の段階における日本の歴史的課題は，かの世界史的意義をもつところの民主主義革命の遂行と共に同時に学問の世界における西欧＝アメリカ的精神の確立でなければならぬ。そのためには，何よりもまづ……日本的な学問精神に対する自己批判が必要である。われわれの学問がたいこもち的学問になり下つてはならぬことは言ふをまたないが，現在においては，それにもましていましめられねばならぬのは，かの一見崇高にも見える「中立的」な有閑的学問，過去においてはしばしば見られたところのアカデミズムの堕落＝頽廃型態である」(1946a)と。そこで叫ばれているのは，社会に対する研究者の積極的コミットメントの必要性であり，また自己批判の必要性である。しかしそれに対して，後者では川島は，日本における研究者の社会学的地位が高等遊民的な「士族」ないし「士太夫」に類するものとして成立している，ということを述べつつ，次のようにいうのである：「要するに，日本では，学者は，近代科学を研究しようと欲しており，またそうせざるを得ない状況にあるにかかわらず，政府や社会は学者が士太夫の「学問」をするのだと考えているように思われる。現在学者がもっている精神的および肉体的苦悶は，このような矛盾に由来するであろう」(1951a：29)。ここに示されているのは研究者としての立場からの，他者，それも政府および日本の社会一般に対する批判である。自己批判の契機はそこでは後景に大きく退いている。この間に，研究者の社会的位置・役割をめぐる認識の変化が生じたように思われるのである。このような変化がその後の川島の研究と実践とにどのような影響を及ぼしたのか，もまた1951年以降の川島を追うことのなかで検討されなければならない。

【注】

1) 川島の生誕100年シンポジウム（2009年10月17日。於学士会館）でも，川島の遺した諸業績を検討したのは山田卓生（1937年生）・松村良之（1947年生）・瀬川信久（1947年生）・吉田克己（1949年生）と，いずれも川島と学問上の直接の接触を持ちえた世代の研究者に限定された。同シンポジウムへの出席者を見てもまた，1960年代後半以降に生まれた世代のものはわずかといってよい状況であったと記憶する。そこでの報告内容の詳細については瀬川（2010）／松村（2010）／吉田（克）（2010）／山田（卓）（2010）を参照。なお，川島について扱ったより最近の研究として尾﨑（2014）・水林（2014）がある。

2) 川島の研究の展開をクロノロジカルに検討・分析する先行研究として，淡路（1992）／六本（1993）／樫村（1997）／瀬川（2010）および座談会（1992）などがある。筆者自身の川島理解をこれまでに示そうとしたものとして高橋（2006）があるが，本稿で扱う時期の川島に特に焦点を合わせたものではない。

　なお，川島以外の法学者も含む同時期の法学の状況をめぐっては，出口（2013）：（2）が綿密な検討を行なっており，参考になる。

3) 川島をめぐる伝記的な検討を行なううえでの一つの障害は，そのための資料の少なさである。川島自身が幾度か自分自身のことを公に語る機会を持ち（1956/1971/1978/1979/1989など），しかもそのうちの一つである『ある法学者の軌跡』（以下で『軌跡』と記す場合がある）は比較的大部の回想録であるにもかかわらず，川島の歩んできた正確な途を辿ることは必ずしも容易ではない。そのこともあって，本稿がとるアプローチのもとでは，分散するさまざまな記述を筆者なりに再構成していくことになる。

4) 以下，本稿における文献の引照・引用の方法について記す：(a)川島の業績の引照にあたっては，「川島」と記すことなしに当該文献の刊行年（および引照先の頁）のみを記すこととする（同一年内に刊行されたものが複数ある場合にはさらにアルファベットを附記して弁別する。年を丸括弧で括ることもしない）。(b)川島の業績として扱うもののうちには，川島が中心的話者として出席した座談会・聞き書きの類も含む。(c)川島の業績以外については，編著者名の後に公表年および引照頁を続けるという通例の引照方式に則る。なお，『川島武宜先生を偲ぶ』編集委員会（編）『川島武宜先生を偲ぶ』（クレイム研究会，1994年）と東京大学百年史編集委員会（編）『東京大学百年史　部局史一』（東京大学，1986年）については，短縮の便宜から，本編中も文献目録中も，それぞれ『偲ぶ』（1994）／百年史（1986）と表記する。(d)稿末の文献目録においては，その前半に川島の業績をまとめて示し，それ以外の文献とは別に扱う。(e)引用にあたっては，送り仮名は改めないが，旧漢字は常用漢字に改め，漢数字は適宜アラビア数字に改める。踊り字は置き換える場合がある。原文に附された圏点は全て省略する。(f)本稿のとる方法に鑑み，川島の業績については極力初出のものを参看することとする（ただし，資料の性格によっては，現時点での参照可能性の考慮を優先した場合がある）。

5) 以下では，必要がない限り東京帝国大学と東京大学との表示上の区別をせずに，「東大」と記す場合がある。

6) 第二次世界大戦終戦に至るまでの川島の経歴については，ここにごく簡潔に記しておく：1909年10月岐阜県にて出生，1925年3月大阪府立北野中学校第4学年修了，1928年3月大阪高等学校卒業，同年4月東京帝国大学法学部入学，1932年4月東京帝国大学助

第1部　社会のなかの法

　　手，1934年5月東京帝国大学助教授，1945年2月東京帝国大学教授（『偲ぶ』（1994）：342）。1945年夏までの川島の研究業績は本稿の検討対象に含まれないが，その時期をも視野に収めながら川島の法社会学を精密に検討する先行研究として利谷（1972）／六本（1972）／六本（2007）／渡辺（1976）がある。
7)　川島の著作については1986bを参照。この著作目録は，若干の脱漏を免れていないけれども，相当程度に網羅的なものであると評しえ，これを札幌大学図書館（1995）と合わせて見ることによって，川島の著作の書誌情報は比較的容易に一覧できる。
8)　当時の川島から潮見への指導については1971：(1)63／潮見編[1964/1967]（1968）：8-9が触れ，また，1946年8月に復員し東大へ復学した渡辺洋三への川島からの指導については座談会（1981）：321が言及しているが，いずれも〈『資本論』を読むように〉という内容を含んだ，と述べる。
9)　なお，後述のとおり川島が講読していたというエールリッヒの *Grundlegung der Soziologie des Rechts* につき，そのリプリント版がこの年10月には早くも有斐閣から刊行されている（印刷工程は終戦前から進んでいたという（矢作（1980）：396））が，同書がこの時期に刊行されるに至った経緯は明らかでない。
10)　庶民大学三島教室については笹川（1986）／久田［1981］（1989）／丸山［2002］（2008）／松沢・植手編（2006）：（下）97-130を参照（丸山［2002］（2008）と松沢・植手編（2006）：（下）とで丸山の発言内容に若干の齟齬が見られることには，注意を要する）。なお，笹川（1986）：64-70は，末弘厳太郎の第二次世界大戦中の活動の一端についても示唆を与える。
11)　木部については辻（1948）／拝司（1948）／笹川（1986）：63を参照。それら——相互に齟齬もあるのだが——に拠りつつ本稿の関心にかかわる事項を摘記すれば以下の通り：1915年生。東京高等学校を経て1934年東大法学部入学，在学中に末弘の知己を得つつ1938年同卒。1940年4月東大大学院入学（社会法専攻），後に東大法学部法律資料整備室嘱託となり，『経済統制法年報』編集にも従事。1944年に静岡県田方郡函南村に疎開し，以後静岡県を拠点に活動。1948年2月病没。なお，戦中に川島は木部（および当時学部生の潮見）と『ドイツ・イデオロギー』の講読を行なっていたという（1971：(3)65）。
12)　その主旨は，笹川（1986）：76の要約によれば次の通り：「日本の女性の社会的地位の低さ，社会的無関心は，日本社会の後進性のひとつである。だから，日本女性の地位向上は，日本社会の民主的変革とくに封建制の一掃と不可分である。そして，それをするためには，女性が自らたちあがることが大切である」。
13)　瓜生（1965）：16-17が引用する『文化会議』1号所掲の記事の内容に基づく。青年文化会議については，庶民大学三島教室および『潮流』（後出）との関連も含めて，瓜生（1965）：3-22のほか，竹本（2009）／瓜生（1970）：277-283／野沢（1999）などを参照。
14)　「大学新聞」と戦後の知的潮流との関係については竹本（2009）：712-715参照。なお，瓜生は，1915年生であるので年齢が若干離れるものの，川島と北野中学校の同窓生である（中村（1996）：4）。
15)　桜井は，戦時中の川島の長野県下伊那での農村調査の実施に協力した人物であり（1971：(2)83／1978：135-136），また，『日本社会の家族的構成』を学生書房が刊行した際に編集者としての役割を果たした人物である（1983：439。関連して座談会［1990］（1991）：8も参照）。

16) 関連して丸山（1992）：205も参照。なお，会の発起人中に川島が加わっているという記述がある（丸山［2002］（2008）：148-149註（1））が，1945年末時点での会発足のメンバー中には川島の名は見られないようである（野沢（1999）：180-181参照）。
17) 同書の執筆時期については，川島自身が二通りの記述を行なっている（1978：164では「昭和19年の春のおわりごろ」と記され，1989：(4)も「昭和19年」と述べるが，当の1949c：はしがき6は「昭和20年の4月ごろ」と記し，［1949］1981：5でもその点に変更がない）が，いずれにせよ終戦の時点ではほぼ完成に近づいていたようである。そのうえで，終戦を迎え言論状況が大きく変わったことを承けて，最終章が書き加えられたのだと思われる。
18) この時期にかかわる一つの伝記的疑問は，川島の病気に関するものである。『軌跡』において1946年1月に眼底出血を患ったと述べられる（1978：165,199）一方で，『所有権法の理論』の序言には1947年8月時点での・「栄養障害のため本年1月に眼底出血を患ひそれ以後は読書がきわめて僅かしかできなくなつた」という記述がある（1949c：はしがき6）。『軌跡』によれば彼の眼底出血は3度に亘ったということであるので，46年1月と47年1月がそのうちの2度にあたるのかと考えられるが，以下の本文で示すような46年前半の川島の精彩に照らすならば，最初の罹患は47年なのではないかとも思われる。なお『軌跡』では，『所有権法の理論』につき，この眼病のため「ほんの一通りの整理だけを片目」で行なったと記され（1978：165），加筆の度合いについても1949c：はしがき6と叙述が異なるのだが，これについては1947年時点での——章を一つ書き加えたという——記述のほうが信頼できると考えるべきだろう。この一点に限らず，『軌跡』の記述を読むうえでは，ときに慎重な吟味が必要である。
19) この「宣言」の執筆をめぐってはいくつかの説があり，竹本（2009）：717註（15）がその点に詳しい。「宣言」について後出Ⅱ2も参照。
20) 川島自身による回顧として1982c：411-413参照。農村文化協会長野県支部については笹川（1980）が詳細に論じ，桜井と八木との接触については同：130に関連証言の引用がある。八木についても同：123以下を参照。
21) 同稿末には4月24日の日付が記されている。
22) 創刊初期より中村哲が執筆陣の選定に強く関与したと自身で述べる（中村（1996）：4）。4年余で廃刊に至ったものの，『潮流』は，特色を持った総合誌として今に名を残す。簡略な説明として丸山［2002］（2008）：150註(2)参照。関係者の証言として瓜生（1965）：20-22／五十嵐（1978）／五十嵐（1981）／橋川（1981）などがある。
23) 現在では参看がやや難しいかと思われるので，その結語（1946b：56）を紹介しておく：「敗戦の日本では今，日本の生きるただ一つの道として，文化国家の理想が掲げられてゐる。しかし，そのいはゆる文化国家の考へ方の中で，民衆の生活や生産から遊離した抽象的なものとしての，学問，芸術，道徳等々の文化の発展が考へられてはならないといふことを強調しておかねばならない。生産から，民衆の生活から，遊離した抽象的な文化の観念こそ，今までのわれわれの文化の歴史的誤謬であり，そのやうな文化をもつ国家は決して真の意味での文化国家ではあり得ないのである。真の文化国家は，民衆の生活文化の高さ，生産力文化の高さをもつ国家でなければならず，それであつてはじめて文化は真に確固たる合理的基礎の上に立ち得るのであり，真の意味での平和国家たり得るのである。」

24) この頃の川島の授業の様子について，当時の受講者が抱いた印象をやや批判的な筆致で示すものとして，福島 (2003)：16がある。
25) 百年史 (1986)：255。末弘の辞職の経過をめぐっては六本 (2007)：242を参照。
26) 奥付の記載が実際の刊行年月日との間で齟齬を生じることは珍しくないが，以下ではそうした限界を意識しつつ，掲載誌・書の奥付を執筆時期比定の手がかりの一つとする。なお，「日本社会の家族的構成」についていえば，学生書房版の『日本社会の家族的構成』に収録された段階で稿末に「1947年3月」(1948a：25) と記されているのだが，初出時と比べて若干の用語に変更があるのみで改稿されているわけではなく，ミスリーディングである。あわせて，『軌跡』中の関連する記述 (1978：227) にも，かなりの混乱が生じているように思われる。
27) 記事 (1946c)：88。民主主義科学者協会の創立総会はこの年の1月12日に開催されている (記事 (1946a))。川島の民主主義科学者協会とのかかわりについては潮見編 [1964/1967] (1968)：46-47,55などでの潮見発言も参照。
28) 唄孝一によれば，戦中に実施された下伊那での農村調査に際して利用された調査項目表が原型になっているという (唄・湯沢 (1971)：185, 220註(5))。
29) また，5月25日から6月10日にかけては，庶民大学三島教室において「家族制度の将来」と題する5回の講座を実施している (笹川 (1986)：87)。
30) 全40頁余の同書のうち，川島の講演の記録が半分弱を占め，その他は「農村民主化の諸問題を語る下伊那郡松尾村青年座談会」という記録である (同座談会には川島は出席していない)。
31) 民法改正の経過については先行研究が豊富だが，本稿の関心との関係では，我妻編1956／唄・竹下 [1957] (1992)／和田 [1997-2009] (2010) を参照。特に和田幹彦の研究が，川島への独自のインタヴューも資料の一つとしつつ詳細である。川島自身の回顧として1978：211-217, 227-230/1985/1986cがある。なお，川島への占領軍関係者の接触は1946年2月には始まっていたと，川島は述べる (1986c：68-70)。
32) その間にはさらに，新憲法の下での家族制度のあり方を占う論稿「家族制度」(1947f) も執筆している (『日本社会の家族的構成』に収録された際に執筆時期が1946年8月と明示された (1948a：145)。執筆の回顧として1986a：298も参照)。また，この時期に甚だしかった新規立法・改正立法に関する解説を組織的に行なおうとした新法令研究会 (東大法学部の教授・助教授・助手・特別研究生・嘱託の有志から構成) の成果である『新法令の研究』の第1号には「労務者ノ就職及従業ニ関スル件」と「労働組合法施行令」の2件について短い解説を寄せている (我妻編 (1946)：147, 150-155)
33) 1948a：はしがき1参照。1947年4月16日付けの『帝国大学新聞』に掲載された「法律の物神性」(1947c。1986b：328の書誌情報は誤り) にも「口述筆記」と明示され，同年春頃の川島の容態を示唆する。
34) この1948cは，1947年3月27日・28日に開催された人文科学委員会主催の学術大会の記録の一部である。
35) そしてまた，当時のジャーナリズムに原稿を寄せることが経済的に大きな意味を持ったであろうことも，インフレーションが進行する中で川島自身が十分に栄養をとれなかったことや幼児を抱えてその健康にも大きく気を遣ったと考えられること (1971：(4) 67/1978：203など参照。第二子が48年3月に生まれている) に照らすならば，執筆を動

機づける要因であった可能性はもちろんある。当時の総合雑誌の原稿料については松沢・植手編（2006）：（下）141-147参照。

36) なお，丸山眞男は，川島が公法研究会に参加していたと述べている（丸山[1989]（1996）：65）が，47年8月・11月に公表された公法研究会名義の論稿（法律時報19巻9号・12号所収）には，川島の名前は見られず，また，公法研究会の活動のなかでも有名な「憲法改正意見」（公法研究会（1949））には会員名が個別に記されていないため，詳細は不明である（丸山の発言自体，もう少し前の時点での会の活動について述べているように読める）。

37) 1949dには，同研究が「昭和22年度経済安定本部で企画した土木建築請負制度の報告」であり，昭和22年10月に行なった労働実態調査などの結果に基づく旨が記され（1949d：はしがき。なお，同稿は後に若干の加除のうえで1952として公表），また渡辺洋三との共著『土建請負契約論』は昭和23年の経済安定本部委嘱の調査の成果である（1950b：はしがき1）。この調査については1982a：383-386が詳細に回顧し，『軌跡』でも1978：234-235で言及される。

38) 加藤一郎による「学界の展望 私法学」という小文が『所有権法の理論』刊行前の時点での川島および法社会学への学界からの視線のありかたを示すという点で興味深い。目に触れにくい文章でもあると思われる（同稿は加藤（1992）に未掲載）ので，我々の関心にかかわる部分を引用しておこう（原文の改行はスラッシュで示す。原文にあった所収誌の情報は断わりなく省略した）：「本稿は昭和22年1月から昭和23年5月までの私法学界の回顧である。この間の私法学界は，研究上の種々の障害もあって，必ずしも活発だったとはいえない。……しかし，これらの事情にもかかわらず，私法学界の動きは，やはり発展の方向に進みつつある。これをおし進めるものは，何よりも，激動期の現実が提供する数多くの問題であろう。／まず，最も活発な論議の行われたのは，家族法の領域である。これは，民法の改正が行われたことと，この領域が法社会学的研究のよい対象となったことのためであろう。／第一には，民法の改正をめぐって論議がなされた。川島武宜，来栖三郎，磯田進の諸氏その他の若手研究者をもって組織する民法改正案研究会の「民法改正案に対する意見書」は，理論的立場から厳格に改正法の妥協性を批判した……。／第二に，川島武宜「日本社会の家族的構成」に収められた諸論文は，この間に次々と発表されたものであるが，法社会学的な立場に立って，古い家制度の地盤が，民衆ことに農民の中に残存することを鋭く指摘している点で，注目に値する。川島武宜「遵法精神の精神的および社会的構造」が，法意識の構造をとりあげているのも，これに直接つながる問題である。なお，法社会学的研究にとって豊富な材料をもつわが国において，22年末に日本法社会学会が誕生したことは，喜ぶべきであると同時に，その今後の活動に期待するところがきわめて大きい。……／次にまとまった分野としては，労働法がある。……この分野でも，川島武宜「労働法の特殊性と労働法学の課題」は，労働法の力関係的性格を捉え，その法社会学的研究の重要性を強調する点で特色がある。……／最後にその他の分野で注目すべきものを拾えば，……来栖三郎「契約法の歴史と解釈」は法社会学的傾向を示す点で注目される。……」（加藤（1949））。

39) 戦後からしばらくの時点までにおいて東大で民法研究を始めた研究者の状況については，星野［2005-2006］（2006）：73, 81-83を参照。

40) 『日本社会の家族的構成』（1948a）中の「孝について」（1948a：77-141）稿末には

第1部 社会のなかの法

る(1948a：はしがき2)。「孝について」の原稿成立後のエピソードとして広中[1996]
(1996)：78-79参照。
41) 発表は1949年であるが、稿末に「1948年12月18日」とある(1949b：9)。
42) 稿末に「1948・12・23」の文字が見える(1949a：14)。なお、この年の12月に開催された日本法社会学会総会において――前年に引き続き――行なった報告も「土建労働の構造」と題するものであった(記事(1951)：191)。
43) その他の社会的な活動として、6月5～6日に庶民大学三島教室において「恋愛と結婚」と題する講義を行なったという記録が残っている(久田[1981](1989)：275参照)。
44) 組織への簡単な経緯については記事(1949a)を、12月12日の会合の詳細については特集(1949)を、それぞれ参照。主唱者は安倍能成・大内兵衛・仁科芳雄であったという。7部会のうちの一つをなした「東京地方法政部会」のメンバーを、磯田進・鵜飼信成・高木八尺・田中耕太郎・丸山眞男・蠟山政道とともに、川島が構成している。川島がこれに参加した経緯は明らかではない(同会について丸山が詳しく語る松沢・植手編(2006)：(下)224-235では、川島の名は言及されない)。
45) 川島は、ここでの討議を経て翌1949年に公表された「戦争と平和に関する日本の科学者の声明」の起草者の一人である(声明(1949)：6参照)。
46) 秋には、前年に刊行された債権法の教科書に一章を加筆した新版も刊行している(1949h)。
47) 前者は49年3月の、後者は6月の執筆という(1950a：39/1949g：(下)48)。なお、その直前には、末弘厳太郎による法社会学の講義が川島らを聴講者として行なわれた(その実施の時期をめぐっては議論があるが、その点は吉田(勇)(2007)：136-139(特に註(9))に詳しい)。川島も『軌跡』中でこれについて触れており(1978：225-226)、一定の刺激を受けた可能性がある
48) この論文のそうした位置づけは、同年のうちに「法社会学」という題名のもとで再公表された(1949i. 新たに文献一覧を附す)ことにも示されていよう。
49) 「封建的契約とその解体」の内容は、この年5月の私法学会でも「封建的契約の構造」という題で報告されている(記事1950b：138および1950h参照)。
50) 同書「はしがき」の日付は1950年2月である(1950b：はしがき3)。後述の渡米までに用意を終えようとしたのだろう。
51) 同書「はしがき」の日付は1949年12月17日とある(1950a：はしがき5)。
52) 正確に言えば、「密接な結びつき」どころか、グループのいわば中心に川島が位置するのがこの1949年であり、社団法人として「思想の科学研究会」が発足した折りの川島の立場は会長である([1949]1950。発会式は1949年7月14日であったとのこと(記事(1949b))。なお、このことには、東大教授たる川島を組織の中心に据えることが研究資金獲得に有効である、という判断が働いていた可能性がある(川島が中心となって日本学術振興会からの補助金を獲得したことと、それに伴う会内部での混乱について言及する鶴見(俊)(2009)：439参照)。
53) 川島が論争に直接的に参画したとは評しえないが、川島の法理論が批判の焦点の一つであったことは間違いないし、また、論争の発端の一つとなった年初の研究集会には彼も参加している(民科政治法律部会(1949)：27-31。開催は49年2月14日)。

なお，川島から離れて眺めるならば，法社会学論争とは，それまで多くの法学者からはいわば遠巻きに眺められていた法社会学が，急激に議論の対象となり批判と擁護の応酬に巻き込まれた過程であって，それはとりもなおさず，「法社会学」が末弘・川島および戒能通孝・山中康雄らに限られた学者だけのものではなくなって（法社会学へのコミットメントを持つにせよ持たないにせよ）法学界共通の関心の対象となるに足るだけの実質を伴うものになったことを意味する。これを，法社会学が，現象から制度へと変化していった過程と見ることができるのではないか？　ちなみに，日本で最初に法社会学の講座化が図られたのは東京都立大学においてであると思われるが，それも1949年のことであったという（千葉（1996）：463）。

54)　この年の川島の講義内容についての情報は見つけられなかった。ただし，当時の持ち上がり方式（広中［1996］（1996）：72）を前提にすれば，おそらくは民法第3部を担当したのだろう。1951c：はしがき1によれば翌1950年に再び第1部を担当していることも，その傍証となる。星野［2005-2006］（2006）：61-62が述べるのはこの頃の授業の様子であろうか。

　また，この年春の演習ではエールリッヒが教材であったという証言が広中俊雄によりなされている（広中［1996］（1996）：90）が，*Grundlegung der Soziologie des Rechts* の講読会はかねてから行なわれていたようであるので（エールリッヒ（1952）：3），その一環をなすものであったろう。関連して星野［2005-2006］（2006）：51も参照。

55)　来栖三郎・磯田進との共著である『家族法講話』（1950d）は「三人の合作」とのみ述べられ，執筆過程は詳らかでない。末弘の還暦を記念して編まれた『団結権の研究』（1950i）については，川島は共編者であるけれども寄稿をしていない。

56)　なお，1月には，平和問題談話会の発表した声明に名を連ね（平和問題談話会（1950a）：61）。秋には，総合雑誌において，牧野英一の「家族協同体の解放と統合」と並ぶ形で，「「孝道」の社会的構造と近代法の運命」（1950g）を発表している。

57)　同記事は次のように報じる：「総司令部発表＝教育者，科学者，農林漁業，公団関係の日本人専門家14名が11日米船フリーマン号で横浜を出発，渡米する，一行の氏名次のとおり　都民政局長磯村英一，東大法学部教授川島武宜……　1ヶ月半から3ヶ月の予定で各専門分野を視察研究する」。

58)　1979：8。川島自身が明示している寄稿先は，いくつかの情報を重ね合わせると，ニューヨーク・ボストン・シカゴ・ウィスコンシン・ノックスヴィルである。

59)　1950年10月9日に開催された法学部教授・学生・職員の集会については，それを報じる当時の記事もある（記事（1950c）），ここには，その場に学生として出席した坂本義和の回想を摘記しよう：「法学部では，「川島武宜，丸山眞男，辻清明助教授が危ない」という情報が流れ，学生の間にも強い危機感が共有されました。そこで，1950年10月，法学部の教授と学生と職員合同の集会を25番教室でやりました。……三先生は，それぞれの表現で決意を穏やかに語られるとともに，学生に平静な対応を求められ，学生も重い心を懐きながら，静かに解散したのでした」（坂本（2011）：（上）103）。

60)　川島の病歴をめぐっては，ここでも彼自身の発言の理解が難しい。『軌跡』の或る箇所では，帰国後「間もなく肺結核が再発」したと述べられるが（1978：247），別の箇所における結核発病時期への言及（1978：218）ではそれが1950年秋を指すのか51年秋を指すのかが不明瞭である。1971：（3）70は発病時期を1951年とする。しかし，ここでは，近接

する時期に示された「昨年［高橋附記：1950年］の暮に私が肺炎になって一箇月以上を無為にすごした」という記述 (1951d：はしがき5) に依る。

61) 有斐閣の叢書「社会学選書」の第一冊 (小山 (1951)) が刊行されたのは翌1951年1月のことであり，その巻末に掲載されたラインナップ中に川島武宜『法社会学』という書名が見える。ただしこの叢書は有斐閣創立70周年記念事業の一環であり (矢作 (1980)：411)，企画自体は1947年にまで遡るという。川島への依頼がいつ頃なされたのかは明らかでない。

62) 具体的な活動を同定できなかったため I では記さなかったが，川島は憲法普及会の活動にもかかわり講演活動を行なったという (1978：230。そこでは東北での経験が述べられている)。同会の活動期間はおおよそ1947年の一年間である。

63) また，潮見俊隆が1971：(2) 85で回顧した1943年当時の川島の発言・見とおしへの「たいへんな驚き」(および，それに続く利谷信義の発言) というのも，それと軌を一にするものであろう。

64) 註19) で述べたとおり，この「宣言」の執筆者について諸説あるが，この点では，川島のそばにいた丸山の以下の生々しい発言に信憑性を感じとってよいように思われる：「青年文化会議の創立宣言は川島武宜さんが書いた。「戦争とファシズムを阻止しえざりしオールド・リベラリストと訣別」という勇ましい言葉があります。それに我妻栄さんが激怒したのです。今だから言うけれど，川島さんが起草者だったというのはぜったい秘密でした。我妻先生の直系でしょう。あれは，ある意味では非常に不毛なのだけれど，戦後世代論の最初の提起なのです」(松沢・植手編 (2006)：(下) 26。宣言原文中の該当部分は以下の通り：「従来の自由主義者の根本的欠陥であつた節操と責任感の欠如を痛感し，日常生活に於て社会的モラルを体現し，以て新生活運動の推進体たらんと欲する，我国の自由主義者は，明治維新以来の自由民権運動を継承育成することなく，封建的なものを克服し得ず，剰え，軍国主義に屈服さへするに至つた之に鑑み吾々は自ら反省すると共に，か丶る一切の旧き自由主義者との訣別を宣し，茲に新なる民主主義建設の軌道を拓かんとする」(記事 (1946b)))。そしてまた，いかに丸山たち同人が秘匿しようとしても，所詮は小さいサークルである青年文化会議で誰が主導権を握っていたかを我妻が全く同定できなかったとは考えにくいのではないか？　なお，青年文化会議発足総会において川島は議長の任を果たしている。

65) 潮見 (1994)：112参照。末弘厳太郎が東大に残っていれば，状況はまた異なっていた可能性があったのだろう。なお，47年12月6日の日本法社会学会創立総会において末弘が教職追放という身分故に，会場であった東大の中に入ることができなかった，というエピソード (潮見編 [1964/1967] (1968)：27-28) はよく知られていようが，それに関連して，石村善助は，正門で立腹している末弘を説得してその場を去らせたのは川島であった，と証言している (石村 (1997))。

66) その内容を直接伝える資料を見つけられなかったが，「志摩漁村の寝屋婚・つまどい婚について」(1954) と重なるものであったと考えて間違いあるまい。

67) 我妻には，日本法社会学会 (ないし日本の法社会学) に対する辛辣な評を含む小文がある (我妻 [1961] (1963))。

68) 東大法学部における民法第2部の講義案として，講義と同時並行的に執筆されたもののようである (1948年8月1日付けの同書「はしがき」参照)。

69) 川島自身も「思想の科学」グループとの出会いの重要性を折に触れて述べている。1978：205-208/1982b：394/1982c：403など参照。
70) 『思想の科学』は創刊当時からことばへの関心を明確に打ち出しており，たとえば47年の時点で「実験操作の対象としての言語について」（村田（1947））や「経済学と言語学」（小林（1947））といった，方法論との関連性を強く意識した言語論を世に問い，また，「コミュニケイション」を正面から扱う論稿（井口（1947-48））を掲載し，その傾向は48年以降さらに強まっていく。他方川島は，戦中の農村調査において既に，ことばへの関心を見せていた（1946dでは，親族等の呼称が調査項目に含まれている）。その川島が鶴見姉弟と出会ったことで，ことば・言語への社会学的関心を——方法論的側面も含めて——さらに強めていったことは想像に難くない。
71) なお，これに関連して指摘しておいてよいことは「思想の科学」の発足の経緯であり，そこには鶴見俊輔がフィリップ＝セルズニックと得た直接的接触からの影響が強かったという（鶴見（俊）［1997］（2008）：545-548。さらにまた，「思想の科学」創刊号に掲載された「生れた儘の人の哲学」は，後にセルズニックの配偶者となるガートルード＝ジェイガーの論稿である（同前および鶴見（和）［1981-1982］（1997）：25-26参照））。ここには，日米間にまたがりながら法社会学の展開をもたらした，知識社会学的にみて重要な契機が存在しているように思われる。
72) この変化が生じた理由は明らかでない。ただ，1949年には既に占領政策の非・民主主義的志向性が明らかになってきていたことに照らすならば，当時川島は，マルクシズム的視角に基づく歴史法則主義のみでは社会現象を過不足なく的確に捉えることが難しいと考えるようになり，その結果として，異なる理論枠組みを用意しようと試みていたということではないか（これに関連して，次註，および淡路剛久による・「マクロ理論」から「ミクロ理論」への変化という把握（淡路（1992）：31-36）を参照。淡路も，「ミクロ理論」の萌芽を1949年（1949f）に見出す）。なお，吉田克己は〈川島の戦後初期の理論は，1960年代以降の日本における資本主義経済の高度な展開という状況に即応できなかったために，様相を変化させていった〉という川島理解を棚瀬［1993］（2002）も援用しつつ示す（吉田（克）（2010）：70参照）が，本註での理解はそれとは異なることになる。以上に関連して，（含意を汲み取るのがやや難しいが）川島自身の1982c：393も参照。
73) 「封建的契約とその解体」では，その題名自体に現われているように，明治期の日本における封建制の解体の契機に着目しつつ，それに対する国家機構の対抗の様相も分析されているわけだが，これは，法社会学論争のなかで川島に寄せられた批判の一つ，すなわち，〈裁判規範としての法が国家によって権力的に強制されるという面を，行為規範を中核に据えた川島の理論は適切に視野に入れていない〉という批判（たとえば杉之原（1949））への応答という面を持っているように思われる。なお，論争当時に川島が直接的に行なった応答として，1951b：37註(2)がある。

法社会学論争については，今なお藤田・江守編（1969）：293-328が示唆に富む。関心のある読者のかたがたには，同306頁以下の年譜的検討を，本稿と重ねつつお読みいただきたい。あわせて潮見編［1964/1967］（1968）：35-69も参照。
74) 川島自身による位置づけとして，1982a：392参照。
75) 発表は1951年1月発行の奥付の雑誌においてである。稿末の日付は「1950・11・20」。

第1部　社会のなかの法

【文献】

A. 川島武宜の業績

＊刊行年は本書の統一的な標記の方式にしたがい初出公表年を先に記すが，本目録中に配列するにあたっては引照される本体たる文献の刊行年の順に並べた。対談・聞き書きの別については，各文献の末尾にその旨を記す。なお，川島が出席した座談会は，1971年発表の「私と法律学――ある学究のあゆみ――」(1971) 以外は，煩瑣を避けるため，Bの「座談会」中に記した。

1946a「学問の幇間性と有閑性――日本的学問精神と近代科学精神との対比――」大学新聞1946年4月11日号［57号］3面.
1946b「日本文化の反省と展望」潮流1巻5号47-56頁.
1946c「日本社会の家族的構成」中央公論61巻6号27-37頁.
1946d『家族制度調査項目表』農村文化協会長野県支部.
1946e『日本農村の生活意識』農村文化協会長野県支部.
1946f「遵法精神の精神的および社会的構造(1)(2)」法学協会雑誌64巻7号1-24頁／64巻9＝10号1-29頁.
1947a「労働法の特殊性と労働法学の課題」中央公論62巻1号18-29頁.
1947b「日本封建制のアジア的性質――奴隷制の一形態としての養子――」中央公論62巻5号6-19頁.
1947c「法律の物神性――新入生諸君のために――」帝国大学新聞1947年4月16日号［1022号］2面.
1947d「事実婚主義か法律婚主義か」法律時報19巻6号2-5頁.
1947e「家族法における国家法と民衆法――民衆による国家法の受けとりかた――」日本評論1947年5＝6月号21-31頁.
1947f「家族制度」国家学会（編）『新憲法の研究』有斐閣，108-133頁.
1947g「"離婚自由"の意味――参院民法改正修正案について――」東京大学新聞1947年12月4日号［1051号］2面.
1947h「社会学における計量的方法の意義とその限界――法社会学者の視点から――」社会学研究1巻2輯28-40頁.
1948a『日本社会の家族的構成』学生書房.
1948b「法社会学と言語」思想の科学3巻5号1-8頁.
1948c「漁村における土地所有の形態」人文科学委員会『土地制度の研究』白日書院，113-147頁［磯田進・潮見俊隆との共同報告の記録，川島は「序言」(115-116頁)・「三重県答志島の例及び結論」(137-147頁) を担当］.
1948d「生産管理の違法性と合法性」法律時報20巻8号7-12頁.
1948e『債権法講義』近代思想社.

1949a「土建請負契約のいわゆる「片務契約的性格」について」建設時報1巻1号9-14頁．
1949b「民俗学と法社会学」民間伝承13巻2号1-9頁．
1949c『所有権法の理論』岩波書店．
1949d「土建労働の民主化［経済安定本部　建設工事施工制度調査協議会　資料第七号　昭和24年3月10日］」［内山尚三と共著。川島文庫所蔵資料a16/3］．
1949e『民法解釈学の諸問題』弘文堂．
1949f「法社会学における法の存在構造」思想299号1-15頁．
1949g「封建的契約とその解体（上）（下）」思想302号43-55頁／303号39-48頁．
1949h『債権法総則講義　第一』岩波書店．
1949i「法社会学」大塚久雄（ほか）『社会科学入門』みすず書房，89-128頁．
1949-1950「民法典の「親族」概念について(1)～(3・完)」法学協会雑誌67巻2号1-21頁／67巻5号57-77頁／68巻1号60-82頁．
［1949］1950「社団法人思想の科学研究会創立に際して」思想の科学5巻2号3-4頁．
1950a『法社会学における法の存在構造』日本評論社．
1950b『土建請負契約論』日本評論社［渡辺洋三と共著］．
1950c「評価と批判」民俗学研究14巻4号1-8頁．
1950d『家族法講話』日本評論社［来栖三郎・磯田進と共著］．
1950e「アメリカ人の生活意識」改造31巻7号64-67頁．
1950f「アメリカの巡査とこじき」日本評論25巻9号86-89頁．
1950g「「孝道」の社会的構造と近代法の運命」中央公論65巻9号95-101頁．
1950h「契約の封建性」私法2号82-84頁．
1950i『団結権の研究［末弘博士還暦記念論文集］』日本評論社［平野義太郎・戒能通孝と共編］．
1951a「学者士族――現代学者の苦悶と反省――」日本評論26巻1号23-29頁．
1951b「近代社会の法構造」弘文堂編集部（編）『近代社会の構造と危機［社会科学講座第Ⅴ巻］』弘文堂，35-48頁．
1951c『民法講義　第一巻　序説』岩波書店．
1951d『民法（三）』有斐閣．
1951e「権利の体系」私法5号32-58頁．
1952「土建労働の民主化(1)」法学志林49巻3号90-107頁［内山尚三と共著］．
1954「志摩漁村の寝屋婚・つまどい婚について」東洋文化15＝16号1-54頁．
1956「私の法律学の歩み(1)(2・完)」法学セミナー1956年4月号42-45頁／同5月号50-51頁．
1971「私と法律学――ある学究のあゆみ――(1)～(4・完)」法学セミナー1971年5月号57-63頁／同6月号80-87頁／同7月号64-73頁／同9月号66-70頁［座談会］．

第1部　社会のなかの法

1978『ある法学者の軌跡』有斐閣［聞き書き。初出は1971-76年であるが，引照の際の煩瑣を避けるため1978とのみ記す］．
1979「私と法社会学――私の法社会学の歩みと法社会学観――」日本法社会学会（編）『日本の法社会学』有斐閣，2-19頁．
［1949］1981「所有権法の理論」『川島武宜著作集　第7巻』岩波書店，1-314頁．
1982a「解題」『川島武宜著作集　第1巻』岩波書店，373-403頁．
1982b「解題」『川島武宜著作集　第2巻』岩波書店，393-420頁．
1982c「解題」『川島武宜著作集　第4巻』岩波書店，403-416頁．
1983「解題」『川島武宜著作集　第10巻』岩波書店，435-459頁．
1985「家族制度廃止への道」西清子（編著）『占領下の日本婦人政策――その歴史と証言――』ドメス出版，116-131頁［聞き書き］．
1986a「解題」『川島武宜著作集　第11巻』岩波書店，297-316頁．
1986b「著作目録」『川島武宜著作集　第11巻』岩波書店，321-362頁．
1986c「民法改正当時の思い出を川島武宜先生に聞く」自由と正義37巻8号66-79頁［聞き書き］．
1989「市民の法を探求して――川島武宜さんに聞く――(1)-(5・完)」読売新聞1989年12月11日夕刊／同12日夕刊／同13日夕刊／同14日夕刊／同15日夕刊［聞き書き］．

B．その他の文献

淡路剛久（1992）「川島法学への一アプローチ――「川島法学の全体像」にかえて――」ジュリスト1013号29-41頁．
飯塚浩二（1970）「「輿瀬グループ」」『大塚久雄著作集　月報　10』岩波書店，1-3頁．
五十嵐暁郎（1978）「ファシズムへの抵抗線を構築する――『潮流』」思想の科学306号［第6次98号］38-44頁．
――（1981）「戦後の展望と錯誤」思想の科学339号［第7次2号］30-39頁．
石村善助（1997）「石村善助先生インタビュー」未公表［日本法社会学会事務局保管資料。日本法社会学会創立50周年記念事業の一環として，1997年11月15日に東京大学で実施された聞き書き。聞き手は神長百合子・濱野亮，記録者は前田智彦］．
井口一郎（1947-1948）「コミュニケイション序説――ラスウェル教授の方法論について――(1)(2)」思想の科学2巻2号391-399頁／3巻1号58-465頁．
潮見俊隆（編）［1964/1967］(1968)『戦後の法学』日本評論社［座談会］．
――（1994）「川島武宜先生の想い出」『偲ぶ』(1994)：111-113頁．
瓜生忠夫（1965）『放送産業――その日本における発展の特異性――』法政大学出版局．
――（1970）「解説」飯塚浩二『比較文化論』評論社，275-347頁．
エールリッヒ，オイゲン［川島武宜（訳）］（1952）『法社会学の基礎理論［第一分冊］』有斐閣．

尾崎一郎（2014）「企画趣旨」法社会学80号1-9頁．
オールポート，ゴードン・W．（ほか）［1948］（1949）「平和のために社会科学者はかく訴える　戦争をひきおこす緊迫の原因に関して，八人の社会科学者によってなされた声明」世界39号10-12頁［同文は世界37号16-20頁にも掲載されているが，ここでは原文とともに再掲されたものを記す］．
樫村志郎（1997）「戦後日本社会と川島法社会学」神奈川大学評論26号133-149頁．
家族法民主化期成同盟（1947）「決議」我妻編（1956）：343-345頁．
加藤一郎（1949）「私法学［学界の展望］」東京大学新聞社編集部（編）『国立大学入試案内　昭和廿五年版　附・昭和廿三年昭和廿四年国立各大学入試問題集　国立大学教授一覧』東京大学新聞社出版部，3-5頁．
――（1992）「加藤一郎先生著作目録」星野英一・森島昭夫（編）『現代社会と民法学の動向（上）』有斐閣，558-574頁．
記事（1946a）「民主主義科学者協会創立総会議事録」民主主義科学1巻1号87-91頁．
――（1946b）「青年文化会議　二日に発足」大学新聞1946年2月11日号［51号］3面．
――（1946c）「部会報告」民主主義科学1巻5号85-93頁．
――（1946d）「会報「中世的世界の形成」合評会」歴史学研究124号53-54頁．
――（1948）「学会彙報」社会学研究1巻3集218-221頁．
――（1949a）「「社会科学者はかく訴える」について」世界37号21-22頁．
――（1949b）「おしらせ」思想の科学5巻1号70頁．
――（1950a）「各界から十四名渡米」朝日新聞1950年3月10日付2面．
――（1950b）「学会記事」私法2号138-140頁．
――（1950c）「法学部初の合同集会」東京大学学生新聞1950年10月19日号［60号］1面．
――（1951a）「日本私法学会第五回大会記事」私法4号151-152頁．
――（1951b）「学会記事」法社会学1号191-194頁．
公法研究会（1949）「憲法改正意見」法律時報21巻4号56-61,37頁．
小林英夫（1947）「経済学と言語学――ソシュール学論考その一――」思想の科学2巻1号267-278頁．
小山栄三（1951）『新聞社会学』有斐閣．
坂本義和（2011）『人間と国家――ある政治学徒の回想――（上）（下）』岩波書店．
笹川孝一（1980）「戦後社会教育実践史研究（その1）――農村文化協会長野県支部『農村青年通信講座』の成立過程――」東京都立大学人文学報144号［教育学15号］113-189頁．
――（1986）「戦後社会教育実践史研究（その2）――第二次大戦後の社会教育実践史における庶民大学三島教室の意義――」東京都立大学人文学報184号［教育学21号］53-123頁．
座談会（1947）「相続法の改正と家族生活」法律時報19巻9号18-33頁．

―― (1948a)「法律から見た家及び家族」婦人之友42巻2号11-19頁.
―― (1948b)「きいてわかる学問言葉を作る会」思想の科学3巻9号43-65頁.
―― (1981)「わが研究生活をふりかえる」社会科学研究［東京大学社会科学研究所］33巻5号305-345頁［語り手　渡辺洋三］.
―― ［1990］(1991)「国家への関心と人間への関心――①警察・法過程」広中俊雄『国家への関心と人間への関心――ある法学研究者の歩み――』日本評論社，2-47頁［語り手　広中俊雄］.
―― (1992)「川島法学の軌跡」ジュリスト1013号10-28頁.
札幌大学図書館 (1995)『川島文庫目録：札幌大学図書館所蔵』札幌大学図書館.
『偲ぶ』［『川島武宜先生を偲ぶ』編集委員会］(編)(1994)『川島武宜先生を偲ぶ』クレイム研究会.
杉之原舜一 (1949)「法社会学の性格」法律時報21巻5号9-11,48頁.
声明 (1949)「戦争と平和に関する日本の科学者の声明」世界39号6-9頁.
瀬川信久 (2010)「川島民法学における法ドグマと科学」法律時報82巻3号51-61頁.
高橋裕 (2006)「ADRの生成」和田仁孝 (編)『法社会学』法律文化社，261-287頁.
竹本洋 (2009)「「青年文化会議」の設立と内田義彦」経済学論究［関西学院大学］63巻3号709-733頁.
棚瀬孝雄 ［1993］(2002)「近代の理念とゆらぎ――川島法社会学の理論と実践――」棚瀬孝雄『権利の言説――共同体に生きる自由の法――』勁草書房，1-27頁.
千葉正士 (1996)「法社会学と都立大と石村善助君――あとがきに代えて――」宮澤節生・神長百合子 (編集代表)『法社会学コロキウム［石村善助先生古稀記念論文集］』日本評論社，461-473頁.
辻清明 (1948)「木部達二を憶う」社会科学15号36-37頁.
鶴見和子 ［1981-1982］(1997)「「戦後」の中の「思想の科学」」鶴見和子『コレクション鶴見和子曼荼羅　Ｉ　基の巻　鶴見和子の仕事・入門』藤原書店，19-63頁.
鶴見俊輔 (1997)［2008］『期待と回想――語り下ろし伝――』朝日新聞社［聞き書き］.
―― (2009)「「思想の科学」60年を振り返って」『思想の科学』五十年史の会『『思想の科学』ダイジェスト1946～1996』思想の科学社，433-459頁［聞き書き］.
出口雄一 (2013)「戦時・戦後初期の日本の法学についての覚書――「戦時法」研究の前提として――(1)(2・完)」桐蔭法学19巻2号121-174頁／20巻1号33-88頁.
特集 (1949)「平和問題特輯」世界39号.
利谷信義 (1972)「戦前の「法社会学」」川島武宜 (編)『法社会学講座2　法社会学の現状』岩波書店，185-253頁.
中村哲 (1996)「丸山君と戦中・戦後の日々」『丸山眞男集　月報14』1-6頁.
野沢敏治 (1999)「「健康な常識」が学問を支える」経済研究［千葉大学］14巻1号179-199頁.

唄孝一・竹下史郎［1957］（1992）「立法過程における法学者の役割――三つの立場のせ
　　めぎあい――」唄孝一『戦後改革と家族法――家・氏・戸籍』日本評論社, 39-78頁.
唄孝一・湯沢雍彦（1971）「志摩漁村における親族組織と結婚慣行――安乗の一九四四
　　年・一九七〇年――」潮見俊隆・渡辺洋三（編）『法社会学の現代的課題』岩波書
　　店, 183-224頁.
拝司静夫（1948）「木部達二君のしごと――年譜風に――」社会科学15号38-39, 55頁.
橋川文三（1981）「『潮流』の時代」思想の科学339号［第7次2号］26-29頁.
久田邦明［1981］（1989）「敗戦直後の教育文化運動――庶民大学三島教室を中心として
　　――」久田邦明『教える思想』現代書館, 270-286頁.
百年史［東京大学百年史編集委員会］（編）（1986）『東京大学百年史　部局史一』東京大
　　学.
広中俊雄［1996］（1996）「"私の大学"――法学部新入生への講演――」広中俊雄『ある
　　手紙のことなど』創文社, 66-101頁.
福島新吾（2003）「体験戦後史――1945〜47――」専修大学社会科学研究所月報478号
　　1-62頁.
藤田勇・江守五夫（編）（1969）『文献研究・日本の法社会学（法社会学論争）』日本評
　　論社.
平和問題談話会（1950a）「講話問題についての声明」世界51号60-64頁.
――（1950b）「三たび平和について」世界60号21-52頁.
星野英一［2005-2006］（2006）『ときの流れを超えて』有斐閣.
松沢弘陽（1995）「解題」丸山眞男『丸山眞男集　第15巻』349-373頁.
松沢弘陽・植手通有（編）（2006）『丸山眞男回顧談（上）（下）』岩波書店.
松村良之（2010）「七〇年代の川島法社会学から見えてくるもの」法律時報82巻3号
　　62-66頁.
丸山眞男（1992）「同人結成のころのこぼれ話」安田常雄・天野正子（編）『戦後「啓蒙」
　　思想の遺したもの［復刻版『思想の科学』・『芽』別巻］』久山社, 193-207頁.
――［1989］（1996）「戦後民主主義の「原点」」丸山眞男『丸山眞男集　第15巻』57-71頁.
――［2002］（2008）「聞き書き　庶民大学三島教室　1980年9月」丸山眞男手帖の会
　　（編）『丸山眞男話文集　1』みすず書房, 86-169頁.
水林彪（2014）「近現代所有権法論の構図試論」法社会学80号86-115頁.
民科政治法律部会（1949）「法社会学前進のために」法律時報21巻5号20-34頁.
民法改正案研究会（1947a）「民法改正案意見書」帝国大学新聞1947年6月12日号［1030
　　号］2面.
――（1947b）「民法改正案に対する意見書」法律時報19巻8号2-13頁.
村田孝次（1947）「実験操作の対象としての言語について――心理学の主要問題――」
　　思想の科学1巻4号247-251頁.

第1部　社会のなかの法

矢作勝美（1980）『有斐閣百年史』有斐閣.
山田卓生（2010）「旧慣，入会権論」法律時報82巻3号75-78頁.
山田鐐一（1950）「私法学会［学会レポート――今秋行われた各学会より――］」法律時報22巻12号70-71頁.
吉田勇（2007）「末弘講義「法律社会学」の成立経緯と講義内容」六本佳平・吉田勇（編）『末弘厳太郎と日本の法社会学』東京大学出版会，135-159頁.
吉田克己（2010）「川島市民社会論を改めて学ぶ」法律時報82巻3号67-74頁.
六本佳平（1972）「戦後法社会学における「生ける法」理論」石井紫郎（編）『日本近代法史講義』青林書院新社，241-272頁.
――（1993）「戦後川島法社会学の遺産」法律時報65巻1号35-40頁.
――（2007）「末弘法社会学の視座――戦後法社会学との対比――」六本佳平・吉田勇（編）『末弘厳太郎と日本の法社会学』東京大学出版会，233-265頁.
我妻栄（編）（1946）『新法令の研究(1)昭和21年度第1輯』有斐閣.
――（編）（1956）『戦後における民法改正の経過』日本評論新社.
――［1961］（1963）「法社会学の課題――法社会学会での感想――」我妻栄『法律随想身辺雑記(1)』有斐閣，306-309頁.
和田幹彦［1997-2009］（2010）『家制度の廃止――占領期の憲法・民法・戸籍法改正過程――』信山社.
渡辺治（1976）「戦時下における川島理論の形成と展開――戦後民主主義法学理論形成史の一側面――」季刊現代法9号21-56頁.

【附記】　本稿執筆の過程では多くの図書館にご協力を仰いだが，なかでも，川島文庫を蔵する札幌大学図書館と松田道雄文庫を蔵する熊本学園大学付属図書館との行き届いたご厚意がなければ本稿はこのような形では成立し得なかった。記して謝意を表したい。

法学的身体と裁判の未来

佐藤憲一

I ――法学の世界と規範的法社会学

　裁判ほど，法学の世界の内外で評価が著しく異なるものは少ないだろう。法学の世界の内側では，裁判は個別的には様々な問題点を孕んでいるとしても，基本的には正しいものとして非常に肯定的に評価されている。人々が裁判を積極的に利用し，世の中のもめごとの多くが裁判によって解決されるようになることが，あるべき未来の姿として繰り返し語られてきたのである。それに対して，法学の世界の外側では，裁判というものが肯定的に評価されることはほとんどない。むしろ，裁判はできる限り関わり合いたくない厄介ごととして極めて否定的に位置づけられ，まともに生きていれば一生無縁であることができる世の中の悪しきものの一つとして理解されているのである。

　法学の世界の内部では，裁判が悪しきものであるという発想は理解不能である。裁判は善きものの代表であり，その積極的な利用が推進されてしかるべきなのである。他方，法学の世界の外側では，すぐに訴えるぞと言いだす種類の人間は非常に愚かで下劣な人間だとみなされる。このように，法学の世界の内側と外側とで裁判に対する評価は天と地ほどの違いがあるのである。

　この評価のギャップは以前から法社会学的な関心の対象となってきた。法社会学はしばしば単に記述的な学問にすぎないという誤解を受けることがあるが，また法社会学者自身がそう誤解している場合も少なくないが，実際には，

記述的な要素だけでなく規範的な要素をも多分に含む総合的な学問である[1]。法学の世界の内外で裁判に対する評価の著しい相違が見られるという経験的な事実について記述するだけにとどまらず、その事実を踏まえた上で、何がどうなることが望ましく、何をどうすべきなのか、という問題について規範的に考察することもまた法社会学の重要な役割なのである。

この点、かつて一世を風靡した近代主義的な法社会学の基本的なスタンスは、法学の世界の内側の評価の方が正しく、法学の世界の外側の評価は端的に誤りであるというものであった。近代主義は、近代的世界観を絶対的な真理として信仰し、この世界観に合致する事物（近代的な事物）を進んだ／優れた／美しい／正しいものとして全面的に肯定する一方で、この世界観に背馳する一切の事物（非近代的＝前近代的な事物）を遅れた／劣った／醜い／誤ったものとして否定し消去しようとする。裁判を素晴らしいものとして評価する姿勢は、法学の世界の内側だけでなく世の中の全体にわたって貫徹されなければならないのであり、そのために、法学の世界の外側で迷信に囚われて生きている前近代的な人々に真理を啓蒙し、裁判に対する評価を誤らせている迷信から解放し救ってあげることが、重要な実践的課題として位置づけられたのである。

しかし、法学の世界の内外でものの見方や考え方に相違がある時は常に法学の世界の内側が正しく外側が誤っているという一方向的な関係性は本当に成立するのだろうか。近代的世界観に帰依してしまえば、世の中はそのようにしか見えないのかもしれないが、近代的世界観とは、それに帰依しないことが端的な不合理以外の何ものでもないような絶対的に確実で、疑問を挟む余地が全くないほど完璧なものなのだろうか。近代的世界観をもっともらしく思わせてきたのは、現実の世界から切断されたところで超越的に遂行されるデカルト＝ホッブズ的な思弁である。これは観念の世界で展開される思弁であるため、内部に論理的な矛盾さえ無ければ完全に正しい考え方であるかのように思われてしまうが、現実の世界との整合性を考え出すや否や一瞬で崩壊してしまう机上の空論にほかならない。近代的世界観は現実の記述としては端的に誤りなのである。

筆者の構想する規範的法社会学（佐藤 2013）は、単に規範的な側面を含む法

社会学というのではなく，規範的な問題を考える際も，法社会学という学問の故郷に還り，机上で観念的に構築される超越的なモデルから出発するのではなく，あくまで現実の世界に内在している経験的な人間や社会の有様から出発しようとする法社会学である。規範的法社会学は社会に内在し，社会の側から法や裁判のあるべき姿を考察する。法学の世界は人間がそこに生まれ，そこで育ち，そこで死んでいく第一次的な世界ではない。第一次的な世界はこの社会そのものであり，法学の世界はあくまでこの社会を前提として成立する第二次的な世界である。規範的法社会学は，第一次的な世界であるこの社会に内在し，この社会の内側（＝法学の世界の外側）から，法学の世界のあり方を観察し，分析し，批判的に検討するのである。

II――法学部の文化

　本稿の読者の大半は，法学部または法科大学院に在籍している研究者だと思われる。あるいは，そうでないとしても，周りに法学部出身者が多数存在する環境にいる者がほとんどなのではないだろうか。他方，筆者の本務校は理工系単科大学である。専任教員数はおよそ300名にのぼるが，主として教養科目を担当する人文社会系の教員はその一割にすぎず，法学系の専任教員はわずかに１名，筆者のみである。筆者の知る限り，同僚に法学部出身者は一人もいないのである。

　それが一体どうしたというのか。読者は疑問をもたれることだろう。筆者の職場の人員構成がどうであろうと，それはここでは全く関係のないことではないのか。いや，関係は大ありである。というのも，本稿はそうした職場環境で生活し，思索を重ねてきた結果として生まれたものだからである。仮に筆者の同僚が法学部出身者ばかりだったとしたら，現在の形の本稿は決して生まれることがなかったであろう。

　日本には固有の文化があり，日本人の多くはこの文化を内面化している。日本文化に特有の価値観や行動様式を，日本人の多くが共有しているのである。

これと同様に，法学部には固有の文化があり，法学部生や法学部出身者の多くがこの文化を内面化している。日本人の思考や行動が日本文化に規定されているのと同じくらい，法学部生や法学部出身者の思考や行動は法学部の文化によって規定されているのである。

　日本文化は日本国内では主流の地位を占めており，日本文化に基づく思考や行動は日本国内ではごく自然で当たり前のことであるが故に，それが日本文化に特有のものであるということを意識するのはなかなか難しい。同様に，法学部の文化が主流としての地位を占める環境で生活している限り，法学部の文化を構成する思考スタイルや行動パターンは，通常かつ正当なものとして理解され，特定の文化の所産であるとはみなされにくい。法学部の文化から見て逸脱的な発想や行動は，文化という次元を間に挟むことなく，端的に誤った発想や行動として評価されるのである。

　もちろん，法学部出身者の全てが法学部の文化を強く身に付けているというわけではない。法学部の文化にどうしてもなじめない者は途中でドロップアウトしてしまうから，きちんと卒業できた者は誰もがある程度は法学部の文化を身に付けていると言うことができるが，ぎりぎりの成績でやっと卒業できた者は，そうでない者と比べて，法学部の文化を内面化している度合いが小さいのである。

　これは，法学部の文化を内面化することと，法学部で良い成績を取ることとが，密接につながっていることを意味している。法学の勉強に励めば励むほど法学部の文化に深く染まることになり，法学部の文化に染まれば染まるほど法学の勉強ははかどるのである。従って，法学部を良い成績で卒業したということは，それだけどっぷり法学部の文化に染まってしまったということにほかならない。法学者や法曹など，法学部の試験で良い成績を取れなければそもそもなれない種類の職に就いている者は，たいていの場合，法学部の文化を非常に強く内面化しているのである。

　筆者はそれほど良い成績を取れたわけではないが，現在の本務校に着任するまで法学部の世界に14年間在籍し，回りは法学者や法曹とその卵ばかりの中でずっと生活していた。その結果，筆者は知らず知らずのうちに法学部の文化を

強く内面化していたのである。このことに気づかされたのは、本務校に着任して1年目の年度末に起こったある出来事がきっかけだった。

　事情はこうである。ある日、筆者に対して、不合格と判定された学生の成績を変更してくれないか、という依頼があったのである。筆者は当時、持込不可の一発試験で成績を付けることにしていて、その学生は試験の点数が60点に満たなかったが故に、当然の帰結として不合格になっていた。採点ミスはどこにもなく、その学生の成績が変更されなければならない必然性はどこにもなかったにもかかわらず、成績を変更して合格にするよう依頼されたのである。[2]

　筆者にとって、そうした不正に与することはおよそありえないことであり、そのようなことを平気で依頼してくる相手の態度もまたおよそありえないことであった。筆者は依頼を即座に拒否するとともに、その相手の人間性に対して大きな疑いを持ったのである。ところが、相手は筆者が依頼を拒否することに驚愕し、逆に筆者の人間性に大きな疑いを持ったのである。筆者はその相手が特別なのだと思い、先輩として信頼を寄せていた同僚教員たちに相談してみた。筆者は当初、事情を説明しさえすれば誰もが当然筆者を支持すると確信していたのだが、この期待はことごとく裏切られることになった。筆者が相談相手に選んだ同僚教員たちは全員、成績を変更することが不正であるという筆者の感覚を全く共有してくれず、むしろ、依頼に応じて成績を変更することが常識であり、当然であり、正しいことであると確信していたのである。

　彼らの主張はこうであった。進級の要件を全然満たしていない場合は進級できないのも仕方がないが、この学生はわずか2単位足りないだけであり、わずか2単位足りないだけで進級できないのはかわいそうだから、なんとか進級できるような措置を講じるべきだ、というのである。筆者はこの理屈が全くわからなかった。基準をあとちょっとのところで満たせずに終わるのはとても惜しいし残念であるが、基準というものの性質上ぎりぎりで達しないことがあるのは必然であり、そういう場合も基準を満たしたことにしてあげたいのであれば、最初からその分基準を下げて設定すれば良いだけのことである。2単位足りないだけで留年させるのは不適当だというのであれば、最初から現在の単位数から2単位引いたものを進級の要件にすれば良いのであって、そうなってな

い以上，わずか2単位でも不足は不足であり，要件を満たしていないことには変わりがない。要件を満たしていない以上，いくらかわいそうでも進級という効果が発生しないのは必然であり，試験が終わって成績がついた後にそれを曲げようとするのは明らかに不正である。筆者にはそう思えてならなかったのである。

　筆者は完全なマイノリティであった。筆者には不正としか思えない行為であるにもかかわらず，誰もが気軽に成績の変更に応じ，それを依頼したり受けたりすることがごく当たり前のように行われていたのである。筆者が一度依頼を拒否してからも，筆者がどうして拒否するのか全く見当がつかないというたくさんの同僚達が繰り返し依頼を受けるよう筆者を説得してきた。筆者がいくら自分の気持ちを理解してもらおうと努めても，筆者の気持ちは全く伝わらず，むしろ，わずか2単位足りないだけなのに，そんなことで学生を留年させて平気でいられるどうしようもない人間だとして筆者を軽蔑する冷たい目に苦しむことになったのである。

　ところが，法学部出身の友人や知人に筆者がこの問題で悩んでいることを相談すると，誰もが筆者の意見に同調し，筆者は間違っておらず成績の変更を当然視する回りの方がおかしい，と言ってくれたのである。わずか2単位足りないだけなのに，ということが理由にならないという筆者の感覚も，法学部出身者たちはごく当たり前のように共有してくれ，そこで筆者は全くマイノリティではなかったのである。

　この出来事は，もともと文化という次元に関心を寄せていた筆者にとって[3]，決定的に重要な経験であった。法学部で学んできた者と，それ以外の者との間に断絶と言って良いほどの大きな感覚の違いがあるということ，そして，回りが法学部出身者ばかりのところでは，それが当たり前になってしまって気づかれにくいのだが，法学部出身者の間ではマジョリティである感覚が世間では圧倒的にマイノリティであるということ，このことに筆者は大きく衝撃を受け，それ以降，自分が内面化してきた法学的なものの見方，考え方，感じ方を対象化して考察することが，筆者の法社会学的な問題関心の重要な構成要素となったのである。

III――法学的思考と権威主義

　法学部の出身者はたいてい筆者が法学的思考と呼ぶものを身に付けている[4]。筆者は多くの大学で法社会学を講じてきたが，どこの大学でも学生が一番興味深くためになったという感想を示すのは法学的思考についての授業であった。法学的思考とは，ごく簡単に言うと法学部生っぽいものの見方・考え方・感じ方のことである。

　法学的思考は法学部の文化の中核にあり，法学部の中では正統な地位を占めているため，この思考を身に付けていない者は違う思考の持ち主とはみなされず，端的に劣った思考の持ち主とみなされる。また，法学部の新入生もこの思考を十分身に付けてはいないが，それは法学的思考と対立する思考を有しているからではなく，単に現時点では法学的思考が未熟なだけだとみなされる。法学部で真面目に勉強していけば必ずや法学的思考が十分に身に付くのであり，新入生は発展途上なだけだと理解されるのである。

　法学的思考の特徴の一つは権威主義である。法学者（とくに実定法学者）が論文で先行文献を引用する際には，著者に肩書きを付け敬語を用いることが少なくない。これは日本だけのことではなく，アメリカのローレビューでも著者に肩書きを付けることは普通である。ところが，法学以外の学問を専攻する人々はこれに非常に驚く。法学以外の多くの学問分野では，論文中に文献を引用する際には，著者は呼び捨てで敬語を用いないことがほとんどなのである。これは文化の違いであるが，どうしてこのような違いが定着してきたのかと言えば，それは学問の性質の違いに起因する。

　自然科学や人文社会科学の多くは，学位がPh.D.（Philosophiae Doctor＝哲学博士）であることにも現れているが，そもそも哲学から分化して発展した学問である。哲学の目的は，ドクサ（臆見）を疑い，エピステーメー（真知）に到達することである。現在正しいとされていることが本当に正しいのかどうか疑ってかかり，本当に正しいことを見つけ出そうとする姿勢が哲学という営みの根幹

をなしている。哲学においては，先人が何を言おうが，偉い人が何を言おうが，それによって正しさは決まらず，何が正しいかは探究してみなければわからない。偉い人でも間違っていることがあり，偉くない人でも正しいことがあるのだから，この探究に参加する者は誰もが対等であり，社会的な地位のようなものは完全にイレレヴァントなのである。

ところが，法学は神学と同様，権威を前提として成立する学問である。神学が聖書解釈学として発展してきたように，法学は法典解釈学として発展してきた。解釈の対象である聖書や法典に書かれていることは，最初から完全に正しいことが判明している。なぜ正しいのかと言えば，それは神の，あるいは立法者の言葉だからである。内容によって正しさが決まるのではなく，誰が言ったかによって正しさが決まるというのが，法学の根本前提になっているのである。かくして，誰が言ったとしてもその内容によって正しかったり正しくなかったりする哲学の世界では，誰が言ったかではなく何を言ったかが第一に注目される文化が定着していったのに対して，内容ではなく誰が言ったかによって正しいか正しくないかが変わってくる法学の世界では，何を言ったかではなく誰が言ったかが第一に注目される文化が定着することになったのである。

法学の世界において，東大教授の学説が非常に有力であることや，初対面の人はどういう出自の人なのか（誰の弟子なのか）確認しないと落ち着いて話せない風潮があることなども，発話の内容ではなく発話の主体が誰であるのかが決定的に重要な地位を占めているからである。筆者は研究会やシンポジウム等で，哲学，社会学，歴史学などを専攻する研究者と話をする機会が多いのだが，たいていは所属も何もお互いに知らないままどんどん話がはずんでいく。ところが，法学者と話すときは，とにかく互いの身分確認の儀式をすませてからでないと話がもりあがらないのである。

服装規定が存在しない多くの大学で，スーツを着ている教員の割合が明らかに他学部より法学部に多いのも法学部の文化の一つであり，権威主義と関連している。学生は自由な服装であるから，教員も自由な服装をしていると学生と教員との区別がつかない。話をすれば誰が専門知識を有している教員であり，誰が素人の学生であるかはすぐにわかるのだが，中身を吟味してそれが正しい

かどうかを判断するのではなく，中身を吟味せずに最初からそれが正しいと判断するのが権威主義の特徴である。内容で判断しないのだから判断基準は必然的に形式的なものとならざるをえない。服装という外観によって誰に権威があるのか明快に判別できる状況は非常に好都合で安心できるが，教室にいる誰もが自由な服装をしていると，誰が権威者であるのか形式的には判断できず，この不透明な状況に落ち着きの悪さを感じてしまうのである。

Ⅳ──「決まりを守る心」と「損得で動く心」

　法学的思考について理解する早道は，対照的な思考と比較してみることである。法学と並んで社会科学の代表とされてきた経済学もまた，経済学的思考と呼びうる固有の思考スタイルを有しているので，これと比較して考えてみよう。法学的思考と経済学的思考は，それぞれ法学と経済学という二つの学問に調和的な思考様式であり，法学部で学ぶことで法学的思考が培われ，経済学部で学ぶことで経済学的思考が培われるが，大学で学ばなければそもそも生まれえない思考形態であるというわけではない。むしろ，法学部に入学する者の多くはもともと法学的思考を有しており，だからこそ自らの進学先として法学部に魅力を感じるのであり，この思考に拒否感を抱く者が法学部に魅力を感じることはほとんどない。同様に，経済学的思考は経済学部で学ばなければ身につかない特別な思考様式なのではなく，もともと経済学的思考を有している者が大学で経済学を学ぶことに魅力を感じて経済学部に入学するというケースが多いのである。

　法学的思考も経済学的思考も，大学で法学や経済学を学ぶことによって強化されるが，もともとは世間に存在している思考や行動のスタイルである。従って，法学的思考と経済学的思考という言葉よりも，「決まりを守る心」と「損得で動く心」という言葉の方がわかりやすいかもしれない。[5] 決まりを守る心とは，決まりを意識し，決まりによって定められた行動を現実に行おうとする心のことである。その行動を取ることが自分にとって得にならずむしろ損になる

としても、そう決められているが故にそう行動するのであり、そもそもそれが自分にとって得になるか損になるか考えることすらしないことが少なくないのである。決まりを守る心の持ち主も場合によっては決まりを破ることがあるが、決まりを守る心の持ち主にとって、決まりを守れないことは非常に重大なことであるので、決まりを破ることに大きな躊躇を感じ、決まりを破るかどうか大きく逡巡し、決まりを破ったことに大きな罪悪感を抱くことになる。

　他方、損得で動く心とは、自らがとりうる行動選択肢の各々がどれだけ損であり得であるかを自覚的ないし無自覚的に計算した上で、一番得になる（損が少ない）であろう行動を現実に行おうとする心のことである[6]。その行動を取ることが定められた決まりを破ることになるとしても、それが得であるが故にそう行動するのであり、そもそもどういう決まりがあるのかを意識すらしないことも少なくない。損得で動く心の持ち主が決まりに従った行動をすることもあるが、それは決まりを守ろうとして決まりを守ったのではなく、損得を計算した上で、決まりを守ることの方がそれを破るよりも得になる（損が少ない）と判断したからにほかならない。罰則等が定められておらず決まりを破ることに不利益がなかったり、そもそも誰も見ておらず決まりを破ったことが絶対にばれないという場合にも、決まりを守る心の持ち主は通常は決まりを守ろうとし、守れなかった場合は罪悪感を感じることになるが、損得で動く心の持ち主はそういう場合に決まりに従う動機を持たず、決まりを破っても罪悪感を抱かないのである。

　以前うさわで聞いた話であるが、ある大学で経済学部から法学部に抗議があったそうである。その大学では、大学院生が定期試験の監督をアルバイトで担当することになっているのだが、法学専攻の大学院生が経済学部の試験監督をしたところ、経済学専攻の大学院生が試験監督を担当する場合と比べて、カンニングの摘発が非常に多く、それが迷惑で困るという旨の抗議があったというのである。これが実話であったのかは定かでないが、そういうことがありえても決して不思議はないと思われる。様々な大学の様々な学部で教えた経験のある筆者の実感として、どこの大学でも法学部生は他学部生よりもまじめでカンニングをしない傾向があり、どこの大学でも法学部は他学部よりもカンニン

グが発覚した場合に厳しい処分をする傾向がある。他学部ではカンニングをする人が多いのに，発覚してもその科目だけ零点のように甘い処分が下され，法学部ではカンニングをする人が少ないのに，発覚したら全科目零点やそれ以上に重い処分が下されるのである。

　経済学部の教員や大学院生は，経済学的思考を深く身に付けていないとなれないはずであり，経済学的思考の核心は損得で動く心にある。カンニングを発見した場合，それを見過ごすのと捕まえるのとどちらが得でどちらが損であるだろうか。試験監督の給与が日当制で，カンニングを見つけてもとくに報償が与えられるわけではないのであれば，試験監督の仕事をできるだけ早く終わらせて帰るのが大学院生本人にとっては一番得である。カンニングを摘発してしまえば，試験終了後も状況説明や実況見分等の作業に拘束されすぐには帰れない。また，カンニングを摘発された学生は，自分が捕まえられたことを逆恨みして大学院生に復讐しようと考えるかもしれない。さらに，カンニングが摘発されなければ実況見分や処分を決める会議に召集されることのなかった教員からは，忙しい時に迷惑をかける駄目なやつだというレッテルを貼られてしまうかもしれない。カンニングを摘発しても，損するだけなのである。損をするのは大学院生本人だけではない。召集された教員も時間や労力を損するし，もちろん，自業自得ではあるが，カンニングをした学生も処分を受けるという損をする。カンニングを摘発することは，誰も得せず誰もが損をすることなのである。

　これが入学試験であれば，合格人数の枠があるため，本来不合格であったはずの受験生がカンニングによって不正に合格してしまえば，本来合格であったはずの受験生が不合格になるという大きな損が発生するから，カンニングを摘発することはこの大きな損を回避するという意味を持つ。しかし，定期試験においては，合格点を取ることができる人数が最初から決まっていて，誰かがカンニングによって単位を取得したら，本来取得できたはずの学生が単位を取得できなくなるということはない。従って，カンニングを摘発しなければ誰かが大きく損をするということはなく，逆にカンニングを摘発すれば誰もが損をするのである。このような場合に，すなわち，Aという選択肢を選べば誰もが損

をし，Bという選択肢を選べば誰もが得する（損をしない）場合には，当然Aではなく Bを選ぶのが損得で動く心にとっては合理的なことである。かくして，試験監督を担当する大学院生が損得で動く心の持ち主であるならば，カンニングがあまりにもあからさまでない限りカンニングは見過ごされることになり，このことは同様に損得で動く心を有している経済学部の教員達によって合理的な行動として是認されることになるのである。

　他方，法学専攻の大学院生は決まりを守る心の持ち主であり，試験監督要項にカンニングに関して定められていれば，その規定をできる限り守ろうと考える。カンニングした学生を摘発することで，そうしなかった場合と比べて時間や労力を多分に費やすことになるということは全く頭にのぼらない。あるいは，そのことを意識したとしても，それが監督要綱に定められたことを守らない理由になるとは考えない。たとえ誰も得せず誰もが損をするとしても，そういうことは一顧だにせず，あるいはそのことを意識してもぐっとやせ我慢して，決まりに定められているとおりに行動するのが法学部の大学院生にとっては当たり前のことであり，その結果召集され，時間と労力を費やすことになってしまう法学部の教員にとっても当たり前のことなのである。誰もが決まりを守る心の持ち主である世界では，損得とは関係なく決まりは当然のように守られ，決まりを守った行動をすることが迷惑がられたり非難されたりすることはありえないのである。

　しかし，決まりを守る心の持ち主は世の中のマジョリティではない。にもかかわらず，決まりを守る心の持ち主はそのことに気づかず，一部の悪者が決まりを破ることはあっても，普通の人は決まりがあればそれを守るものだと思い込んでしまう傾向がある。決まりはそれが決まりであるがゆえに，誰も見てなくても，それが自らにとって利益にならなくても，人は進んで決まりを守ろうとするし，どうしても守れない場合は激しい罪悪感にさいなまれるものだ，というのが決まりを守る心の持ち主にとっての常識なのである。従って，決まりを守る心の持ち主は，世の中に何か問題が生じているとしたら，それは決まりによって解決できる問題であると考える傾向がある。決まりがあれば人は決まり通りに行動するものなのだから，問題が起こっているとすれば，それは決ま

りが存在しないからであるか，決まり自体に欠陥があるからであり，新しく決まりを作るか，既に存在する決まりを改正することで問題は解決できると考えてしまうのである。

　立法の実務に携わる役人達はたいてい法学部の出身であり，法学的思考の核心である決まりを守る心を当たり前のように身に付けている人がほとんどである。そのため，彼らは問題の本質を見誤り，世の中に生じている問題を解決するどころか，より悪化させてしまうことが少なくない。危険運転致死傷罪の新設に伴ってひき逃げが多発したのはその典型である。ひき逃げが多発することになった原因は明白である。それまでは，ひき逃げをして捕まると業務上過失致死傷罪とひき逃げの罪の併合罪で重く処罰されるのに対して，ひき逃げをしなければただの業務上過失致死傷罪で軽く処罰されるから，ひき逃げしない方が得であった。他方，危険運転致死傷罪が新設されてからは，例えば飲酒運転の場合，ひき逃げをして捕まってもその時点では血中アルコール濃度が薄れているため危険運転致死傷罪は成立せず，業務上過失致死傷罪とひき逃げの罪の併合罪が成立するだけなのに対して，ひき逃げをしなければ飲酒運転であることが発覚して危険運転致死傷罪が成立することになる。危険運転致死傷罪は刑が重く，業務上過失致死傷罪とひき逃げの罪の併合罪で処罰されるよりも損であるため，損得を考える心の持ち主が飲酒運転中に事故を起こしたならば，ひき逃げをせずに損するよりも，ひき逃げして得することを当然選ぶことになったのである。

　決まりを守る心の持ち主はこうした行動を想像すらできず，そのために刑罰の重さについて慎重に考えることができなかったのだと考えられる。決まりを守る心の持ち主は，処罰されると損をするから決まりを守ろうとするのではなく，それが決まりであるが故に自分が損をしてでも決まりを守ろうとするのである。従って，刑罰は彼らにとって，人に決まりを守らせるための道具ではなく，決まりを守らないという悪を行った人に対する報いにほかならない。どんな軽い刑罰であれ，そもそもそうした報いを受けるような悪いことを自分がすることはないと考えている人間にとって，刑罰の具体的な重さは切実な関心事にならない。自分が買うことのない商品の値段に切実な関心を寄せる人がいな

いように，自分が関係ないと思っている刑罰の重さを真剣に考える人はいないのである。危険運転致死傷罪の法定刑はそれが非常に悪いことだということを印象づけるために重く定められたが，具体的にどれくらいの重さにするのが適切であるのか慎重に判断された末のことではなかったのである。

Ⅴ――精神と身体

　法学部には決まりを守る心が他の心より強い者が進学しやすい。現在少子化の日本では一人っ子が少なくないが，伝統的に第一子が法学部に進学する傾向が強いと言われているのも，第一子は第二子以降と比べて決まりを守る心を強く持つ傾向があるからである。これは，初めての子供を育てる際に親が育児マニュアルに依拠して，マニュアルに書いてあるとおりに子供が行動すれば安心し，マニュアルに書いてあることに反すれば不安になることに関係していると思われる。育児を初めて経験する親は，子供の成長をそのまま受け止めるのではなく，マニュアルに書かれてある基準に照らして評価する傾向がある。子供の一挙一足に注目して，これをしてはよく，あれはしてはならないと厳しくしつけようとするのである。
　そうした環境で育つ第一子は，一定の決まりを守れば親が喜び，それを破れば親が怒ったり悲しんだりするということを学習し，決まりにあわせた行動を自然にとるようになっていく。他方，第二子以降を育てる親は，既に育児の要領をある程度わかっているためマニュアルに依存することがなく，少しくらいマニュアルの基準と違ってもとくに問題は無いということを理解している。また，上の子の面倒を見る必要があるため，第一子の時のように一挙一足を絶えず気にかけることはできず，結果として第二子以降は自由放任でのびのび育てられることになる。こうした事情から，真面目に決まりを守る第一子と，決まりに縛られることなく要領良く生きていく第二子以降という違いが発生するのである。
　決まりを守る心は，このように幼い頃からの習慣によって身についていくも

のであり，自由意思で身に付けることができるものではない。また，この心を身に付けてしまった者が自由意思でこれを消去することは不可能である。身に付くという言葉が正確に表現しているように，この心は身体に宿るのであり，身体とは独立した精神の要素になるわけではない。デカルト以来の近代的世界観のもとでは，身体に依存せず自足的に存在する精神が身体を一方的に支配するという構図が描かれることが少なくないが，実際には精神は身体から独立した実体ではなく，あくまで身体の作用として存在しているのである。

従って，決まりを守る心とは，実際のところ，決まりを守るよう習慣づけられた身体の作用にほかならない。人間の行動の多くは，自由意思による選択に基づくものではなく，習慣によって成立した性格の所産なのである。最初は嫌々でも，決まりに従った行動を続けていれば，それが習慣として身体に沈殿し，決まりがあればそれを進んで守る性格の人間になっていく。身体に沈殿した習慣の有する力は非常に大きい。電車の中でお年寄りに席を譲ろうといくら思っても，人生で一度も譲ったことがない者が席を譲るのは非常に困難である。早く譲ろうと心の中で何度思っても，思い通りに身体が動いてくれないのである。他方，席を譲る習慣が身に付いている者にとって，席を譲るのはいともたやすいことである。とくに意識せずとも，身体はすぐに動くのである。

人に挨拶をする場合も同じである。挨拶をすることに慣れていない者は，挨拶すべき相手に遭遇してもなかなかうまく挨拶することができない。挨拶をせねばといくら思っても，タイミングを伺っているうちに機を逸してしまうことが少なくないのである。他方，挨拶に慣れている人は，挨拶しようとわざわざ思う間もなく，口から勝手に挨拶の言葉が出てしまう。人間の行動は，これからどのように行動すべきかを精神が自由に決定した後で，精神に制御された身体がその決定どおりに動くことによって成立する，という古典的な図式は維持されえない。[7] 最寄り駅に向かう道を真っ直ぐ歩く習慣が根付いている人は，今日は途中で右折して郵便局に寄ろうと決めていても，ふと気づいたらいつのまにか駅に着いていた，ということが頻繁に起こる。このとき，駅に向かってまっすぐ歩くと決めた精神はどこにも存在しない。確かに逆のことを決めたはずなのである。にもかかわらず，本人の意思に反して，両足が勝手に彼を駅ま

で連れて行ってしまったのである。

　暴力についても同様である。日頃から他人に暴力を振るう習慣がある人は、きっかけさえあればいとも簡単に手が出るが、暴力を振るうことに慣れていない人が暴力を振るうのはとてつもなく難しい。意図的に叩こうといくら思っても、ふだん叩き慣れていない人の手は、本人の意思に反してなかなか動いてくれないのである。「ついかっとなって手を上げた」という表現があるが、つい手を上げる人はつい手を上げる習慣が身体に沈殿している人であり、つい手を上げる性格の人にほかならない。[8] 悪人とは悪い性格の人のことであり、悪い性格の人とは悪いことをする習慣が身に付いている身体の持ち主のことなのである。[9] 悪いことは、それまで悪いことをしたことのない人が急にやろうと決断して容易になしうることではない。悪いことをやろうと意図してすぐに身体が思い通りに動いたとしたら、その人は既に悪人になっているのである。

　嘘つきは泥棒の始まりという言葉があるが、これはこの事態を端的に表現している。最初はほんの小さな悪行でも、それを繰り返していくうちに悪行が習慣となり、悪いことを平気でできる身体＝心の持ち主、すなわち悪人になってしまうのである。このように心と身体は一体であるから、決まりを守る心の持ち主とは、決まりを守る行動を日々繰り返すことで、決まりを守ることが習慣として身体に沈殿した人のことにほかならない。法学部で決まりを守る心が身に付くのは、法学部での勉強がその形式において決まりを守る行動と同一であり、真面目に法律の勉強を続けることが決まりを守る習慣を重ねることと一致するからである。

　高校生の頃は、決まりを守る程度において他の友人とたいした違いが無かった者も、法学部に進学し毎日勉学に励んでいるうちに、他学部に進学した友人とは心＝身体の構造が大きく変わってくる。その結果、多くの法学部生は、高校の頃仲が良かった友人達と徐々に波長が合わなくなり、一緒に遊んでも昔のように楽しく感じられないという経験をすることになる。法学部で学んでいるうちに、高校の頃は全く気にならず、自分も同調して気軽に行っていたちょっとした逸脱行動に対して嫌悪を感じるようになり、友人がそれをやろうとするのを見過ごせず、その場の雰囲気に合わせて自分もやろうと思っても身体が固

まってできなくなってしまうのである。

　法学部の友人と一緒にいるときは何の違和感も抱かないのに，法学部とは無縁の家族や他学部の友人と一緒にいるとついいろいろなことが気になってしまう，という声を筆者は多くの法学部生から耳にした。ある女子学生は，「誰も見てないからばれない」と言って駐車禁止のところに車を止めようとする母親の行動にとてつもない不快感を抱くようになったし，ある男子学生は，「誰もいないから迷惑はかからない」と言って喫煙禁止のところで煙草を吸おうとする他学部の友人に対して嫌悪感を抱くようになった[10]。また，急に雨が降り出して傘が無い時に，その日不在の他人の置き傘を借用して帰宅し，翌朝こっそりもどすことにする（誰も困らず絶対にばれない）か，雨の中を濡れて走って帰宅することにするか，という架空の状況を提示してどちらを選ぶか尋ねたところ，法学部生の大半は，借用しようという発想すら思いつかないだろうとか，この傘使えたらと悩むだろうが結局濡れて帰る，という返答をしたのに対して，他学部生は，ばれないなら傘を借りて帰るという返答をする者が圧倒的だったのである[11]。

　自分に利益があり，誰にも不利益が無く，露見することもないという場合であっても，所有権という決まりをそれが決まりであるが故に順守するという性格を法学部生は身に付けている[12]。もちろん，実際には逸脱する法学部生もいる。しかし，他学部生がほとんど躊躇無く逸脱し，すぐに忘れてしまうのに対して，法学部生は実際に逸脱するまで大きく逡巡し，いざやろうと決めても身体はなかなか動かない。心臓の鼓動は早くなり，やっとやり遂げた後は大きな罪悪感にさいなまれ，なかなか忘れることができないのである。

VI——法学的身体

　決まりを守る身体と，そうでない身体とは，行動だけでなく世界の認知構造も異なっている。世界それ自体は同じでも，身体が違えばその人にとっての世界は変わってくるのである。たとえば，ある女性が「この辺妊婦さん多いね」

と言ったことがある。その人は以前からずっとそこに住んでいたし，その辺りに急に妊婦が増えたという事実はない。変わったのは，OLとして働いていたその女性が妊娠し，妊婦になったということだけである。子供にとくに関心が無いOLにとって，自分と年格好の似たOLはやたら目に入るが，妊婦は目の前にいてもほとんど目に入らない。ところが，自分が妊婦になってしまうと，OLは目に入らなくなり，自分と同じ妊婦がやたら目に入るようになるのである。これは意図的に妊婦を探そうとして見つけているのではない。認知は能動的ではなく受動的である。OLの頃は妊婦を目から外そうとしていたわけではないのに，最初から妊婦は目に入らず，妊婦になると，妊婦を目に入れようというつもりもないのに，勝手に妊婦が目に入ってくるのである。

　このように，自分の周りに広がる世界の中の，いったい何が図として際立ち，何が地として背景に回るかは，その人がどういう身体の持ち主であるかによって大きく変わってくる。これは，自覚的，意識的に制御して世界をそのような仕方で見ているのではなく，自分でも気づかないうちに，世界はそのような見え方をする世界として現れてくるのである。法学部生の多くは決まりを守る身体の持ち主であり，法学を真面目に勉強することでこの身体はますます強化されるから，決まりを守る身体を法学的身体と表現することにしよう。法学的身体と非法学的身体は，ある決まりが存在している状況でその決まりに対してどのように対応するかに関して異なっているだけではない。それ以前に，法学的身体と非法学的身体とでは回りの世界の現れ方が違っている。法学的身体の前に広がる世界は，決まりが図として現れる世界であるのに対して，非法学的身体の前に広がる世界は決まりが地として隠れる世界なのである。

　大学の正門の目の前に道路を挟んでコンビニがあるという状況を想像しよう。道路は横断禁止で，そのことを公示する大きな看板が設置されている。横断歩道は離れたところにあるため，決まりを守るためには，ずいぶんな遠回りが必要である。車両の通行は少ないため，横断歩道が無いところを横断しても普通に気をつけていれば事故になることは考えにくい。こうした状況において，法学部生は律儀に遠回りして横断歩道を利用することが多いが，経済学部生をはじめとする他学部生は，車両が来ていない限り，正門の前の道路を横断

してコンビニに直行することが多い[13]。非常に急いでいて時間が無い場合など法学部生も決まりを破ってしまうことはあるが，自分が決まりを破っているということを強く意識し，罪悪感を抱くことが普通である。ところが，躊躇無く道路を横断する非法学部生は，自分が決まりを破っているということを意識していない場合がほとんどである。大きく横断禁止と書かれた看板があるのだが，それが全く目に入っておらず，指摘されて初めてその存在に気づくという場合すら少なくないのである。

携帯電話は，利用者が意識しない間も絶えず基地局の電波を探しているが，これと同じように，法学的身体は本人が意識しない間も絶えず回りに守るべき決まりがないか探している。法学的身体の持ち主から見たら，決まりに従わない人は全て決まりを故意に破る人であるが，実際には，決まりがそこにあることに最初から気がつかないが故に，結果的に決まりに反する行動をとってしまう人も少なからず存在する。とくに損得で動く経済学的な身体にとっては，従っても報償がなく，逸脱しても制裁がないただの決まりは，自分の損得に全く影響を与えないため，その決まりが書かれた看板がいくら巨大なものであっても，路傍の石や雑草と同じように，背景と一体化して全く目に映らない，ということもめずらしくないのである。

法学的身体は，非法学的身体と比べて圧倒的に決まりが多く現象する世界に生きている。法学的身体にとって世界とは決まりに満ちた世界であり，人々が決まりを守るが故に秩序が成立する世界なのである。決まりがなければ，あるいは人々が決まりを守らなければ，秩序ある世界は崩壊してしまう。決まりは世界の骨組みとして神聖かつ枢要な地位を占めているのである。他方，非法学的身体にとって，決まりとは世界の中に存在する様々なものの一つでしかなく，それが決まりであるというただそれだけの理由で，特段の重要性を持つことはない。決まりが重要な意味を持つのは，それを守るか守らないかによって自分や他の人々が影響を受ける場合に限られるし，決まりを守ることが自分や他の人々を不幸にしてしまう場合にまで，それが決まりであることを根拠にそれを守るべきだという発想は出てこないのである。

法学的身体は決まりを尊重し，決まりを認知すればほぼ自動的に決まりに従

う習慣を身に付けている。決まりの意味が曖昧でどうすれば従ったことになるのか不明な場合は意識的に解釈を行うことが必要となるし、別の決まりと明らかに矛盾することが決められている場合はどちらに従うべきなのか検討することが必要になるが、そうした場合も、世界に決まりがあれば人はその決まりに従うものだ、という人間と世界の関係性についての根本的な姿勢は決して揺るがない。

　前方と後方の二箇所にドアがある教室で、学生はいつも後方のドアから教室に出入りしているが、ある日後方のドアに「開閉禁止。前方のドアを利用すること」という張り紙が貼られたというケースについて考えよう。この場合、非法学的身体は張り紙になかなか気づかず、気づいてもそのままドアを開けて教室から出ようとする。鍵がかかっていて開かなければあきらめて前方のドアへと回ることになるが、鍵がかかっていなければそのまま教室を出てすぐに張り紙のことは忘れてしまうのである。他方、法学的身体は張り紙に気づきやすく、気づくや否や直ちに前方のドアに足が赴く。実際には、その日後方のドアを利用することには何の問題もなく、誰かがイタズラでその張り紙を貼っていたということが、後方のドアを開ければすぐにわかるようになっていたとしても、法学的身体がそのことに気づくことはほとんどない。決まりが定めていることが本当に必要で正しいことなのか自分で判断しようとすれば、すぐにイタズラだと判明するような状況であっても、法学的身体はそうした実質的な判断を自分で積極的に行おうとする習慣を身に付けていないのである。

Ⅶ——裁判の未来

　これまで法学的身体についての考察を続けてきたが、冒頭で述べたように、裁判に関して法学の世界の内外で相反する評価が続いてきた大きな原因は、法学の世界の内部が法学的身体によって占められているのに対して、法学の世界の外部は非法学的身体によって占められている、というところにあるように思われる。法学的身体と非法学的身体とでは、ものの見え方、感じ方、考え方が

非常に大きく異なっている。法学的身体にとって，決まりは特別に重要なものであり，決まりを守ることは本質的に正しいことである。社会の中に発生する問題の大半は，人々が決まりをきちんと理解し守っていればそもそも発生しない種類の問題なのである。裁判は，人々が決まりをきちんと理解できなかったが故に，あるいは，決まりがきちんと守られなかったが故に発生した問題を，決まりに従って正しく解決するための重要な仕組みとして位置づけられる。裁判は法学の世界の中核であって，外部の世界のように決まりが軽視され従われないようなことは決してあってはならない。裁判は徹頭徹尾決まりが支配する厳正な空間であり，そうであるからこそ最上の栄誉に値するのである。

　法学的身体にとって，決まりの権威が否定され，決まりが守られない状況は，嫌悪感で身体中が蝕まれるほど腹立たしい状況である。逆に，そうした可能性が徹底的に排除され，決まりの権威が純粋に浸透する裁判という空間は，非常に居心地が良く，身体中が好感で満たされるのである。他方，決まりに権威を感じる習慣を有していない非法学的身体にとって，徹頭徹尾決まりに従うよう強制され，一方的に決まりに基づいて裁かれる裁判という場は，非常に居心地が悪く苦痛と嫌悪を感じる空間にほかならない。裁判の対象になるのはもっぱら法学の世界の外部で生起した出来事であり，裁判の当事者になるのは人生を法学の世界の外部で過ごしてきた非法学的身体ばかりであるにもかかわらず，裁判は法学の世界の中で法学的身体によって執り行われることになる。裁判の当事者となった非法学的身体の願いは，自分たちの間で発生したもめごとを正しく解決したいというものにほかならないが，裁判が提供するサービスは法学的身体が正しいと感じる解決であり，もめごとに決まりを正しく当てはめた結果ではあっても，非法学的身体の願いが叶うことは少ないのである。

　かくして，法学の世界の内部では，正しい規範の実現として肯定的に評価される裁判が，法学の世界の外側では，単なる権力的な強制として受け止められることはめずらしいことではない。正しいか正しくないかは別として，要件効果図式に基づいて，こういう場合にはこのように権力が発動されることが予測できるのだから，それを認識してうまく自分たちの役に立つ道具として利用するしかない，という諦観的な法道具主義が法学の世界の外側に蔓延するのは必

然なのである。これに対して、近代法の価値にコミットせず便宜的に果実を得ようとするだけの道具的な法利用はけしからん、という批判が法学の世界の内部からは寄せられることになるが、この批判が外部に届くことは決してない。既にコミットしている者にとっては、近代法は正しいのだからコミットしないのはおよそ不合理なのであるが、コミットしていない者にとっては、正しいとは限らない近代法に全面的にコミットしてしまうことの方が不合理なのである。

このように、裁判というものの評価が大きく食い違う原因が、法学の世界の内外における文化の違い、身体の違いに求められるとして、これをいったいどのように解決することができるだろうか。選択肢は二つある。一つは、世界の全面的な法学化である。全人類が完璧な法学的身体になってしまえば、決まりの権威を否定する者はいなくなり、誰もが常に決まりの存在に気を配り、決まりを自覚的にも無自覚的にも守ろうとするはずである。決まりの解釈をめぐる争いはなくならなくても、決まりに従わない者の存在が起こしてきた多くの問題は消失する。裁判は神聖で素晴らしいものとして誰もが肯定的に評価するようになるのである。

法学の世界の内側には、この解決こそが理想であるという見解の持ち主も少なくないだろうが、これは実質的に不可能である。仮に実現したとしても、法学的身体だけからなる世界は、現在の文明を構成している経済や芸術といった様々な要素が欠落した不毛で魅力の無い世界であり、そもそも人間がそこで生を受け暮らしていくことが可能であるかすら疑わしい。法学の世界が現在存在しえているのは、あくまでそれが全体世界の局所にすぎず、法学の世界の外側で人類の文明を支える様々な活動が日々行われているからにほかならないのである。

かくして、解決策は逆の方向で考えられなければならない。法学の世界に生まれ落ちる者はおらず、法の言語のネイティヴ・スピーカーも存在しない。法学の世界の内側深くにこもって出てこない者も、もともとは法学の世界の外側で生を受け、そこから法学の世界にやって来たはずなのである。従って、法学の世界の住人は誰もが法学の世界の外側にいた頃の記憶を有している。すっかり忘れていたとしても、身体に潜在的な記憶が残っているのである。この潜在

的な記憶を活性化させることができれば，法学的身体は非法学的身体のあり方を自己の過去の身体のあり方として想起することが可能になる。高校の頃の友人と話が合わなくなった法学部生は，高校の頃の自分の心の有り様を思い出すことによって，友人が今感じたり思ったりしていることを理解できる可能性があるのである。逆に，法学部に進まなかった友人の方は，法学部に進んだ友人が何をどのように感じているのか，想像はできても身体的に実感することは不可能である。この非対称性を考慮すれば，解決のために歩み寄るべきはどちらの方かすぐにわかるだろう。

　決まりと正しさの関係は次のように考え直されなければならない。第一に，決まりが正しさを創造するのではなく，決まりは正しさを記述するということ，第二に，決まりを守ることが無条件的に正しいのではなく，決まりの記述が正しい状況においてのみ決まりを守るのは正しいということ，以上である[14]。正しさは決まりから派生するのではなく，社会それ自体に内在しており，この正しさに基づいて自分たちのもめごとが解決されることを非法学的身体は裁判に期待しているのである。この期待を裏切らないためには，決まりの記述があらゆる状況において正しいと最初から決めてかかるのではなく，この状況で決まりの記述は正しいのかどうかしっかり確認した上で，決まり通りにするか否かの判断を行うことが重要である。

　決まりというものがこの世に存在する理由は，人々に正しい行動についての情報を提供することを通して，実際に正しい行動がなされるよう導くことである。過去のデータに基づいてこういう場合にはこうするのが一般に正しいという知識が決まりとして定式化されれば，人々は何もないところから自分でどうするのが正しいか逐一調べたり考えたりする負担から解放される。しかし，過去のデータから得られた正しさに関する情報が新しい状況でもそのまま使えるとは限らないし，一般的な状況についての正しさに関する情報が例外的な状況でもそのまま使えるとは限らない。全ての決まりには自ずから射程がある。決まりどおりにすることが適切な状況であれば，決まりの射程内に位置しているが故に決まりに従うことが正しいが，決まりどおりに行動することが不適切な状況であれば，その状況は決まりの射程外であり，その場合にまで決まりどお

りに行動するのは決まりに従うことにはならない。全ての決まりは，その本質において，人が正しい行動をとることを目的としているのだから，決まり通りに行動することが正しくない状況においてまで決まり通りに行動しようとするのは決まりの目的に反することであり，それ故，決まりに違反することにほかならないのである。

　裁判が，正義の実現というその本来の趣旨に基づき，社会に内在する正しさとは無関係に決まりが無条件的に当てはめられる場としてではなく，決まりが提供する情報を有効に活用しつつ社会に内在する正しさの実現がめざされる場として理解されるようになれば，法学の世界の内外における裁判に対する評価のギャップは消失する方向に向かうはずである。

　そのためにも，法学の世界の外部から非法学的身体が裁判に参加することは非常に重要である。社会に内在する正しさについての感覚を鋭敏に有している市井の人々から生の声を聴くことは，法学的身体が記憶を取り戻すための刺激としても有益である。その意味で，裁判員制度は現行よりも大幅に拡充されることが望まれる。可能であれば，民事刑事を問わず全ての第一審に裁判員が参加するような制度の構築が理想である。これが実現すれば，裁判は普通の人々にとって非常に身近なものになり，よくわからないという理由で敬遠したり，よく知らないが故の偏見によって不当に悪く評価したりすることはなくなるだろう。正義というものは，法律の専門家だけがアクセスできるどこか遠いところに隠れているものなのではなく，自分たちが生活しているこの世界の中に内在しているものであり，それを自分たちも参加して現実化していくための大切な仕組みとして裁判という制度が用意されているということ，このことを誰もが実感できるようになる未来が現実に到来するかどうかは不明であるが，仮にこうした未来が到来したとしたら，その未来は，誰もが裁判を肯定的に評価する未来にほかならない。その未来に生きる人々にとって，「裁判に訴える」という言葉を恫喝と感じる現代人の感性はおよそ理解不能であるだろう。彼ら未来人にとって，この言葉は，まるで楽しいイベントへのお誘いのように聞こえるはずなのだから。

【注】

1) 規範的な研究は法社会学ではなく法哲学の領分だと論じられることがあるが、規範的ではない法哲学の研究もあり、規範的であるか否かによって法哲学と法社会学が区別されるわけではない。筆者は法学部や法科大学院で法哲学の授業を担当してきたが、筆者にとって、法哲学とは法を哲学的に考察する一切の営みの謂であり（佐藤2011）、法社会学とは法を外部から考察する一切の営みの謂である。従って、法哲学と法社会学には交錯領域があり、法を外部から哲学的に考察する営みは法哲学と法社会学の両方に属するのである。
2) もちろん、合格点に達しない学生の成績を無条件で改竄して欲しいという依頼ではない。そうではなく、補講を実施したり、課題を与えたり、追試験を行ったりして、学生が合格水準に到達できたことを確認した上で成績を変更して欲しいという依頼なのである。
3) 佐藤（2012）を参照。
4) 法学的思考が法学部の文化の内側から肯定的に捉えられる場合は、リーガル・マインドという言葉がよく用いられるが、リーガル・マインドというのは曖昧な概念であること、肯定的なニュアンスがつきまとっていること、後に述べるようにマインド（精神）とボディ（身体）は分離できないこと、等の理由から、法学部の文化を外的な視点から対象化して考察する本稿ではあえて使用しない。
5) 法学的思考と経済学的思考の違いは他にもいくつかある。例えば、経済学的思考から見ると法学的思考は自由を尊重していない。経済学的思考にとっての自由は、自分の身体を自分の好きに動かすことにほかならないが、法学的思考にとっての自由は憲法の人権カタログ等によって定められた個々の自由にすぎず、最初から殺人の自由のようなものは排除されるし、複数の自由の間に優劣が付けられてしまうのである。森村（2001）等を参照。

　また、経済学的思考から見ると法学的思考は個人を尊重していない。経済学的思考が人間を個別性の相の下に個人として捉えるのに対して、法学的思考は人間を類同性の相の下に人類として捉える傾向が強い。経済学的思考において一人一人の個人は全くばらばらの感覚を持っているのに対して、法学的思考において人類は共通する感覚を有している。従って、最低賃金や労働時間の制限を定める規制立法は、経済学的思考から見ると、安い賃金や長い労働時間で働きたいと感じる個人の自由を侵害する不正な法であるが、法学的思考から見ると、誰もが苦しむ低賃金や長時間労働から全労働者を救う正しい法なのである。なお、法学的思考が人間を類同性の相の下で見るのは、後述する決まりに対する態度のコロラリーである。決まりとの関係で人間を見ると、一人一人の個性は消失し誰もが決まりの名宛人として一般的に捉えられることになるのである。

　平等についての理解も法学的思考と経済学的思考とで大きく異なる。法学的思考においては人類の好みは基本的に共通であると想定されるため、誰もが同じものを与えられなければ平等は達せられない（結果の平等）。他方、経済学的思考においては個人の好みは基本的にばらばらであると想定されるため、全員に同じものが与えられても、それを好きな人が嬉しいだけであり、平等を達成したければ、全員に自分が好きなものを獲得できるチャンスを等しく与えるしかないのである（機会の平等）。

契約についての理解も大きく異なる。法学的思考にとって，契約とは決まりである。法学的思考の核心には決まりを守る心があるから，一度結んだ契約は，それを破ることが得であり，それを守ることが損であったとしても，破ってはならない。決まりを破ることは悪であり，まともな人間なら破ろうと思うことすらありえず，仮に破ったとしたら大きな罪悪感に苦しむことになる。違約金や損害賠償は契約という決まりを破った罰として科せられるのであり，金額の大小は関係なく可能な限りそうした罰を受けなくてすむよう努めるべきなのである。

他方，経済学的思考にとって，契約は利得（コストとベネフィット）を操作する道具である。車をAに100万円で売る契約（違約金50万円）を結ぶことで，車を売れば100万円，売らなければマイナス50万円，という利得の状況が発生する。そこにBから200万円で買いたいという申し込みがあったならば，何の躊躇も逡巡もなくBに売ることを選択するのが経済学的思考である。Aに売れば100万円の利得，Bに売れば200万円から違約金の50万円を引いて150万円の利得であるから，両者を比較すれば明らかにBに売る方が得なのであり，ここには罪悪感といった要素は全く登場すらしないのである（もちろん，今後継続的にAと取引を行う予定がある場合は損得の計算が変わってくる）。

6) いわゆる合理的利己主義であるが，これは利他主義と矛盾するものではない。母親が自らの命を犠牲にして我が子を助けるような場合，母親は自分の命が助かって我が子の命が失われるという選択肢と，自分の命は失われるが我が子は助かるという選択肢のどちらが自分に得であるかを計算し，前者より後者の方が得であると判断したが故に，命を捨ててまで子供を助けようとするのである。

人間はそれぞれ別々であり，何が得で何が損であるかは人によって全く異なるという発想に基づけば，決まりを守る心は損得で動く心と対立せず，むしろ後者は前者に還元されることになる。戦後の混乱期に食糧管理法を守って餓死した裁判官は，自分の命を犠牲にしてまで決まりを守ることを選んだのだが，これは，自分の命より我が子の命の方を強く選好した母親と同様に，自分の命より決まりを守ることの方を強く選好した事例として説明されるのである。

7) 大屋（2007）等を参照。なお，このことは，是非弁別能力と行動制御能力のいずれか一方を欠けば心神喪失として刑事責任が阻却されるという刑法学的な考え方に対して大きな疑義を提示するだろう。というのも，人間の行動のほとんどは行動制御能力を欠いた心神喪失状態で行われていることになるからである。

8) ついかっとなって衝動的に手を上げてしまったと言う人の多くは，自分に依存する女性や子供など弱者に対しては簡単に手を上げる一方で，自分の上司や自分より明らかに腕力が強い男性に対してはいくら不愉快でも我慢してなかなか手を上げることはない。つまり，ついかっとなって手を上げる人は，ここで手を上げることがどういう結果をもたらすのかを瞬時に身体的に判断した上で手を上げているのである。

9) 人の道徳性を習慣によって形成された性格として把握する考え方はアリストテレス（2002）に由来する。

10) サークルの友人達全員が喫煙者で，偶然にも法学部生と経済学部生とで，「喫煙所を探そう」という意見と「ここで吸おう」という意見とに綺麗に分かれたらしい。

11) ビニール傘なら借りる，という解釈に悩む返答もあった。

12) 決まりを守る結果に関心を示さないこのような義務論的な態度の典型は，暴漢に友

人の所在を問われた場合も嘘をつくべからずという決まりを守らなければならないと説くカント（2002）である。カントは法学者ではないが典型的な法学的思考の持ち主であり，法学者の間でカントの人気が高い理由はそこにあると思われる。なお，有名な川島（1982）の順法精神論は倫理学におけるカントの善意志論の法学版として理解できる。

13）　これを阻止しようとして看板をたくさん設置しても効果はあまりない。監視員を常駐させることにしても，監視員が声をかけているうちに横断は終わってしまうから期待するほどの効果は得られず，ただ人件費がかかるだけである。この問題を解決するために一番良い方法は，道路の真ん中に物理的に横断を難しくする柵を設置することである。柵が設置されたならば，柵を乗り越えるよりも横断歩道まで回る方が楽であり得であるため，誰もが自発的に横断歩道を渡るようになるのである。このようなアーキテクチャによる規制に対しては批判もあるが，この問題について考える際には，決まりを守る身体が社会のマイノリティであることを忘却しないことが肝要である。松尾（2008）等を参照。

14）　佐藤（2004）を参照。

【参考文献】

アリストテレス（2002）『ニコマコス倫理学』（朴一功訳）京都大学学術出版会.
川島武宜（1982）「順法精神」『川島武宜著作集第4巻』岩波書店.
カント，イマヌエル（2002）「人間愛から嘘をつく権利と称されるものについて」『カント全集13』（谷田信一他訳）岩波書店.
松尾陽（2008）「アーキテクチャによる規制作用とその意義」法哲学年報2007.
森村進（2001）『自由はどこまで可能か』講談社.
大屋雄裕（2007）『自由とは何か』筑摩書房.
佐藤憲一（2004）「ポスト・リーガリズムに向けて」和田仁孝・樫村志郎・阿部昌樹編『法社会学の可能性』法律文化社.
――（2011）「法哲学」君塚正臣編『法学部生のための選択科目ガイドブック』ミネルヴァ書房.
――（2012）「嗜好品の自由と規制をめぐる正義論的考察」TASCマンスリー436号.
――（2013）「内在性と批判性――規範的法社会学のために――」法社会学79号.

児童虐待事件における親の当事者性と手続参加
―― 再統合支援のための制度設計に向けて

原田綾子

I ―― 本稿の課題

　日本では1980年代後半ごろから児童虐待が社会問題として意識されるようになったが，虐待ケースへの対応においてまず問題となったのは，虐待を認めず「親権を振りかざして」抵抗する親に児童相談所（以下児相）が対抗できず，子どもの安全確保が十分に行えないことであった。こうした問題意識から，2000年の児童虐待防止法（以下防止法）の制定，そして同法並びに児童福祉法（以下児福法）の数度の改正を通じて，都道府県（実質的には児相）による強制的な調査・介入の権限が整えられていった。この介入権限の法制化は，2011年の民法及び児福法の改正により一応の完成をみたといってよいだろう。従来よりも柔軟に親権を制限できるよう民法に親権停止制度が新設され，親権喪失・管理権喪失も虐待対応において活用しやすいよう要件等に修正が施され，受け皿となる未成年後見制度も改められた。児福法には，施設入所中・一時保護中の児童の監護・教育・懲戒についての児相・施設長の権限行使を親権者が不当に妨げてはならないとする規定が設けられた。[1]

　児相の介入調査権限や親権制限は，虐待を受けた子どもを迅速かつ確実に保護するために必要なものであり，その活用が求められることは言うまでもない。しかし，家庭に介入して子どもを危険な状況から救出するだけでは子の利益の保護としては十分ではなく，救出された子どもの成長をその後どう支えて

いくかがさらに問われなければならない。虐待を受けた子どもの将来に向けての支援を考えるとき、親をどう位置付けるか、親にどのような役割を求めるかということが問題になる。子どもは虐待をするような親とは二度と関わらずに自立の道を歩んでいくべきだという考え方もありうるし、虐待の態様や親の状態によってはそれもやむを得ない場合もあろう。しかし他方で、子にとって親は特別な存在であり、それゆえに原則として子どもは父母から引き離されない権利を有する（児童の権利条約9条1項）。親も、国家との関係において、子どもという特別な存在との関係を保持し、その関係のなかで子どもの養育を行っていく固有の権利を持つものとして尊重されるべき存在である[2]。虐待を理由に親子が分離された後でも、親が親としての力をつけなおし再び子どもと暮らせるようになれば、上記のような意味での子と親の権利を守ることになるし、次世代の育成に関心を持つ国家にもその利益が還元されることになる。子ども、親、国家の利益のいずれを考慮しても、親子分離をできる限り限定的に行うとともに、分離後においても原則としては親子再統合に向けた支援に力を入れるべきだということになろう。

再統合の支援までを視野に入れた児童虐待対応においては、子の安全を図りつつ家族への支援を機能的に動かしていくための制度や手続が必要となるが、そうした制度を設計するにあたって重要と思われるのが、親と子の参加である。親と子の参加を保障することにより親と子の実情に合った支援計画が策定されるとともに、その実施も担保されうるからである。これまでは、子どもの保護や親の支援は基本的には児相の措置権行使の形で進められ、親と子の当事者としての参加を促進する取り組みは限定的であったし[3]、手続保障の機会として重要な役割を果たしうる司法審査も、その拡張は行政および司法リソースを消耗させ、結果的に子の保護を困難にするとして、ほとんど最低限といってよいレベルに抑えられてきた。児童虐待事件における親と子の手続保障の必要性は、我が国でも従来から指摘されてきたものの（吉田1990）、「親と子どもを当事者として尊重する」という理念は、これまで制度の在り方を方向づける理念としての位置づけを与えられてきたとはいいがたい。

親の参加と子の参加はいずれも重要だが、本稿では親の手続参加に焦点を当

てて検討を試みる。アメリカとの比較において，親の手続参加という観点から見た日本の児童虐待法制の特徴や問題点を考察するとともに，再統合支援のための制度改革の方向性について検討することにしたい。

Ⅱ——日米の虐待法制の比較　　行政，司法，親の関係

　アメリカとの比較において日本の児童虐待法制の特徴といえるのは，司法の虐待事件への関与機会の少なさとその断片性，そして行政（児相）の権限の法制度上の強さである。

　日本の児童虐待対応の仕組みにおいては，児童虐待事件への裁判所の関与は極めて限定的である。児相の措置に対する行政訴訟を除いて，基本的には臨検捜索（防止法9条の3），保護者不同意の場合の施設入所・里親委託の承認（児福法28条1項）及び更新の承認（同条2項），民法上の親権制限（民法834条以下）のみであり，しかもこれらの手続が利用されるのは児童虐待ケースのごく一部に過ぎない[4]。さらに日本において裁判所が虐待ケースにかかわるのは，その時点における行政措置の妥当性や親の権利制限の必要性を判断するためであり，裁判所が一つのケースに継続的に関与し続けることはない。それに対してアメリカでは，一時保護から始まって，継続的かつ段階的に司法が関与する。親子が強制的に分離される場合には，その分離が暫定的なものであっても，裁判所は暫定的保護の必要性を決定するための審理を開き（detention hearing），事実認定のための審理を開き（jurisdictional hearing/trial），フォスターケアや再統合に向けた支援計画を処遇として決定するための審理を開く（dispositional hearing）。その後数か月から半年おきに再審査を開いて処遇の状況を審査し，再統合の是非を決定する（review hearing）。1年後には子どもの永続的養育計画を決めるパーマネンシープランニングのヒアリング（permanency planning hearing）を開く（原田2008：49-52）。一つのケースを扱う裁判所は基本的には同じ裁判所（通常は少年裁判所）であり，すべてのヒアリングを同じ裁判官が担当するone family one judgeの仕組みも奨励されている（Summers and Shdaimah 2013: 25）。

アメリカと比べ司法が関与するケースが少なくその関与もケース対応全体からみると断片的である日本では、基本的に児相が調査と介入、その後の家庭支援まですべての過程において、決定と実施の役割を担うことになる。そうした役割に耐えられるよう、児相には様々な権限が与えられており、裁量の幅も広い。特に重要で比較的頻繁に行使されるのが職権一時保護の権限である。児相は、「必要があると認めるときは」児童に一時保護を加え、又は適当な者に一時保護を加えさせることができる。親の同意も子ども本人の同意も不要であり、司法審査も必要とされない（児福法33条[5]）。

日本では、分離後の親子に対する支援にも、裁判所は基本的には関与しない。児相は、要保護児童の通告を受けた場合に、「必要があると認めたときは」児童又はその保護者を児童福祉司等に指導させるか他の者に指導を委託する措置をとることができる（児福法26条1項1号、27条1項2号）。保護者への指導は、「親子の再統合への配慮その他の児童虐待を受けた児童が良好な家庭的環境で生活するために必要な配慮」の下に適切に行われなければならない（防止法11条1項）とされ、親子分離中の保護者指導が再統合を目指すものとして実施されうることが示されている。そして指導措置が取られた場合、保護者はその指導を受けなければならないとされる（防止法11条2項）。つまり指導を受けることは親の義務とされている。そして保護者が指導を受けなければ都道府県知事は指導を受けるよう保護者に勧告することができる（同条3項）。勧告にも従わない場合、必要に応じて職権一時保護や施設入所等の措置（同条4項）や、親権喪失など民法上の親権制限の請求も行うべきとされる（同条5項）。

これらの規定からは、親には指導を受ける法律上の義務があり、勧告などを通じてその遂行が担保されているように見えるが、実際には児童福祉司による保護者指導は難航することが多く、保護者指導の有効性を高めるために家裁の関与を求める声が強まった。その結果、2004年児福法改正により、家裁が28条承認審判（および更新審判）において都道府県（児相）に対して保護者指導を行うよう勧告する仕組みが導入された。児相（条文上は都道府県）により28条承認の申立てがあった場合、家裁は児相に対して保護者に対する指導措置に関し報告及び意見を求めたり資料の提出を求めたりすることができ（児福法28条4項）、

相当と認めるときは指導措置を採るべき旨を児相に勧告することができる（児福法28条5項）。

家裁はこの28条審判の審理において，親（児童を現に監護する者，親権を行う者等）と児童（15歳以上の者）の陳述を聴かなければならないとされているので（家事事件手続法：以下家手法236条1項），そこで児相の指導措置についての陳述も聴取されると考えられる。ただし，親と子の陳述は審判期日において行われる必要はなく，家裁調査官による調査や書面照会などの方法でも可能とされている。また，親と子の陳述に対して，家裁は申立人たる児相の意見を求めることができるとされているのに対し（家手法236条2項），逆に，児相の報告や意見に対する親と子の意見を聴くとする規定はなく，制度上，意見の聴取において児相と親子は対等な扱いを受けていない。もともと，28条事件における手続当事者は申立人たる児相のみであり，親と子はそれぞれ利害関係参加の許可を家裁に求めてそれが認められないかぎり（家手法42条2項），児相と同等の手続保障は受けられない仕組みになっている。このような非対称的な手続構造は，児相には——行使に当たり司法の許可等を本来は必要としないという意味で——完全かつ独立した行政措置権があることを前提として，家裁はそうした児相の措置に対して，ある種の「お墨付き」（原田2008：264）を与えることにその役割を限定していることに適合的なものといえる。家裁としては，この「お墨付き」を与えるのに十分な判断材料が職権探知によって揃えばよいのであるから，親と子の意見も，基本的にはそのために必要な限りで聴取されることになろう。

これに対して，アメリカの児童虐待事件に対する司法の役割は，行政にケースプランの策定と実施を促し，そのプロセスを継続的にモニターすることに力点をおくものになっている（Hardin 1998: 151）。司法の役割は，行政の監視，監督という意味をもっており，この行政に対する司法の監視，監督は，子の安全とパーマネンシー（永続的な家庭の確保）という立法目的達成の観点からだけではなく，行政権限行使の対象となる親と子どもの権利保障という観点からもなされる。

日本とは違って家事事件にも当事者対抗主義を適用するアメリカでは，児童虐待事件の司法審査にも当事者主義の訴訟手続が用いられ（Duquette 1997: 461-

462），福祉行政機関が原告，親が被告となって双方が法廷で主張立証を行い，基本的には裁判所がそのどちらかに軍配を上げるという形で様々な決定が行われる。子どもにも準当事者的な地位が与えられ，独立の立場から主張立証を行う機会が保障されている。そしてアメリカでは，児童保護手続における親と子どもの手続保障のために，彼らの利益が法廷で適切に代理されることが必要であると考えられている。そのため子どもにはGuardian Ad Litemと呼ばれる訴訟代理人が選任される。そして多くの州は，親が自分で弁護士を雇えない場合には公費で選任するという制度を設けている（Guggenheim and Jacobs 2013: 44）。一個人でしかも経済的教育的に恵まれず社会的マイノリティであることも多い親を，強大な調査・介入権限を持つ行政機関と法廷で対峙させるのは実質的に不公平であり，ケースの展開によっては養子縁組を前提として法的親子関係が断絶される可能性もあることから，親の訴訟当事者としての能力を弁護士によって補充する必要があると考えられているためである（原田2008：58-60）。

　アメリカでは，児童虐待への対応に当たる行政機関は，法により与えられた責務を十分に果たすために，親や子どもとの関係において必要な決定を幅広く司法に求めることができる。しかしその一方で，司法によって自らの活動を監督されるという立場にも立つ。行政が必要と考える司法判断を出してもらうには，法廷においてその必要性を立証するとともに，行政による措置が親と子どもの権利の過剰な制約にならないようなかたちで実施されることを裁判所に示さなければならない。法廷では，親と子どもが，それぞれの代理人を通じて，行政措置の必要性や具体的方法について異議を述べることもでき，それも踏まえて決定が下される。このような形で行政をチェックする司法の存在を，現場で児童虐待への対応に当たるソーシャルワーカーも，常に意識しておかなければならないということになる。

Ⅲ――行政と対立する親への支援と司法の役割　　　強制と参加

　ではアメリカにおいて，法廷で対立当事者となる親に対して「支援」をする

というのは，いかにして可能なのだろうか．まず思いうかぶのは，法的な強制により有無を言わさず従わせるというやり方であろう．

アメリカでは，裁判所が処遇決定の審理（dispositional hearing）によってケースプランを承認すれば，そのプラン通りにサービスを受けることが親に義務付けられる．そしてそのプランを遵守しなければ子どものことを気にかけていないと判断されるので，裁判所に再統合の決定を出してもらうことはできない．裁判所がケースプランの遵守命令を親に対して下す場合もあるが（原田 2008：92-93），そうした命令がなくても遵守しなければ再統合が遠のくことは明白であるから，それ自体が親へのプレッシャーとなる．さらにこのプレッシャーを強くするのが，1年先に待ち受けているパーマネンシープランニングである．児童福祉機関は，親から分離された子どもに永続的家庭を確保するために，拷問や強姦など特に深刻な虐待ケースは除いて，原則として再統合を目的として支援を行う責任を負うが，原則として1年間支援を行っても見込みがなければ，養子縁組などほかの方法に目標が切り替えられる（原田 2008：145-146）．特に養子縁組の優先度が高く，養子縁組が選択されるとその前提として親権終了（termination of parental rights）の手続がとられ，法的親子関係が断絶される．こうした見通しが最初からはっきりしているため，親はたとえケースプランのサービスの内容に納得がいかなくても，裁判官が承認した限りはそれに従わざるを得ないのである．

こうした強制が働くなかでしぶしぶカウンセリングや親教育に参加し，しかしそこで援助の意義に気づいて改善意欲を高めていくことも当然ありうるのだが，強制づくでは親の意欲を十分に引き出せないことも容易に想像できるところである．そこでもう一つ，ソーシャルワーク実践のなかで，ワーカーが親の動機を引き出す契機として重要なのが，ケースプランニングへの親の参加である．

アメリカでは，児童福祉機関が親子の分離を行った場合には，必ずケースプランを作成しなければならない．これは1980年の連邦法Adoption Assistance and Child Welfare Act以来，各州の児童福祉機関が担う責務となっている．ケースプランには，福祉機関が提供するサービス，福祉機関の責任と義務，親が取る

べき行動・責任・義務，子どもの委託先などが詳細かつ具体的に記載される（原田 2011a：139）。そしてこのケースプランは，多くの州で，児童福祉機関，親，一定年齢以上の子どもの合意agreementにより作成されるべきものとされている（Child Welfare Information Gateway 2011: 3）。ワーカーは親と子どもから話を聞き，再統合のために解決すべき課題を検討し，そのために必要なサービスを提案する。アメリカでは児童虐待を理由に親子が分離された場合でも，たとえ監督付きであっても安全が確保できないような場合を除いて，親子の面会交流が実施されるので，分離中の親子の面会方法や頻度もケースプランの一部分となる。親は自らの弁護士と相談し，子どもは自分の代理人（Guardian Ad Litem）と相談して，ワーカーの提案に同意したり，修正を要求したりする。またアメリカでは，親族の中に子どもを安全に預かる能力がある者がいれば，里親や施設よりも優先的に考慮する方針が取られているので（原田 2010：67-68），ワーカーは親に該当者がいるか尋ね，親はそれを伝えることができる。

　ケースプランは通常，ワーカーと親，一定年齢以上の子との話し合いを通じて作成されるが，近年は，チーム決定会議やファミリーグループ・カンファレンス，調停など，親族や地域の援助者も含めた話し合いの場が設けられ，その中でプランが形成されることも多くなっている（原田 2011a：140）。ケースプランは，数か月おきに見直され，そのたびに話し合いが行われ，修正が加えられる。家族支援は，ケースプランの作成→実施→評価→修正→実施→評価というプロセスにおいて展開されていくのである（原田 2011a：142）。そしてプランの実施状況は，裁判所で定期的に審査される（review hearing）。ケースプランの合意ができない場合には，ワーカーがプランを作成（修正）して裁判所に提出するが，それがそのまま裁判所によって承認されるわけではなく，裁判所は争いがある部分について双方の言い分を聞き，判断を下す。多くの親がこだわるのは，面会交流の方法や頻度である。再審査のヒアリングでは，停止された面会を再開してほしいとか，面会の頻度を増やしたり宿泊付きにするなどより緩やかな面会方法に変えてほしいと述べる親が多い（原田 2008：91-92）。

　このような仕組みのもとでは，親は，自分にとって何が必要かをソーシャルワーカーに伝え，ソーシャルワーカーと合意できないなら裁判官に対して伝

え，そうした機会を通じてケースプランの中身に影響を与えられる可能性がある。親を代理する弁護士も，児童虐待の申立事実を争うという伝統的な法廷弁護士の役割を超えて，依頼者にカウンセラー的にかかわってその実質的なニーズをくみ取り，ソーシャルワーカーとの交渉にあたったり，調停に同席して依頼者の発言を援助するなど，法廷外での活動が重視されるようになってきている（Duquette 1997: 476-477）。最近では，親のニーズにマッチしたプランが作られるように，弁護士とソーシャルワーカーがペアで親の代理を行う取り組みも，一部の地域で進められている（Guggenheim and Jacobs 2013: 45）。

　裁判所も，親が手続をよく理解して積極的に参加することを期待しており，手続について親にわかりやすく説明するためのパンフレットを用意するなど，親への情報提供にも力を入れている[6]。司法の側から見れば，親の手続参加は，重要な権利の制限を受ける当事者への手続保障という意味に加えて，裁判官の判断を容易にするという意味も持っている。裁判官は福祉の専門家ではないから，サービスの種類や実施方法の細かな内容について判断を下すことは本来難しいが，法廷での手続の前にワーカーと親の間で合意が形成されていれば，その合意を基礎として比較的容易に判断を行うことができる。当事者間で争いがある場合でも，双方が何を根拠にどのような主張をしているのかが法廷で明らかになれば，そのうちより説得力のある方を採用する形で判断を出すことができる。

　また，アメリカでは，早期の事件処理と裁判所の負担軽減につながるとして，児童虐待事件のための調停プログラムが設けられ，その活用が広がっていることにも注目すべきである（棚村 1993：16-17）。調停利用の広がりの背景として，対審構造のもとで当事者が主張立証を行う法廷審理は，児童虐待問題の解決にはあまりに硬直的であるとの認識もあるが（エドワーズ 2004：148-149），アメリカの児童虐待調停は，親とワーカーのほか，子どもや援助に当たる関係者なども参加して，水平的情報交換と解決に向けた取捨選択を行う場として機能しており，当事者の参加という当事者主義の理念が法廷外に拡張・多元化していったものと評価することも可能である（棚瀬 2005：69-70）。

　このようにアメリカの児童虐待手続には，当事者である親と子の参加を促進

し，できる限り当事者の納得と合意に基づいて支援を実施していこうという志向性がみられるのである。親に対する強制が現実には非常に強く働きうる制度であるがゆえに，参加の保障により実質的な動機づけを図っていく必要がむしろ強く意識されており，まさにそこが現場のソーシャルワーカーの腕の見せ所にもなっている[7]。

　強制的に親子分離をした後の家族支援においてワーカーが直面する課題は，すでに虐待者として介入を受ける存在になっている親を，いかにして支援に動機づけるかということであり，これはアメリカでも日本でも同じである。親は，福祉機関が判断責任を負うか司法がその責任を負うかにかかわらず，国家からの介入を受けて子どもを取り上げられた立場にある。日本ではこうした立場にある親の心を開かせるためとして，子どもの安全が一応確保できた段階で介入アプローチを捨てて共感的な関わりに切り替え，親の客観的評価を行わなくなったり，最初から対立を避けるために問題の原因を子どもに置いて施設入所同意を取り付けるといった方法が取られがちであるようだが，そのようなやり方では，親が自分の問題を直視し，改善のために努力しようという動機を持つことができず，子どもが安全に親元で暮らせるようになることはあまり期待できない（山本 2013：269-270）。

　この問題を解決するために必要であるとして，保護者指導へのより直接的な司法関与への期待が語られるのだが（山本 2013：270；津崎 2000：39），当然のことながら司法は，行政の支援責任までをも肩代わりするものではなく，行政が親とどう関わるかということは問題として残ることになる。日本においても保護者指導に司法がより直接的に関与するなら，中立的な司法を挟んで親と行政の立場の違い（対立点）が明確になるため，行政は共感的に親に寄り添うという姿勢を取りづらくなるであろうし，またそうした態度は，現に対立性を認識している親から見れば行政へのさらなる不信を引き起こすことにもなるだろう。それでは行政は親に対して徹頭徹尾，対立者としてふるまえばよいかというと，それでは親に対する援助はやはり困難になる。裁判所が児相の期待通りに，支援を受けるよう親に命令・強制したとしても，結局親はプログラムへの参加を拒否したり，表面的には参加していてもそれを意味のある形で受け取ら

ないという事態が頻発するであろう。もちろん一定の援助を提供してもそれを受け入れないのであれば，援助を受ける意思がないとして再統合支援を打ち切り，養子縁組などの他の援助手段を採る仕組みも必要であり，その方向での制度設計も積極的に検討すべきである。ただ，それに至る手続が，親の動機づけに配慮のない強制づくのものであったなら，親と子どもの権利保障の観点からみてやはり問題があるといわざるを得ないのではないだろうか。

　この観点から，もういちどアメリカの児童虐待手続を見なおしてみると，やはりケースプランの策定と実施における親の参加が，支援過程全体において非常に重要な意義を持っているように思われる。行政が，援助の必要性や達成目標，それを実現するためのサービス内容について親と子に対して率直に説明し，それに対する親の意見を聴き，子の意見も聞き，子の安全と将来計画に資するなら，可能な限りそれらを取り入れて合意を形成し，それを実行していく。行政がこのような責任を果たすことで，介入の過程で不可避に生じる親との対立関係を，共通の目標を追求するパートナーシップに転換していく可能性も開かれてくる。アメリカでは，裁判所の手続も，福祉機関と対等な当事者としての地位を親に与え，公選弁護人の選任も含めて様々な形で手続参加を保障することにより，こうしたパートナーシップの形成に貢献している面がある。裁判所が当事者の間で形成された合意を重視し，また合意形成のための調停も積極的に活用しているのも，行政（ワーカー）と親という対等な当事者間の交渉や対話こそが，子どものためにより良い解決を導くという認識を裁判所が持っていることの表れといえよう。

Ⅳ——制度改革の展望

　親子分離後の再統合支援に向けて日本の制度を改革していくためには，まず再統合支援の制度的な位置づけを明らかにする必要があるように思われる。現在の日本の虐待法制には，児相と親の双方が親子の分離後も子に対し責任と権限を有する者としての役割を果たし，できる限り親子がともに暮らせるように

なるよう努力すべきことを根拠づける規定がない。先述のとおり防止法11条1項は、保護者に対して行われる指導は「親子の再統合への配慮その他の児童虐待を受けた児童が良好な家庭的環境で生活するために必要な配慮」の下に適切に行われなければならないと定めるが、この規定から、特に深酷で親子関係の再構築が実質的に困難である一部のケースを除いて、原則として再統合支援の責任を行政が負うという趣旨までを読み取ることは困難である。制度の曖昧さのせいか、分離されたあと支援のないまま放置される親子は実際に少なくないようである。2011年民法改正により設けられた親権停止制度も、再統合の可能性のあるケースでの活用が期待されてはいるが（吉田2012：17）、審判と同時に再統合支援の必要性やその内容について司法判断が行われる制度設計にはなっていない。再統合を前提として親権停止がなされた後に実際に再統合支援が実施されるかどうかについては懸念が残る（許2013：31）。

　他方で、子どもから引き離された親が子どもに対してどのような責任を負い、権利を保持するのかということも法律上明らかではない。これまでは親権の「不当な」行使をどう封じるかということへの関心が強く、虐待の解決と再統合に向けていかに「正当な」親権行使を促進するかという観点から親権のあり方が検討されることはほとんどなかったためであろう。このことが顕著にあらわれるのが、分離された親子の面会交流の法的取り扱いである。日本の児童虐待法制では、親子の面会交流は面会通信という言葉で表現され、父母の離婚や別居時に問題となる親子の面会交流とは異なる用語が当てられている。そして一時保護や施設入所中の面会通信は、「児童の保護のため必要があると認める」場合には児童相談所長や施設長の判断により制限しうる（防止法12条1項）。その際に司法の審査は不要である。それに対してアメリカでは、分離された親子の面会交流はむしろ促進されるべきものとされ、児童福祉機関がその実施に責任を負うことが法律上明確にされており、その制限には司法の審査が必要である（原田2011a：139-140）。親子のケアにおける児童福祉機関の裁量を重視するイギリスでも、親子の面会に関する紛争には司法が関与する（久保野2005：229-230）。実際に親の不当な面会要求に困る児相や施設があることは理解できるが、面会は親子の絆の維持にとって重要な機会であるので、本来その制限に

は慎重であるべきである。そもそも、児童福祉事件においても、父母の面会交流事件と同じように、親には面会交流の権利があると考えれば、司法審査なく面会の制限ができる仕組みには問題があるといえよう（磯谷2009：4）。また、日本の面会制限のスキームは、面会に来ない親に面会に来るように動機づける力を持たないのだが、再統合支援の観点から見ると、むしろこちらについて対策を講じる必要があろう。

　再統合の支援過程においては、親とワーカーが、なぜ親子がともに暮らせないのか、その状態を脱するために親とワーカーがそれぞれ何をすべきなのかということについて、認識を共有する必要がある。ワーカーはこれらについての率直な考えを親に明確に示すべきであろう。そしてそれに対する親の意見を聴き、対立点があればそれを明確にし、子どもの意見も聴いたうえで意見調整を試みるべきである。意見調整により合意ができたらそれを書面化して共有し、それぞれの役割を実行していくことになろう。しかし実際には、この過程はそう簡単に進まないと思われる。合意ができない場合に、あるいは合意通りに一方が行動しない場合に、それによって生じた対立状態を放置せず、適時に解決していく必要があるから、この段階で、児相、親、または子の申立てにより司法が関与し、必要な判断を下す仕組みが必要になるだろう。もっとも、再統合支援過程への司法の関与を広げるといっても、アメリカのように再統合支援のタイムラインを厳格に定め、定期的に再審査をして行政と親の行動を積極的に方向付けていくということまでを司法に求める必要はないと思われる。親に対する支援プログラムの策定と実施は、基本的にはソーシャルワークの専門性を駆使してなされるべきものと考えられるからである。アメリカでは、大量の長期委託児童を生み出した児童福祉行政に対する不信が強まり、行政をチェックするために司法の定期的再審査の仕組みが設けられたという経緯がある（Allen et al. 1983: 582-584）。日本では福祉行政活動を司法が監督するということへの社会的関心がそこまで強くはないので、さしあたり、ケースプランの作成及び定期的な再検討はソーシャルワークの枠組みの中で行うものとして、そこに何らかの意見調整のメカニズムを組み込み（アメリカの児童虐待調停が参考になる）、司法はそうした枠組みの中で解決できなかった紛争事案にのみ関与すればよい

だろう。

　これまでのところ，児童虐待事件の司法関与を広げていくことについては，司法リソースの貧弱さを理由として否定的な見解が強く，日本では司法よりも行政を強化することで子の保護を図っていくべきとの意見も有力である（水野2010：368-370）。紛争事案に限ってではあれ，司法関与を実質的に大きく広げることになりうるこの提案は，やはりその観点から批判されるかもしれない。しかし，裁判官の配置が日本よりもはるかに充実しているアメリカにおいても，児童虐待への司法関与の拡大に当たってはリソースの拡充や実務の見直しが必要になり，連邦政府のグラントにより各州で実態把握の調査とそれに基づいた改革が進められた（Yewell et al. 1998: 27）。先述したone family one judgeや児童保護調停も，そうした改革の中で生まれたアイディアである。アメリカの児童虐待手続も決して完璧に動いているわけではないが，社会において要請される役割を司法がともかく引き受けたうえで，より良い制度を目指して改革を続けているところは参考にすべきではないだろうか。

　再統合過程に司法関与を拡張していくためには，家裁での手続のすすめ方についても検討が必要になると思われる。家裁手続は職権探知主義をとり，しかも児童虐待事件（28条および親権制限）は一般的に争訟性がないとされる別表第一事件に分類されているが，親の手続参加を推進し，また職権調査の負担を軽減してより多くの虐待事件への対応を可能にする必要があることから，親と児相を対等な当事者として位置づけ，双方の主張立証を引き出しながら各争点への判断を行うという中立的審判者としての司法の役割が，今後はより重要になってくるのではないだろうか（棚瀬2005：69-70）。司法がそうした役割とともに虐待事件への関与を広げていくなら，当事者の手続参加を実質化するための手続の運用に加えて，当事者の利益を法律家が代理する仕組みも検討する必要がある。家事事件手続法のもとで，児童虐待事件においても一定程度手続保障の強化が図られてはいるが，それでも親に対する手続の説明や親の側の主張の整理，証拠収集などのために，親が独立の代理人を持つ意義は大きい。[10] いまのところ親の弁護士代理にはほとんど関心が寄せられておらずその実態も不明であるが，その意義はすでに指摘されているところでもある（岩佐2009：42-43）。

子どもの意見を代弁する代理人制度についても，当事者である子どもの参加の保障という観点から積極的に検討すべきである（若林 2005：80）。

　以上，児童虐待事件における当事者——本稿ではとりわけ親——の手続参加の意義を検討し，その視点から日本の虐待法制の問題点を分析したうえで，再統合支援のための改革の方向性につき若干の展望を試みた。このような展望が関係者に共有されるかどうかは別として，現在の仕組みに多くの問題があることが指摘される中で，日本の児童虐待対応がこれから何を目指すのか，そしてそれをどのような仕組みや手続によって達成するのかということについて，根本的な検討が求められていることは確かである。既存のリソースでやりくりできるように制度を作っていくこともさしあたりは必要なのかもしれないが，制度の根幹となる理念を立てて少しでもそれに近づけるよう制度や実務を改良していく作業もまた必要であろう。そのような理念たりうるものとしていかなるものがあるのか，そしてそうした理念を机上の空論にしないために具体的にどのように制度設計しうるのかについて，さらに検討していく必要がある。

【注】
1) 2011年の民法及び児童福祉法改正の要点につき飛澤（2011）および髙松（2011）を参照。
2) 日本における親の権利の憲法学的基礎づけとその民法上の親権との関係について，横田（2010: 551-640）の議論が参考になる。
3) 一部の児童相談所では，先進的取組みとして，児相の担当ワーカーと保護者，家族が協働して親子再統合に向けた子どもの安全プランを考える合同ミーティングが行われている。オーストラリアなどで利用が広がっているFamily Group Conference（FGC）の考えを取り入れたものである（妹尾他 2013）。
4) 平成24年度の児童虐待相談件数（児相）は67,574件，児童虐待への対応としての児童福祉施設入所は4,057件であったが，臨検捜索は1件，児福法28条1項の請求は294件（承認244件），児童相談所による親権喪失等の請求は38件（認容14件）であった（平成24年度福祉行政報告例（2013年10月29日公表））。
5) 一時保護に関しては学者を中心に従来から司法審査の必要性が指摘されてきたが，司法審査にかかる手続コストを児相と家裁が負担するのは現実的に困難であり，一時保護の回避や遅延を招いて虐待被害拡大につながるおそれがあるとして，消極的な意見も有力であった。2011年の児福法改正では，親権者等の意に反する一時保護が2か月を超える場合に都道府県知事（児相）が児童福祉審議会の意見を聴くという仕組みが導入された（児福法33条5項）。児童福祉審議会は児相の諮問に答える機関であり，親や子が児童福祉審議会に直接審議の請求をすることは想定されていない。児童福祉審議会の開催頻

度やメンバー構成の中立性確保が問題になりうることも指摘されている(社会保障審議会児童部会児童虐待防止のための親権の在り方に関する専門委員会第5回議事録(2010年10月26日開催))。

6) カリフォルニア州の裁判所が作成した親のためのガイドブック『少年保護裁判所とあなた Juvenile Dependency Court and You』を見ると，各種ヒアリングや専門用語の解説がなされるとともに，親は貧しければ公費で弁護士を選任してもらえることやヒアリングに参加する権利があること，実際にヒアリングに来ることが自分の権利を守るために重要であることなどが説明されている(Available on the California Courts website, www.courts.ca.gov, last visited on Feb 2, 2014)。

7) 筆者がミシガン州での実態調査の際に，「どうやって親の改善意欲を引き出すのか」をソーシャルワーカーに尋ねたところ，ベテランのワーカーは「親と一緒に座ってよく話をすることが大切」と述べた。別のワーカーは同じ質問に「親はプランに従わなければ子どもを失うから従わざるを得ない」と答えたのだが，これを先のワーカーに伝えると「そのワーカーは経験不足だ」と残念そうな表情であった。

8) 子どもが家庭で育つ権利を保障するために，日本の社会的養護制度もパーマネンシープランニングの視点から改革される必要がある(Harada 2011-2012: 24-29)。家族再統合を促進する一方で，実親との再統合の見込みのない要保護児童には，状況に応じて養子制度(特に特別養子縁組制度)も活用すべきであろう(原田 2011b：293)。

9) 親も含めたパートナーシップとケースプランニングの重視は，イギリスの児童虐待対応にもみられる(峯本2001)。親との協働を実効化するには親の意識を知る必要があるとの考えから，親が児童保護の介入をどのように受け止めているのかをインタビュー調査により把握しようとする研究もなされている(Dale 2004)。

10) 東京家裁の28条事件の実務では，保護者から閲覧謄写請求があれば必要に応じて利害関係参加許可の申立てができることを教示するが，申立書の写しを送付する段階ではそのような教示の必要はないとされている(細谷 2012：34-35)。東京家裁において，28条事件においては家事事件手続法上必要とされない親への申立書の写し送付が原則として実施されていることは評価できるが，利害関係参加について裁判所から積極的な教示がなされないとすれば，親の立場に即して司法手続を説明する法律家の役割はやはり大きいと思われる。

【参考文献】

Allen, M.L. et al, (1983), "A Guide to the Adoption Assistance and Child Welfare Act of 1980," Hardin, M. (ed.), Foster Children in the Court, Butterworth Legal Publishers, 575-611.

Child Welfare Information Gateway (2011), "Case planning for families involved with child welfare agencies," U.S. Department of Health and Human Services, Children's Bureau.

Dale, P. (2004), "'Like a Fish in a Bowl': Parents' Perceptions of Child Protection Services," 13 Child Abuse Review, 137-157.

Duquette, D. (1997), "Lawyers' Roles in Child Protection," Helfer, M.E., Kempe, R.S., and

Krugman R.D.（eds）, The Battered Child（5th ed）, University of Chicago Press, 460-481.

エドワーズ，L.（辻由紀子訳）（2004）「児童虐待事件における調停」京都大学大学院法学研究科21世紀COE「21世紀型法秩序形成プログラム」国際シンポジウム『現代司法における専門家関与と市民参加』報告書143-157頁.

Guggenheim, M. and Jacobs, S.（2013）, "A New National Movement in Parent Representation," 47 Clearinghouse Review, 44-46.

原田綾子（2008）『「虐待大国」アメリカの苦闘：児童虐待防止への取組みと家族福祉政策』ミネルヴァ書房.

──（2010）「児童虐待への対応における親族の位置づけ：アメリカでの親族里親・養子縁組・後見の動向を手がかりに」比較法学43巻3号，63-102頁.

──（2011a）「アメリカのフォスターケアの実情と課題：子どものためのケースプランニングの観点から」新しい家族54号，138-143頁.

──（2011b）「特別養子縁組の要件としての父母の同意：親の意思と子の利益の調整に関する一考察」小川富之・棚村政行編『家族法の理論と実務』日本加除出版，291-330頁.

Harada, A（2011-2012）, "Children in Need of Permanent Families: The Current Status of and Future Directions for the Japanese Foster Care System," 6（1）Illinois Child Welfare, 14-29.

Hardin, M.（1998）, "Child Protection Cases in a Unified Family Court," 32（1）Family Law Quarterly, 147-199.

細矢郁（2012）「児童福祉法28条事件及び親権喪失等事件の合理的な審理の在り方に関する考察」家庭裁判月報64巻6号，1-67頁.

磯谷文明（2009）「児童虐待ケースにおける面会交流」子どもの虹情報研修センター紀要No.7，1-13頁.

岩佐嘉彦（2009）「弁護士から見た児童虐待事件（2）：児童虐待の防止等に関する法律の二度にわたる改正を経て」家庭裁判月報61巻8号1-48頁.

許末恵（2013）「児童虐待防止のための民法等の改正についての一考察」法曹時報65巻2号，1-38頁.

久保野恵美子（2005）「児童虐待への対応における裁判所の役割：イギリスにおける被ケア児童との面会交流問題を素材に」岩村正彦・大村敦志編『個を支えるもの（融ける境越える法Ⅰ）』東京大学出版会，211-240頁.

水野紀子（2010）「児童虐待への法的対応と親権制限のあり方」季刊社会保障研究Vol.45 No.4，361-372頁.

峯本耕治（2001）『子どもを虐待から守る制度と介入手法：イギリス児童虐待防止制度から見た日本の課題』明石書店.

妹尾洋之他（2013）「家族再統合支援における当事者参画の現状と課題──神奈川県児童相談所におけるFGC実践をふりかえる──」日本子ども虐待防止学会第19回学術集会報告（抄録集138-139頁）．

Summers, A and Shdaimah, C.（2013）, "Improving Juvenile Dependency Case: Timeliness Through Use of the One Family, One Judge Model," 64（1）Juvenile and Family Court Journal, 23-34.

髙松利光（2011）「「民法等の一部を改正する法律」における児童福祉法の改正の概要」法律のひろばVol.64 No.11，25-29頁．

棚瀬孝雄（2005）「児童虐待事件の司法関与：職権主義と当事者主義の狭間」法律時報77巻3号66-71頁．

棚村政行（1993）「児童虐待事件と調停制度：ロサンゼルスの児童保護調停プログラムを中心に」ケース研究No.236，15-32頁．

津崎哲郎（2000）「児童相談所の実務から：援助のポイントをめぐっての諸課題」松原康雄・山本保編『児童虐待：その援助と法制度』エディケーション，31-44頁．

飛澤友行（2011）「民法等の改正の概要」法律のひろばVol.64 No.11，18-24頁．

若林昌子（2005）「児童虐待事件について家裁実務の視点から：児童福祉法28条事件を中心に」法律時報77巻3号77-81頁．

山本恒雄（2013）「児童相談所における保護者支援の現状と今後の課題について」子どもの虐待とネグレクト15巻3号268-276頁．

横田光平（2010）『子ども法の基本構造』信山社．

吉田恒雄（1990）「施設入所措置における親権者・児童の同意：児童福祉法における手続保障の観点から」明星大学経済学研究紀要Vol.22 No.1，64-74頁．

──（2012）「親権停止制度」月刊福祉2012年4月号，16-21頁．

Yewell, P. et al.（1998）, "The Road to Court Improvement in Child Protection Cases," 49（3）Juvenile and Fmaily Court Journal, 27-39.

婚姻防衛法の検討――合衆国の婚姻概念をめぐる攻防

小泉明子

はじめに

　2013年6月26日，合衆国連邦最高裁はUnited States v. Windsor判決において，婚姻防衛法（Defense of Marriage Act以下DOMAと表記）が違憲であると判断した[1]。同判決では，連邦法上婚姻を男女間のものとするDOMA第3節の定義が違憲とされ，ある州で同性婚をした同性カップルは連邦法上も不利益な取り扱いを受けるべきではないとされた。また，同日出されたHollingsworth v. Perry判決では控訴人の当事者適格（standing）が否定され，カリフォルニア州で婚姻の定義を男女間のものと定める州憲法修正案Propsition8を違憲とした下級審判決が確定した[2]。この2判決は，同性愛者が求めてきた同性婚（same-sex marriage）の承認に深く関わっている。1990年代から政治問題化した同性婚問題をめぐって合衆国の価値観が二分される状態は，銃規制や妊娠中絶といった問題とともに文化戦争（culture war）の枠組みでとらえられてきた[3]。この同性婚問題に関連して把握されるのが，本稿で取り上げるDOMAである。
　DOMAをめぐる争いの核は「家族概念」，すなわち政府が正当なものとして保護すべき「家族」はどのようなものであるかをめぐって，である。同性愛者に対する法的保護の必要性は雇用差別やヘイトクライムからの保護など多岐にわたるが，何よりも保守派の強固な反対を受けるのは，同性婚の承認をめぐってである。保守派にとって同性婚の承認は，婚姻および家族という，社会の基

本的単位の書換えを要するデリケートな問題であり，それは価値観に関わる問題であるがゆえに論争が過熱する。本稿は，連邦レベルでの同性婚の阻止を目的として制定されたDOMAが，同性婚が実施された2004年以降にどのような変遷をたどったのかを概観し，またWindsor連邦最高裁判決で問われた論点を整理することにより，婚姻概念をめぐる合衆国の法状況について描写しようとするものである。

I ── DOMA をめぐる訴訟状況

婚姻防衛法（DOMA）は，1996年9月10日にクリントン政権下で制定された連邦法である。この法は明確に，1993年のBaehr v. Lewinハワイ州最高裁判決[4]が認めた同性婚の可能性を連邦レベルで阻止するための法であった。DOMAの条文は主に，以下の2文からなる。

> 第2節「いかなる州，準州，合衆国の領地，インディアンの領地も，他の州，準州，領地の法の下で婚姻として扱われる同性関係，あるいはそうした関係から生じる権利や主張に関して，当該他州のいかなる公的行為，記録，司法手続にも効力を与えるよう，求められない[5]」

> 第3節「連邦議会のあらゆる行為の意味，あるいは連邦諸機関の決定，規定，解釈の意味を決定するにあたり，『婚姻』という言葉は夫妻としての男女間の法的結びつきのみを意味し，『配偶者』という言葉は夫あるいは妻である異性の人についてのみをいう[6]」

DOMAの制定目的は，①伝統的異性婚の保持・奨励，②子育ての促進，③公的資金の保持，であるとされる。制定当初より，フェデラリズムや憲法の観点からその合憲性に疑義が指摘されていたDOMAであるが，法実務上問題となったのは，マサチューセッツ州最高裁が同性カップルの婚姻する権利を認め[7]，同州で同性婚が施行された2004年からである。それまでは紙面上の問題であった，ある州で行われた同性婚の法的効力はどこまで及ぶか，連邦法上における同性カップルの法的取り扱いは平等保護の観点からどう判断されるのか，

第1部 社会のなかの法

といった問題が，実質的な不利益を伴う焦眉の問題として浮上することになった。特に問題となったのは，連邦法上婚姻を男女間のものと定義するDOMA第3節であった。

　ワードルによれば，2004年から2010年の間に提起された連邦訴訟のうち，少なくとも5つの連邦裁判所でDOMAを合憲とする判断が出ている[8]。これらの訴訟の特徴は，州の合理的利益に関連すれば法を合憲とする合理性審査基準（rational basis review）が用いられていることである。たとえば，同性カップルが平等保護にもとづきDOMAの違憲性を訴えたSmelt v. County of Orangeでは，カリフォルニア州連邦地裁は合理性審査基準を用いて原告の訴えを退けた[9]。また，カナダで同性婚をした同性カップルが，DOMA第3節は連邦憲法修正第10条（州および国民に留保された権限）違反であると訴えたケースでは，ワシントン州連邦租税裁判所は合理性審査基準を用いて，①DOMAの婚姻の定義は州を拘束するものではなく，連邦の州への介入は存在しない，②連邦最高裁が，同性カップルが「疑わしいクラス」を構成すると判断したことはなく，DOMAは基本的権利に不利益を負わせるものでも，疑わしいクラスを標的にしたものでもないとして，DOMAを合憲であるとした[10]。興味深いことに，同裁判所は裁判所自身の見解として，同性カップルに育てられる子供も異性カップルに育てられる子どもと同様の利益を享受し得るとの見解を提示している。判決文からは，裁判所はDOMAを合憲と判断したものの，その根拠に説得力は見出していない点がうかがわれる。

　なお，DOMAをめぐる判決の流れは2010年に変化する。この変化には2009年に民主党のオバマ大統領が誕生したことも影響している。連邦婚姻修正（Federal Marriage Amendment）による「伝統的婚姻」の保持を訴えたブッシュ大統領とは対照的に，オバマ大統領は2008年の大統領選時よりDOMAに反対しており，同性愛者の権利を擁護する姿勢を明確にしていた。こうしたオバマ大統領の姿勢もあり，2011年3月には連邦議会でDOMA廃止法案（Respect for Marriage Act）が提出されている。同法案は，DOMAの廃止および連邦法上個人の婚姻の地位は州の婚姻の承認に委ねられるとする内容を持ち，オバマ大統領およびかつてDOMAに賛成票を投じた議員も賛成している[11]。

2010年7月，DOMAを違憲とする二つの判決が，連邦地裁マサチューセッツ支部で出される。一つは，マサチューセッツ州で同性婚をした連邦公務員の原告らが，DOMA第3節に基づく，連邦社会保障プログラムからの同性配偶者の排除は違憲であると訴えたGill v. OPM[12]である。連邦地裁タウロ判事は，「過度に敬意を払った合理性審査基準の下でも，DOMAを合憲とすることはできない」として，DOMAを違憲と判断した。タウロ判事は，第1に，家族関係（とくに婚姻関係）に関する立法権限は州の排他的管轄事項であり，連邦政府は州が行った家族関係に関わる決定を無視する正当な利益は持たないこと，第2に，連邦政府はこれまで各州の婚姻の内容を認めてきており，DOMAの立法は1996年時点の婚姻状況の現状維持というよりも現状からの離反であること，第3に，DOMAは政府が主張するような，婚姻に基づく利益の分配の一貫性を作り出すものではなく，その連邦法全般に及ぶ効果は立法の具体的目標からかけ離れていること，これらを理由としてDOMAは政府の立法目的とその立法がもたらす区分の間に合理的関連性がないとした。

　もう一つの裁判は，マサチューセッツ州が連邦保健省（HHS）を相手取り，DOMA第3節の合憲性を訴えたCommonwealth of Massachusetts v. United States HHS[13]である。原告のマサチューセッツ州は，2004年の同性婚施行後，DOMAが連邦法上の婚姻配偶者を異性に限ることからいくつかの不利益を余儀なくされていると訴えた。本件で問題となったのは，①連邦助成を受けて州が管理している退役軍人用共同墓地への同性パートナーの共同埋葬，②連邦助成を受ける州の医療扶助プログラム（MassHealth），③医療保障税，である。これらはいずれも州で婚姻したカップルの地位がDOMA第3節により連邦法上認められないために，州に余分な出費や負担がかかるものであった。タウロ判事は，連邦憲法修正第10条に基づく連邦法批判には，①制定法が州を規制するものであること，②制定法が州の主権に属する事柄に関わるものであること，③制定法の遵守が伝統的な行政機能とされた分野の十全な活動を行う州の能力を害するものであることが必要であるとし[14]，DOMAはとくにこの③に該当し，連邦政府は連邦憲法に規定された権限を越えて州の領域とされた権限に踏み込むものであり，連邦憲法修正第10条違反であると判示した。

Ⅱ──Windsor v. United States 事件

　2010年11月に提訴されたWindsor v. United States事件はDOMA違憲の判決が出ることが予想され，連邦最高裁まで係属したこともあって全米の注目を集めることとなった。Windsor事件は，カナダで同性婚をしたニューヨーク州在住の同性カップルの遺族ウィンザーが原告である。彼女は2009年に同性パートナーが死去したことにより，連邦内国歳入庁(IRS)から遺産相続税約36万ドルの納税を命じられた。異性であれば連邦法上配偶者とみなされ納税を免除されることから，ウィンザーはIRSの税免除拒否とそれを根拠づけるDOMA第3節の規定は連邦憲法修正第5条の平等保護違反に該当するとして，納税額の返還を求めて連邦地裁に提訴した。

　Windsor事件の特徴は何よりも連邦法のDOMAが違憲とされたことにあるが，訴訟の経緯もこれまでのDOMAの合憲性をめぐる訴訟とやや異なる道筋をたどった。第1に，被告である政府(オバマ大統領)がDOMAを擁護しなかったことである。第2に，こうした政府の姿勢を受けて，代わりに連邦議会下院の両党派法律諮問グループ(Bipartisan Legal Advisory Group以下BLAGと表記)が，DOMAの合憲性を問う訴訟に加わったことである。

　第1審が係属中の2011年2月23日，司法長官ホルダーは，連邦議会下院議長ボイナー宛ての書簡で，大統領および自身が，「性的指向にもとづく分類は高位の審査基準が適用されるべきこと，また州法の下で婚姻している同性カップルに適用される場合，DOMA第3節は違憲である」との見解を持つに至ったことを明らかにした。また，係属中の訴訟ではDOMA第3節を擁護しないとしたが，議会制定法の擁護および実施を担うためにDOMAの施行は行われるものとした(よって，ウィンザーは税金の返還を受けられずに訴訟は継続された)[15]。2011年3月4日，司法長官の見解を受け，下院議長ボイナーはDOMAを擁護するためにBLAGを招集すると表明した。BLAGは下院共和党のトップ3名(議長，院内総務，院内幹事)と民主党の院内総務および院内幹事の2名からなる諮問機

関である。BLAGは，下院組織内弁護士（House general counsel）に下院を代表して訴訟を提起するよう指示する権限を持つとされる。[16]

　こうした事態はいくつかの問題を生じさせることとなった。まず，政府がDOMAの擁護を否定したことにより，本来ならば立法部門への敬譲から法を擁護すべき立場にある行政部門が立法の合憲性を独自に判断できるのかという，権力分立に関わる問題が生じることとなった。また，BLAGは既に政府がDOMAを違憲とする姿勢を明確にしている中で訴訟参加を表明したため，BLAGが連邦憲法第3条の規定する当事者適格（standing）を持てるか，という問題にも裁判所は向き合うこととなった。

　2011年6月，ウィンザーは連邦地裁ニューヨーク南支部にサマリージャッジメントの訴えを提起し，BLAGは8月にこの訴えに対する差止めを求めて被告側参加者（defendant-intervenor）として訴訟に参加した。連邦地裁は，①伝統的な婚姻制度の保持に政府は正当な利益を持つかもしれないが，DOMAがその利益を促進するかどうかは不明である，②政府が促進する理想的な家族構造の促進および子育てと，DOMAとの間に論理的な関係は見いだせない，③DOMAは家族関係を規定する州の権限に介入しており，重要なフェデラリズム原則を回避するものである，といった理由から原告ウィンザーの訴えを認め，BLAGの訴えを退けた。[17]

　BLAGの控訴により行われた第2巡回控訴審の審理において，控訴審は性的指向に高位の審査基準（heightened scrutiny）を適用した。控訴審は，最高裁がこれまで「準疑わしいクラス（quasi-suspect class）」を決定する際に用いてきた基準——A）そのクラスが歴史的に差別にあってきたか，B）そのクラスは遂行能力や社会貢献に密接にかかわる決定的な特徴を持つか，C）そのクラスは「その人々を特定の集団と定義する，明白で，不変の，あるいは顕著な特徴」を示すか，D）そのクラスは「政治的に無力な少数者」であるか——を用いてこれらを是認し，同性愛者（homosexuals）は高位の審査基準が適用されるクラスを形成すると判断した。そして，合理性審査基準よりも厳格な中間審査基準（intermediate scrutiny）をDOMAに適用した。中間審査基準の下では，立法区分は政府の重要な利益と「実質的に」関連していることが必要とされる。BLAGは，①婚姻の

伝統的な見解の保持，②異性カップルの責任ある生殖の促進，を主張したが，控訴審はこれら①，②の理由にもとづくDOMAの制定は，重要な政府の利益とは実質的な関係がないとして，ウィンザーの訴えを認容した。[18] また，本控訴審判決前にウィンザーより提出された裁量上訴（certiorari）は，2012年12月に連邦最高裁により受理された。

なお，政権第一期において保守的な黒人支持層への配慮からシビルユニオン支持を表明してきたオバマ大統領であるが，Windsor事件が連邦地裁ニューヨーク南支部に係属中であった2012年5月に，同性婚支持に変わったことを明らかにした。このオバマ大統領の同性婚に対する姿勢の変化は，行政部門が司法部門に働きかけて政治的解決の難しいイシューの打開を図ろうとする「司法積極主義の政治的構築」の典型的な事例といえるだろう。[19]

Ⅲ——Windsor 最高裁判決

冒頭に述べたように，United States v. Windsor 連邦最高裁判決は2013年6月26日に出された。ケネディ判事が法廷意見を述べ，ロバーツ，スカリア，アリト各判事が反対意見を述べている。最高裁で主に問われたのは，①BLAGの当事者適格，②DOMA第3節の合憲性，であった。まず，①の当事者適格についてである。法廷意見は，当事者適格については連邦憲法第3条に定められた当事者適格の要件と，慎重な配慮（prudential consideration）という，二つの原則があるとする。慎重な配慮とは，いうなれば司法が自己の司法権を発動する際に自らが負う自己抑制原則である。憲法3条で求められる当事者適格充足の要件は原告側に実質的な損害があるか，両当事者に対立があるかといった形式的なものであるのに対し，慎重な配慮は，裁判所が司法権を行使する場合には，広範囲にわたる抽象的な問題ではなく，問題の所在を先鋭化する，より具体的な不利益に依拠することを要求する。法廷意見は，本件と同様に政府が法の擁護を拒否したINS v. Chadha判決を引用し，[20] 訴訟当事者の間に具体的な敵対性があるかにつき，検討する。そして，BLAGの代理人はDOMAの合憲性についての実

質的な議論を提示しており，その先鋭的な問題提示は慎重な配慮を充足するとする。また，DOMAがカバーする法分野の範囲の広さに鑑みれば，仮に本件が却下された場合，以降も同様の訴訟が生じ，それらのコスト，DOMAに伴う法の不確実性，主張される害および損害は莫大なものとなることが予測されるとする。ここから，この切迫した状況において連邦最高裁が本件を判断することは，裁判所責任の適切な行使であるとされる。法廷意見によれば，ここで慎重な配慮と憲法3条の当事者適格の要件は重なることとなり，結論としてBLAGの当事者適格は問題とはされずにDOMAの合憲性が判断されることになる。

また，婚姻関係の規定は州の権限に属するものであるという第2巡回控訴審の法理が踏襲される。これはいわゆるフェデラリズムに基づく見解である。従来，連邦政府は州が妥当と認めた（州ごとに異なる）内容の婚姻を容認してきており，また連邦政策上婚姻の定義を行う法も制定してきた。だが，州法上妥当とされた同性婚の効果を無効とするDOMAははるかに妥当範囲が広く，同性婚を認めている州の人々に直接影響を及ぼすことから，同法はこれまでの政府の姿勢から逸脱するものである。ここからDOMAの法目的およびその実質的効果は，州で同性婚をした人々に不利益，別の地位，スティグマを付与することであると解釈される。先例によれば，「政治的な少数派の集団を害しようとするむき出しの政治的欲求」は，その集団の異なる取り扱いを正当化しない[21]。「同じ州の中に二つの異なる婚姻制度をつくり出すことによって，DOMAは同性カップルに州法上は婚姻，連邦法上は未婚者として生きるよう強いることにより，州が認め，保護しようとした基本的な人間関係の安定性や予測可能性を縮小させている」。それゆえ，DOMAは平等保護および修正第5条により保護される人々の自由を奪うものであり，違憲である。法廷意見はこのように述べ，第2巡回控訴裁判所の判断を認容した[22]。

Ⅳ——Windsor判決の論点

先述したとおり，Windsor判決の特徴はこれまでに問われることがあまりな

かった論点が重なっていることである。以下，区分して整理してみたい。
(1)　当事者適格 (standing) の問題

　Windsor判決および同日に出されたPerry判決で問題となっていたのは，当事者適格の問題である。連邦憲法 3 条 2 節 1 項は，司法権が合衆国の法の下で生じる事件 (case) あるいは争訟 (controversy) に及ぶ旨を定める。また，司法権発動の際に求められる原告適格の要件は，①原告は「事実上の権利侵害」を被っていること (その法律上保護される利益への侵害は，a) 具体的で詳述されうるもの，b) 推測的なものでも仮説的なものでもなく，現在のもので切迫していること)，②権利侵害と，訴えられた行動の間に因果関係があること，③その権利侵害は「有利な決定により是正される」見込みがあるものであること，とされている。[23]

　では，被告適格 (defendant standing) はどうか。連邦政府は従来，慣行にもとづいて連邦議会の制定した連邦法を擁護してきた。これは義務ではないため，連邦政府がある法を違憲であると判断してその擁護を拒む事態が生じうる。[24] その場合，立法者である連邦議会が訴訟において政府の代わりに法の合憲性を擁護する当事者 (被告) になれるか，という問題が出てくる。政府がある法の擁護をやめた場合，連邦議会はその制定法に伴う権限，特権，利益を損失することになる。そのため，当事者適格要件である「事実上の損害」(injury in fact) を充足するとして，従来連邦議会は法の擁護のために訴訟へ介入することが認められてきた。[25] だが本件で問題となったのは，訴訟結果に「個人的利害」(personal stake) を持つようには見えないBLAGという，連邦議会議員 5 名からなる諮問機関の訴訟参加である。そして現在までのところ，連邦憲法 3 条が司法権発動につき被告の「個人的利害」を要件とするかについては一貫した理論，法理が確立されていないとされる。[26] Windsor事件でBLAGが当事者適格 (被告適格) を持ちうるかについては，すでに政府が訴訟でDOMA反対の姿勢を表明しており，憲法 3 条の当事者適格の重複は許されるべきではないとする説や，[27] 先例で確立している訴訟への介入要件の厳しさを考えるならば，BLAGには当事者適格が認められないとする説[28]などがあった。なお，連邦最高裁は同日に出されたPerry判決で，私的な団体であるProp.8擁護者は訴訟結果に「直接的な利害」を持つとはいえず，憲法 3 条の求める要件を満たさないとして当事者適格を認め

なかった。Windsor判決では，BLAGのDOMA擁護論，DOMAがもたらすであろう訴訟コスト，法の不確実性，損害といった観点から「慎重な」司法権の発動が導き出され，BLAGの当事者適格については判断されていない。BLAGの訴訟参加が今後もありうるのであれば，当事者適格（とくに被告適格）の要件についての一貫した理論の構築が待たれるところである。

(2) 平等保護か，自由か

従来，同性婚問題を含む同性愛者の権利の拡充を目指す訴訟戦略の中では，連邦憲法修正第5条および修正第14条の自由条項に依拠するか，もしくは修正第14条の平等保護条項に依拠するかという問題があった。同性愛者の権利運動においては，1986年のBowers v. Hardwick連邦最高裁判決以降[29]，自由よりも平等保護に依拠して州裁判所に提訴する戦略が主となり，とりわけ同性婚訴訟では平等保護に依拠する訴えが多く見られた。

他方，ウォレン・コート以降保守化の傾向がみられる連邦最高裁では，平等保護ではなく自由に基づいて判断する傾向が見て取れる。ヨシノはこれを，「多元化の不安」(pluralism anxiety)と呼ぶ。また，憲法上の主張がしばしば自由と平等の訴えが混合した形でなされることをふまえて，ヨシノはこうした自由と平等が混合された主張を「尊重の主張」(dignity claims)と呼ぶ[30]。この「尊重の主張」は，自由の側面，平等の側面どちらが強いかにより，「自由ベースの尊厳主張」(liberty-based dignity claims)と「平等ベースの尊重主張」(equality-based dignity claims)に区分される。

ヨシノは，現在の多元化したアメリカ社会においては集団をベースとした平等保護の訴えは，高位の審査基準が適用されるカテゴリの増加を嫌う最高裁にはアピールせず，むしろ「多元化の不安」を増加させるにすぎないという。事実，高位の審査基準が適用される疑わしい分類(suspect classification)は人種，国籍，外国人，性別，婚外子に限られており，連邦最高裁は婚外子を疑わしい分類とみた1977年を最後に新たなカテゴリを追加してはいない。集団をベースとした平等保護が，同様の状況にある別集団の主張を惹起する不安は，連邦最高裁を自由に基づく判断を出す方向へとシフトさせてきた。一例としてあげられるのが，テキサス州ソドミー法が修正第14条のデュープロセス条項に反すると

して違憲とされた2003年のLawrence v. Texas判決である。2003年当時，ソドミー法を施行していた13州のうち，テキサス州を含む4州は同性間のソドミー行為のみを禁じていた。そのため，連邦最高裁は判断枠組としては自由でなく平等保護をとることも可能であったが，Lawrence判決では自由およびプライヴァシーに依拠して判断が出されている（なお，オコナー判事の同意意見は，修正第14条の平等保護条項に基づくものである）。ヨシノは，最高裁の「自由に基づく尊重主張」を重視する傾向を踏まえ，①憲法上の主張が「自由ベースの尊重主張」あるいは「平等ベースの尊重主張」のどちらかで組み立てることが可能である場合，前者で組み立てるべきである，②裁判所は（立法者などの）他の制度的なアクターが「平等ベースの尊重主張」に対応できる場合にはそれを妨げるべきではない，と主張する。

このヨシノの分析に照らせば，本件Windsor判決は，自由と平等保護の両方がその判断枠組に含まれる「平等ベースの尊重判断」ということができる。とはいえ，最高裁は同性愛者に高位の審査基準が適用されるかどうかについては判断を下しておらず，性的指向をめぐる連邦最高裁の「多元化の不安」はいまだ続くこととなった。

(3) 婚姻概念をめぐって

反対意見の中で，本章のテーマにかかわる婚姻概念に関して述べているのは，アリト判事である。多数意見がフェデラリズムの観点からDOMA第3節違憲の判断を導いたのに対し，アリト判事はDOMA制定の背景にある婚姻概念をめぐる見解の相違にまで踏み込み，DOMA第3節の合憲性を支持する。

アリト判事は，同性婚は国の歴史及び伝統に根づくものではなく，本件で原告ウィンザーが求めたものは新たな権利の承認であるとみる。アリト判事によれば，「家族は古くからある普遍的な人間の制度である。家族構造は文明の特徴を反映し，家族構造の変化および婚姻と家族に関する一般的な理解は深い影響を及ぼす」。それゆえ，同性婚の承認をめぐっては見解の対立がある。この対立する見解とは，BLAGが擁護する「伝統的見解」(traditional view) と，アリト判事が「合意基底的見解」(consent-based view) と呼ぶ新しい見解である。

伝統的見解によれば，婚姻制度は異性間の生殖を，子育てを支える構造へと

導くために作られたものである（Brief for Respondent BLAG44-46）。また，婚姻とは，男女の包括的な結びつき（comprehensive union）であり，その結びつきを特徴づけるのは，①精神と身体，②生殖と家族，③永続性，排他性である[33]。要するに，婚姻を成り立たせる上記3つの特徴が可能であるのは，生殖に結びつく身体的で有機的な結びつきが可能である男女に限られる，というのが伝統的見解の趣旨である。また，①婚姻にもとづく両親がいることが子どもの利益・福祉に資すること，②配偶者の支援，サポートが得られること，③良好な家族関係は国益にも影響すること，④婚姻の減少は婚姻関係にない人にも影響すること，⑤婚姻の福祉的側面は社会のコスト削減に役立つこと，これらの理由から，国家が異性婚を制度として保護することが正当化される[34]。伝統的見解によれば，同性婚を主張する人々は，婚姻の核たる特徴を重視せず婚姻を単なる情緒的で選択的なものと捉えている。そうした関係性はもろく，子どもの福祉を害するばかりか，婚姻の再定義（同性婚）はこれまで婚姻制度が培ってきた共通善を損なうものである。DOMAの背景にあるこの伝統的見解は，同性婚というイシューが政治問題化するに応じて具体化され，主張がなされてきた。

　他方，合意基底的見解においては，婚姻は何よりも，強い情緒的愛着と性的魅力により特徴づけられる相互のコミットメントを誓うこと（solemnization）により定義づけられる。この見解は異性カップルにとってはすでに一般的なものとなっており，同性婚支持者からは相互のコミットメントに当たってジェンダーの差異は重要ではなく，婚姻制度からの同性カップルの排除は身分差別であると受け止められる。

　アリト判事によれば，連邦憲法は同性婚問題について何も語ってはいない。同性婚問題は最終的には選挙によらない裁判官ではなく，主権者である国民による政治過程に委ねられるべきである。また，立法者たる連邦議会や各州は，憲法による制限がない限り，対立する見解に中立的であるよう求められることはない。したがって立法者は上記2見解のうちどちらかを選択することが可能であるし，それは憲法修正第5条に違反するものでもない。こう述べて，アリト判事はDOMA第3節を違憲とした法廷意見に反対する。

むすびにかえて

　歴史学者のS.クーンツによれば，相互の愛情とコミットメントにもとづく情緒的な結びつきを表現するものとしての婚姻が成立するのは，18世紀後半であるという。また社会学者のA.ギデンズによれば，「前近代のヨーロッパでは，ほとんどの婚姻は，互いの性的誘引ではなく経済的事情をもとにおこなわれていた。貧しい人々との間で，結婚は，農業労働力を調達する手段であった……18世紀後半に至るまで，かりにでも結婚生活との関連で人びとが愛情を口にするとすれば，それは世帯なり農場を経営するために夫と妻が互いに担う責任と一体化した，同志愛のようなものであった[35]」。

　生計を維持するための協働を可能にする手段としての婚姻が，男女相互の愛情と親密さにもとづく結びつきとして把握されていくのが18世紀半ばである。また，市場経済の拡大と賃金労働の普及を経た19世紀には，公的領域を一家の稼ぎ頭（bread winner）として担う男性，私的で情緒的な領域を主婦（homemaker）として担う女性という，ジェンダー区分が定着した。そして合衆国が第2次世界大戦戦勝国として好況期を謳歌した1950年代には，国民の大多数が稼ぎ主としての男性と専業主婦という，この理想像を実現することが可能となった。こうして，稼ぎ頭の男性と専業主婦の女性およびその二人の子からなる家族という，理想としての家族像が定着し，文化的コンセンサスを獲得した[36]。伝統的見解が保持を目指す家族像とは，まさにこの「伝統的家族」（traditional family）である。

　他方，1970年代以降に主張されるようになる同性婚の主張は，アリト判事が述べた合意基底的見解の広まりに基づくものといえる。コミットメントに基づく2人の関係が重要であるならば，同性カップルであっても異性カップルと同等の法的保護を受けるべきと考えられるからである。それゆえ，合意基底的見解に基づき同性婚を認める州が増加する中でDOMAが違憲とされたWindsor判決は，対立するこの2つの見解にある種の解決を与えたものということができる。

　なお，裁判所の判決がいかなる社会的変化をもたらすかについて批判的に検

討するローゼンバーグは、「政治的，社会的，経済的勢力がすでに社会を改革の方向へと後押ししている時にのみ，裁判所は独立した効果を持ちうる。そうであっても，そうした判決は独立した，社会改革への貢献であるというよりもすでに生じている重要な社会改革の反映である[37]」と述べている。この見解に基づけば，裁判所の判決は，すでにあるイシューをめぐって社会の変容が生じている場合に社会的な効果を持つということになる。逆にいえば，社会変容が生じていない段階での訴訟および判決は，そのイシューに対する反動（バックラッシュ）を引き起こすこととなる。クラーマンが指摘するように，同性愛者の権利運動の中で1970年代以降にアジェンダとなった同性婚に対しては，同性愛者のコミュニティ内部でも異論があった。当時，同性愛者たちにとって重要であったのは，同性婚よりも雇用差別などの性的指向差別に対する是正であったからである。早すぎる同性婚の訴えは，DOMAや各州で婚姻の定義を男女間のものと定める州憲法修正，さらには連邦婚姻修正（FMA）といったバックラッシュを引き起こした[38]。

またローゼンバーグは，同性婚訴訟がバックラッシュを引き起こした要因として，その主張を支える背景が未成熟であったことを指摘する。すなわち，①（2004年にマサチューセッツ州が同性婚を認めるまで）同性婚を認める州がなかったこと，②性的指向差別を禁止するような連邦レベルの立法がなかったこと，③大統領からの強力な支持がなかったこと，である[39]。興味深いことに，DOMA違憲判決が出た今日，同性婚を実施する州が増加し，オバマ大統領という同性愛者の権利に対する強力な支持者がいることにより，上記の背景①，③はほぼ克服されている。また，性的指向差別に基づくヘイトクライムを禁じるマシュー・シェパード法が2009年に制定され[40]，同性愛者であることを明らかにした人の軍勤務を禁じる政策（Don't Ask Don't Tell）が2011年9月に廃止されたことなどから，背景②も克服されたとみることも可能かもしれない。同性婚問題やバックラッシュを通じて同性愛者が可視化される中で，合衆国世論は同性婚支持へと傾いている[41]。本稿で取り上げたWindsor判決は，性的指向にもとづく差別を是正する流れに棹さすものとして位置づけることができよう。

第 1 部　社会のなかの法

【注】
1) United States v. Windsor, 570U.S.—（2013）.
2) Hollingsworth v. Perry, 570U.S.—（2013）. カリフォルニア州では州最高裁判決に基づき2008年に同性婚が実施されたが，同年11月にProposition8が住民投票で通過し，同性婚は中断された。Perry判決を受け，判決の 2 日後には同性婚が再開されている。
3) 2014年 5 月現在，同性婚を承認している州は，19州およびワシントンD.C.である。詳細は，コネティカット州（2008年），ワシントンD.C.（2010年），アイオワ州（2009年），メイン州（2012年），メリーランド州（2013年），マサチューセッツ州（2004年），ニューハンプシャー州（2010年），ニューヨーク州（2011年），ヴァーモント州（2009年），ワシントン州（2012年），カリフォルニア州（2013年），デラウェア州（2013年），ハワイ州（2013年），メリーランド州（2013年），ミネソタ州（2013年），ニューメキシコ州（2013年），イリノイ州（2014年予定），オレゴン州（2014年），ペンシルヴァニア州（2014年）である（カッコ内の数字は施行年）。http://www.hrc.org/files/assets/resources/marriage_equality_5-21-2014.pdf　2014/5/25アクセス。他方，州憲法修正により婚姻を男女間のものに限定している州は28州，州法で婚姻を男女間のものに限定する州は 3 州である。http://www.hrc.org/files/assets/resources/marriage_prohibitions_5-21-2014.pdf　2014/5/25アクセス。
4) 852 P .2d 44（Haw.1993）.
5) 28U.S.C. § 1738c.
6) 1U.S.C. § 7.
7) Goodridge v. Department of Public Health, 798N.E.2d941（Mass.2003）.
8) Wardle（2010：965-966）.
9) Smelt v. County of Orange, 374F.Supp.2d 861（C.D. Cal.2005）.
10) In re Kandu, 315B.R.123（Bnkr W.D.Wash.2004）.
11) H.R.1116, 112th Cong.（2011）, S.598,112th Cong.（2011）, The Wash.Post,Jul.20,2011, Landau（2011：543）.
12) Gill v. Office of Personnel Management , 699.F. Supp.2d 374（D.Mass.2010）.
13) 698F.Supp.2d 234（D.Mass. 2010）.
14) United States v. Bongiorno, 106F.3d1027,1033（1st Cir.,1997）.
15) Letter from Eric H. Holder,Jr., Att'y Gen. of the United States, to John A. Boehner, Speaker of the U.S. House of Reps.（Feb.23,2011）, available at, http://www.justice.gov/opa/pr/2011/February/11-ag-223.html　2014/5/25アクセス。
16) The Wash.Post,Mar.5,2011。ただし民主党はDOMAの擁護を否定しており，BLAGは実質的には共和党の意思を代表するものと認識されていた。
17) Windsor v. United States, 833 F.Supp.2d 394（S.D.N.Y.2012）.
18) Windsor v. United States, 699 F.3d169（2dCir.N.Y., 2012）.
19) NYT, May9, 2012. 見平（2012：第 2 章）。見平は，政治指導者の働きかけで最高裁の司法積極主義が構築される場合を，以下の 3 つに区分する。①「政策定着」次期選挙の結果成立する新政権の立法により，自己の政策が覆される場合，②「政策実現」立法過程で実現困難な自己の優先的政策を司法過程で代替的に実現することを目指す場合，③「決定回避」政治化してしまった合意形成の難しい問題について政治的決定を回避する

ことを目指す場合．DOMA は，オバマ大統領がその廃止を公約に掲げてきたこと，また DOMA 制定のきっかけとなった同性婚問題は世論を二分する合意形成が難しい問題であることから，この①，②，③いずれにも関わる「司法積極主義の政治的構築」を喚起するイシューであるということができる．

20) INS v. Chadha, 462U.S.919 (1983). 同裁判では，連邦議会下院が移民帰化局 (INS) に対し被告 Chadha に国外退去を命じることができると規定する移民法の合憲性が問われた．政府および移民帰化局 (INS) が移民法を違憲であるとしたため，最高裁は移民法を擁護する立場にあった連邦議会の訴訟参加を認めた．
21) Department of Agriculture v. Moreno, 413U.S.528, 534-535 (1973).
22) なお，2013年6月，ニューヨーク州知事は連邦最高裁判決を受けて原告ウィンザーへ遺産相続税を返還すると表明している．USAToday, Jul.23, 2013.
23) Lujan v. Defenders of Wildlife, 504U.S.555, 560-561 (1992).
24) Hansen (2013：1169-1173). ハンセンによれば，行政部門が法の擁護を拒むことが正当化される場合として，①その法の擁護が行政権の縮小をもたらす場合，②その法の擁護が最高裁の先例変更を促す場合，があげられる．①の例として，郵便局長の指名に上院の助言と同意を必要とする法につき，ウィルソン大統領が擁護を拒んだ Myers v. United States,272U.S.52 (1926) がある．②の例として，訴務長官が最高裁の先例蓄積を評価して新たな法の擁護を否定した Dickerson v. United States, 530 U.S.428 (2000) がある．
25) (Executive Discretion 1983：986-987).
26) Hall (2012：1550, 1559).
27) Goldberg (2013). ゴールドバーグは，BLAG の当事者適格が否定されても Amicus Curie を用いることができるとして，当事者適格の拡大により国家作用の区分が曖昧になってしまうことには否定的である．
28) Hall (2012：1578-1579).
29) 478U.S.186 (1986).
30) Yoshino (2011：749, 751).
31) Richards (2009：122, 128), Klarman (2013：85).
32) Yoshino (2011：792).
33) Girgis,S. et al (2012：Ch.2). なお，2012年の共和党綱領も婚姻を男女間の結びつきと位置付け，家族を社会的基本単位としている点でかなりの親和性が認められる．
34) Girgis, S. et al (2012：Ch.3).
35) ギデンズ (1995：63,69)．
36) Coontz (2005：229).
37) Rosenberg (2008：416).
38) Klarman (2013：167).
39) Rosenberg (2008：416-417).
40) Pub. L. No. 111-84.
41) Gallup Poll によれば，同性婚を支持する割合は1996年には27%であったが2013年に54%となり，過半数となっている．http://www.gallup.com/poll/1651/Gay-Lesbian-Rights.aspx 2014/2/3アクセス．

【参照文献】

Coontz, S.（2005）*Marriage, a History: How Love Conquered Marriage*, Penguin Books．
ギデンズ，A（松尾精文・松川昭子訳）（1995）『親密性の変容——近代社会におけるセクシュアリティ，愛情，エロティシズム』而立書房．
"Executive Discretion and the Congressional Defense of Statutes," 92*Yale L.J.*970.
Girgis, S. et al.（2012）*What is marriage?: Man and Woman: A Defense*, Encounter Books．
Goldberg, S.B.（2013）"Article III Double-dipping: Proposition8's Sponsors, BLAG, and the Government's Interest," 161 *U.PA.L.Rev.Online*164.
Hall, M.I.（2012）"Standing of Intervenor-Defendants in Public Law Litigation," 80 *Fordham L.Rev.*1539.
Hansen, Simon P.（2013）"Whose Defense is it Anyway?: Redefining the Role of the Legislative Branch in the Defense of Federal Statute," 62 *Emory, L.J.*1159.
Klarman, M.J.（2013）*From the Closet to the Alter: Courts, Backlash, and the Struggle for Same-sex Marriage*, Oxford UP.
Landau, J.（2012）"Defense of Marriage Act: Law, Policy, and the Future of Marriage: Forward," 81 *Fordrum L. Rev.*537.
見平典（2011）『違憲審査制をめぐるポリティクス——現代アメリカ連邦最高裁判所の積極化の背景——』（成文堂，2012年）．
Richards, D.A.（2009）*The Sodomy Cases: Bowers v. Hardwick and Lawrence v. Texas*, Kansas UP.
Wardle, L.D.（2010）"Section Three of the Defense of Marriage Act: Deciding, Democracy, and the Constitution," 58 *Drake L.Rev.*951.
Yoshino, K．（2011）"The New Equal Protection,"124 *Harv.L.Rev.*747.

刑事施設視察委員制度と市民の司法参加

河合幹雄

I――問題の所在

　2006年，刑事施設視察委員会と名づけられた委員会が創設され，市民の代表が全国全ての刑事施設を訪れ，施設に対して意見書を提出することとなった。その十年前には想像することさえできなかった変化である。この改革の良し悪しについての総合的判断は，2014年の時点で明確につけることは無理であろう。しかし，制度設計に組み込まれた目的が果たされようとしているのかについて方向付けは判断できる。多様な制度目的の中で，ひとつにテーマを絞って検討したい。そのテーマとは，刑事施設視察委員制度は，市民の司法参加と言えるものなのだろうかというものである。この疑問を多角的に検討することが本稿の目指すところである。
　アプローチの仕方として，なによりも，施行後の運用実態の観察を柱にする。素材は，私自身が2007〜2009年度まで3年間勤めた横浜刑務所視察委員会の経験をデータ化した，私自身の研究を中心とする。他の委員経験者の論考は参考になるが，後世に伝えるためには，データ化しておくことが肝要と考えた。そのうえで，立法背景から市民参加について検討をしたい。突然のように見える改革も，長いタイムスパンでの変化の上に立っている。さらに，そのような時間軸を中心とした検討に，裁判員制度の導入はじめ司法改革の動きと平行して行刑改革がなされたという，スコープを広げた考察を交えたい。

II──改革の経緯と実態

1 刑事施設視察委員会の制度目的

　まずは素直に，この制度自体について理解し，制度設計について整理しておきたい。

　刑事施設視察委員会創設について，最も単純に立法経緯を説明する際には，次のように説明されている。2002年から2003年にかけて大きく報道された名古屋刑務所における複数の受刑者の死傷事件が，国会で取り上げられ，行刑の改革をする目的で，民間の有識者を構成員とした行刑改革会議が作られた。その行刑改革会議がまとめて，2003年12月22日に提出した「行刑改革会議提言〜国民に理解され，支えられる刑務所へ〜」において，刑事施設視察委員会の創設が求められた。直接的には，それを受けて，2005年「刑事施設及び受刑者の処遇等に関する法律」現在「刑事収容施設及び被収容者等の処遇に関する法律」が成立し，2006年5月から施行された。

　行刑改革会議の提言と，刑事施設視察委員会についての法務省担当者の説明を参考に，制度の目的と，それを果たすための手段が，どのように設計されているか，押さえておきたい。

　行刑改革会議の提言において，「第3　行刑改革の目差すべき方向」の「3　この提言が求めるもの」[1]は，行刑改革の目的を，1，受刑者の人権尊重と真の改善更生，2，刑務官の過重な負担の軽減，3，国民に開かれた行刑，としている。名古屋の死傷事件を受けての提言であるし，人権は優先順位一番ということで最初にあげられているが，これは当然のことを抽象的に述べているだけで，政策論としては，その実現手段が問題となる。提言の「第4　行刑改革の具体的提言」[2]では，刑事施設視察委員会には触れられず，外部交通の拡大の項目でも，親族，友人，知人との面会，電話，弁護士との面会，人権救済のための信書があげられるのみである。刑事施設視察委員会は，個別の事件の対応や苦情処理は担わず，直接的には，この人権尊重の実現手段ではない。

目的2の刑務官の過重な負担の軽減は，矯正局にとっては，最も重要課題であったと考えられる。名古屋刑務所の死傷事件自体，過剰収容が大きな原因であったし，刑務所において，最大の問題が過剰収容であることは議論するまでもないほど明らかであると考える。刑務所の増設や，人員増こそ，法務省にとっては，行刑改革の本当の目的と言いたいぐらい重視していたであろう。提言の「6 行刑施設における人的物的体制の整備」のなかで施設の増設と人員増について詳しい記述がある。[3] 刑事施設視察委員会は，施設や人員の不十分さの証人となって発言してもらうという意味では，この目的に関連した役割を担っている。意見書の中には，過剰収容や施設設備の不備についての多くの提言が見られる。とはいっても，刑事施設視察委員会の意見には強制力はなく，この目的に対する重要度はそれほど重くはないといわざるをえない。

　それに対して，3の国民に開かれた行刑は，まさに，刑事施設視察委員会が，大きな役割を担う部分である。およそ100年ぶりの監獄法改正により，至る所の条文が改正されたとはいえ，それらは，刑務所内部の改革にすぎない。提言の「第4 行刑改革の具体的提言」のなかの「2 行刑運営の透明性の確保」の項目のなか，「(1)総論」に続く「(2)刑事施設視察委員会（仮称）の創設」として出てくる。

　細かく見てきたが，行刑改革会議の提言で，冒頭に，制度目的としては，「刑務所の塀」を低く[4]するということをあげている。この表現のほうが，何を目差しているのかを端的に表している。人権も施設運営も，もちろん重要だが，変化に注目するなら，この刑事施設視察委員会の創設は，最も注目すべきことといえよう。

2　刑事施設視察委員会のデザインと横浜刑務所視察員会の運営実態

　刑事施設視察委員会が，どのような制度であるのか，市民参加の観点に注意を払いながら見ておこう。

　まず，対象施設は，少年院は除くが，医療刑務所を含めた全ての刑務所となった。当然のようだが，これは基本中の基本として重要である。何かと例外を設けて，重要なところは例外にしてしまい，あたりさわりのないところで

「やったふり」するというのは官僚組織にしばしば見られることである。後に少年院にも同様の制度を導入したことからも、刑事施設視察委員会に対する「本気」が伺える。

　委員会の数は、2011年度には77委員会で、刑事施設が増えたことにより発足時74委員会より少し増えた。委員の選任は、公私の推薦団体から候補者を上げてもらい、形式的には法務大臣が任命する。実際には、地元の弁護士会から必ず選任されているところが重要である。医療問題も刑務所内で重要であることからも、医師会からも選ばれている。委員会の規模が4人から10人なので、大規模委員会には、他に、自治体職員の幹部、教育委員会推薦の学校長、自治会推薦の自治会長、民生委員、などが参加している。個人名が公表されると受刑者の関係者が接触してくるなど様々な危険があるため、推薦団体名だけを公表している。

　委員の任期は一年であるが、再任は可能となっている。再任の限界は定められていない。注目点は、どの程度の再任が許されるか望ましいモデルが提示されていないことである。それらは、文字通り、刑事施設視察委員会の側に完全に委ねられたということである。実際、最初に選ばれた委員は、翌年、再任されるべきか、別の委員に代わるべきか、推薦団体との話し合いは当然として、刑事施設視察委員会として、どうあるべきか話し合われることになった。横浜刑務所視察委員会の経験では、自治体職員や校長先生のように異動が頻繁にある人は再任が無理であるが、一年勤めただけでは、何をしたのか、まだ経験と呼べるほどの手ごたえがない。年間せいぜい六回しか開催されない委員会に一回二回欠席してしまうと、なおさらである。他方、同一人が長年居座っては、刑務所の閉鎖性の打破という目的にはかなわない。二年ないし三年が妥当ではないかという結論になった。

　委員会が義務としてやらなくてはならないことは、刑事施設長に対する意見の提出である。これに対して施設長は、なんらかの処置を講じる、あるいは、処置ができない場合も説明をしなければならない。法律上は、「講じた処置の概要を公表する」となっており、当初は文字通り概要が公表されていたが、現在では、意見と、それに対する対処が一覧表の形で全面的に公表されている。[5]

委員会のもうひとつの仕事は，法務大臣に年次報告書を提出することである。この内容については，情報公開の手続を使えば，委員の名前を黒塗りにする以外は，基本的に全文開示してもらえる。役所に提出する書類は，どのように書くべきか記入例があって書くことが，いわば当然のような伝統があるが，書式は定められていない。宛名が法務大臣で，委員会の年間報告書であることだけが決められている。実際には，弁護士の委員が「起案」することが多く，学者のメンバーがいるところでは，法学者が書いていることもある。いずれにせよ，記入方法の指導がないことは，なんら混乱を引き起こしていない。ここでも，市民といいながら，ランダムに集められた人々ではなく，さらに弁護士が必ずひとりは含まれることに大きな意味があることが確認できる。
　アウトプットは以上であるが，そのためにしなければならないことがある。立法時の想定では，委員会は年間4回，現在は6回程度の開催がされている。まずは，横浜刑務所視察委員会の2009年の事例を簡潔に見ておこう[6]。

①委員会の開催
　第1回　平成21年6月30日午後1時0分～5時20分（委員8名中7名出席）
　委員長・委員長代理の選任，施設概要の説明を受けた後，横浜刑務所・横浜拘置支所の視察を実施した。収容者が看守部長から暴行されているという通報について，施設側から事実調査の結果の報告を受けた。面接希望者について8月5日午後に面接を実施することを決めた。意見・提案書の回収を行った。
　第2回　平成21年8月5日午後2時～5時30分（委員7名出席）
　意見・提案書の回収を行った。面接希望者につき，8名の面接を実施した。面接及び意見・提案書の内容に基づき施設側に質問し，説明を求めた（8項目）。
　第3回　平成21年9月30日午後1時～午後4時50分（於・横須賀刑務支所）
　委員6名出席，横須賀刑務支所の概要について説明を受け，その後支所内を視察した。面接及び意見・提案書の内容に基づき施設側に質問し，説明を求めた。マスコミ公表事案について説明を受けた。
　第4回　平成21年11月25日午前9時30分～5時15分（於・横浜刑務所）
　委員7名出席，小田原拘置支所の概要について説明を受け，その後支所内を

視察した。相模原拘置支所の概要について説明を受け，その後支所内を視察した。横浜刑務所に戻り，意見・提案書の回収を行った。意見・提案書の内容に基づき施設側に質問し，説明を求めた（5項目）。次回に，職員の面談を行うことを決め，施設側に協力を求めた。

第5回　平成22年2月2日午後1時～4時50分（委員7名出席）

意見・提案書の回収を行った。前回の質問事項5項目について説明を受けた。平成21年度審査の申請が認容された件5件について内容の説明を受けた。一年間を振り返り全出席委員の意見を集約し意見書の原案を検討した。横浜刑務所及び，横浜拘置支所の職員3名を指名し面談した。要望の出ていた受刑者1名につき面談した。意見提案書に基づいて質問した。

第6回　平成22年3月25日午後4時0分～午後5時40分（委員6名出席）

意見・提案書の回収を行った。平成22年3月9日付けの意見書に対する回答を受けた。平成22年度活動報告書を決定。被収容者に対する広報について（ニュースの発行を決定）。

②視察の実施

　平成21年6月30日（横浜刑務所・横浜拘置支所）

　平成21年9月30日（横須賀刑務支所）

　平成22年11月25日（小田原拘置支所・相模原拘置支所）

③意見・提案書及び委員会宛信書

提案箱は，横浜刑務所15ヶ所，横須賀刑務所8ヶ所，横浜拘置支所6ヶ所，相模原拘置支所2ヶ所，小田原拘置支所4ヶ所が設置されている。提案箱の開扉は，必ず委員立会の下に行われ，用紙の回収は必ず委員が行った。

その提案箱に投函された提案・意見書および手紙は，平成22年2月2日までに，横浜刑務所155通，横須賀刑務支所43通，横浜拘置支所24通，相模原拘置支所0通，小田原拘置支所1通，合計223通であった。

疑問点を施設側にただし説明を受けた。疑問点は全てまとめて平成21年度意見書に記載した。

④被収容者との面接

　平成21年8月5日午後，8名につき実施

平成22年2月2日午後，1名につき実施
⑤職員との面接
平成22年2月2日午後，3名につき実施
最後に，平成22年3月9日付けで横浜刑務所視察委員会平成21年度意見書を提出した。

　以上は，法務大臣への報告書にまとめた委員会の活動記録からの抜粋である。これだけでは十分な情報ではない。以下に肉付けをしておこう。第一回は，事前顔合わせなしに開催されるので，自己紹介して，委員長の選任から始める。続いて，委員長による委員長代理の指名の後，委員会の運営方針を話し合うことになる。前年度からの引継ぎ事項もそこで話されるであろう。興味深いのは，施設側の関与の仕方である。制度の仕組み上，全員が初めて来る委員ということもある。第一回会合前に委員同士の意思疎通は無理と想定しなければならない。そのため，施設側が，委員会の依頼を受けてではなく，自ら第一回目の会合をセットする。まず，それぞれの推薦団体から推薦された人を法務大臣に連絡し任命されたことを推薦された各委員に告げる。そのさいに第一回委員会の日時を決めて，刑事施設内の会議室で待ち受けるわけである。施設側の幹部は，所長はじめ，顔合わせのために，ほぼ全員が出席して，委員の自己紹介の前に，挨拶している。日本人同士なので名刺交換である。
　委員長の決定は互選によるが，ほとんど弁護士の委員が務める。委員長が決まれば，次にやらなければならないことは，年間の活動方針，つまり，何をいつやるかの決定である。初年度は例外として，実際は，前年度までのやり方の説明に近い。何をしなければならないか年間活動プランが大まかに決まれば，施設側からの情報提供がはじまる。施設参観に用いられるビデオなども使われ，施設の歴史から，内部のひととおりの説明がされるが，一般参観と異なるのは，データが文書で配布されることである。この資料は，施設側が自分たちで把握しているものそのもので，視察委員会のために化粧直ししたものではない詳細なものである。また，施設入所者に配布するシオリも配布される。これを読むと，施設内の生活が良くわかる。この説明は30分では終わらない丁寧な

ものである。もちろん質疑応答もある。当然だが，刑務所内の用語には，一般の人には理解できないものが多数ある。その説明がなされる。

　続いて施設内を実際に見て歩く，文字通りの視察に移る。この段階で，幹部総出は終わり，担当の刑務官が引率する。一般参観では，全ての工場を回らないし，立ち入らないところもあり，かなり省略して30分で訪問を終えるが，この視察は，文字通り全ての場所をみる。したがって横浜刑務所だと一時間では会議室に帰って来ることができない。隣接する横浜拘置所も巡回するので，1時間半から2時間近くかかる。なお，このさいに，提案書の回収も行なう。

　会議室に戻ると，回収した提案書を読むことになる。横浜刑務所視察委員会では，これを，その場で読み合わせるとなると夜なべとなるので，幾つか見てから，内容をワープロでまとめる担当を決めて，次回の開催日を決めて解散する。長い一日である。なお，施設内の巡回は，施設側の職員が案内し説明してまわるが，その後の会議は，職員なしの視察員だけの会議となる。このあたりは，施設ごと，委員会ごとに異なっていて，ほとんど常に施設側の職員が同席しているような運営もあるようである。

　二回目以降の問題は，委員会ごとに異なるが，支所を担当している場合の視察が課題である。横浜刑務所視察委員会の場合は，横浜拘置所，横須賀刑務所，小田原拘置支所，相模原拘置支所を担当する。かなり距離があるので工夫が必要である。一箇所ずつ回ると本署が手薄になることもあって，たとえば，朝から小田原，相模原を回って，委員会を相模原で開催する。別の日に，横須賀に午前中視察に行って港南台の横浜本署に戻り，所内で委員会を開催。そこで提案書を回収し，被収容者との面談も実施する。こういった具合になる。

　とりわけ工夫が必要なのは，提案書の収集と対処である。提案書については，制度の紹介，委員会活動の実態紹介の文献の中で，それほど詳細に扱われてこなかったが，案外，ここが肝心の要になっていると思う。委員会は施設側に意見を言えるのだが，これは，委員が前々から考えていたことをまとめているというよりも，被収容者からの手紙，提案書を読んで，その中から取り上げるべき事項だと判断した事柄を選んでいる。そういう意味で，この提案書が委員の意見書の源なのである。横浜刑務所視察委員会だけでなく，他所の委員会

も同様の状況であることは,『各刑事施設視察委員会の意見に対する措置等報告一覧表』により確認できる。[7]

　制度上,被収容者は,委員に書面を提出できるとなっている。これを実現する仕組みとして,施設内の各所に提案箱を設置し,そこに投函できる。その提案箱の鍵は委員会が保管し開錠するということになっている。法律では詳細は決めていないが,委員会側に弁護士が必ずいることが重要である。施設側が提案書の内容チェックできないという規定どおりにするための工夫は,はじめから決められているわけではなく,委員会側にかなりのイニシアチブが残されている。具体的には,提案箱の設置場所を投函しやすいところに指定できるし,提案箱の個数を増やすことも委員会の要望でできる。鍵については,委員長が持ち帰ることも可能だが,封筒に封印して預けている場合もある。書類の保管場所をロッカーなどに確保してもらうことができるが,これも封筒に封印できる。もっとも,そこまでしないでも提案箱やロッカーを委員が開けてみれば,いじられたかどうかは手ごたえ的にわかることもあって,保管場所に鍵を置いて帰る場合も多い。気になる手紙や提案書があればそれだけ持ち帰ることも可能である。

　実際に困ったのは,提案箱の多さである。横浜刑務所本署と横浜拘置所を回るのは30分あまりでいけるが,支所があまりにも遠い。支所には年間に一回しか行けないので,提案箱の回収は施設側に頼み,箱を開錠しないで箱ごと本署に持ってきてもらって,委員会が開催されるごとに,委員がその場で開錠して提案書を回収した。支所を回って支所で委員会を開催する場合は,たとえば相模原拘置支所で委員会なら,横須賀の分はそこまで持ってきてもらっていた。支所巡りは,護送車で行くことが多く,本署に運ばれた支所分を持っていくというのが実際のやり方であった。このように工夫して,年間の回収回数を確保していた。

　拘置支所から,重大な事態ではないかとの懸念がある手紙や提案書を受け取ったさいには,拘置期間が短いので,迅速に現地に行くかどうかを判断するほかなかった。実際,年間の支所巡りの順番と時期を変えて,小田原拘置支所を訪れて被収容者と面談したことがある。現実としては,被害妄想的なことが

多いが，初めから決めつけるわけにはいかない。旨く委員会の開催と同時にできない場合にも，複数の委員が現地を訪ねることは物理的には可能である。問題点は，委員会の開催がなければ予算，つまり交通費と日当が支払われないということである。規定により，委員会は過半数の出席がなければ成立しない。ここには，委員にできるだけ刑事施設に来て欲しいという制度の趣旨がこめられている。それは正しいのだが，代表二人か三人がフットワークをきかす予算が必要と感じられた。

委員会の活動として，もうひとつ重要な柱は，面談である。被収容者は願箋を出して委員との面談を申し込めるが，提案書あるいは手紙に面談を求むと書くことでも申し込める。委員会は，これに必ず答えて面談する義務はないが，基本的には面談する。断るケースというのは，同一人が何度も何度も面談を求めて，同じようなことを訴え続けるような場合であろう。横浜刑務所視察委員会では，年度が替わって委員が入れ替わった場合には，昨年と同じ話を聞かされるとしても，新委員と面談して貰うために面談を認めたという経験がある。

面談は，施設の職員が立ち会わないと定められており，面談室の用意と，対象者を連れてきて連れ戻すことだけが施設側によって行なわれる。面談する委員は，全員でもよいし，代表者2，3名ということでもよい。面談実施回数は，一施設，年間十件足らずといった単位で実施されているようである。横浜刑務所視察委員会では，できるだけ多くの委員が並び，時間を10分に区切って面談した。冒頭に，委員長から，視察委員会ですとの自己紹介に続き，委員会は，苦情処理機関ではなく，施設側に意見を出せるという存在であることを説明したうえで，今から10分間お話くださいという形式を取った。要領良く話せる人は少ないので，途中で質問しながら対話のような形で進むことが多かった。

また，視察委員会は申し出に対して受動的に面談するだけでなく，施設の職員も含めて，任意の人物を指名して面談できる。横浜刑務所視察委員会では，職員が面談を申し込む，あるいは，提案書を投函することは全くなかったが，毎年，職員を3人ないし4人，指名して面談した。担当部署，年齢，性別などのバリエーションを考慮して，労働環境などについて質問した。有給休暇が抵抗なくとれているか，セクハラがないかなどである。指名された職員のほう

は，職員も面談できることは周知されていなかったようで，何か問題があって咎められる呼び出しではと想像しながら面談に現れたりした。

　また，ある被収容者については，他のルートから弁護士会に虐待をうけているおそれがあるとの通報があったため，委員会が指名して面談した。その被収容者は，何のことか理解できないまま面談に現れ，言いたい放題に，刑務官を非難した。委員が自分，つまり被収容者側にたって聞いてくれているという状況は理解したようで，最後に，「ありがとうございました」ときっちりお礼を述べたことが印象的であった。

　委員会のさいに，前回出した意見や質問についての施設側の回答もしてもらうわけだが，最後に，文書で意見書と法務大臣への報告書をまとめなければならない。意見交換のうえで，誰かが原案を書いて，それを他のメンバーがチェックすることになる。原案のまとめ役は弁護士である委員長が行なうことが普通であろう。極一部で学者がとりまとめをしている場合はある。年間6回しか委員会が開催できず，最終回は出来上がった意見書と報告書を渡す場となるとすれば，その前の委員会で議決しなければならない。これは日程的に窮屈である。原案提示がそのさらに前の委員会とすれば，それは第四回となる。そうだとすれば年間6回のうち3回終わった時点で，ほとんど意見を固めなければならない。そこで，メールを使って，最終案のチェックをしてもらうという手段が有効となる。横浜刑務所視察員会では，第五回に原案提示，そこで意見を戦わして，それを反映した最終案はメールで確認して最終回で手渡した。また，意見書への回答は，意見の内容が固まり次第，施設側に伝えることによって，最終回でほとんどの意見に対する回答をいただけた。

　これで終わりのはずだが，現場の感覚として，文書を最後に交換して終わることには違和感があった。一年間つきあったのだから，やはり打ち上げがなければピンとこないわけである。そこで問題となったのは，委員同士はともかく，施設側の職員と飲みに行くのは，市民を代表する視察委員として，馴れ合いをしているようでよろしくないということであった。そこで，解決策として，最終意見を固めて公式に渡すまでは，飲みに行かないが，文書提出後は，いわばノーサイドということで飲みに行くということにした。適当な宴会場

は，地理勘のある施設側職員にお願いし，会費は，全て個人の負担で個人参加
とした。実際は，委員会よりも集まりがよいぐらい盛り上がることも何度か
あった。少なくとも私が委員であった間は，このやり方が伝統となっていた。

　日本社会の伝統として，つきあいは，細部まできちっと決められていて，そ
れをよく勉強しておいて卒なく事を運ぶという行動様式がある。官僚，お役所
が係わると，トラブル防止の意味もあるのか，この行動様式がとられることが
多い。刑事施設視察委員会の活動が，このパターンになれば，これはもはや市
民参加ではないと言うのは，結論の急ぎすぎであろうが，あるべき姿とは言え
ないであろう。私が観察したような手作り感が，制度の「創世期」だけで形骸
化していかないことを望むところである。

3　他の刑事施設視察委員会も含めた評価

　個別の委員会の実態ではなく，制度全体を捉えて，反響と評価をまとめてお
きたい。刑務所の塀を低くして市民に見て貰うとはいっても，委員数は極めて
少数である。その委員が見たことを多くの人に伝えることが期待されていると
考えてよいであろう。矯正局の職員による紹介もなされたが[8]，委員が刑事施設
視察員会の活動について紹介した記事がすくなからず公表されている。弁護士
によるものと[9]，大学研究者によるものである[10]。これらは質の高い文章で記され
ており非常に参考になるのだが，ほとんど，刑事施設委員会の活動の報告と，
法学的視点，つまり被収容者の人権が焦点とされている。一般人が違和感を抱
く部分などへの言及は少なく，経験の敷衍という意味では，あまり効果的では
ない。もっとも，私のこの論稿もその意味では同じである。

　総じてどの委員会の委員も，これらの紹介からは熱心にみえるが，それは，
そもそも，紹介を書こうというような委員長がいるからということを差引かな
いといけない。委員会ごとに活動の量も質も大きくことなっているようであ
る。意見の数だけみても，たとえば2010年度の報告では[11]，年間とおして意見が
2項目のところはじめ3項目や4項目しかないところもあれば，41項目や37項
目の委員会もある。また意見の内容も，刑務所内の状況を理解した上での意見
ではなく，受刑者の提案書の中身をそのまま意見として提出したと思われるも

のも散見する。たとえば「面会時間を原則30分以上実施できるよう保障されたい。」「下着の差し入れを認めてもらいたい。」「カップコーヒーの注文を週1回から2回に変更願いたい」といったものである。これを持ってレベルが低いという評価もありえるが，視察委員会の自主性を尊重しているという見方も可能に思われる。ここにあがっているような質問は，横浜刑務所視察委員会でも出るが，弁護士委員や施設の幹部が仕組みを説明した後，納得すれば，正式の意見としては出さないように処理していた。そのような運用をしていると思われる委員会が多いように思う。なお，視察委員会の世話をする担当者は，年度により，処遇部長であったり，庶務課長であったりし，必要に応じて担当者が説明に現れた。この部分は，施設の判断に任されていた。

『刑事施設視察委員会の活動状況について』の報告によれば，意見の総数は2011年度は562件，うち最大は医療問題，2006年から2011年度の間で，全体として微減。過剰収容が解消していくにつれて，それに対する意見が大きく減少した以外は大きな変化はない。本稿では，市民参加のテーマに絞りたいので人権問題の各論には言及しないが，意見の元になっている提案書についてのみ一言しておきたい。

私自身，印象論をさけて客観的なデータを取る必要を感じたので，文部科学省の研究費を申請し，横浜刑務所視察委員会に届いた提案書について調査した。[12] 印象については，提案書を読めば，同じ人物が多数の投稿をしていること，何枚にも及ぶ長文があることはすぐに気づく。また，一枚の提案書に，ひとつの問題を書くのではなく，あれもこれも，5つぐらい文句を書き並べるものが多数を占める。ある委員が突然気づいて指摘されたことだが，「視察委員の皆様ご苦労様です」といった挨拶が書けている提案書は，ほとんど皆無，物事を依頼するための基本的な姿勢が全くできていないのが特徴であった。これについては，横浜刑務所がB指標の被収容者を預かっていることも原因ではあろう。

客観データを検討すれば次のようになる。横浜刑務所視察委員会に届いた2006年から2010年の4年間の提案書と手紙822通のうち，一人で最高39通書いたものはじめ3通以上書いたものが14人，便箋5枚以上の手紙あるいは提案書が14通，便箋・提案書2枚から4枚が38通となっている。また，複数人がつる

んで誰かをチクルケースが9ケースあった[13]。確かに印象どおりであると言えばそのとおりであるが，重要なのは，特定の被収容者が多数書いていることよりも，多数の被収容者が提案書を提出しているということである。面談も合わせて，視察委員と被収容者が直接コミュニケーションできるという，この制度の基盤とでも言うべきものが，守られていることが確認できる。

Ⅲ──立法の背景から見た市民参加

1 人々に知らせない伝統の終焉

　刑事施設視察委員会創設の直接的な経緯は，名古屋刑務所の事件をきっかけとして作られた行刑改革会議の提言を受けたものであることは既に述べた。本項目では，より長いタイムスパンで，刑事施設と市民の関係を整理してみたい。

　日本の刑務所の歴史は，中世の牢屋まで遡ることができる。現在の刑務所も，人足置き場から発達したとされる。大きな歴史を見るとき，幕政時代の苛酷な刑罰が是正されて人権が守られるようになったという認識が示されることがあるが，これは，現代の視点で過去の意味づけしているにすぎず不正確な理解である。実際は，お慈悲をたれるという形で撫民の伝統もあった。一部に厳刑を科してみせしめとし，残りはなるべく赦して恩を売る方針と言い換えても良いであろう[14]。江戸時代で注目したい特徴は，10両以上の窃盗が死罪とされているから，9両9分の窃盗とし死罪を免れさせるなど，事実関係を曲げて対応することがあったこと，また，牢屋になるべく入れないで江戸所払いのように追放刑を活用してきたことである。犯人が，どこでどう暮らしているか，情報化時代がまだほとんど来ていない状態なら，赦す部分は，庶民から隠しておくことができた。ひっとらえて連れて行かれたきり消息不明，全員消息不明なら信用されないので少数を公開処刑するというわけである。

　このように官は隠し，民は，知らないままに信じるという伝統は，犯罪や政治を非日常の出来事，強く言えばケガレとして避ける文化的伝統ともマッチングしていた[15]。ところが，現在では，塀に囲まれた刑務所でさえ情報を隠しと

おすことは困難になっている。区切りを求めるならば、行政機関の保有する情報の公開に関する法律が制定された1999年頃を基点に、隠して済ませることは無理という認識が官僚達の頭の中に浸透し始めたように思う。法務省矯正局が、「矯正処遇に関する研究会」を始めたのも1999年である。

今では、刑務所内での自殺、暴行などの事件は、マスコミへの投げ込みと同時に、即日、刑事施設視察委員長にFAXで伝えられている。

また、さらに本質的なことだが、知らないでお任せするパターンはもはや維持できなくなってきている。日本の治安は良いという、いわゆる安全神話は、犯罪発生率が増加していないにもかかわらず、体感治安の悪化という言葉を生み出したように、崩れてしまった。[16] 国民にとって、知らされないで安心するのは無理なのである。この現象は、1995年の地下鉄サリン事件にはじまり、2002年あたりに明確になった。

隠蔽することは無理という状況が、刑事司法全体に与える影響は大きく、司法改革において裁判員制度導入の原動力になったと考えられる。裁判員制度は、民衆がイニシアチブを取った改革ではなく、上からの改革と言われているが、刑事施設視察委員を生んだ行刑改革も、極めて並行した動きであったことが指摘できる。

2　市民専門家の活躍

もう少し、焦点を絞って、監獄法改正の前史を見ておこう。旧監獄法の制定は1908年、この改正に100年近く要したことには理由があるはずである。旧監獄法の改正案は、刑事施設法案として、警察庁の提案する留置施設法案と合わせた、拘禁二法案として提出された。法務省は1976年に法制審議会に改正を諮問し、80年に「監獄法改正の骨子となる要綱」を答申、国会にかけたが1983年廃案、再提出するも1990年再び廃案、三度提出するも1993年に廃案、つまり三度廃案となっている。反対したのは野党と日弁連であった。日弁連は、対策本部をつくり1982年から2003年まで反対し続けた。その理由は代用監獄による取調べの弊害であった。[17]

法務省は、刑事施設法案を留置施設法案と切り離して提出し、2006年の刑事

被収容者処遇法の成立にこぎつけている。しかし、留置施設法案の切り離し以上に注目すべきは、行刑改革会議の委員に、ジャーナリストの江川紹子、学者の菊田幸一など、それまで法務省を批判してきたとみられる人物が選ばれたことである。

　戦後の冷戦期、政府批判する人は左翼とみなされがちであり、他方、政府の委員会の委員に選ばれる人は「御用学者」のレッテルを貼られがちであった。極端な言い方をすれば「何でも反対」と「何でも賛成」の人しかいないかのような議論がされがちであった。このパターンから抜け出した、あるいは抜け出そうという意欲を示した委員会が作られたのが行刑改革委員会であった。これは急にできることではなく、法務省・検察と弁護士会が、何でも対立ではなく、話ができるように信頼関係をつくる努力がなされてきた。1978年の「弁護人抜き法案のころには犬猿の仲といわれたが、80年代中ばから、アメリカの外圧、外国人弁護人問題で連携する必要が生じ。それをきっかけに関係は修復されていった。[18] 江川紹子氏に対しても、法務省の最高幹部が時間をかけて接触した。

　刑事施設視察委員会は、弁護士会の推薦する弁護士がリーダーとして参加していることによって成立していることを見てきた。法務省と弁護士会の関係修復が、この制度の成立の鍵であったと見てよいであろう。

　このことを前提すると、市民参加のあり方について興味深い考察ができる。市民と呼ばれるのは具体的には誰かと考えれば、全く、そこらへんにいる庶民を選べば、それは非専門家であるばかりでなく、かなり知的レベルも低い可能性がある。市民であり、専門家である人物が、市民参加の役割を果たすことは、理性的に話し合うという民主主義の理念からすれば理想である。むろん、知的レベルが一定の水準に達しない人を全ての政治過程から排除すれば、これはこれで民主主義の原理に反するが、投票権はさておき、視察委員は、知的レベルの高い人とすることは許されるであろう。

　そこで問題になるのは、その専門家の選び方である。「御用学者」という表現が示すように、その任命の仕方次第では、市民参加のふりをしながら、市民参加でない可能性がある。ここに注目して、現在の刑事施設視察委員会を観察するなら、地域の弁護士会が委員を選べ、法務大臣が任命することによって、

この問題は見事に回避されている。学者で視察員となっている顔ぶれを見ても，刑務所運営を批判することに躊躇しない委員が多数含まれている。

おわりに

　刑事施設視察員会の実態を横浜刑務所での視察委員の経験と，他の委員会の報告から検討した。法務省，現場の施設いずれにおいても，内向き外向きで異なった情報を扱う古いやり方が一応打破され，施設内の情報が委員に開示されていたこと，そして，委員会の運営が委員自身のイニシアチブでできている委員会が多数あることなど，形骸化した市民参加ではなかった。当初は，言われた通りやればよいと思って参加した委員もいたようであるが，立法経緯を承知している弁護士委員が委員長としてリーダーシップを発揮し，ガチンコの雰囲気で委員会は運営されていた。これだけでも，刑事施設視察員会において，一定の市民参加が実現したと結論付けられると考える。

　この弁護士の参加は，市民参加一般を考えるうえでも鍵になっている。「何でも反対」と「何でも賛成」のグループ間で建設的な議論ができなかった戦後の状況を抜け出す例として重要であると評価したい。今後も，刑事司法関連だけでも多くの課題が残っている。何でも賛成の委員だけで有識者会議を作る愚行は，まだ撲滅できてはいない。批判力を持ち建設的な議論ができる専門家の登用が今後望まれる。刑事施設視察委員制度は，市民参加について，やっと一歩前進というところであろうか。

【注】
1)　『行刑改革会議提言』9頁参照。
2)　『行刑改革会議提言』10頁以下参照。
3)　『行刑改革会議提言』46〜48頁参照。
4)　行刑改革会議，3頁など，刑務所の塀が高かったことについて冒頭から記述がある。
5)　法務省「委員会の提出意見及び刑事施設の長が講じた措置等の概要について」2010年7月8日，法務省ホームページ，PDF。同，2011年7月8日，2012年7月20日，2013年

第1部 社会のなかの法

7月12日。
6) 河合幹雄，科学研究費補助金，基盤研究（C）2010～2012，研究課題番号22530018『刑事施設視察委員会の活動実態調査』による。
7) 年度ごとにまとめられ法務省のホームページにおいて全件公表されている。http://www.moj.go.jp/shingi1/kyousei_katsudou
8) 椿百合子（2012），富山聡（2008），富山聡（2005）を参照。
9) 海渡雄一（2010），熊谷真由子（2011），近藤広明（2008），高野洋一（2010），田鎖麻衣子（2008），寺崎昭義（2007），庭山英雄（2007），町田章一・加毛修・海渡雄一ほか（2008）を参照。
10) 三島聡（2008），三島聡（2011），三島聡（2012）を参照。
11) 『各刑事施設視察委員会の意見に対する措置等報告一覧表　平成24年末日現在』法務省ホームページ。
12) 科学研究費補助金，基盤研究（C）2010～2012，研究課題番号22530018『刑事施設視察委員会の活動実態調査』による。
13) 詳細な数字は，河合幹雄他「テーマセッションE刑事施設視察委員会の実情」『犯罪社会学会報告要旨集』所収，56～58頁に掲載している。
14) 江戸時代については，ダニエル・V・ボツマン（2009）が参考になる。
15) これまで，刑務所の塀が高かった理由について，椿は，「受刑者の社会からの隔離，被収容者のプライバシー保護等を強く意識する余り」と説明している（椿2012：57頁）。
16) 安全神話と犯罪実態については，河合幹雄（2004）で詳しく論じた。
17) 日弁連のホームページに「拘禁二法案とは何か，なぜ，日弁連は拘禁二法案に反対したのか」という文章を載せており，そこで理由を表明している。
18) 但木敬一（2009：39～50）参照。

【参考文献】

海渡雄一（2010）「刑事施設視察委員会設立後3年間の活動成果と今後の課題」『Niben frontier／第二東京弁護士会広報室企画・編集』第二東京弁護士会，48～51頁。
河合幹雄（2004）『安全神話崩壊のパラドックス　治安の法社会学』岩波書店．
熊谷真由子（2011）「川越少年刑務所視察記」『Ichiben bulletin／第一東京弁護士会会報委員会編』第一東京弁護士会，34～36頁。
近藤広明（2008）「大阪刑務所及び大阪拘置所視察報告」『Ichiben bulletin／第一東京弁護士会会報委員会編』第一東京弁護士会，13～16頁。
高野洋一（2010）「刑事施設視察委員会の活動状況について」『刑政』矯正協会2010年9月号，42～50頁。
田鎖麻衣子（2008）「刑事施設視察委員会2年目を迎えて」『刑事弁護』現代人文社，117～121頁。
但木敬一（2009）『司法改革の時代　検事総長が語る検察の40年』中公新書．
ダニエル・V・ボツマン（2009）『血塗られた慈悲，笞打つ帝国　江戸から明治へ，刑

罰はいかに権力を変えたのか?』合同出版.
椿百合子(2012)「刑事施設視察委員会の現状について」『犯罪と非行』日立みらい財団, 57〜73頁.
寺崎昭義(2007)「府中刑務所視察委員会の一年」『刑政』矯正協会 2007年9月号 27〜32頁.
富山聡(2008)「刑事施設視察委員会の現状と課題」『犯罪と非行』日立みらい財団 20〜33頁.
富山聡(2005)「「刑事政策及び受刑者の処遇等に関する法律」の解説 新法の解説(第2回)刑事施設視察委員会について」『刑政』矯正協会 2005年9月 116〜122頁.
庭山英雄(2007)「日本弁護士連合会と刑事施設視察委員会」『ヒューマンライツ』部落解放・人権研究会, 30〜33頁.
町田章一・加毛修・海渡雄一他(2008)「刑事施設視察委員会の活動と課題」『人間関係研究』大妻女子大学人間関係学部, 159〜169頁.
三島聡(2008)「大阪医療刑務所視察委員会の年次報告書兼意見書(二〇〇六年度・二〇〇七年度)について」『法学雑誌』大阪市立大学法学会, 406〜435頁.
三島聡(2011)「二〇〇八年及び二〇〇九年における大阪医療刑務所視察委員会の活動について—年次報告書兼意見書および法務大臣宛ての要望書」『法学雑誌』大阪市立大学法学会, 389〜445頁.
三島聡(2012)「大阪医療刑務所視察委員会の二〇一〇年度活動状況:二〇一〇年次報告書兼意見書」『法学雑誌』649〜676頁.

第2部
紛争と紛争処理

法と共約不可能性——「被害」のナラティヴと権力性をめぐって

和田仁孝

はじめに

　法を構成する基礎概念について,「過失」「正当事由」のような一般概念はもちろん, そのほとんどに一定の不確定要素ないし, 言い方を変えれば解釈の余地が存在することはいうまでもないだろう。

　「損害」という概念も同様である。この不確定性は, 判例の蓄積を通して次第に狭められ, 一定の安定性を獲得するようになる。わが国では, 交通事故損害賠償の領域で練り上げられてきた差額説が通説として定着し, 一定の安定性を担保しているといえる。しかし, なお,「機会の損失」や「風評被害」, さらには最近では原発事故に伴う損害の考え方についてどうとらえるべきかなど, 議論すべき領域は多く残されている。

　また, そうした拡張的な概念をめぐる議論領域に限らず, 根本的な発想に文化的な差異が見られる場合も存在する。たとえば, わが国では, 幼児や未婚者の死亡事故について, その損害は相続構成により, 親など親族によって引き継がれるが, これは世界的に見て, きわめてまれなアプローチである。ヨーロッパでは, 相続構成が取られないために, 幼児や独身者の死亡の場合には, 親族への慰謝料や葬儀費など, 非常に少額の賠償がなされるに過ぎない。[1] 両親はじめ親族が, 幼児や独身者の収入に依存しているわけではない以上, 親族が相続することなく, 精神損害への賠償に限定されるというのは, 合理的なシステム

ということもできる。背景には，子による老親扶養の程度をはじめ，文化的な差異と，それにもとづく「損害」についての考え方の相違が反映しているといってよい。このように，一口に「損害」といっても，そこには回避し得ない不確定性ないし解釈の余地があり，また，それをどのように語り，埋めていくかについて，文化的，言説的な多様性が作用していくのである。

この「損害」の意味確定過程は，決して法制度や，法律家だけが担っているわけではない。その背景には，人々の意識や文化があるのはもちろん，具体的な事案の解決過程で，当事者の語りが，意味構築に一定の影響を及ぼしていく。その際，争う両当事者の「損害」をめぐる対立的語りの関係はいかなる者としてとらえられるか，また，そこに関わっていく「損害」をめぐる法の言説との関係はいかなるものか，本稿では，こうした問題について，「損害」の中でも，主として「人身損害」を中心に検討を加えていこうとするものである。

以下では，まず，そもそも人身被害とは何か，それがどのように語りとらえられているのかについて，原理的な考察を加えていく。次に簡単に分析の枠組みを示した後，医療事故の領域を取り上げ，患者側の認識，医療側の認識，そしてそこに関わる法の認識の相互関係について，具体的に検証していくことにする。そのため，以下，本稿では，「損害」の前提となる原初的概念として「被害」の概念を以下では取り上げていくこととする。

I ——「被害」の認知的構成

「被害」とは何か？　われわれは，「被害」について，その文化的・時代的言説構造の中で，一定のイメージを抱いている。典型的には，交通事故による死亡や傷害，すなわち他者によって引き起こされた身体上の傷害ということになろう。しかし，この他者とは何かについて熟考すれば，直ちに，その意味は不確かなものに変異する。

たとえば，中国でかつて行われていた纏足は，現在のわれわれの文化の視点から見れば，ジェンダー的差別の文化を背景とする幼児虐待にほかならず，そ

れによって生じた歩行困難を含め，まさにそれを強いられた女性は「被害者」ということになる。しかし，当時の中国社会の文化の中では，纏足は当然のことであり，それが施されない場合，大足女として差別や揶揄の対象になった[2]。割礼も，いくつかの宗教や，アフリカ・オセアニアの部族社会では，当然のこと，ないし正当な義務として，行われてきている。纏足にしても割礼にしても，それを受けるのは幼児であることから，自発的選択ではなく他者ないし「社会」による強制と言えなくもないが，おそらく，当時は当事者自身がその文化の中で成人後も，それを強いられた「被害」とみることはなく，むしろあるべき状態として受容していたと思われる。このように，時代的，文化的背景の中で，「被害」は言説的に構成されているのである。

　これは決して，過去の特異な文化的事象というわけではない。現在でも，舌や乳首に至るまで，ピアスを施すことは，許容された文化的身体装飾として見られることであるし，耳たぶのピアスに至っては，広く普及した装飾として我が国でも受け入れられている。入れ墨も，宗教的意義をもつ身体的装飾として受容する文化もあれば，我が国のように，多くの成員にとって必ずしも良くない意味を伴うものから，最近では身体装飾として一定の許容がなされているような社会もある。これらは，通常「被害」とは，みなされない。なぜなら，自律的選択の結果であるからということになる。

　しかし，この「自発的」選択は，それを肯定する文化的，言説的背景の中で構築された「自発性」にほかならない。自己を取り巻く周囲の視線や評価を勘案しながら，ピアスやタトゥーは「自発的」に選択される。纏足や割礼を施された多くの当事者が，かつて，それを事後的にではあるが自発的に受容してきたのと，その構造に変わりはない。ここには「自己に包摂された他者性」というべき要素の作用を見ることが出来る。

　この他者性と自発性の不分明さをめぐる認識のゆらぎは，少し位相は異なるものの法的な被害の認知的構成の領域でも，見られる。米国におけるたばこ訴訟では，喫煙により身体的被害を被ったとしてたばこ会社を訴えることが当然のこととして行われている[3]。概ね，たばこの中毒性を十分に知らされないままたばこを吸い，やめることも出来ず，被害が発生したのは，たばこ会社に責任

があるという論理である。また，最近では，肥満という身体的被害を生ぜしめたとしてマクドナルドを訴える訴訟なども提起されている。ここでは結果はともかく，そうした言説がここで構築されていることが，とりあえず重要である。

また，デイヴィッド・エンゲルは，Injury概念をめぐって，natural injuryという概念について触れ，たとえば腰痛という身体的傷害の発生が，長時間，長期の特定の椅子の使用による場合，それは自然に生じた疾病と見られることが多いが，本当にそのようにいえるのか，あるいは椅子の構造に，したがって，当該椅子の設計・製造者によって惹起された「被害」と認識することも出来るのではないかと指摘している。[4] このような視点から見れば，我々の身体に発生するほとんどの傷害は，何らかの外的要因に，そして他者性に帰因するものとして認知構成することも不可能ではないことになる。[5] 他者性の概念は，自己の中に包摂された要素から，具体的な他者，さらには文化的価値に内包された要素まで，広いスペクトラムの中に見いだされる。そのなかで，何が「被害」であるかの認識の構成も広い多様性をもつことになるのである。

こうした「被害」の認識をめぐる意味構成は，しばしば紛争状況を引き起こすことになる。またそれを通して法的な次元での「被害」の意味構成を変容させていく契機ともなる。この意味で，医療事故の領域はきわめて有益な素材を提供してくれる。患者側の被害者としての認識構成と，専門的言説を背景に科学的にこれを理解し認識する医療者の視点，そしてその争いに関わる，さらに異なる専門的言説を背景とした法的な認識構成，これらが錯綜する中で医療事故紛争は進行していく。本稿では，医療事故紛争を素材に，この「被害」をめぐる認識構成のポリティックスを検討していくが，その前に分析のための理論的視角について少し説明していくことにしたい。

II──分析のための枠組み　　支配と抵抗の再帰的関係

言説をめぐる支配と抵抗の関係は，すでに別のところで詳細に論じているので，ここでは簡単にスケッチを示しておくにとどめる。[6]

ピエール・ブルデューは，その実践論の中で，われわれの実践を支配し拘束する構造と，しかしなお，それによって規制され尽くさない実践の要素との循環的関係を示している[7]。ルールがなければゲームが成立しないように，構造は，当該ゲーム内での実践を規制し支配を及ぼしている。構造がなければ，ゲームは成立せず，ただ無秩序が現出するだけである。しかし，同時に，一つの具体的なゲーム内でのプーヤーの動き（実践）は，状況に応じた即興性を示し，無限の幅を有している。構造・ルールがプーヤーの一挙手一投足をすべて規律しきれるわけではない。しかも，この即興性と同時に，構造もまた，この即興的実践の中で初めて現出するものにほかならない。構造は，実践を支配しつつ，実は実践を通してのみ，自己を具現化できるのである。また，この実践の積み重ねは，個々のプレーヤーごとの固有のプレイスタイルのようなものを生み出していく。ブルデューの概念でいえば，一種のハビトゥスがそこに構成されていく。さらに重要なのは，この個々の実践の即興的多様性が，構造そのものの改変につながる循環的構造を有しているという点である。

　この点は，言語を例にとるとわかりやすい。われわれは日本語という言語の構造に許容された範囲内で発話することで相互の意思疎通が可能になるというゲームの中で活動している。われわれの個々の発話を通して，日本語の構造も，再確認され，具現化している。しかし，また，われわれの語る具体的な発話は，状況の中で無限の即興的多様性をもって現われる。この多様性は，しばしば，日本語の構造への挑戦的意義を有することがある。たとえば，「キモい」といった言葉は本来日本語の語彙にはないものであるが，頻繁に繰り返されることで，日本語の正常な語彙の一つになっていく可能性が高い。ラ抜き言葉なども同様である。また，しばしば，学者などが用いる外国語のカタカナ言葉も次第に，日常的な表現として承認されるようになったりもする。こうして発話実践の繰り返しの中で，逸脱は，しばしば構造の中に回収されていく。この意味で，「正しい日本語」というものも，相対的なものに過ぎない。現在の「正しい日本語」は過去の時代の日本語から見れば，まったくいかがわしい表現に満ちていることになるだろう。こうして，構造と実践は，その支配と即興的多様性の循環構造の中で，相互に変容を遂げていく関係にあるのである。

この構造と実践の循環関係を，ポリティカルな側面から抉出したのが，ミッシェル・ド・セルトーである[8]。セルトーは，この実践の即興性の中で示される構造からの逸脱を，明示的であからさまな「構造の支配への反逆」と区別し，密猟（poaching）という比喩を用いて構造への「抵抗」として把握した。単なる即興性ではなく，この即興性を利用した支配への暗黙の抵抗という政治的実践である。明示的に構造に異議申し立てをするのでなく，その枠組みに抵触しない形で，しかし抵抗的営みを実践することにより，構造・支配の変容を促すような作用を及ぼしていくのである。

　以下では，「被害」の認識をめぐる対立構造の中で，とりわけ医療事故における「被害」の意味をめぐるポリティックスの中で，こうした抵抗がどのように営まれているのか，そこで支配と抵抗の関係がいかに錯綜していくのか，このセルトーの議論を参照しながら，検討を加えていくことにしたい。

Ⅲ——医療事故における「被害」をめぐる共約不可能性

1　医療事故に関する「被害」の意味構成と共約不可能性

　「被害」とは何かについて，それが文化的・時代的な言説の枠組みの中で，構築されていくものであり，そこには，様々な即興的変異が見られることはすでに指摘した。同時代，同文化の中で，一定程度の共有性をもつ範型的ナラティヴが存在し，それが「被害」の意味構成に大きな影響を及ぼすことは事実であるが，同時に，個々の状況のなかでの個別の即興的変異のみならず，その成員がもつハビトゥスに制約された変異も存在する。

　医療事故の場合，患者側は，肉親を喪ったことによる悲嘆を言説的に意味づけていく際，一般的な範型的ナラティヴ，肉親を喪った悲しみの物語を具体的に経験しつつ強化していくことになる。これに対し，医療職は，社会の成員としての悲しみの物語への理解は持ちつつも，他方で，医療という専門知の構造に裏付けられた医学的物語，さらには病院という現場での実践を通じて構成された医療者のハビトゥスに由来する死をめぐる日常的物語など，患者側とは異

なる専門性に由来する中範囲の範型的物語の枠組みの中で意味を構築していく。それゆえ、即興的な実践における差異以前に、共有されない異質な範型的ナラティヴに基づく意味構成がなされ、ここに相互に共約が困難な状況が生まれてくる。患者にとっては、かけがえのない家族の死であっても、医療者にとっては、日常的に経験する患者の死の一つに過ぎない。また、たとえば、過失はなかったにもかかわらず、予期しない有害事象が発生し、検査だけのはずだったのに、その結果、患者が亡くなったような場合を想定すると、患者にとっては、当然ながら「死ぬはずのない」検査だけで、なぜ死んだのか、そこにはミスがあったに違いないとの意味構築が行われるのに対し、医療者にとっては、検査に必然的に伴うリスクの不運な発現としての合併症によるものであるとの認識が構成されることもあり、死を他者の行為に由来する「被害」であるかないかをめぐって意味の争いが発生してくることになる。

　この場合、患者側が、予期しない有害事象が医療の不確実性に伴う結果として起こりうることを認識的に理解することは、きわめて難しい。それは医療職に共有された専門知のナラティヴを、まったくそうした専門知を共有していなかった患者側が、一定程度、自らも受容し認知構成することを必要とするからであり、ほとんどの場合、それは不可能といっても過言ではないほどだからである。また、専門知の領域が容易にアクセスし理解しがたいものであるがゆえに、常に、専門的言説によりごまかされているのではないかとの疑念を解消できないことも、この意味の共約不可能性に拍車をかける。ここに、異なる言説的ハビトゥス、わかりやすくいえば、異なる範型的ナラティヴの世界の共約不可能性に基づく、対立的意味構成が生成してしまうことになる。

　このように医療事故紛争は次のような意味で、「被害」の意味構成をめぐる共約不可能性の現象を検証するのに適した領域である。医療の領域が、司法と並んで、重層的な物語によって構成された特殊な領域であることが挙げられる。司法が、法律学の知に基づく「法と正義の物語」と他方、現場に根差した「法と正義の物語」の二重構造を持っているのと同様に、医療も、医学的専門知に基づく「医学の物語」と「医療現場の物語」という二重構造を有している。「医学の物語」は、さまざまな疾病に対する専門医学的な知識や技術をめぐる

極めて専門性の高い物語である。もちろん，一般人も，こうした医学の言説を通俗的に流布する情報を援用しつつ，一つの物語として構築している。医療に関してインターネット情報やテレビで放映される情報など，「医学の物語」の一端を共有しているかにみえる。しかし，インターネット等を通じて，一般人が得る法律情報が，しばしば法律家の視点からみれば，誤りであったり，偏った認知に過ぎない場合がほとんどであるように，こうした形で一般に流布する医学情報は，日常的物語の中に融合された不確かなものに他ならず，専門的な「医学の物語」とは別物である。法にせよ医学にせよ，その専門性とは，単なる情報や知識の集積を意味するのでなく，それら複雑な情報を連関させ，分析・統合していく中で理解を構造的に構成していくことの中にこそあるからである。それゆえ，多くの場合，こうした学知に基づく物語は，その外部との間での共約不可能性という課題を負わざるを得ないのである。

　さらに，日常的に現場に関わる医療者は，また別様の物語をも有している。多くの医師が日中の勤務から当直を経て，さらに続けて勤務するなかで，ほとんど酩酊状態に近い感覚で診療に当たらざるを得ない場合があること，多くの医療者が，ほとんど食事時間もままならない中で医療に従事していること，予約から検査の実施，診療への流れがどのようなシステムによって運用されているかなど，その環境で仕事しているものにしかわからない不可視の状況がある[9]。また，どのような症例では手を出さないのか，その理由（病院規模，設備，人員の確保など）は，など，現場の医療者にしか共有されていない現場の物語が存在する。こうした外部に見えない現場の物語は，あらゆる職業・現場にも見られる現象であるが，これも，外部のものには容易に理解し得ない条件として，共約不可能性を強化していくことになる。

　かくして，医療事故の領域では「傷害」の意味構成をめぐって，愛する者を失った悲嘆や，身体的な機能を損なわれた苦悩など，人間にとって共有されやすい日常的感覚に根ざしたより広範に共有された範型的な「被害の物語」と，「医学の物語」と「医療現場の物語」の二重性を背景に構築される医療側の物語の対立という，共約不能な状況が生起することになる。以下では，患者側，医療側の「傷害」の意味構成をめぐって，今少し詳しく見ていくことにしよう。

2　患者側の「傷害」をめぐる意味構成

　患者側は，予期しない重篤な有害事象が発生した場合，それをミスによるものと認識し，物語を構成していく。詳細な医学の物語も，医療現場の物語も知らない患者・遺族にとって，それがミスによるものか，合併症など医学的処置に必然的に伴うリスクとして不可抗力だったのかは，評価することはもちろん，その区別自体がほとんど意味をもたない場合が多い。もちろん，事前のインフォームド・コンセントの時点で，そうしたリスクについての説明もなされているのが普通である。しかし，患者側にとって，小さな確率のリスクを，一つの客観的可能性として聞くことと，実際に遭遇することの間には計り知れない断絶が存在する。患者側は，まず，思いもかけない不慮の事態に遭遇して，それまでの日常的物語が打ち砕かれる事態に直面する。「帰路には，どこかで家族一緒に食事でもして帰ろう」「中途のまま止まっている仕事をこなしていかなくては」などという将来へ向けた日常的世界の物語は一瞬に消滅し，この新たな事態をめぐって意味構成しなければならなくなる。

　そこで，不慮の不可逆的不利益の発生は，医療者の責任において発生した「被害」，本来発生するはずのなかった「被害」として解釈され，それこそが「被害」の物語という「現実」として認識されるのである。マスコミなどを媒介として構築される「医療ミス」のストーリーは，そうした苦悩に物語的なかたちを与えていく際に利用可能な言説的枠組みとして作用する。苦悩は，「被害」のナラティヴを誘発し，「被害」のナラティヴは苦悩にかたちを与えていくのである。

　この患者・遺族の「被害」の物語に関する表現には，一定の範型的パターンがみられる。すなわち，「真相を知りたい」「謝罪や誠意ある対応をして欲しい」「二度と事故を起こさないようにして欲しい」「金銭の問題ではない」などである。こうした多くの被害者に共通する語りは，不慮の事故に起因する深い苦悩と悲嘆の語りとして理解されなければならない。

　「真相を知りたい」という語りは，決して単純に客観的事実や医学的分析を羅列することを要求しているのではない。それは，事故の状況をなぞることで，亡くなった被害者の無念さや苦痛に寄り添うこと，その一瞬一瞬に，医療

者が何を思いいかなる対応をしていたのか，などのすべてを確認することで，自らも幾分かは救済されようとする情緒的感情の語りにほかならない。「謝罪と誠意」への要求も，「再発防止」も，被害者を慰撫し，悲嘆体験を克服していこうとする想いを表す語りである。とりわけ，「再発防止」は，肉親の死が無意味な死ではなく，第二第三の事故を防ぐ意義を有したものであるとの意味構成は，いささかの救いとして機能することになろう。また，「金銭問題でない」とするのは，やはりかけがえのない価値を金銭で置き換えられることに対する感情的反発の語りである。これには，死に伴う苦痛や悲嘆を純粋な感情と位置づけ，他方，金銭請求を「肉親の死を金に換える」ことへの非難という，社会に流布した範型的ナラティヴの枠組みが強く反映している。このように，紛争における当事者の語りは，定型的ではあるが，事故によるかけがえのない価値の喪失という事態の前で，苦悩に苛まれる個々の具体的な悲嘆体験にかたちを与える語りであるということができる。

　さらに，この被害の物語に，それを根拠づけるものとして法と正義の物語が導入されてくることになる。これら情緒的な欲求を背景とする被害の物語が，当然に司法によって救済されるべきであり，それこそが法と正義の実現であるという形での法と正義の融合的構築が，そこで行われることになる。かくして，患者・被害者側にとって，医学・医療の物語も，法と正義の物語も，情緒的な欲求に形を与える被害の物語に適合する形で，再構築されていくのである。

3 医療者側の「傷害」をめぐる意味構成

　医療者の事故をめぐる物語は，先に挙げた医学の物語と医療現場の物語を超えて，より重層的である。事故に直面したひとりの個人としての物語，医学の専門家として物語，病院組織や訴訟など外部組織との関係の中に位置づけられた現場に生きる者としての物語などから複合的に構築される。

　まず，事故に直面した個人としての医療者にとっても，事故は突発的に生じるものであり，医療者自身も，自身をたまたま不運にも予期せぬ有害事象に遭遇した，ある意味「事故」に巻き込まれた「被害者」であると認識するかもしれない。この場合，患者に発生した有害事象は，「被害」ではなく，医療に必然

的に伴う結果に過ぎないと認識されている。専門医学的には一定のリスクは不可避で、予測が困難なケース、いわば不可抗力による事故の場合には、「できる限りのことをした結果なのに、なぜ非難されるのか、自分こそ被害者である」という思いは強くなるだろう。有害事象の原因は、「システム的要因」や完璧ではあり得ない「医学の限界」の中での疾病に固有のリスクに帰責されている[11]。それは、患者・遺族とはほとんど共約不能な、医療者に固有の専門医学の物語、医療現場の物語を背景に構築される事故の物語である。

　これに加え、医学の専門家としての物語が「被害」の意味構築に影響する。個人的物語とは別に、医学・医療の専門知識にもとづいて事故の客観的経過を分析し、合理的な意味を事態に付与していくことがなされる。こうして構築された合理的で客観的な「専門医学的説明」という名の物語は、いかに善意による説明として提示されたとしても、情緒的欲求に根差した患者・被害者側にとって、その求める「真相究明」とは異質なものであり、しばしば結果として、「医療側はごまかそうとしている、嘘をついている」といった対立的な物語の構築を促進してしまうことになる。専門医学の物語による説得は、そうした専門知の構造を共有しておらず、異なる物語に依拠する患者側には、そのままでは受け入れられ難い共約不能な言説にほかならない。

　最後に、病院組織およびその外部環境をなす訴訟を初めとする法制度、マスコミ報道などは、その影響のもとで医療者が構築する物語がある。医療者の物語は、患者への対応を超えて、こうした外部制度の影響（それが構築するであろう範型的物語）をも勘案しながら構築されていく。訴訟を避ける、病院組織に迷惑はかけられない、若い医師を守ってやらなければならない、病院は自分を守ってくれないなど、多様な状況の中で、組織との関わりをめぐる意味構築が平行して「被害」の意味構築に作用してくる。すなわち、直接的には病院組織の一員としての物語構築が要請されるのである。

　この医療者をとりまく「個人（被害）の物語」、「専門医学の物語」「組織の物語」は、相互に矛盾することも多い。専門医学的にはミスではなくとも、被害者への共感から苦悩にとらわれる医療者、グレーゾーン事例で有利な専門医学的ストーリーに専ら依拠して「現実」を構築しようとする医療者、責任を認め

被害者への謝罪を欲しながら、組織との関係でそれができない医療者、患者側に共感しながらも、訴訟へのおそれから防御的な物語に依存する医療者、そこには様々な形での物語の変異が見られる。専門家であり、その現場で生きる個人の物語は、このように錯綜した構造を持つことが多い。そして、そのコアには、発生した有害事象を「被害」とみるのかどうかという、「被害」の意味構成が、原因として、また結果として関わっている。

4 共約不可能性と対話過程

　以上みてきたように、医療事故と「被害」をめぐる意味構成の過程にあって、患者側と医療側は、その意味構成を生成させる範型的物語に大きな差異が存在している。医学的知識を持たず、医療現場の日常的物語も共有しない患者側には、医療側の見ている医学的な、ないし医療現場の現実は、そのままには目に映らない。医療側がたとえ誠実に隠さず、ごまかさず、発生した有害事象につき医学的検証に基づく情報の提供と説明を行ったとしても、患者側は、当事者以外、誰にも共有不能な「喪失の物語」「ミスと責任の物語」に引きつけつつ、これら医療者の語りを批判的にとらえ、自らの物語の中に独自の仕方で組み入れていく。

　逆に医療側は、この譲渡不能な被害者当事者の悲嘆と苦悩を、当然ながら共有できないまま、医学的物語、医療の日常の物語の観点から、患者側に理解を求めようと試みる。医学の不確実性や、事故の不可避性の説明を伴い構築される「事故の物語」は、肉親を喪った「喪失の物語」とは、共約不能なまま、語れば語るほど、ずれを生じていく。そもそものゲームのルールとしての範型的ナラティヴが一致しない以上、また譲渡不能な「喪失」という体験が偏在している以上、どこまで行っても埋め得ない共約不能な溝が存在することは否定できないのである。

　しかし、共約不可能性は、紛争当事者の間に存在するだけではない。実は、患者側も、医療者側も、それぞれが描く「事故の物語」それ自体の中に、そもそも共約不能性は胚胎されている。先にみたように、「喪失の物語」と「法的責任＝補償という物語（被害は金銭によって償われる）」は、患者自身の中で、不協

和音を奏でている。また、「これまで親身にみてくれた医師の責任を追及する行為などしてはいけないのではないか」という葛藤も存在しうる。家族内で成員ごとに微妙な見解の相違も生まれ、しばしば遺族内部での軋轢につながっていく。このように「被害の物語」は共約不能な要素を抱え込んだまま、当事者を安定した物語から程遠い不安定な状態に置いたままにするのである。

医療者側も、人間としての被害者への共感、苦悩と、医療者として有する事故をめぐる「医学的物語」、さらに「病院組織の関係性」に起因する物語など、それぞれが時に先鋭な矛盾さえ含む形で混在している。医師の側も、「事故の物語」は、やはり安定した物語からはほど遠く、共約不能な視点の中でゆらぎ、苦悩を深めることになる。

物語の共約不可能性は、このように個人の間だけでなく、そもそも物語を紡ぐ個人内部の「語り」のなかにも内包されているのである。これを内的共約不能性と呼ぶことができよう。

こうしてそれぞれに矛盾を内包した不安定な物語を念頭に、患者側と医療者側は対峙することになる。事故についての説明、患者側の悲嘆の受容、事案によっては共感表明や謝罪の提供、今後の安全対策の提示、賠償やお見舞い金の提示などが、そこでのテーマとなる。

この対話過程は、単に、AからBへの見解の提示と、その受容ないし拒絶といった単純な情報の交換関係ではない。患者側にとって、医療側の説明は、内容だけでなく、その身振りや対話の場の設定の仕方など様々な要素を含め「事故説明の場の物語」として、あるいは「謝罪の場の物語」として、自己内部の意味を書き換えながら構成していく何かである。それは医療側にとっても同様である。当事者にとっては、「自己内部での物語」と、対話の場で「提示される物語」が、相互に矛盾せず、相互補強的に、ひとつの安定した物語に落ち着くように（それは究極的には不可能であるが）構築されていくのである。相手が何を言ったかによって、自身の物語が変容するだけでなく、自身の物語との矛盾のない接合を志向して、「相手が何を言ったか」も同時に構築されているのである。医療側が、医学的認識に従って説明の過程で客観的に述べた「この時点で出血は1000ccでした」という言葉は、患者側からみれば「患者をモノのように

しか見ていない」姿勢を表現する言葉として意味づけられるかもしれない。医療側にとっても，患者の語りは，その内的物語と融合する形で，能動的に意味を吹き込まれていく。客観的な医学的説明でなく，最後の時に医師が何を思い何をしてくれたのか，そういうことを知りたい，共感してほしいと願う患者側のニーズをうまく理解できず，ついには「真相を知りたい」という言葉を，「要するに金目当てなのだ」，「クレーマーなのだ」と意味づける例はよくみられる。

このように紛争過程とは，実は相手方との「対話の場の物語」が新たに能動的に構築されつつ，自己内部の「被害」の物語と接合されていく過程に他ならない。

Ⅳ――医療事故における法の位置　　共約不可能性と権力

1　法専門知と「被害」の意味構成

医療事故をめぐる「被害」の意味構成については，法も一つの専門的言説として，固有の枠組みを有している。医療事故と「被害」をめぐる法専門家の物語は，患者・被害者のそれとも，また医療側のそれとも緊張関係に立つ独自のものとして構築されている。

司法の場においては，当然ながら事実の認定が行われなければならない。それは，とりもなおさず，法専門言説からする「被害」の意味構成過程を内包したものである。被害者側は，情緒的な欲求に根差した被害の物語の一部としての「真相究明」を求めている。他方，医療者側は「医学の物語」「医療現場の物語」に根差した医学的原因究明として「真相究明」を認識している。しかし，法専門家にとっては，これらを勘案しつつも，法的効果を導くために必要とされる「要件」に関わる事実を確定することこそが「真相究明」にほかならない。過失，因果関係といった法的概念に適合する事実の認定こそが司法の場で意味ある真相究明なのである。それは，被害者が求める微細な事実経過をめぐる真相究明の物語とも，医療側が求める医学・医療的な視点から見た実証科学的な真相究明とも異なる。法専門家にとって，「事実認定」とは，事実についての

評価にほかならず、その意味ですぐれて規範的な物語構築の営みにほかならない。過失の有無は、予見可能性や結果回避可能性、医療水準といった概念を通して解析され、適合的事実情報が整理される。その上で、一定の基準に基づいて、「過失の有無」という「事実」として認定される。因果関係も、科学的因果ではなく、相当性の評価の結果として認定される。こうして、医療側に賠償責任を負わせるか否かという、実践的課題に応えるための手段的な物語の構築がなされていく。

　こうした過程は、法と正義の物語として、法専門家には共有されていても、被害者、医療者双方にとって、共約不能な異質な物語としてとらえられてしまう。患者側からは、自らのニーズに応答してくれないという不満、医療側からは、不確実性の中で選択を重ねていかざるを得ない医療現場の実情を無視して後付けでこうすべきであったと断罪される不当な評価として批判されることになる。また、解決結果が、損害賠償という金銭給付の有無に、最終的には収束せざるを得ないという点も、現在の法と正義の言説からは、当然のことであるが、とりわけ、金銭賠償より真相究明や、謝罪・誠意などを求める被害者にとって、結果的にその解決の部分性と非応答性がクローズアップされることになる。

　こうして、法的専門知に基づく法的な「被害」の意味構成は、患者側の物語と医療側の物語の間に横たわる共約不可能性の溝に、さらに新たな方向から、共約不能な物語として関わっていくことになるのである。

2　法の作用──共約不可能性克服の試みか、権力的抑圧か？

　紛争は解決されるべきもの、ないしされるものというのが、一般の考え方である。患者側と医療側の物語の共約不可能性は、終わらざる対立を予測出せる。この状況で、法は、この共約不可能性により惹起された意味をめぐる対立状況に、一定の決着をつけるためのメカニズムとして関わってくる。裁判はその典型的な手続である。判決を通して、あるいは判決の影の下での和解を通して、法の言説に基づいて意味構成された物語は、患者側と医療側の物語に対し、「第三者的な」立場から示されるより「客観的な」物語として提示され、貫

徹されていく。

　この意味で，法は，共約不能な状況に，一定の共約可能性を生み出そうとする企てである。患者側の「喪失の物語」は，譲渡不能な悲嘆と苦悩に根ざしている限り共約可能性は最終的には，ない。法の土俵ではそれらは深く顧慮されず，悲嘆さえ金銭に換算することを当事者に強いる。医療者の医学的・自然科学的因果関係の物語も，科学より価値判断を課題とする法の土俵では決定的意義を持たない。法は，独自に構築した物語に即して，「過失の有無」「因果関係」「責任の有無」などを整理し，金銭賠償を命じていく。

　たとえば，「因果関係」という言葉は法の物語の中では，自然科学的因果関係とはまったく異なった意味を有している。法的な意味での因果関係とは，端的に言えば，ある過失行為とそれによって生じた結果（損害）との間に「因果関係があるかないか」についての評価を示す言葉である。法的には，因果関係は「ある」か「ない」かのいずれかであり，とりもなおさず，事象に対して規範的になされる「評価」そのものなのである。この法独自の物語は，日常的であれ，医学的であれ，他の物語から見ると，そもそも共約不能なものといわざるを得ない。

　すなわち，共約不能な「被害」の物語が，法的物語の土俵に上げられると，実際に，そこで生起するのは，権力的な物語の支配・抑圧の過程であることが多い。法は当事者が語る正義を守るどころか，当事者の正義の物語を否定し，法という知の体系が紡ぎだす限定された正義の物語を押し付ける。多くの当事者はそこで失望せざるを得ない。それはまさに知＝権力の典型的な作動である。

　法の物語が，他の物語を圧殺することで，確かに，ある次元での共約は達成されるのかもしれない。しかしそれは共約不能な世界を対象に，虚構の上で，かつ権力的に構築した共約可能性でしかない。患者側も，医療側も，ひとたび法の物語に浸潤されるや，個々の内的物語とは無関係に，法の物語に抑圧され，解決されたことにされてしまうのである。誠実な医療者の対応や謝罪を求める患者の声，ミスはないことを理解してもらおうと説明を試みたい医療者，ミスに関わらず結果への謝罪を表明したいと自分を責める医療者，そうした声は，訴訟では場を失い，その結果，いずれの当事者も，勝訴であれ，敗訴であ

れ，その後の終わらない対話を苦しみつつ，また相手への否定的な思いや恐れをはらんだまま，紡ぎ続けねばならないのである。

しかし，その帰趨がどのようなものであれ，その過程を経て，なお当事者は自身の中の物語との終わりなき対話を紡ぎ続けるしかない。肉親を喪った被害者も，身体機能を損なわれた被害者も，それに関与した医療者も，それぞれに，終わりなき自身との対話の中で物語を紡ぎ続ける。当事者にとって紛争は終わらないし，完全な解決はあり得ない。特に医療事故の様な人身被害の場合はそうである。

このように，法は，壮大な共約可能性神話として，実は抑圧的機能を果たす可能性があることを見極めておく必要がある。

さて，以上で示されたのは，「被害」の意味をめぐる当事者間の物語の共訳不能性と，そこに別種の共訳不能な物語に基づいて，抑圧的に擬似的な共約可能性を生み出そうとする，物語構築をめぐる政治的過程と構造である。セルトーは，こうした言説の支配に対抗する抵抗の可能性を指摘していた。以下では，医療事故と「被害」の意味構成における権力的支配に対する当事者の抵抗のあり方と，それによる支配的言説である法の側の循環的適応についてみていくことにしよう。

V——意味構成過程をめぐる権力への抵抗と帰結

先に述べたように，セルトーは，権力的支配に対して，その構造に明示的に抗うことなく，構造によっては支配され尽くさない実践の多様性を活用しつつ抵抗する「密猟」という現象を提示している。この隠れた抵抗は，構造そのものの枠内で営まれるがゆえに，しばしばあからさまな反抗の試み以上に，構造的支配の有り様を変容させていくちからを持つことがある。医療事故に関わる「被害」の意味をめぐる共約不可能性の状況でも，同様の現象をみることができる。

「被害」の意味構築は，法言説においては，「過失」「因果関係」「損害」「賠償責任」「刑事責任」など多様な概念の内容の連関の中で行われていく。それは，患者側と，医療側の「被害」の意味構築をめぐる共約不能な状況に，今ひとつの共約不能な言説をもって，介入していくことを意味する。患者側と医療側の間に存在する共約不可能性と異なるのは，法における「被害」の物語は，他の物語に超越するものとして，権力的に支配を及ぼし，意味を貫徹させていく点である。それが，現実には，当事者のもつ物語と共約不能であるが故に，最終的には当事者の構成する意味までを支配し尽くせないとしても，それにもかかわらず，自らを貫徹させる点に，その支配性が見いだされる。

しかしながら，他方で，そのように権力的支配性を持つかに見える法の物語も，実際には，患者の物語や医療者の物語により，逆に影響され，その意味構成が変化していくことは，いうまでもない。この過程にこそ，セルトーのいう抵抗の契機が見いだされる。法廷の場で，当事者双方によって，そうした抵抗がなされる場合もあるが（たとえば患者側の陳述書，医療側の鑑定意見の提示など），この抵抗は法廷に限らない広範な実践をめぐる抵抗としても立ち現れてくる[12]。

まず，患者側の抵抗戦略は，その「被害」の物語を，増幅させる形で法が作用する意味的環境に影響を及ぼしていくことである。「被害」の物語は，しばしば各種のメディアに取り挙げられ，また患者側の出版やインターネットでの事件の公開を通じて，その物語の意味を強化し，よりドミナントな物語へと転換させていく。1999年に起こった横浜市大患者取り違え事件や，都立広尾病院での誤注射死亡事件は，メディアにも大きく取り上げられ，それ以後，患者の「被害」の物語は，社会に繰り返し広く流布されていくことになった。この過程で，直接的な政策形成運動も行われているが，それだけでなく，こうした個々の「被害」の物語が，繰り返し語られていく中で，司法の場での「被害」の意味構築も影響を受けていくことになる。たとえば，都立広尾病院事件の判例は，医師法21条の届け出義務について，憲法38条1項への適用違憲であるとの見解も強いなかで，合憲判断を下している[13]。

こうした状況の中で，医療側も司法制度に関し明示的な反抗を示してきているが，それ以上に医療の現場そのものでの日常的抵抗が，より広範で強い影響

を持つに至っている。医療側の抵抗は，訴訟リスクへの防御的対応という形で現われる。いうまでもなく，過誤が問われる場合，それは医療側の何らかの積極的な医療行為を前提としている。この状況への効果的な対応は，そうした可能性を低減させるために，リスクが高い場合には，医療行為を控える，より低リスクの治療にとどめるという対応である。もちろん，患者を放置するわけではなく，それは正当な医療行為の枠内で行われる暗黙の抵抗としての意義を有する対応である。また，重篤な事故は，高度医療を提供する病院組織で発生することが多い。医師のキャリアの中で，まず大きな病院での勤務の後，技術を身につけた上で一定の年齢に至って独立して診療所を開業するケースが多く見られるが，この時期以降，比較的若い働き盛りの医師層が病院を離れ，診療所医師に転じる例が増えたと言われる。同様の理由で，医師の少ない，それゆえリスクが高くなる地方の病院から，都市部の病院へ医師が移籍し，地域での事故リスクがより高まるといった現象も見られる。さらには，若い医学生が，リスクの高い診療科を志望せず，比較的安全な診療科を目指すといった現象も生じている。[14]

　2004年に発生した福島県立大野病院事件では，医師が2006年に至って「逮捕」されるという事態となり，その後，医療界が強い反応を示した。福島県の僻地で，産科医師が一人しかいない病院で，2004年12月に前置胎盤の妊婦が出産したところ，胎盤が癒着しており，これを処置しようとしたものの，赤ちゃんは無事生まれたが，妊婦は残念ながら亡くなったという事件である。事故後，県が事故調査を行い，報告書を提出，遺族への補償も終了し，医師はそのまま勤務を継続していたところ，2006年2月に至って，医師が逮捕されることになった。医師の逮捕という事態を受けて，多くの学会が声明を出すなどの明示的な対抗もなされたが，同時に暗黙の抵抗が現場では行われている。この事件で医師が逮捕された2006年2月以降，東京都内の複数の大学病院のデータを見ると，帝王切開の実施回数が，それまでの3倍強に増加している。これは，地域の産科クリニックなどから，前置胎盤の事案は，それで問題が生じた際には逮捕される可能性さえあるとの認識のもと，リスクを避けるために直ちに大学病院へ搬送するという，これも防御的な抵抗が行われるようになったことを示唆

している。いうまでもなく，司法の動きへの，暗黙の抵抗実践としてそれは理解することができよう。なお，大野病院事件は，一審で無罪が確定している。[15]

こうした多様な防御的抵抗は，法の枠組みや法言説そのものへの明示的反抗以上に，医療の崩壊への危険という形で，実際にはより強い圧力を法の場に与えることになった。医師の多忙性や医師不足に関わるマスコミ報道の増加もその影響のひとつである。その結果，この事件以降，訴訟件数の増加は停止し，一定の減少が見られたし，また，医療事故民事訴訟における原告勝訴率は20％台に低下することになった。また，医師法21条の解釈についても，厚労省が，死体の「検案」について限定的な解釈を提示するなど，法の運用ないしその意味構築につき，一定の影響が存在したことは疑いえない。

以上のように，法の言説は，患者側の物語とも，医療側の物語とも，共約不能であること，かつ権力的支配関係が存在することから，当事者側では，この支配に対し，共約不能な自分たちの物語をぶつけても効果が期待できず，その結果，自らが動員可能なリソースへ向けて，黙示的な抵抗を積み重ねることを続けていくことになる。しかしまた，こうした抵抗は，如実に，間接的・黙示的ではあるが，法の構造を大きくゆがめることなく，しかし，その日常的作動を変容させることに強く貢献しているのである。セルトーが指摘した，暗黙の抵抗による構造の目に見えない変容という理解が，まさに適合的な現象であるといえよう。

しかし，これが本来的に望ましい変容過程であるか否かは別問題である。法言説は，患者の物語とも，医療者の物語とも，共約不能な独自の言説であることは否定できないとしても，この共約不可能性を前提に，なお権力的にではなく，対話的に距離を埋めていくような営みがなされるなら，医療崩壊につながりかねない黙示的抵抗を行わずとも，調整していくことが，いささかでも可能かもしれない。

「被害」をめぐる患者と医療者の意味の共約不可能性の前で，裁断的に決着をつけること以上に，協働的な意味構築の場ないし過程として訴訟過程や法制度の運用が作用することもひとつの可能性として挙げることができよう。[16] 共約

不可能性と権力性の問題は，とりもなおさず，司法の役割論の問題に他ならないのである。

【注】
1） 東京海上火災保険株式会社企業村外部 1994。
2） ドロシー・コウ 2005。
3） こうした訴訟はわが国でも起こされている。禁煙ジャーナル『たばこ産業を裁く：日本たばこ戦争』実践社　2000，また，こうした訴訟における主体のアンビバレンスについて，和田仁孝 2000。
4） サクラメントのマクジョージ・ロースクールにおいて2014年3月7/8日に開催された Injury as Cultural Practice における報告。
5） なおニュージーランド事故補償法は，過失の概念，および不法行為制度を廃棄し，自然力も含めあらゆる外力によって生じた傷害につき補償する完全な無過失補償制度を採用している。
6） さしあたり，和田仁孝 1996。
7） ピエール・ブルデュー 2001。
8） ミシェル・ド・セルトー 1987。
9） OECD加盟国における人口1000人あたりの医師数で見ると，日本は30カ国中，27位に位置するほど医師が少ない国である（OECD Health Data 2007）。しかも，ベッド一床あたりの医師数では最下位に位置し，医師は少ないが病床数は多いという状況である。また日本の外来患者数は，アメリカ，イギリス，フランス等のほぼ4倍に達する。その結果は，医療者の過剰な多忙性ということになる。医師の労働時間数を見ると，英国，フランス，ドイツなど，海外ではどの年齢層においても，ほぼ40時間強であるのに対し，わが国の場合，60代前半の医師でも週に60時間，20代の医師は，週に80時間に達するなど，異常な事態といっても過言でないが，このことはあまり一般には知られていない。本田宏 2007 参照。
10） 和田仁孝・前田正一 2001。
11） 医療事故をめぐるシステム的背景について，広範な影響を及ぼした調査報告として，米国医療の質委員会・医学研究所 2000。
12） たとえば，佐々木孝子 2001。このケースでは，被害者遺族は，弁護士の法的問題構成や方針に反発し，弁護士を解任している。このケースを素材にした分析として，和田仁孝 2001。
13） 最判平成16・4・13刑集58巻4号。
14） たとえば，2008年のデータでは，山梨県の峡南二次医療圏では，人口61565人に対し，産科医はゼロである。前田由美子 2010。また，2010年に至るまで産科医師数は各診療科の中でも格別の現象を示している。勤務医委員会 2010。また小松秀樹 2006。
15） 福島地裁2008年8月20日判決。
16） こうした試みとして，近年，院内での患者と医療者の対話による関係修復を試みる医療メディエーションの取り組みが注目されている。和田仁孝・中西淑美 2011。

【参考文献】

ブルデュー，ピエール（2001）『実戦感覚1・2』みすず書房．
米国医療の質委員会・医学研究所（2000）『人は誰でも間違える——より安全内医療システムを目指して』日本評論社．
セルトー，ミシェル（1987）『日常的実践のポイエティーク』国文社．
本田宏（2007）『誰が日本の医療を殺すのか』洋泉社．
勤務医委員会（2010）『医師の不足・偏在を是正するための方策』．
コウ，ドロシー（2005）『纏足の靴—小さな足の文化史』平凡社．
小松秀樹（2006）『医療崩壊』朝日新聞出版．
前田由美子（2010）『二次医療圏別にみた医師不足と医師偏在2008年版』日本総合政策研究機構．
佐々木孝子（2001）『悲しき勝訴』医療過誤を考える会．
棚瀬孝雄編（2000）『たばこ訴訟の法社会学』世界思想社．
棚瀬孝雄（2001）『法の言説分析』ミネルヴァ書房．
東京海上火災保険株式会社企業村外部（1994）『ECの損害賠償水準と訴訟・弁護士事情』実業之日本社．
和田仁孝（2000）「日常的実践における法言説の脱構築——喫煙者の「被害者化」をめぐって」棚瀬孝雄編『たばこ訴訟の法社会学』世界思想社．
——仁孝（2001）「法廷における法的言説と日常的言説の交錯——医療過誤をめぐる言説の構造とアレゴリー」棚瀬孝雄『法の言説分析』ミネルヴァ書房．
——仁孝（1996）『法社会学の解体と再生—ポストモダンを超えて』弘文堂．
和田仁孝・前田正一（2001）『医療紛争—コンフリクト・マネジメントの提案』医学書院．
和田仁孝・中西淑美（2011）『医療メディエーション—コンフリクト・マネジメントへのナラティヴ・アプローチ』シーニュ．

市民法律相談における法への言及
―― その明示的および暗示的諸方法

樫村志郎

Ⅰ ―― 問題

　市民法律相談[1]の中で相談担当弁護士が助言を与えようとする際に，法原則や法規に明示的に言及することがある。通例的法社会学によれば，弁護士による法言及行為は，その場面が法律相談であることや，その行為者が弁護士であること等から，当然に起こることとして，特段の説明が必要でないと考えられるかもしれない。本論文は，これに対して，そのような行為が相互行為的環境における直近の変化に高度に依存しているものであるという例を示すことで，異なった視角を呈示しようとするものである。より具体的に言うと，本論文では，相談担当弁護士が法に明示的に言及する行為が，「よい助言」を与えるという結果へと相談過程をコントロールする相談担当弁護士による関心のもとで行なわれるものであることを，会話の展開の詳細を分析することで示そうとする。

　一定の制度的制約――時間，空間，文化という資源の制約――のもとで，相談者と相談担当弁護士がいかに事実を語り，語らせ，聞き，聞かせるかを探求することを通じて，双方にとって「よい助言」が行なわれるという結果の達成を理解することが，本論文の分析の焦点となる。このような問題関心には，それ固有の実践的および理論的含意がある。

　法現象の社会学的理解を増進するという法社会学の理論的関心からすると，法律相談場面は，専門職業的法律家が法的な素人である相談者と接触する場面

であり，そこでは，法という専門的法知識の体系と，日常的社会生活の秩序が接触するといえる。そこで，このような場面において，双方にとって満足のいく助言がいかに構成されていくかを解明することは，人びとが——専門的にせよ，日常的にせよ——法の適用対象としてのもめごとを理解するための図式を明らかにすることにつながる。

　法律相談過程における〈助言の必要〉を聞き取る相互行為技術の解明は，多方面にわたる実践的意義をもつ。たとえば，日本の法学部・法科大学院教育の中では，法理論（いわゆる「実定法」）教育において法規解釈と法解釈学説のみが強調されるため，法律家にとって重要な相互行為技術の研究教育がほとんど行なわれていない。近年になってようやく実務的技術に関する教育が一定限度開始されたとはいえ，文書作成等の一部の分野に偏っているほか，法理論教育との連絡がほとんどない。しかしながら，法的サービスの需要者が拡大していく傾向により，法律業務の中での相互行為技術の重要性が増大して行くことに疑いはない。また，一般に法的知識をいかにして非法律家に伝達するかの解明は，裁判員制度のような他の法的場面の作用に関する解明に資することが期待できる。

II——法的諸活動のエスノメソドロジー的研究

　エスノメソドロジーは，1950年から60年代にかけてその基礎が築かれた社会学の一分野であり，その建設については，Harold Garfinkel とかれの共同研究者であった Harvey Sacks が大いに寄与した (Garfinkel 1967a, 1967b, 2002a, Garfinkel & Sacks 1970, Sacks 1992)[2]。

　Garfinkel はその基本的研究方針をつぎのように述べている。

　「エスノメソドロジー研究は，日常的諸活動を対象とし，その同一の活動を〈実際上十分な程度に，可視的に合理的で，報告可能な〉活動——広範囲に見られる日常的活動の組織化としての〈説明可能な〉活動——としてその諸活動を行なうための，メンバーの諸方法の行使として，それらの諸活動を分析する

ものである。この現象に含まれる自己言及性こそは,実践的活動の,実践的環境の,社会構造の常識的知識の,そして,実践的な社会的推論の特筆すべき様相である。この自己言及性の生起を見て取り,検討することにより,この現象を研究することができる。」(Garfinkel 1967a : vii)

報告可能性の自己言及的組織化による達成とは,法的諸活動が,その同一の活動の組織化を通じて,その諸活動のメンバー間で,伝達可能で理解可能なものとして行なわれる多様で複雑な方法の運用とその成果を言う。法のエスノメソドロジー研究の関心は今日の社会学と法社会学において支配的な行為説明の方針と鋭い対照をなしている。今日の社会学は,行為者の状態や動機に決定的重心をおきその客観的実現として主観的行為を説明する。これは,主意主義的ないし心理学的かつ論理実証主義的にとらえられる「社会的行為」(もっとも著名な分析として,Parsons 1937)の分析を行なおうという研究方針である。エスノメソドロジーによる社会分析は,これに対して,実践的に間主観的,かつ,通常的に客観的な社会的事実として,共有意味の内在的達成を行なうものとしての,「社会的行為」(こうした社会的行為の把握の源流として,Znaniecki 1936)の分析をめざす。

上記に表現された研究指針にしたがい,法のエスノメソドロジー研究の中では,法的場面の自己言及的組織化がその「報告可能性」を生み出す態様が研究されてきた。契約や犯罪が問題にされる場面の例を引くまでもなく,人びとの共同行為がいかなる意味の共有のもとで行なわれているかの理解を行ない,同時にその理解を一定の人びとの間で共有できる形で行なうことは,法的諸活動において重要である。エスノメソドロジー研究の発展の初期には,多様な法的諸場面が,エスノメソドロジー研究の対象となるとともに,日常的活動の方法的組織化のあり方に関して多くの重要な経験的洞察をもたらした (Sudnow 1965, Garfinkel 1967c, Cicourel 1968, Sacks 1972, Bittner 1967)。また,その後も法はエスノメソドロジー研究の主要な対象場面の一つとなっている (法のエスノメソドロジー研究の論文集として,Travers & Manzo eds. 1997, Dupret, Berrard & Lynch eds. forthcoming)。

社会的事実としての共有意味の達成へのエスノメソドロジーの関心は,司法過程の参与者たちのもつ実践的および理論的諸関心とよく共鳴する。たとえば,

陪審員 (Garfinkel 1967c), 警察官 (Bittner 1967, Sacks 1972), 裁判官 (Komter 1997, Dupret 2011), 弁護士 (Sudnow 1965, Travers 1997), 尋問者と証人 (Atkinson & Drew 1979), 小額請求裁判所や交通裁判所の裁判官と当事者 (Pollner 1979, Pomerantz 1986, Burns 2009), 調停人と調停当事者 (Greatbatck & Dingwall 1997他), 非西洋諸国での紛争当事者 (Moerman & Sacks 1988, Moerman 1973, Liberman 1983) 等。これらの参与者たちは, 法の実践的諸目的に合致するように, 法的諸活動の組織化を通じて, 社会的事実を, その場で, 相互に, 正確に, 現実に——要するに, 合理的に——確立することへの実践的関心をもっている。法のエスノメソドロジー研究は, 法的諸活動がそのメンバーを通じて現実に行使される諸方法とその運用とその達成——要するに, その方法論——を明らかにすることで, 社会の基礎的組織化としての実際的間主観性が, 日常的諸活動の通例的な遂行として, 専門職業人あるいは通常人の行為の中で, 達成される仕方を学ぼうとするのである。

Ⅲ——相互行為場面としての市民法律相談

本研究のエスノメソドロジカルな関心は, 市民法律相談という活動の中で, 法専門職としてのメンバーである助言者／弁護士が, 適切な法律助言をその場で提供するという実践的目的のために, その助言という社会的事実の達成にいかに参与するのかを, 方法論的知識として, 解明することである[3]。

相互行為としての市民法律相談は, 例外無く, 助言者／法律専門家と依頼人／通常の市民の間の会話的発話交換の組織をもっている。2人のメンバーからなる発話交換は, 発話順番の順序と長さが前もって——たとえば, 社会的上下関係のルール等によって——定められていないとき, 会話的と言われる (Sacks, Schegloff & Jefferson 1974)。このように言うからといって, 会話の中で, 会話者の間で発話交換のための制禦的構造が何も存在しないということにはならない。特筆すべきことは, 会話の中の発話の順番が, その発話交換の中で, 組織化されていること——発話のタイプ (例えば, 質問), または, 発話と発話順番取得者の社会的役割の結合 (例えば, 質問を行なっている教師), または, 発話と

発話の向けられた受け手（例えば，質問が向けられた生徒）のような，ローカルな特徴によって，組織化されていること——である。

発話順番取得のローカルな組織化は，会話という活動のメンバーに，その組織化に従い特定の相互的注意を向け合うことを義務づけ，またそれをふさわしく実現する。というのは，ローカルな発話順番取得が行なわれるためには，通常，発話が向けられたメンバーが，その有意味な終結の生起に注意を向けなければならないという事情があるからである。ふさわしい発話順番取得が行われるためには，進行中の発話が向けられているメンバーが，その発話順番の終結の時点で，すみやかに自己の発話を開始しなければならない。また，そのメンバーは，そのようにして取得した順番の中で，それに先行する順番の中で行なわれた発話についての，ふさわしい理解を示さなければならない。なかでも重要なことは，後続する順番の中での発話が，その進行の中で，メンバー間の相互理解を，間主観的に保障可能な仕方で検証する機会を提供することであるこの機会が明白に見て取れるのは，訂正や聞き返しのように，後続する発話が先行する発話の意味の実際的検証のために行なわれる場合である。しかし，そのような検証が行なわれない場合でも，スムーズで自然な会話の流れの存在の中に，そのような保障が感じられているのが普通である。もっともこのように述べることは，方法論上，そうして感じられる保障が後に正しくなかったと見なされることを排除しない。（Moerman & Sacks 1988）

本論文のための素材は，1994年5月と2000年2月に，市民法律相談を提供する2つの弁護士会の法律相談場面で収集された，11件の相談場面の音声録音である。11件の音声録音の中で8件は1994年に本州のある弁護士会の運営する法律相談サービス場面（Aセンターと仮称する。）で収録され，3件は日本の西南諸島で行なわれた弁護士会運営の法律相談サービス場面（Bセンターと仮称する。）で収録された。収録とその前後にわたり，私はその法律相談場面を含む複数の法律相談場面を観察した。また，この観察研究は，日本各地の複数の法律相談サービスを対象とする，観察とサーベイを含むより包括的な法社会学的研究の一部として行なわれた。

本論文の対象となる法律相談場面の最短のものは20分であり，最長のものは

50分である。法律相談場面の持続時間は，その相談が行なわれる各センターが設定する時間のルール，相談が行なわれた時刻の属する時間帯，1日の相談件数，参加者の忙しさの程度等の時間的ファクターによって，部分的に定まる。大まかな傾向として，Aセンターでは，助言者たる弁護士はすべてそのセンターが所在する市内に事務所をもっている。これに対してBセンターでは，助言者たる弁護士（3件の場面を通じて同一である）は，その事務所の所在する市からBセンターまで航空機で1時間かかる。このことから，2つのセンターでは，助言者たる弁護士に相談事件を依頼する可能性に違いが出てくる。他方，2つのセンターを通じて，相談者たる一般市民がその居所からセンターまでかなりの距離を移動しなければならなかったことが伺われるケースがあった。

データ収集に際しては，いずれのセンターでも，そのセンターを運営する弁護士会は，私の研究を正式に許可した。また，観察と録音にあたっては，その相談ごとに，相談担当弁護士と相談者による許可を得た。私は，録音と観察のほかに，相談過程についてのノートをとり，また時間が許す範囲で，相談終了後に相談担当弁護士に質問を行なった。

市民法律相談においては，一般に，相談者による相談事の説明の後，助言が行なわれる。最初の助言が行なわれた後，相談事の説明が行なわれ，次の助言が行なわれるというサイクル的パターンが見られることもある。本研究の対象たる相談ケースについて，相談場面全体の持続時間，過程で最初の助言が行なわれるまでの時間，相談事の種類は，表の通りであった。

助言の開始までの相談時間は，最短で2分である。11ケース中5ケースでは，相談開始後8分〜10分に最初の助言が開始されており，5ケースでは5分以内にそれが開始されている。1ケースでは，それは17分後になっている。これらの差異は，ケースの説明に必要とされる時間を反映しているように思われる。また，Aセンターのルールでは，相談所要時間目安は40分とされており，Bセンターのルールでは，それは30分とされている。なお，Aセンターの8ケースの平均相談時間は約36分，Bセンターの3ケースの平均相談時間は約30分となっているのは，これらのセンターの所要時間目安に関するルールが比較的よく守られていることを伺わせる。

表1 相談場面，持続時間，最初の助言までの時間，相談事の種類

相談ケース番号 （助言者記号）	全相談時間（分）	最初の助言までの相談時間（分）	相談事の種類 （相談者のアイデンティティ）
【Aセンター】			
1（A）	50	17	契約（印刷会社経営者）
2（A）	30	8	退職（被雇用者）
3（B）	36	5	敷金返還（家主）
4（B）	47	11	敷地境界線の争い（地主）
5（C）	26	3	自己破産（主婦）
6（C）	35	3	多重債務（労働者）
7（D）	21	9	飲酒運転（運転者）
8（D）	41	11	土地の強制競売（地主）
【Bセンター】			
9（E）	28	8	交通事故（被害者）
10（E）	34	3	家屋の定期賃貸借（家主）
11（E）	29	2	老人福祉施設での傷害（被害者の息子）

IV――助言供与の諸方法

　分析の単純化のため，本論文では，助言者／法専門家たる弁護士が，相談者／一般市民に対して助言を与える際に，何らかの困難に直面したひとつのケースに焦点をあてることにしたい。

　本節で分析する相談過程は，ケース7（D）での発話交換である。本相談の法制度的背景として，飲酒運転に関する法的規制を簡単に要約しておく必要がある。相談時（1994年）の日本の法制度のもとでは，運転者の呼気中に0.25mg/lのアルコールが存在するとき，「酒気帯び運転」の責任が生じる。このとき，運転者は，運転の態様に応じて，運転免許の取り消しまでの行政処分，またはこれに加えて，罰金等の刑罰を受ける可能性がある。飲酒運転に対する法的制裁および社会的制裁は，1994年以降かなり加重されたが，1994年当時においても，運転者にとっては重大な法的，社会的帰結をもつものではあった。

　本相談は，まず助言者／法専門家が，問題を語るように促したことで始ま

り，それに応じて，助言者／一般市民が，飲酒検問においてつかまったと述べた。つぎに，助言者／法専門家は，呼気分析によって酒気帯びの判定結果をもたらしたと想定される，飲酒の詳細についていくつかの質問をした。相談者／一般市民の述べる事実は，一見して，かれがアルコール中毒の既往があったところ，その前夜に8時間にわたり，数人の友人とともに，ブランデー，日本酒，ビールを，居酒屋で飲んだというものであること，また，つぎの夜のある時刻に飲酒検問で行なわれた検査により酒気帯びとの結果が出されたことが，わかった。飲酒と検査の間の経過時間は39時間と計算された。そして，つぎに掲げる発話交換が起こった。[4]

会話抜粋#1（飲酒検問）
 1 C：それでお聞きしたいのは
 2 L：うん
 3 C：とりあえずそういうふうなけいじょうで
 4 L：うん
 5 C：あの:さいばん:ぜん－あのさいばんがあっ－たかどうかいうのを，教えて:ほしいんですけど？
 6 L：ちょっちょっと何を教えてくれって？
 7 C：あの:まえそのような裁判がおんなじようなケースであったんなら(.)どのような感じになっとん
 8 C：のか:いうのを教えてほしいんですが:
 9 L：おなじような事例があるかゆうことですか要は酒飲んで39時間経過してなおかつ
10 L：しん－体のなかにアルコールが残ってて
11 C：はい
12 L：それが0.2-0.25ミリグラムぐらい残っとると。
13 C：はい
14 L：0.25うんShshsh
15 (2.0)
16 C：そのようなあの［： 　］
17 L：　　　　　　　［そうい］うケースがありますかいうことですか
18 C：はいそうです
19 L：ちょっとそれは調べてみんとわからんね：(.)私の頭んなかに
20 C：Shh Ha Ha
21 L：Huhのこらず細かな(.)ね:判例データがあるわけじゃない
22 C：はあ:

23 (2.0)
24L：そら：：［おたくとし］てはちょっと：納得できんいうことですな
25C：　　　　［そ　れ　は］
26C：はいそうです
27L：（それはまあ）アルコールは時間の経過 - 時間の経過とともに消えて
28L：いくからね
29C：はい
30L：(huh HuH) 39時間経過してなおかつ（こ／そ）れだけのものが残って
31L：たということは考えられんいうことですか
32C：はい
33L：たとえば：ほかの - 事例でそういうことがあって(.) あ-あったいうことんなら
34L：納得するいうこと？

1　良い助言の基準の発見

　会話抜粋＃1の開始の時点で，Cは助言の要請を初めて定式化した（1, 3, 5行）。Lはその要請に対して修復（repair）と訂正（correction）（Schegloff 2007：Chapter 6）の試みを行なう（6, 9-10, 12, 14, 17行）。その訂正の試みは，9行の「要は」から始まり，12, 14, 17行にわたる直前のCによる要請のLによる再定式化へと到達し，それはCによって受諾される（18行）。最初の助言は，この再定式化の受諾によって達成される要請の明確化の結果として行なわれる（19-21行）。その助言は，実際には助言ができないことの理由を示すことによるその拒絶の暗示であるが，この意味合いは，Cによって認識され，両者は笑い（20-21行）によって共有される。この場合の笑いは，相互行為上の失敗（目的の不達成）を印づけるとともに，それを和らげ，相互行為を再進行させる意味をもつことが多い。

　本研究の基礎となっている他の法律相談データをあわせて言うと，相談者側からの事案の語りの結末として，またその時点で，要請や質問の定式化が行なわれることは，きわめて一般的である。そこで，それは，相談者側の語りの終結において期待されうる，また期待される様相の一つである。この期待のもとで定式化が行なわれることにより，相談担当弁護士による返答ないし反応が，その直後の時点で有意味化される。その反応は，質問や要請が，特定の隣接ペア（Sacks, Schegloff & Jefferson 1974）の第1パートであることにより，相談担当弁

護士の会話的反応として義務づけられている。この義務は,質問や要請に適切に答えること——知識を提供したり,要請への諾否を返答すること——を通じて,助言とされるものを与えることによって果たされる。こうして,相談者の語りの終結における質問ないし要請という行為は,相談者が望ましい助言がいかなるものかということを表明し,相談担当弁護士に影響力を行使するための会話装置である。

会話断片#1におけるLによる明確化のための修復ないし訂正は,この会話装置によって設定された義務を直接に果たすものではなく,その前提を満たすための努力としての意味をもつとともに,その努力の内容を表現している。それは,一見して2つの要素からなる。第1に,Lはその質問や要請が市民法律相談というこの仕組みのもとで返答可能なものかどうかに関心をもっており,その関心によりかれは実質的にその質問への返答ないし要請への受諾を拒絶する(19, 21行)。第2の関心として,Lは相談者による質問ないし要請を相談者の経験するトラブルの最終的または中間的産物として取り扱おうとしているが,それは飲酒検問で逮捕されたことについてCが「納得できんいうこと」だと述べるLによる質問／要請の再定式化提案(24行)とその展開(27-28, 30-31, 33-34行)で見て取れる。この発話交換の一部(27-28, 30-31行)で,Cの納得できないことの想定される理由を論理的に(28行の「から」で表現される)供給することで,相談者の「役割を再演して」いる一方で,そこに少々の笑いが含まれていること(30行)はLがそれを信じているわけではないことを示しているように見える。以上の発話の結末は,相談担当弁護士が相談者に代わって質問／要請を再定式化することを提案したということである。

33-34行目のLによる質問(「ほかの-事例でそういうことがあって(.)あ-あったいうことんなら納得するいうこと？」)について簡単に検討しよう。この質問からは,この再定式化の提案がCの満足する助言という論点に関係していることが明らかになる。同時に明らかにされるのは,Lにとって,Cの「満足」は各事例に特有のものだということである。法の抽象的知識を与える回答は十分に満足されるものではなく,満足されうる解答は,具体的状況に対処する上で相談者が実践的に重要な内容(ここでは「納得する」こと)を含むものでなければならな

い。

　またこの質問は，同時に，Cの合理性というべきものを測定する装置にもなっている。「他の同様の事例が存在すれば納得する」という表現は，そういう仕方で納得することの合理性を示唆している。そこで，もしこれに対するCの答えがイエスであるならば，Cは，直前の一連のLの発話において再演された推論を少なくとも理解できるという合理性をもつことになる。これに対して，そうでなければ，LはCの合理性について違った解釈を探求しなければならなくなる。

2　事実への法的見方の呈示──暗示的な法への言及

会話抜粋＃1に引き続く会話は，つぎのようなものであった。

会話抜粋＃2（飲酒検問）
35 (2.0)
36C：(う)んあったいうことんなったら：あんそのような裁判もしされて：
37C：それ判決事例が出とんだったら：shshsh そのこと：また：あちらのかたに：
38L：あちらとは（？）
39 (1.0)
40C：あちら－裁判し［ょ　の　ほ］うに［shsh］言えば：わかってもらえるかなと
41L：　　　　　　　　［あ裁判に］　　　［う　ん］
42 (1.0)
43L：わかってもらえるとは？ちょっと言われる意味が（まあ((lower))）ようわからんけど）
44 (2.0)
45C：Ahah HaH HaH んと Shshshsh 要するに：
46L：ん：これ0.25 が検出されたのはこれ間違いないの？
47C：あ：そ［れはもうまち］がいな［い（です）］
48L：　　　［す　う　ち　は］　　　［まちがいな］いの
49 (2.0)
50L：するとお宅が(.)え：4月30日午前 0 時から午後－午前 8 時までのかん飲んで：hhhh
51L：それ以後飲んでないいうことは(.) どし－ていえるの(.) そのかん飲んだ可能性も
52L：あるじゃない
53 (2.0)
54C：あ：は［：は］：は：は：は

55L：［うん］
56 (1.0)
57C：あ：そういうふうになるわけなんですか
58L：いやそれは知らないよ
59C：は：は：
60L：うん：いやそれはお宅がいうだけでしょ？
61C：は：は：
62L：4月30日以後は飲んでませんいうのはお宅がいうだけでしょ？

　Cによるその答え（「（う）んあったいうことんなったら：あんそのような裁判もしされて：それ判決事例が出とんだったら：shshshそのこと：また：あちらのかたに：」36-37行）は，完結する前に，Lによる修復（「あちらとは？」38行）の標的となるが，もともとその発話はLの発話の終了から2秒ほど遅れて開始されていた（35行）。Cの答えは，この場にいない他の誰か（「あちらのかた」）に対して，その答えを用いるという意図を示していた。Lはただちにその明確化をもとめた（38行）結果として，Cの意図は，本件に関する裁判所の何らかの決定について，裁判所に理解（「わかってもらえる」こと）を求めるというものであることがわかった。この発見から，Lは2つの質問（「ん：これ0.25：が検出されたのはこれ間違いないの？」46行および「［すうちは］［まちがいな］いの」48行ー後者は第1の質問への答えとオーバーラップして発せられている）を行なうが，その焦点は，裁判所の判断の再考慮をもたらしうる情報であるアルコール濃度の数値に置かれ，Cは明示的にかれの事実記述の信用性という論点に焦点をあてて返答をしている（「あ：そ［れはもうまち］がいな［い（です）］」）。このためLは，その前提となる論点（飲酒と検査の間の経過時間）へと焦点を移す。Lの質問（「するとお宅が(.)え：4月30日午前0時から午後ー午前8時までのかん飲んで：hhhhそれ以後飲んでないいうことは(.)どしーていえるの(.)そのかん飲んだ可能性もあるじゃない」）の構成は注目に値する。まず，それは，「すると」という前置きにより，これまで合意された事実を非明示的にその質問の基礎として動員している。つぎに，その質問は，攻撃と防御からなる議論の場で自己（「お宅」）の立場をどう防御するのかという仮定のうえで組み立てられ（「……ということはどうしていえるの」），その直後にその立場に対してこの質問の中で考慮されている攻撃（「そのかん飲んだ可能性

もある」)を明示している。この仮定的性格は、Cによっても理解されている(57行)が、その理解の確定性へのコミットメントをLは回避し(58行)、かえって、Cの物語の信用性の基礎の弱さを指摘すること(「4月30日以後は飲んでませんいうのはお宅がいうだけでしょ?」)で、Cの立場の弱さを再強調する(62行)。

　一連の発話を通じて、Lの明らかな関心は、Cが自らの立場から、裁判所の「かた」に再考慮を促すという計画の実行が困難であることを見て取らせることである。また、その資源となるはずの、同様な事実関係をもつ先例が存在するかどうかについては、Lは当面の知識にないということ以上には態度を明らかにしない。Lが指摘する困難さは、C自身の事件の事実関係が客観的な保障をもって受け入れられうるものでないことに由来するのであり、先にLが確認した検査の数値の真実性という条件のもとで飲酒と検知の間の異常な関係を整合的に解釈するにはCが最後の飲酒の時刻について嘘をついているという考え方が成り立つため、結局その先例の存在の有無によらずCの計画がうまくいかないという結論になるのである。こうして、Lは、そうと明示的に述べることなく、Cの実践的課題を解決する上で困難があることをC自身が見て取るように促していると言える。同時に、それはLが要請された知識を持っていないことに由来する別の困難の重要性を低めるものでもある。

　この種の暗黙の説得を行なう際に、相談担当弁護士は、司法過程において何が起こるかを予見できるという専門的能力を行使している。Lはその能力の行使を、推論を歩一歩相談者が見て取ることができる形式で行なうことにより示し、そのことによって、その能力を相互行為を通じての対人的影響力へと転化させている。こうすることにより、助言の受容可能性が一定限度高まるとともに、相談担当弁護士が手持ちの知識によって助言を行なうことを容易にしている。

　相談担当弁護士が、相談者自身によりその事件の実践的対処を行なう上での法的性格を見て取らせることから生じる一つの帰結は、相互行為において法が明示的に言及されないという事態である。しかし、その場合でも、相談者は暗黙のうちに示される助言の中に、その「法的」な性格を見て取っている。なぜなら、このことを通じて、相談者は、相談されているその事実を相談担当弁護士どう見るか——この事案について、具体的かつ現実的に、諸事実を見る法的

な見方——を知るからである。

3　明示的な法への言及

相互行為において法が明示的に言及されるときには，相談担当弁護士がそうするための何らかの特別の理由がある。その理由の一つは，相談者自身による法的な事実の見方の獲得という前節の方法が失敗するということである。ここで検討している法律相談場面では，相談担当弁護士による法への明示的言及は，そのような仕方でこの数分後に起こった。

まず，相談者自身による法的な事実の見方の獲得が失敗したのはいかにしてか。会話抜粋＃3が会話抜粋＃2にほとんど引き続き起こった。

会話抜粋＃3（飲酒検問）
```
67C：              [もし]かりに
68L：うん
69C：あの：それでまったくおんなじような状況で：もう一度い-測定した
70C：場合に対して：
71L：うん
72C：それが出たらどうなるん：ですか？
73L：出たらとは？
74C：0.25ミリグラム1ミリ[いち]リッターあたりに対してですか
75L：              [うん]
76 (1.0)
77L：[ああ　それ　は］
78C：[（それをいま）]から証明できるのなら
79L：39時間たっ-たとえばお宅がね
```

ここでは，Cは自分の物語の真実性の新たなテストを提案している。それは，仮に同じ状況で飲酒したうえで測定を行なった場合に酒気帯びの程度のアルコール濃度の検知が起こったら，その物語が真実と認められるというものである。提案された方法は，本件におけるC自身の過去の事実についての疑いの可能性に依存しないものであり，また，同様の先例がそのテストの代わりとな

りうるという暗示により，Cが行なった質問／要請の重要性を再重要視させるものでもある。

　79行からLはこの新たなテストについての明確化の試みを行なう。データは省略するが，その中から，Cは，将来に向けての関心を持っていることが明らかになった。それは，つぎのようなものである。Cが真実と主張するその事実関係（「飲酒の39時間後に酒気帯びと判定される結果が出た」というもの）のもとでは，Cはこれまで運転について行なって来た注意が十分なものではないと考えざるをえず，将来において再び逮捕される危険が感じられるというものである。また，Cは自分がアルコール依存症の既往歴があり，そのためにその結果が生じたのかもしれないという疑念を表明する。この主張により，Cの想定のもとでは過失のない無実の運転者が誤って酒気帯びと判定される可能性があるため，Cが，「自己のものと同様の事実関係で酒気帯びと判定されたが無実であったという先例があるか」を法に照らして問うことの正当性が供給されることになる。Cはこのことを，警察や裁判所の関係者とのやりとりを細かに述べることにより十分に強調する。この主張に対応して，相談担当弁護士は，手元の参考書を開いて何事かを調べ始める。相談担当弁護士が参考書をめくる間，2分半にわたり会話が中断するが，そののち，つぎの発話交換が生じた。

　発話抜粋＃4（飲酒検問）
　121C：とりあえず：(　　)ぼく全然あんまし：わからない：んですけど：法律のこととか
　122(　)：shshshshsh
　123L：ん：：
　124 (5.0)
　125L：(ば)
　126 (2.0)
　127L：酒気帯び運転が禁じられてるのはおわかり‐ですわね [当然
　128C：   [はい
　129L：だからその，酒気を，帯びて運転したらいかん
　130 (2.0)
　131L：の：酒気いうのは
　132 (1.0)

133L：いつのんだものいう限定はないんですよね法律上は
134 (1.0)
135C：(お／は：は)
136L：だから：直前に飲んだ：－ま直前に飲んだらこれは酒気がそのまま残ってますからこれ
137L：飲酒－にしても，酒気にして－も
138 (2.0)
139L：だからお宅はいまは要はまえのんで39時間たってんだから：
140 (1.0)
141L：かりに－どういうことかな，ちょっとわかりにくいんだが，い－そのまま
142L：アルコールが残っとってもいいじゃないかいう意味？じゃないんでしょ？
143 (1.0)
144C：う：：，というのが：
145L：ちょっと－ちょっとわかりにくいんだけどね
146C：ぼくは，やからそのまま飲んで
147L：うん
148C：その計ったときに出た数値が
149L：うん
150C：0.25ではなしに
151L：うん
152C：0.5だったとしましょうか
153L：うん
154C：0.5出とったら：
155 (1.0)
156C：自分でもこうああ飲んどんやな：とこうわかるんですよ－
157C：まだ残っとんやというふう［にわかるんですよ
158L：　　　　　　　　　　　　　　［うん
159C：へやけど0.25ゆうたらあの：基準の2－0.25以上いうことになって
160C：ますんで
161L：ん：
162C：出とる数値がめいっぱいですんで
163L：ん：
164C：それに対して，39時間飲んでないいうのも：これもぼくにしかわからない思う
165C：んですが［，　　　］まあ事実ですか－けど：
166L：　　　　［ん：ん］
167L：ん，ん
168C：それに対して，やら－ほんなら (.) 今度から乗るときに対して

169L：ん
170C：自分のほんなら－いちいちわざわざ血抜いて：0.25出とるかどうか調べて
171C：ほれで車にのらにゃいけんいうことも，これはおかしな話しでしょ：：
172L：いやいや法律的にはそうなるよ
173C：ん：
174L：その：おそれが：ある：ばあいは：ね？酒を飲んじゃいけんいうことになってんだから
175L：だからお宅の場合は，その残留期間が非常に長いと，かりにしようか？
176C：うん
177L：39時間たっても49時間50時間たってもからだに身体にアルコールがあって；
178L：抜けん，その抜けない状態だいうことがわかっておるなら：
179 (1.0)
180L：ね？その：運転するまえ，そのぐらいの時間酒のんじゃいけん，そういうことになり
181L：ますね
182C：うん
183L：ほかの人より残留期間が長いから：あ：：それ特別扱いせえと，<u>もし言われてるんならね？</u>
184L：そらむりでしょうな：
185 (2.0)
186L：それはアルコール：をからだに：滞留したままで運転しちゃいけないいうことになってんだから。
187C：う：：うん
188L：ん：ん
189 (2.0)

　Cは，現行の酒気帯び判定の手続によって，ときには39時間という時間の後に0.25mg/lという「規定」や「基準」のもとにある判定結果が出ることがあり，他方，自分は「まる１日」時間をおいて運転すると述べることで，自己の日常的な注意深さと法的基準が両立可能でないということを内容とする十分な疑念を確立することができた。121行においてCが「全然あんまし：わからない：んですけど：法律のこととか」と述べるのは，この両立不可能性の確立を背景として述べられているため，「自分は法律を知らない」という一般的意味ではなく，「その特定の問題について自分は法律を知らない」という意味で理解される。すなわち，それは特定の法律問題に関する情報の要請の行為を構成しており，そうすることで，冒頭 (5, 7-8行) の法的情報の質問／要請を再施行することになっている。

127行から開始されるLの助言は、あきらかに現行の日本の法律の内容の教示として構成されている。その教示は2つの注目すべき要素をもっている。第1に、それは、「酒気帯び運転が禁じられてる」ことをすでに知られた、自明性をもつ事実として確認するという言い方になっている（「……のはおわかりですわね当然」）。これは、その内容が、相談者を含めて一般的に受け入れられている規範的事実であることの承認を要求している。第2に、それは、「酒気」については「いつのんだものという限定はない」ものだということもまた、すでに知られた自明な事実の一部であること——このことは133行で「法律上は」という句の付加によって明確にされている——を教示している。したがって、法は、「酒気を帯びて運転する」という結果にのみ言及するのであり、「酒気を帯びる」までの経過には無関心であると言われている。つぎに、相談担当弁護士は、飲酒後39時間の経過という事実を法的議論へと結びつける上で困難を感じていることを、明示しているか、演じている。これは、「アルコールが残っとってもいいじゃないか」という推論の自己訂正（「……いう意味？じゃないんでしょ？」142行）を行なうこと、推論の停止と躊躇（145行）によって行なわれている。この困難の表示は、一方では、Lによってまさにいま演じられている推論の拒絶を明白に予見させるとともに、CによるLの「可視的に混乱した」推論への訂正（146行以下）を引き出している。Cによる主張は、0.25mg/lという数値による酒気帯び状態は自己認識が難しいこと、もし39時間経過後にその数値が出るならば運転する度に、血液検査（その定式化は面倒さ、煩わしさを強調している）をしなければならないという極端な不便さを強いられることになることを指摘して、それは「おかしな話」であるから受け入れられない帰結であるというものである（170-171行）。この推論は、結局、法がCにとって不合理な結果をもたらすこと、したがってCにはそのような法を尊重する合理的な理由がないことを、含意するものであるが、Lはそれをただちに法の名において無条件に拒絶する（172行「いやいや法律的にはそうなるよ」）。この結論は、より極端な仮設的事例を呈示しての議論へと続くが、これは、要するに「時間の経過は考慮される要素ではない」というLの推論を再強調するものである。

この発話交換は、相談担当弁護士が法に明示的に言及する相互行為的条件と

その作用をいくつかの点であきらかにしている。第1に,事案に関連性を持つ必要を持つことが示された相談者によって,特定の法的助言が求められることは,相談担当弁護士がその特定の助言を与えようとすることの十分な相互行為的条件となる。第2には,相談者の質問／要請の想定された実践的基盤が助言のための法的推論の権威ある出発点としての法への挑戦を含意するとき,相談者が暗黙のうちにさえ法の適切な理解を期待される助言との関係で利用できる能力をもつことが疑いうるものになる。このとき,法の内容は明白に言葉によって説明されなければならないと相談担当弁護士は判断する。第3に,相談者が法を権威ある出発点として利用する能力をもたないと想定されるときには,事案の事実を見る法律家の見方を呈示することで,相談者自身が事実の法的な見方を行なうことを促すという方法は採用されない。第4に,行為選択のための抽象的な基準である法は,一定範囲の可能な実践的推論を前もって禁止して,そのような推論によって導出される実践的計画を前もって排除するために用いることができる。本件では,飲酒の時点と運転の時点との間の間隔の長短が法的推論においては価値をもたないという法の抽象的内容の教示が,相談者による日常的な注意深さをもつ運転行動に関する,日常的推論を前もって禁止するために用いられた。

V──結論

本論文では,市民法律相談の場面をとりあげて,相談担当弁護士が法に明示的に言及するという行為に着目し,一つの相談過程を詳細に分析することを通じて,その相互行為的環境と諸制約をあきらかにすることを試みた。その検討においては,法に言及せずに助言の要点を見せるという法への言及の回避という行為の意味も見いだされた。また,相談担当弁護士の助言提供行為にさまざまな形式,方法,タイミングで影響力を行使するという結果につながる,相談者の実践もいくつか見いだされた。一般的に言うと,本研究の検討によれば,法への言及とその回避は,相談担当弁護士と相談者の相互行為において生じる

いくつかの特定可能な問題とその解決に関わる,思考と伝達の方法論的体系の中で作用するものである。法への言及もその回避も,それ自体が実践的行為またはその一部なのであるが,この事情は,法をその相互行為的環境から切り離して分析しようとする通例的法社会学においては系統的に無視されているものである。

本研究の対象たる相談担当弁護士や相談者の実践は,この事情のため,つぎのようないくつかの制約条件に服しているものとして記述できる。(1)助言は,相談者にとって合理的に受容可能なものでなければならない。(2)助言は,法的に実現可能な手段の行使の提案を含むものでなければならない——たとえば,訴訟を提起する,裁判所に相談する等。(3)助言は,相談者の経験しているもめごとの解決が実現されるために利用可能かつ実行可能なものでなければならない。

相談担当弁護士——および一定限度において相談者——にとっての実践的問題は,どのようにすれば上記の諸制約に従った助言を提供するという結果が実現できるかである。上記の制約条件は,どのようにすればそれが可能になるかを特定していない。本研究が一般的にあきらかにしていることは,相談担当弁護士と相談者が,相談過程の中で,また,相談過程として,まさにこれらの実践的問題に直面しつつ,その解決を行なうための方法を用いているということであり,その方法の可視的で伝達可能な特徴こそが,その方法の核心にあるということである。

【注】

1) 日本の地域社会においては,長期にわたり弁護士の依頼可能性が低いという状態が続いていたため,1960年代以来,地域住民に法律的助言を提供する手段として,地方自治体等による市民向けの法律相談サービスが発達してきた。1990年代に至り,この種のサービスは,日本弁護士連合会により,市民および産業界の法的サービス需要が高まっているにもかかわらず弁護士がその需要に答ええていないという批判に対応するため,各地方裁判所やその支部が所在する都市に,法律相談センターや法律事務所を設置支援する組織的努力を開始したことにより,拡大し始めた。つぎに,同じ批判に基づいて開始された政府による「司法制度改革」の一環として,弁護士の増員策がとられ,2006年からは総合法律支援という考え方により「法テラス」が設立され,その一部としての公

設法律事務所が設立配備されるようになった。「司法制度改革」の一環とされたことにもより，市民法律相談制度は一般の市民が法的サービスを入手しうる場として期待され，その入手可能性や満足度を評価するという関心の対象となってきた。本研究は，これに対して，このような関心に主として基づくものではなく，法律相談の場面を法のプラクティスの一分野として理解しようという関心に主として基づく。すなわち，それは，この制度を通じて何らかの「専門的」助言が提供される量的可能性を測定したり評価しようとするものではなく，この制度において「よい助言」を提供しようという，「法専門家」としての弁護士の実践的関心がいかに実現されようとしているかを解明することに実践的および理論的関心を向けるものである。

2) エスノメソドロジーによれば，日常的諸活動はそれを行なうこととしての諸方法の行使として分析される。エスノメソドロジーの観点からは，日常的諸活動は，それらの諸方法を行使するという行為と同一のこととみなされ，日常的諸活動を行なう人びとは，それらの諸方法の行使の行為主体（エージェント）であるとみなされる。たとえば，知人として相互に挨拶を行なう知人たち，会話者として相互に会話を行なう会話者たちは，それぞれ挨拶や会話という日常的諸活動を行なうための諸方法を行使する行為主体であり，それ以上でもそれ以下のものでもない。この観点から，「メンバー」とは，各々の日常的活動の諸方法の行使能力とみなされる。したがって，エスノメソドロジーの観点から重要であるものは，日常的活動としての諸行為の組織であって，行為者の組織ではない。言い換えると，人びとがあらゆる日常的活動を行なうことができるのは，その行為が方法として分析可能だからであり，行為者が互いに理解し合うことができるからではない。たとえば，挨拶が日常的活動として実行可能であるのは，挨拶という一組の行為が複数のメンバー間で交換可能であるように組織されているからであって，挨拶を行なう行為者が相互の社会的状態や心理的動機等を理解し合うことができているからではない。挨拶の結果（達成）として，メンバー間で，一定の情報が共有される。たとえば，直近過去の出会い以降にそれぞれのメンバーがもった経験の情感やその結果についての情報が共有される。このように日常的諸活動を通じて，一定の重要な情報が共有されるのは，それぞれの日常的活動の方法の観点からその活動が理解されるからである。たとえば，「元気のない」挨拶，「通常の」挨拶，その他の挨拶の態様を通じて，ふさわしい情報が共有される。この情報の共有は，その行為者の心理的状態や動機の科学的理解によるのではない。このように，日常的諸活動は，その同一の行為の組織として，その活動の独特の意味のある帰結を生み出す。このことが，本文の次のパラグラフでの引用で言われる，自己言及性である。また，その引用では，このことが実践的諸活動の「特筆すべき様相」であると言われているが，それは，この自己言及性のため，社会的共同行為が，適切な程度と内容において，実際上効果的に遂行されることになるからである。最後に，この自己言及性は，日常的諸活動のメンバーによる，その活動自体への理論的認識を可能にするものでもある。すなわち，その日常的活動が，メンバー間でのさまざまな情報の共有を可能にすることは，メンバーの知識として存在している。言い換えると，その日常的活動が，実践的諸目的，諸価値，諸機能等をもつこと，すなわちその合理性が，メンバーに知られているか，知ることができる知識となっている。このことが，エスノメソドロジーの研究を可能にすると述べられている。これらの理論的アイディアは，通例的社会学に対するエスノメソドロジーの独自性を保障し，エスノメソドロジー

という独特の社会研究の方法の基盤となった。その後の研究プログラムの発展により，エスノメソドロジー研究それ自体の中に多様性が生まれたものの，エスノメソドロジー研究は，これらのアイディアによって活性化される研究関心を共有している。その関心は，1960年代および1970年代初期に発表されたGarfinkelとSacksの著作に明確かつ強力に表明されていた（Kashimura 2009）。

3）　市民法律相談の相談担当弁護士の社会的役割は，与えられた制度的環境の中で，その法的知識と法的技能の専門性を特徴とする助言を与えようとすることである。このための課題は助言という実践によって果たされるが，それは普通，弁護士の行為の観点から眺めると，つぎのような手段的実践から成り立つ一連の活動として行なわれる。まず，弁護士は，〈助言を求める市民〉から物語を聞き取る。つぎに，相談過程の結末において，弁護士は〈助言を受ける市民〉に対して〈適切な法的助言〉を与える。この過程の全体は，相談担当弁護士にとって，この市民法律相談という環境のもとで，その法的助言の〈制度的に特定された適切性〉を確保するという実践的関心によって支配されている。ここでいう〈制度的に特定された適切性〉とは，法律相談場面の制度的に特定された目的，制約，資源のもとで，職業文化的に定義されている。法律相談過程の全体が相談担当弁護士の実践的関心によって支配されているという意味は，つぎのことである。相談担当弁護士の実践的関心は，〈助言を求める市民〉という対象を，〈助言を受ける市民〉へと変換するというものとして理解できる。この観点から，弁護士が〈助言を求める市民〉から聞き取る物語は，〈助言の必要〉を指示するという特性をもつように聞き取られる。〈助言を求める市民〉から聞き取られた〈助言の必要〉は，〈助言を求める市民〉を〈助言を受ける市民〉へと象徴的に変換する上で決定的な機能を果たすものである。法律相談過程が相談担当弁護士の実践的関心により支配されている一方で，相談者もまた，固有の実践的関心をもって法律相談過程に係わりをもつ。相談者は，自己の相談事について，自己にとって「よい助言」を得ることに関心をもつと考えられる。そこで，相談者は，相談担当弁護士が，相談者自身のもつ〈助言の必要〉をどう聞き取り，引き出し，理解するかについて，固有の実践的関心をもつことになろう。法律相談過程が全体として相談担当弁護士や相談者の実践的関心によって支配されていると述べることは，それが相談担当弁護士や相談者のどちらか一方によって，支配されているという意味ではない。実際には，法律相談過程に参与する人びと——相談担当弁護士と相談者——は，互いに異なった目的や方法にこだわりをもっている。また，法律相談過程の参与者は，法律相談過程の制度的環境が，個々の法律相談過程に参与しない多くの人びとによって，一般にまた継続的に，決定・維持されていることを認識していると考えるべきである。個々の法律相談過程は，そのような制度的環境のもとで，その参与者の不断の相互行為を通じて協同的に達成されると考えるべきである。以上のように，法律相談過程において，各参与者によって，〈助言の必要〉を確立することが共通の関心事となる。この共通の関心事がいかに達成されるかが観察の課題となる。それを弁護士の側から述べれば，本研究の分析の焦点は，弁護士がいかに相談者の物語を聞き取るか，また，いかに語らせるか，に置かれるということになる。ところで，こうした課題がそれぞれユニークな条件をもつ各個具体的な法律相談過程においてどのようにして達成されるかについての手続や技法はその場で実践されるほかはない。それらは，各法律相談過程の展開自体の中で，各参与者による影響力の交換を通じて，解決されなければならないと想定される。この

とき，弁護士が相談者の物語を語らせ・聞くやり方は，そのやり方について当事者の間に特定的な約束が存在しないという条件のもとでは，会話者相互間の指示——弁護士による相談者への指示，および，その逆の方向での（相談者による弁護士への）指示——の交換とそれによって特定的に示唆されるその指示の文化的意義という形で，観察できるものでなければならない。その観察可能性の基礎はつぎの事情——もしその場での指示の交換とそれによって示唆される文化的意義として現れる要素がそこに影響力をもつとするならば，それは相互行為の当事者間で伝達可能でなければならないということ，あるいは，会話者がそれらを知ることができるためには，会話者が共有する文化のもとでそれらが観察可能でなければならないということ——にある。

4) 本論文のトランスクリプトで使用される記号はつぎの通りである。

L	助言者／法専門家／弁護士	?	音の上昇による終了
C	相談者／一般市民	Sh	シ，シュなどの音，吸引音等
[	発話オーバーラップの始まり	hu Huh	笑いなどの息の音（無音のもの）
]	同終了	he Heh Ha ha 等	同（有音のもの）
:	音の引き延ばし	（文字）	聞き取れない音声（文字は推測）
	（数に応じその長さ）	((lower))	低められた音声
下線	強い発音		
-	音の中断		
=	前後の発話の密着		

【引用文献】

Atkinson, J.M. and P. Drew (1979) *Order in Court: The Organisation of Verbal Interaction in Judicial Settings*, MacMIllan, London.

Bittner, E. (1967) The Police on Skid Row: A Study of Peace Keeping, *American Sociological Review*, 32：699-715.

Burns, S. (2009) Doing Justice and Demonstrating Fairness in Small Claims Arbitration, *Human Studies*, 32：109–131.

Cicourel, A.V. (1968). *The Social Organization of Juvenile Justice*. John Wiley.

Dupret, B. (2011) *Adjudication in Action:An Ethnomethodology of Law, Morality and Justice*. Ashgate.

Dupret, B., T. Berrard & M. Lynch (eds.) (forthcoming) *Law at Work: Studies in Legal Ethnomethods*, Oxford University Press.

Garfinkel,H. (1967a) *Studies in Ethnomethodology*, Prentice Hall, Englewood Cliffs, N.J.

—— (1967b) Practical Sociological Reasoning: Some Features in the Work of the Los Angeles Suicide Prevention Center, In E. Schneidman (ed.) *Essays in Self-Destruction*. Science House Inc.: 171-187.

—— (1967c) Some Rules of Correct Decisions That Jurors Respect, in Garfinkel 1967a: 104-115.

―― (2002) *Ethnomethodology's Program: Working Out Durkheim's Aphorism*, Rowman & Littlefield.
Garfinkel, H. & H.Sacks (1970) "On formal structures of practical actions" in J.C. McKinney & E.A. Tiryakian (eds.) *Theoretical Sociology: Perspectives and Developments*, Appleton Century Crofts, New York: 338-366.
Greatbatch, D. & R. Dingwall (1999) The Marginalization of Domestic Violence in Divorce Mediation, *International Journal of Law, Policy & the Family* (1999) 13 (2) : 174-190.
Heritage, J. (1984) *Garfinkel and Ethnomethodology*, Polity Press, Cambridge.
Kashimura, S. (2009) Law as Locally Produced Order. A Paper Presesnted at 82th Annual Meeting of The Japan Sociological Society, at Rikkyo University (October 12, 2009). Available at http://web.me.com/shiro_kashimura/Main/Welcome_files/kashimura%20JSS%202009.pdf. Accessed on 8/4/2014.
Kashimura,S. (forthcoming) "Hearing Client's Talk as Lawyer's Work: The Case of Public Legal Consultation Conference", in Dupret, Berard & Lynch (eds.) (forthcoming)
Komter, Martha (1997) Remorse, Redress, and Reform: Blame-Taking in the Courtroom, in Travers & Manzo (1997).
Parsons, T. (1937) *The Structure of Social Action*, McGraw Hill ,New York.
Moerman,M. and H. Sacks (1988). On "Understanding" in the Analysis of Natural Conversation. In M. Moerman (Ed.), *Talking Culture: Ethnography and Conversation Analysis* Philadelphia, PA: University of Pennsylvania Press:180-186.
Moerman (1973) The Use of Precedent in Natural Conversation: A Study in Practical Reasoning. *Semiotica*, vol. 9 no.3 193-218.
Pollner, Melvin (1979) 'Explicative transaction: making and managing meaning in traffic court'. In: George, Psathas, ed., *Everyday Language: Studies in Ethnomethodology*. New York: Irvington 229-55.
Sacks, H. (1972) Notes on Police Assessment of Moral Character, in David Sudnow (ed.) *Studies in Social Interaction*, The Free Press of Glencoe: 31-75.
―― (1992) *Lectures on Conversation*. 2 Vols. G. Jefferson (ed.), Blackwell.
Sacks, H., E. A. Schegloff, & G. Jefferson (1974) A Simplest Systematics for the Organization of Turn Taking in Conversation, *Language*, 50:696-735.
Schegloff, Emanuel A. (2007) *Sequence Organization in Interaction: A primer in Conversation Analysis. Volume 1*. Cambridge University Press.
Sudnow, D. (1965) Normal Crimes: Sociological Features of the Penal Code in a Public Defender Office, *Social Problems*, vol. 12, pp.255-276.
Travers, M. & J.F. Manzo (eds.) (1997) *Law in Action: Ethnomethodological and Conversation Analytic Approaches to Law*, Ashgate, Dartmouth.

Wieder, D.L. (1974) *Language and Social Reality: The Case of Telling the Convict Code*, Moulton.

Znaniecki, F. (1936) *Social Actions*. Farrar & Rinehart.

痛みと紛争解決——たどり着けなさを声で知る

西田英一

I——問題の所在

1 痛みの損害化とその余剰

　東日本大震災と原発事故によって，多くの人が避難，それも幾度にもわたる避難を強いられ，今も各地で困難な生活を余儀なくされている。ある実態調査で，「原発事故から現在までの避難生活で特に苦痛だったこと」を尋ねている。質問通り，「特に苦痛」なことに絞って記述する回答が多い中，ある回答では，経験した苦痛が14項目（避難所でのストレス，親戚宅での気疲れ，事故のために解雇された不安と苦痛，偏見の目で見られる苦痛，将来設計が決まらない不安など）にわたって記されている（早稲田大学東日本大震災復興支援プロジェクト浪江町質問紙調査班・和田仁孝他［以下，早稲田プロジェクトと略記］2013：110）。

　法的解決枠組のもとでは，こうした苦痛は「精神的損害」として賠償の検討可能対象となり，現に法律家の支援を得てその具体化に向けた作業が進められている。苦痛が損害として特定され，しかるべき賠償（あるいは補償）へと形をなしていく流れの一方で，損害化されない痛みが予感されている点も見逃すことはできない。じつは上記回答には後半部分があり，14項目にきちんと整理されたかに見えた苦痛の後にこう記されている。「絶望感がぬぐえず，生き地獄とさえ感じる。心が潰され殺される思いだ。精神的苦痛は，一言では表すことはできません。すべて元通りにして欲しい。その代償は，お金に代えることの

できないほど大きなもの。苦痛はこうしている間にも続いている」。ここには，数え切ることも賠償し切ることもできない痛みの底知れなさだけでなく，そもそも痛みを，終わったものとし実体として捉えること自体の不可能が表明されている。

たとえば事故で人が亡くなるケースで，「人の命をお金に換えるのか」という問いかけがなされるとき，「じゃあ，金銭ではなく謝罪ですか」と返されると一瞬答えに窮してしまう。このとき，被害者が感じているのは，〈何〉で賠償・返答してほしいかの迷い以上に，そもそも苦痛を実体と見なしそれを損害として客観化する思考自体への強い違和感であろう。痛みを精神的苦痛という実体として捕まえる手つきは，何で補償・賠償するのかという思考と初めから結びつけられている。端的にまず損害があり，その賠償・補償が検討されるのではなく，賠償・補償から損害が見つけられ切り出されるとき，損害化されない痛みは行き場を失う。

これまで損害として取り上げられ，あるいは取り残されてきた〈痛み〉に着目し，そこから紛争・解決のありようを一度見直してみる必要がある。モノ的につかまえることを拒む痛みをどのように理解し，紛争・解決過程にどう位置づければよいのか。

2　痛みの（と）紛争解決モデル

こうした作業の導き手の一つを，棚瀬孝雄の「共同体的正義」論に見出すことができる。不法行為制度をめぐる議論の中で，「個人的正義」「全体的正義」への批判として提起されたのが，自己と他者とのつながりを道徳的基盤とする共同体的正義モデルである。その紛争解決過程は，「当事者が一個の人間として向き合う関係」(棚瀬 1994：17) の上で，「加害者が被害者の痛みを直接に，人間的共感をもって感ずる」(同18) こと，「加害者が，被害者と向き合い，その苦痛を除去するために自分として何ができるかを考えていく」ことを通した「不法からの回復プロセス」(同20) として描かれる。

他方，同じ不法行為法の文脈で，和田仁孝は責任負担のあり方として，従来の「損害志向的回復要請」に対して「関係志向的責任負担」モデルを提案する。

前者は,〈損失〉の〈回復〉によって責任負担するのに対し,後者は「被害によって生じた『苦痛』の,いわば人間としての『共有義務』」を本性」とするもので,「人間としての一種の『共感』に根ざしつつ,加害者側も「痛み」を負担すること,それによって当事者各々の事故によって損なわれた日常の社会的関係性を再構築していくこと」が必要だと説く(和田 1994：107)。

両モデルに共通するのは,被害者の痛みに照準して紛争解決を構想すること,解決の契機を〈痛みの共感・共有〉という関係・関わり合いに求めようとする視角である。以下では,紛争解決における痛みの取り扱い方,痛みの共感可能性といった点に焦点を合わせて,痛みと紛争・解決の関わりについて考えてみたい。

II——痛みは語れるか？

1 不定で多面的な痛み

国際疼痛学会は,痛みを「現実のまたは潜在的な組織損傷と結びついた,あるいはこれら損傷によって説明される不快な感覚・情動の経験」(IASP 1979：250)と〈定義〉する。その〈注釈〉では,「痛みは常に主観的なものである。」とも述べる。痛みは,客観的実在としてではなく,「主観的」「経験」として捉えられている(としてしか捉えられない)。注釈ではさらに,「組織損傷ないし類似の病態生理学的原因がない場合にも痛みを訴える者が多くいる(通常これは心理学的理由から起こる)。自らの経験を痛みと見なし,組織損傷からくる痛みと同様の訴えをする場合,これを痛みと認めるべきである。」と解説されている。

この定義に従えば,本稿で取り扱う当事者・被害者の痛みについて,それを身体的痛みと区別された"心の痛み"といったようなものに限定する必要はない。実際,I節で取り上げた実態調査でも,多くの人たちがその痛みを,頭痛や腹痛といった身体的痛みと「ともに」経験・報告している[1]。痛みは,身体的であり精神的である。

さらに,痛みは個人のうちにありつつ,同時に社会性をもつ。たとえば交通

事故でむち打ち症に苦しむ者が、まさにその事故の賠償をめぐる労苦によって痛みが増悪することも報告されている。麻酔専門医の外須美夫は「交通事故などで他人から与えられた痛みというのは、なかなか治らないことが多い。」「一つには、補償という問題が絡むことによって、『痛み』がつくられ、増幅していくような構図があります。」(外 2013：53) と述べる。痛みは、身体的・精神的かつ社会的である。

そして痛みの最も厄介な点は、それを伝える困難にある。生理学的・生物学的に何ら異常がないときでも、当事者のなかでは確実なものとしてある痛み。あるいは喪失した四肢に感じる幻肢痛。外側から検知できない以上、痛みは当事者が自ら報告しなければならない。しかし、それが理解されないことがまた痛む者を苦しめる。国際疼痛学会は最近になって、「言葉で伝えられないからといって、個人が痛みを経験し適切な鎮痛処置を必要としているという可能性が否定されるわけではない」との一文を痛みの注釈に追加している。[2]

2 物語の不能——痛みを語る困難

痛みのただ中にあるとき、われわれは言葉を失う。痛みを〈経験〉と捉える立場に立つなら、痛みの報告とはそれを経験として語ることに他ならない。したがって、「痛みから身を引き離す余裕ができて、当事者がその痛みの第三者のような立場となって初めて、それを語ることが可能となる」(美馬 2011：185)。しかし、時間が経てば痛みを語るための距離や余裕が生まれるとは限らない。

病いのナラティヴをめぐるアーサー・フランクの議論 (フランク 2002) に、痛みを語ることの困難とその背景を見ることができる。病いをめぐる現代社会のドミナント・ストーリーは、健康を正常と見なしそれを取り戻すことをめざす「回復の物語 (restitution narrative)」だとフランクは指摘する。回復というプロットに貫かれた物語は、病いはかく語られるべしとのイデオロギーとなって人びとを支配していく。他方で、自己を回復の物語で語ることができない者も多くいる。フランクが「混沌の語り (chaos narrative)」と呼ぶ語りは、因果関係や整合性、始まりや終わりといった要素を欠いており、オルタナティヴ・ストー

リー³⁾さえ見いだすことのできない，物語の不能である。アルツハイマー病の母親を抱え，自身も慢性の病いをもつ女性ナンシーは，自分の〈問題〉を，次々と起こる出来事のままに語る。「母が，冷蔵庫の前にいる。それから母はオーヴンの中に手を突っ込もうとする。私が火を入れたオーヴンに。それから母は電子レンジの前に行き，それからシルヴァーウェアの引き出しのところに行き，それで……。」(フランク：141)

このナンシーの語りの中に物語を聞き取ることは難しい。そこには，物語の始まりも終わりもなく，絶え間のない現在だけがある。出来事は相互に関係づけられることなく，「それから (and then)，それから」という接続詞でただ積み重ねられていく。痛みによって心身とその〈世界〉が解体される様を拷問等の実証分析を通して描くエレイン・スカリー (Scary 1985) が示唆するように，ナンシーにとって世界は解体したままで，それを一つのものとして所有することができない。被災以降の苦痛を綴った次のことばも，物語に定位しえない声として聞くことができる。

> こんなに引っ越しばかりの生活。今も自宅にたくさんの思い出や物をたくさん置いてきたまま。自宅で将来，親たちと共に暮らしてくはずだった。結婚も考えていたが，すべて白紙になり，今はどこで一生暮らして行くか，家族を支えていくか，放射能の影響で健康被害は大丈夫なのか，不安でいっぱい。新しい仕事も周りの人と状況が違うため，全てストレスに。友達もみんな遠くなってしまい，落ち込む毎日です。自分だけでなく，親や，将来の自分の人生，全て不安。なぜ，被災した私たちが，こんな思いをし，悩まなければならないのか。今までも，これからも悩んでいるのが苦痛。いつのまにか寝不足に。寝ても疲れが取れない。充分寝れていない。毎日，体も心も重くなってしまった。すべてが苦痛に感じます。浪江町が大好きだった。(早稲田プロジェクト 2013：39)

自分のこと，親のこと，友達のこと，結婚も仕事も，過去の思い出も将来も，体も心も，と苦痛の場所が次々と指さされる。しかし，それらは立体的に関係づけられぬまま，「全て」として重く覆いかぶさってくる。何が起こったのか，これからどうなるのか。物語に不可欠の時間秩序を見いだせない中で「全て不安」と述べるときの不安とは，生を意味づける物語プロット自体の不在に他ならない。

Ⅲ——声に立ち会う　　徹底的な受動性の中で

1　物語的救出の無効

　法的解決の枠組のもとでは，この痛みは個別具体的な損害に分節化され客観化されることになるが，それだけで痛みが軽減されるわけではない。痛みの損害化自体に問題があるのではない。そうした作業が，物語の〈再所有〉と結びつけられることが必要なのである。

　「人は，むき出しの現在のうちに生きることには耐えられない」（ブーバー1979）とは，世界を秩序づけ意味づける物語なしで人は生きられないということである。ならば，むき出しの現在＝混沌を生きる者に対して，回復や希望の物語を差しだすこと，あるいは物語の語り直しを促すことが有効になるはずである。

　しかしフランクは，「多くの援助者を自称する者たちがとっさに求めてしまうのは，まず何よりも，語り手をこの種の物語から引きずりだすことであり，そしてそこから引きずりだすことが何とかという名前のセラピーと呼ばれるのである。」（フランク 2002：155）として，痛む者の救出を戒める。

　なぜ救出が役に立たないのか。新たな語りの支援のどこに問題があるのか。フランクは，混沌は受け入れられるべきものであって，克服されるものではないという。物語化できず混沌を生きる者にまず敬意を払うこと，そしてその声を〈証言〉として聞きとめることが必要だと主張する。

　この問題は，他者の痛みの共有と領有の議論と深く関連している。たとえば，岡真理は，他者と同じ痛みの共有は原理的に不可能だが，想像的な同一化は可能だと述べる。ところが，それはあくまでも想像的なことであり，「苦しむ者に対する他者の『共感』を促そうとして，その同一化を容易にするような言説戦略がとられるとき，被害者は，被害者の苦痛に同一化しようとする者たちのイメージに合致するように構成されてゆく」危険を指摘する（岡 2000：226-227）。

この危険は，共感や同一化促進の戦略を意識的にとろうとしない場合にも起こる，およそ何かを表現しようとするときに混入する解釈という罠でもある。ホロコーストの生存者たちがありのまま証言しようと努めたとしても，「その後」を知っている現在の場所からする証言から「再構成」を完全排除することはできない[4]。他者の痛みを「理解」しようとする作業も，「わかることを」「わかりたいように」再構成してしまう危険と常に背中合わせである。この再構成が，痛む者自身の「協力」によって生起・加速されることも再確認しておかなければならない。聴く者を求め，「わかってもらえそうなことを」「わかってもらえるよう」語るとき，経験は物語に語り尽くされ，出来事の固有性，一回起性はきれいに削ぎ落とされてしまう[5]。たとえばそれが家族を失ったケースであれば，こうした物語的成就は，過去＝亡くなった人を裏切ることにもつながる。
　痛みの想像的共有が，他者の痛みの「領有という暴力」（岩川 2011：103）となる危険の自覚とともに，混沌にある者の痛みがそもそも物語になじまないという点を正面から認めなければならない。吉田敦彦が，ブーバーの物語論解釈の中で，「人間は物語なしで生きることはできないが，物語のなかだけで生きることもできず，物語を切り開く出会いを必要とする」（吉田 2003：220）と述べているのも，物語化を受け付けられず苦しむ者に物語を充てがうことの愚を明らかにしている。

2　痛みの個別性

　他者の痛みへの関わりとして次に求められるのは，その痛みの声を〈個別性〉において聴くことである。病む者・痛む者は，「自分自身の苦しみがその個別性の中で認識されること」（フランク 2002：29）を求める。つまり，症状や被害類型あるいは入通院日数といった一般性において苦痛を量ることではなく，〈この私〉の痛みを知ることが求められる。
　苦しむ者にとって痛みの理解・共感は強い願いである。しかしそれと同時に，苦しむ者は，その痛みがいかに理不尽に突然自分にやってきたものだったとしても，「私の痛みは私だけのもの」であり，この痛みを抱えて今を生きていることの承認をも求めようとする。一方で理解せよと言い，他方では本人し

かわからないと言うのは、二重拘束であり矛盾のようにも見える。

　大澤真幸は、「簡単に『共感』されたとき、逆に、私たちは、『お前なんかにわかるはずがない』『それは違う』という気がする。『わかった』と言われれば言われるほど、疎外感を覚えてしまう」というアイロニーに触れた後、「他者の痛みへの真の共感」を「それは私にはわからない、私からはそこにどうしても到達できないということを、痛切に実感すること」(大澤 2011：45)に見いだす。つまり、痛みは、理解の〈達成〉によってではなく、その〈不出来〉によって共感されるというわけである。

　他者の痛みへの共感について、「私が、彼女の苦しみを苦しむのではなく、私自身の苦しみを苦しんではじめて、ひとつの出来事が彼女と私のあいだで分有される、その可能性が生まれるのではないか。」(岡 2000：227)と岡真理が述べているのも、到達の不出来を言い表している。もちろん、この不出来は、個別性のうちに声を聴こうとする個別的な〈この私〉によって初めて可能になる。

3　ただ聴くという責任

　フランクが構想する、病いの語りの証言空間は、物語的な理解や共感の場ではない。とことん話し合って理解し合うこととはまったく異質な場所として理解しなければならない。むしろ、わかり合い、分かち合う困難と不可能が予感されたところから始まる。

　証言とは、「その出来事を経験しなかった者に、その経験を語り伝えることの圧倒的な困難」(鈴木 2002：286)への挑戦である。証言に立ち会う者に求められるのは、何を言おうとしているのか、その〈意味〉を取ることではない。これに関連して、熊野純彦は、言葉は何ものかの記号ではなく、「ひとが経験しているがままのことばが、そのものとしてつねに・すでに意味である。」「他者から発せられるのは、たんなる音列であるのではなく、他者が語ることばそのものが、すでに意味である。」(熊野 2003：152)と主張する。この視点は、混沌の語りを前にしたときにとくに重要となる。

　証言の本質とは、「身体をもった語り手がそこにいるということなのである。病いの物語は、互いに向き合っている者同士の相互作用を必要とする。語

り手の苦しんでいる身体そのものが証言であり、その証言を受け取るためには、聴き手が潜在的にせよ苦しむことのできる身体としてそこにいなければならない。」(フランク 2002：200)。他者の痛みの共有の根源的不能を一般的に論じることではなく、「あなたの痛み」に触れようとして到達できない無力を認め、それを身をもって示すことが必要となる。理解や共感の達成ではなく、この向き合いの身振りにこそ注目しなければならない。

4 召喚：徹底的な受動性

痛みの声は、聴かれることを求める。その際、声は「呼ぶ声」として聴かれなければならない。では、その出会いはどのように開始されるのか。これに関して、山口美和は自身の看護師としての経験にレヴィナスの呼びかけと応答の思想を重ねながら次のように論じる。

> 患者の中には、大勢の看護師の中でなぜかまっすぐに「この私」に向かってくる者がいる。まっすぐに「私」を見つめる患者の視線のもとで、「看護師の衣」を着たまま患者に対応することができなくなる。これはサービスの提供者たる看護師の職務の遂行を阻害する危険な関係である。と同時に、患者と看護師である私との間に新しい可能性を拓く関係の始まりでもある。
> 　これは看護師にとって一種の「召喚」である。看護師は「ケアする人」として能動的に関係を結ぶ者ではなく、先に患者から呼びかけられ、受動的に応答した者である。
> 　患者に呼びかけられて語りに引き込まれた私が、まともに応答しようとするなら、能動性から引きはがされた徹底的な受動性のうちに身を置かねばならない。(山口 2004：170-171)

誰かのために進んで何かをするという能動の日常的確信は、固有性のまなざしによって揺さぶられ、無用となり、「誰にも代わってもらえない責任を負い」「逃れられない『この私』の唯一性を呼び覚まされる」(同171)。召喚から始まる「徹底的な受動性」は、理解することや聴くことの意義も転換する。患者を何かで理解することは、「彼固有の現前を何らかの理解可能なカテゴリーに押し込める」(同172)ことである。能動性を手離して他者と接触することから明らかになるのは、「私は〈他者〉自身には決して触れえないという事実」であり、「理解や解釈を拒む〈他者〉の前に私は曝されている。それが他者への応答とし

ての〈聴く〉こと」(同172) だと述べる。

　混沌の中にいる者がそこから引きずり出されるのではなく，その外にいる者が混沌の声の前に呼び出され，語りに引きずり込まれていくのである[7]。

Ⅳ——痛みの声と紛争解決

　以下では，紛争解決の文脈にそって，痛みの声に関するここまでの議論の意義を検討する。

1　対面性の契機：個別性において出会うこと

　痛みの紛争解決にとって，被害者・加害者あるいは関係者の対面の契機は不可欠の要素である。もちろん，たんに顔を会わせることではない。すでに棚瀬の共同体的正義において示されているように，「当事者がお互い一個の人間として向き合う関係」(棚瀬 1994：17) とは，個別性において出会うことであり，「その関係からもはや失うものなしには撤退できない，そうした相手に対する配慮」(同19) とは，「誰にも代わってもらえない」「逃れられない『この私』」(山口 2004：171) として関係に巻き込まれていくことを意味している。

　痛みは聴かれることが必要であり，いつも聴く者を必要としている[8]。そしてこの呼ぶ声を受け取るべき相手は，当事者・加害者をおいて他にない。しかし，今さらながらではあるが，被害を受けて苦しむ者が共通にぶつかる壁こそ，この対面の回避である。直接の面会・交渉の拒絶，保険会社による示談交渉の代理，弁護士による訴訟代理等々，当事者どうしが会う機会は多くない。「一度会ってお話を聞いてほしいのですが」とのそれだけの申し出さえ，「どんなお話でしょうか」「弁護士さんに任せてありますので」との一言の前で一瞬立ち止まる。痛みの声のもとに相手を召喚することは決して簡単ではない。もちろん，弁護士等が代理することには重要な意味があるのであるが，それにしても当事者同士の対面確保は容易ではない。

　その背景には，対面に対する一面化された固定的イメージがあるように思わ

れる。一つは，対面＝対決・闘争・破壊といったイメージである。いわゆる隣人訴訟における三度の訪問とその拒絶にも示唆されるように，対面の申し出が非難・責任追及・糾弾の風景に直結されてしまうことから対面が避けられることが考えられる。他方で，対面することに全面的な理解や共感といったある種の道徳的課題とその達成困難を読み込んでしまうことで，対面が遠ざけられることもあるように思う。

　いずれも実際に起こりうることであり，怒鳴り合いになることもあれば涙の赦しが起こることもあるであろう。しかし，対決であれ全面的分かち合いであれ，それらはあり得る展開の一部ではあるが，すべてではない。対面には，敵対や友愛とは異なる関わりの可能性があることはⅢ節で見た通りである。

　混沌の語りは，少なくとも始まりにおいては誰に何をといった要求の形を取らない。聴く者に求められるのは，声に立ち会い，ただ聴くという責任である。そこに，何か特別の配慮といった徳性や心がけのようなものを想定する必要はないし，完全な共感や全面的理解といったものを想定することもできない。

　そもそも証言とは，同じ出来事を経験してない者にその出来事を伝えるという圧倒的困難のうえになされる賭けであった。痛みの声を発し＝それを聴く関係は，一つの〈共通の物語〉への幸福な逢着など期待しない。鈴木智之が鋭く指摘するように，「病いの経験を語る者は，自らの痛みを『完全に個人的な痛み』として見いだし，自分自身の置かれた状況を『自分自身のもの』として再発見する。語りとは，それぞれに個別の経験を，それぞれに独自の位相において組織化するものである。」(鈴木 2002：284)。

2　しるし：世界の再所有

　少しまとめると，痛む者にとっての紛争解決は，①事故・災害・事件等で物語的安定の衣を突然引き剝がされた者が，②混沌のなかで痛みの声を語り＝聴かれることを経て，③新たな意味秩序を見つけ世界を「自分自身のもの」として再所有するプロセスとして描くことができる。賠償や謝罪といった解決の具体化も，この〈痛みの紛争解決モデル〉の位相の上でそれぞれの意味が検討されなければならない。

和田仁孝はその関係志向的責任負担モデルにおいて，加害者側に課せられる「苦痛の共有義務」は，「何らかの具体的な負担行為によって，シンボライズされ表現」される必要があると指摘する (和田仁孝 1994：107)。その具体的表現として，「謝罪」「労役提供」「交渉への対応」「社会的非難の受容」「刑事罰の受容」「回復要請」「金銭的損害賠償」等をあげた上で，これらは当事者が意味を込める対象であって，所与の解決実体として制度に取り込まれるべきではないと強調する。重要なことは，「当事者の日常的責任観念の視角からする自律的な意味づけ」(同114)であり，そのための過程の確保が必要だと主張する。

　この「自律的意味づけ」は，痛みの証言を経た後に始まる〈世界の再所有化〉のための重要な契機である。以下では，痛みを通して世界を自分のものにしようとするときの困難と可能性の一端に触れておきたい。

　(1)　早すぎる謝罪，声を聴かない謝罪

　たとえば，解決の具体的表現として謝罪がなされる。それが心からのものかどうか，ことば，表情，口調等あらゆる角度からその真正性が試される。謝罪の〈中身〉と同時に，その〈タイミング〉も，それを評価するときの重要な基準となる。早すぎる謝罪は，被害者を激怒させる。たとえば，少年グループによるリンチ殺人事件で息子を亡くした両親は，公判休憩中の廊下で，突然被告少年の両親から一方的に謝罪と申し開きのことばを受ける。そこで，「息子がえらいことをしました。じつは私は病気持ちです。賠償するにもそのお金もありません。」「ちょっと待てよ，と。まだそこまでの話に行ってないだろう。」とひどく悔しい思いをしたと語る (NHK 2011)。

　一般に，簡単に謝罪を受けられないのは，赦せないからということだけでなく，それを受けた瞬間に問題が終わったことになり，自分のものとして意味づけする契機が永遠に失われことへの恐れが背景にある。痛みの声が聴かれる場を経なければ，被害者・遺族は謝罪に何の意味も見いだすことはできない。世界の再所有の段においても，その時間進行を自分のものにできなければ謝罪も赦しもあり得ないことであろう。「解決」に向かって一方的に事が進んで行くとき，個々の解決表現の意味づけ以前の次元で，当事者は時間を自分のものにできずに取り残される。

(2) 15年という区切りの意味

　逆に，自らの手に時間（時期）を所有することが，世界の再所有のキッカケとなる。命日判決の名でも知られる東名高速飲酒運転事故のケースは，2人の幼児の死を忘れるなとのメッセージを定期金賠償に込めたものと言われている。両親は，「これだけの事故を起こした運転手がたったの懲役4年で社会復帰を許されるのであれば，民事では相手方に生涯かけて償うということを求めたい」（井上 2009：81）として，定期金賠償を求めることを決断した。毎年の命日に支払うという償いのしるしを，金銭賠償の枠組の中に埋め込んだ点において注目される。この点は改めて指摘するまでもない。

　ここで注目したいのは，その賠償期間を，子どもたちが18歳になった年から「15年間に限った」点である。15という数字は，生涯かけて償わせるというにはあまりに具体的で短い印象を受ける。もちろん，同種の事件であまり前例のない定期金賠償自体を裁判所に認めさせるために，加害者本人の年齢その他を考慮する必要もあったであろう。「初回が十数年後で，加害者や運送会社の関係者よりはるかに歳若い娘たちの就労可能年齢を全うするまでの五十年間支払いを続けることを求めるのは，私たちを含めて今生きている関係者全員が支払い終了前に亡くなってしまう可能性が高く，現実的とは言えませんでした。」（同85）ということで，15年という年限を切ったと母親は書いている。

　かりに無期限ないしそれに近い期間を求めたとすれば，償いの手触りは却って抽象の中に霧散してしまったかもしれない。さらに重要なことは，諸事情を考慮しながら年限を「自ら切った」ことにあると考える。懲役4年の量刑への不満は，そのあまりの短さだけでなく，期間の決定が自分の手の届かないところでなされたところにもあったはずである。消えることのない痛みを抱えながら世界を自分のものにしようと踏み出すには，時間という物語資源を外から与えられるのではなく，自ら具体的な時間を設定し，そこに加害者を〈据えつける〉必要があったと考えられる。15年目の最後の支払いの年には，「加害者は80歳をとうに超えており，私たちももしかしたら加害者を許してもよいと思えるようになっているかもしれないと考えました。」という母親のことばには，時間と身体を伴った現実的な風景と，赦しの可能性という主題とが示されてい

る。苦痛の中から，世界を再所有するための新しい物語がすでに見つけられている。

おわりに

　我々は日常，物語的な意味の世界に慣れているために，混沌の語りはしばしば語りの失敗と見なされてしまう。紛争解決の文脈で言えば，こうした痛みの語りは，あるときはニーズを語れないがゆえにノイズとして廃棄され，あるときは損害に翻訳されて法的解決を与えられる。しかし後者の場合でも，十分な手当てを受けていない痛みはずっと残る。

　痛みの声を損害として認定していくことは重要なことである。しかし，こうした作業は，物語にならない個別性の声を聴くこととセットになったとき十全化され，強い実質を得る。痛みは聴かれることが必要であり，いつも聴く者を求めている。本稿で示唆した〈痛みの紛争解決モデル〉の中でも，とりわけ対面性の契機は重要である。固有の顔と名前で痛みの声を〈聴く〉こと，到達し得ない痛みを生きていることを〈知る〉こと，それを身をもって〈示す〉ことの意義をどう現実化していくか。その際，たとえば，対面回避をどう乗り越えるのか，個別性において声を聴く場をつくるのにどんな仕掛けや工夫が要るのか等々課題も多い。これらを含めて，痛みの紛争解決理論の実質化は今後の課題としたい。

【注】
1) たとえば，「『2人の子どもも原発事故の話をすると『頭が痛くなるから言わないで。』とか，『僕は今の学校へはあまり行きたくない。』と言っている。」「毎日子どもたちの今後のことを思うと，大人の私でも精神が不安定になり，原因不明の腹痛や不眠になる。」（早稲田プロジェクト 2013：84）といった記述参照。
2) http://www.iasp-pain.org/Content/NavigationMenu/GeneralResourceLinks/PainDefinitions/default.htm#Pain
3) マイケル・ホワイトとデビッド・エプストンが始めたナラティヴ・セラピー（ホワイト／エプストン 1992）は，有力なナラティヴ・アプローチとしてさまざまな領域に浸透

している。カウンセリングの具体的指針を示すものとして（ホワイト 2009），調停への応用編として（Winslade & Monk 2008）参照。また，紛争解決論としてのナラティヴ・セラピーの可能性と疑問点については（西田 2013）参照。
4) この困難にチャレンジして撮られたランズマンの壮大なドキュメンタリー『SHOAH』については（ランズマン 1995）参照。（高木 1996）は，『SHOAH』の証言行為を，言語的再構成ではなく身体の直接知覚として捉え，その手がかりを身構えに求めるという興味深い議論を展開する。
5) 出来事の陳腐化への抵抗として生み出される身振りの可能性を「身構えとしての声」として論じたものとして（西田 2004）参照。
6) 同じ痛みにたどり着けないことの承認から出発するという立場は，アダム・スミスの同感概念を基礎に，他者との間に埋められないリアリティの溝があることを認めることからリアリティ共有の可能性を探る（和田安弘 2012）の紛争・解決・社会モデルと相通じる。
7) このように，既成の役割関係とそれを支える物語が役立たずになり，ただ聴くことへの気づきを報告するものとして，中村他（2004）。また，こうした気づきは，しばしば患者の怒り表出からもたらされる。毎日何度も「痛みはスケールでどれくらいですか？」ということばを繰り返す看護師たちに，「変わらないよ！」「いつも同じことを聞くんじゃない！」と怒鳴りつけた患者のケースの分析（西村 2007：209）参照。
8) 苦痛の声を聞きとめる相手の不在あるいは失うことからくる孤独については，保険金殺人事件で弟を失った原田正治氏の「寓話」によってよく知ることができる（原田 2004：115-116）。
9) 共同体的正義の関係的配慮に対して，「それまで全く見知らぬ他人同士であった者に，例えば交通事故を契機に，突如として特別の配慮を負い合う共同体の絆を結ぶよう要求するのは無理である」（井上 1994：283）との批判があるが，特別な配慮ではなく，ひとまず痛みの声を聴く関係に入ることならそれほど無理なことではないのではないだろうか。
10) 依存症回復者施設ダルクには，「言いっぱなし・聞きっぱなし」と呼ばれるルールがある。ミーティングの場で，それぞれが自分の痛みの経験を語るが，周りは一切反応しない。「わかったという反応を示さない他者がそこにいる」ことが，逆説的に共感につながるとする大澤発言参照（熊谷・大澤 2011：46）。このダルクのやり方分析を含め，〈痛み〉の視角から当事者研究という実践の意義を問い直す（熊谷 2013）が興味深い。

【引用文献】

ブーバー，マルティン（1979）『我と汝・対話』（植田重雄訳）岩波書店.
Frank, Arthur W.（1997）*The Wounded Storyteller: Body, Illness, and Ethics*, The University of Chicago Press フランク，アーサー（2002）『傷ついた物語の語り手――身体・病い・倫理』（鈴木智之訳）ゆみる出版.
原田正治（2004）『弟を殺した彼と，僕.』ポプラ社.
外須美夫（2013）「痛みの向こうへ，人を動かす痛み」談96号37-57頁.

IASP Subcommittee on Taxonomy (1979) Pain terms: A List with Definitions and Notes on Usage, *Pain 6*, 247-252.
井上郁美 (2009)『東名事故から10年目の訴え』河出書房新社.
井上達夫 (1994)「共同体と責任」棚瀬孝雄編『現代の不法行為法──法の理念と生活世界』有斐閣.
岩川大祐 (2011)「「痛み」の認識論の方へ」現代思想39巻11号96-107頁.
熊谷晋一郎 (2013)「痛みから始める当事者研究」石原孝二編『当事者研究の研究』医学書院.
熊谷晋一郎・大澤真幸 (2011)「痛みの記憶／記憶の痛み」現代思想39巻11号38-55頁.
熊野純彦 (2003)『差異と隔たり──他なるものへの倫理』岩波書店.
ランズマン,クロード (1995)『SHOAH』(高橋武智訳) 作品社.
美馬達哉「もし私が痛みを感じているのならば，私はとにかく何かを感じているのだ」現代思想39巻11号181-191頁.
中村美佐・岡部美香・加藤匡宏 (2004)「多発性硬化症に罹患したA氏の病い体験のかたり」臨床教育人間学会『臨床教育人間学1 他者に臨む知』世織書房.
NHK (2011)『ハイビジョン特集 死刑～被害者遺族・葛藤の日々～』2011年5月14日放送.
西田英一 (2004)「身構えとしての声」和田仁孝・樫村志郎・阿部昌樹編『法社会学の可能性』法律文化社.
──── (2013)「ナラティヴとメディエーション──反物語の声」仲裁とADR 8号18-25頁.
西村ユミ (2007)『交流する身体──〈ケア〉を問い直す』日本放送出版協会.
岡真理 (2000)『彼女の「正しい」名前とは何か──第三世界フェミニズムの思想』青土社.
佐々木孝子 (2000)『悲しき勝訴』医療過誤を考える会.
Scarry, Elaine (1987) *The Body in Pain: The Making and Unmaking of the World [New Edition]*, Oxford University Press.
澁谷智子 (2005)「声の規範──「ろうの声」に対する健聴者の反応から」社会学評論56巻2号451頁.
鈴木智之 (2002)「訳者あとがき」フランク, A.『傷ついた物語の語り手──身体・病い・倫理』(鈴木智之訳) ゆみる出版.
──── (2008)「他者の語り──構築と応答のあいだで」三田社会学13, 3～16頁.
高木光太郎 (1996)「身構えの回復」佐々木正人編『想起のフィールド』新曜社.
瀧川裕英 (2003)『責任の意味と制度──負担から応答へ』勁草書房.
棚瀬孝雄 (1994)「不法行為責任の道徳的基礎」棚瀬孝雄編『現代の不法行為法──法の理念と生活世界』有斐閣.
和田安弘 (2012)『紛争と共感のリアリティ──「リアリティの共有」に関する法社会

学的考察』大阪公立大学共同出版会.
和田仁孝 (1994)「交渉的秩序と不法行為訴訟」棚瀬孝雄編『現代の不法行為法——法の理念と生活世界』有斐閣.
早稲田大学東日本大震災復興支援プロジェクト浪江町質問紙調査班・和田仁孝・西田英一・中西淑美 (2013)「浪江町被害実態報告書——質問紙調査の結果から」.
ホワイト, マイケル (2009)『ナラティヴ実践地図』(小森康永・奥野光訳) 金剛出版.
White, Michael (2011) *Narrative Practice: Continuing the Conversations,* W. W. Norton & Company.
White, Michael, & David Epston (1990) *Narrative Means to Therapeutic Ends,* W. W. Norton & Companyホワイト, マイケル／デビッド・エプストン (1992)『物語としての家族』(小森康永訳) 金剛出版.
Winslade, John, & Gerald Monk (2008) *Practicing Narrative Mediation: Loosening the Grip of Conflict,* Jossey-bass.
山口美和 (2004)「〈他者〉の「語り」を聴くということ——臨床における「危険な関係」をめぐって」臨床教育人間学会『臨床教育人間学1 他者に臨む知』世織書房.
吉田敦彦 (2003)「沈黙が語る言葉——出会いと対話と物語」矢野智司・鳶野克己編『物語の臨界——「物語ること」の教育学』世織書房.

労働紛争当事者の評価構造における公式法の位置
——労働審判制度利用者調査の労働法社会学的含意

佐藤岩夫

はじめに

　筆者らは，2010年に，労働審判制度の利用者を対象とする意識調査（以下「労働審判制度利用者調査」）を実施した。その直接の目的は，個別労働紛争の新しい解決手続である労働審判制度について，実際の利用者の意見や評価を尋ね，同制度の実態を明らかにするとともに制度・運用の改善の手がかりを得ることにあり，その面での成果は，筆者もすでにいくつかの形で発表している（佐藤2013a, 2013b）。一方，同調査は，現代日本の労働関係を法社会学的に理解する上でもいくつかの有益な手がかりをもたらしている。本稿では，労働法社会学の視角から労働審判制度利用者調査に光をあて，具体的には，労働者，中小企業使用者，大企業使用者の評価構造における公式法（国家法）の位置の異同を明らかにすることで現代日本の労働社会の実態の理解に貢献することをめざすものである。

　本稿の分析の結果をあらかじめ要約的に示せば，労働審判手続の解決の適切性をめぐって，労働者と大企業使用者（総務・人事等の担当者）はそれぞれの関心（前者は労働法上の権利の実現，後者はコンプライアンス）から法的な問題処理に肯定的であるが，中小企業使用者（経営者）は，中小企業の経営上の理由や中小企業経営者の考えるところの職場の「常識」を重視し，労働審判手続が，法律上の権利義務を踏まえたものであるかどうかには無関心あるいは否定的評価を

示すことが確認される。そしてこの知見は，労働審判手続の評価を超えて，労働者，中小企業，大企業の組織構造における公式法の位置を示す結果として一般化できるように思われる。その上で調査結果からは，労働審判手続の経験が，公式法に対する中小企業経営者の態度に影響を及ぼし，中小企業の労働関係に公式法の規律が浸透する効果を持つことも確認される。社会的諸関係が法的に編成される傾向が強まる過程を「法化」ととらえるならば（佐藤1998），労働審判制度は，中小企業の労働関係の「法化」を推し進める機能を持っている。[1]

以下，まず労働法社会学研究の系譜と本稿の視角を整理した上で(I)，労働審判制度利用者調査の概要を確認し(II)，その調査結果に基づき労働審判手続をめぐる当事者の評価構造を明らかにする(III)。最後に，分析結果のまとめと若干の指摘を行う。

I ──労働法社会学研究の系譜と本稿の視角

労働法社会学という分野をどのように理解するかはそれ自体難しい問題をはらむが，ここでは広く，社会にさまざまな形で生起する労働をめぐる社会的諸関係を，とくに法的側面に焦点をあてて社会学的に解明する研究分野として理解しておく。[2] このように理解される労働法社会学研究には，これまで大きく──密接に関連するがひとまず区別可能な──2つの系譜があった。一つは，「生ける法」に注目し日本の労働分野・労働社会の特質を解明する研究であり，もう一つは，紛争研究の視角から労働分野の特質を解明する研究である。

1 労働分野における国家法と「生ける法」

このうち，第1の「生ける法」に注目し日本の労働社会の特質を解明する研究は，日本の法社会学研究の創始者である末弘や川島以来の蓄積がある分野である。社会学的法律学を標榜し，日本における法社会学研究の創始に重要な役割を果たした末弘厳太郎の専門は民法と労働法であり，末弘は，エールリッヒの「生ける法」の構想を明確に意識しつつ，労働協約・就業規則を社会集団内

部の自生的法として理解する研究を発表した（末弘 1926）。

　また，戦後日本の法社会学の発展に重要な足跡を残した川島は，初期の論文「労働法の特殊性と労働法学の課題」（川島 1947＝1982）において，「生ける法」と国家法の「二つの法の範疇」を指摘し，法の生成・変革期にある労働法学にとっては，「国家法」と区別される「生ける法」＝「社会における現実の行為規範」を研究対象とする法社会学が重要な位置を占めることを指摘した。近時，日本の労働法社会学の発展をレビューした石田眞が指摘するように，川島は，「労働法現象への法社会学的アプローチとは何かという問題の解明を通じて自らの法社会学の理論的骨格と実践的課題を語〔った〕」（石田 2012，69頁）のであり，川島の労働法社会学研究は，日本の法社会学全体の発展にとっても重要な位置を占めていたといえよう。そのほか，戦後まもなくの時期には，磯田進ら多くの研究者が，日本の労働分野における伝統的な社会規範を解明する研究に精力的に取り組んだ（磯田1947ほか）。

　その後，日本が戦後の復興期を脱して高度経済成長を経験し，さらにバブル経済を経て低成長時代に至るまで，この国家法と労働の現場の実態（そこで通用している社会規範）の乖離という関心は日本の労働法社会学の重要な潮流を形づくった。それは，一方で，現実の労働関係における労働者の権利の実現という強い実践的関心に支えられた研究を生み[3]，他方で実証研究も生み出したが，後者の領域で比較的近年の研究としては，たとえば，村中・トーマンドルらの中小企業の研究および濱口の労働局のあっせん事例の研究がある。

　村中・トーマンドルらの研究（村中・トーマンドル編 2000）は，日本の労働社会における法律と現実の乖離，そしてまた日本の労働社会の「法化」という問題意識を出発点に，中小企業における法と法意識を日欧比較およびサーベイ調査の結果もふまえて明らかにする共同研究である。村中によれば，中小企業においては，従来，労使関係において法的な権利・義務を意識する程度が大企業の場合より低いが，その理由は，①従業員数が少ないために，使用者と従業員との関係がまずもって「人間関係」として認識されるという事情，および，②中小企業においては法的な知識が，大企業ほどには普及していないという事情がある。さらに村中は，②の原因として，中小企業ではそもそも労働法を必要

とする場面に遭遇することが少ないこと，問題があっても労働者が訴訟を起こすのは困難であること，従業員数からして労務担当専門の職員を置くことは困難であることなども指摘している。

他方，濱口（2012）は，末弘，磯田らの「生ける法」の系譜に言及しつつ，「裁判所に行かない限り職場で通用している法」を「フォーク・レイバー・ロー」と定式化する。その上で，労働局におけるあっせん事例の精密な分析から，日本の職場のフォーク・レイバー・ローの特質として，「態度」の重要性，「能力」の曖昧性，「経営」の万能性等を析出する。濱口の研究は，日本の労働法社会学の重要な系譜をあらためて現在の状況の中に位置づけ直し，実証的な知見を付け加えたものとして意義がある。

2 労働紛争の実証研究

労働法社会学のもう一つの系譜である紛争研究の視角からの研究は，一方で，各種の労働紛争解決制度の整備と関連し実定法研究者も多くの解説・分析を行っている分野であるが，法社会学固有の研究としても重要な展開が見られ，また近年，大規模サーベイ調査に基づく実証研究が活発に行われている分野である。

理論的・方法的には，樫村の一連の研究（1987・1990，1989，1991）が，労働紛争研究について，制度を運営する第三者の観点ではなく制度を利用する当事者の観点に立つことの重要性，および，労働紛争を労使関係の中にあるものとして総合的にとらえる視点，すなわち，通常的な労使関係から紛争的労使関係を経て法的紛争関係への至る移行のプロセスを総合的に捉え，そこでの法の機能を明らかにする理論的視点を明確に示した点で重要な貢献があった。

2000年代に入ると，市民の日常の紛争経験を対象とする大規模サーベイ調査に基づいて，労働紛争およびその解決をめぐる特徴を明らかにする研究が活発に行われた。いくつかを例示的に示せば，杉野と村山の研究（Sugino and Murayama 2006）は，2005年に実施した大規模サーベイ調査[4]のデータに分析を加え，労働問題は市民の日常にとって決してまれな紛争でないことをデータで確認するとともに，労働問題に遭遇した当事者は，ほかの法律問題に遭遇した当事者と比

較して，相手方と交渉し要求を行うことが少なく，交渉・要求したとしても相手方から拒絶されることが多く，にもかかわらず，法律家への相談や裁判所利用は少ないことなどを明らかにし，結論として，現在の日本の個別労働紛争解決システムは実効的に機能しているとは言いがたいことを指摘した。樫村（2008）も，2006年のサーベイ調査の結果に基づき，労働紛争が比較的軽微な紛争と深刻な紛争との複合性を持つこと，いくつかの紛争のタイプでは深刻な紛争であっても当事者が適切な助言者を発見することが困難であるという重要な知見をもたらした。

また，菅原（2012）は，2008年に実施されたサーベイ調査のデータに基づき，各種の紛争類型ごとに当事者が相談機関や専門家に相談を持ち込むパターンを分析し，①法律専門家（弁護士・司法書士）への相談中心の類型（法律家志向型），②法律専門家以外の専門の相談機関への相談中心の類型（専門機関志向型），③法律専門家にもそれ以外の専門の相談機関にも相談が少ない類型（非法律型）を区別した上で，職場をめぐる問題は③に属することを明らかにし，労働紛争当事者の相談アクセスの困難という重要な課題を明らかにした。

3 本稿の視角

このような労働法社会学研究の系譜のなかに，本稿が基礎とする労働審判制度利用者調査を位置づければ，直接的には第2の労働紛争研究の系譜に属するものである。労働審判制度利用者調査の目的は，個別労働紛争の新しい解決手続である労働審判制度について，実際の利用者の意見や評価を尋ね，同制度の実態を明らかにするとともに制度・運用の改善の手がかりを得ることにある（東京大学社会科学研究所編2011）。

一方，労働審判制度利用者調査は，多数の関連事項の質問と回答者の属性に関する質問を含んでおり，それらを分析することで，現代日本の労働関係を法社会学的に解明する上でも重要な手がかりを与える可能性を持つ。本稿が注目するのは，労働審判手続の解決が適切であるかどうかの評価について労働者と使用者，そして使用者の中でも企業規模によってどのような違いが見られるかである。そしてその際とくに，労働審判手続で示される解決が法律上の権利義

務をふまえていることが解決の適切性の評価に対してどのような影響を及ぼしているかに注目する。当事者のタイプごとに労働審判手続の解決の適切性の評価の構造を解明し、そこでの公式法の位置を明らかにすることがねらいであるが、その分析は、労働関係における国家法と生ける法の乖離という労働法社会学研究の第1の系譜にとっても重要な新たな実証的知見を付け加えることとなろう。その意味で、労働関係における国家法と生ける法の乖離および労働紛争研究という労働法社会学研究の2つの系譜を架橋する点に本稿の意義がある。

II――労働審判制度利用者調査

具体的な分析に入る前に、まず、本稿が基づく労働審判制度利用者調査の概要を簡単に確認しておこう。

2004年の労働審判法で個別労働紛争の新たな司法的解決制度として労働審判制度が導入され、2006年4月から運用が開始した。この労働審判手続は、利用件数が年々増加しており、また、迅速で実効性も高いとして、一般に実務家や研究者の間では高い評価を得ている。では、実際の利用者（当事者）はこの制度をどのように評価しているのか。利用者を対象とする調査を通じて当事者の視点から労働審判制度の評価および機能を実証的に明らかにすることが労働審判制度利用者調査の目的である。

労働審判制度利用者調査はサーベイ調査（アンケート調査）および追加インタビュー調査からなる。サーベイ調査は、2010年7月12日から同11月11日の期間に全国の裁判所の労働審判手続で調停が成立しまたは労働審判の口頭告知が行われる期日において当該期日に出頭した当事者、合計1,782人に対して実施された（労働者側・使用者側双方を対象とし、労使の内訳は各891人である）。有効回収数は494票（労働者側309票、使用者側185票）、回収率は27.7％（労働者側34.7％、使用者側20.8％）である。調査報告書は2011年10月に公表されている（東京大学社会科学研究所編2011）。

インタビュー調査は、上記サーベイ調査の追加調査として、2011年12月から

2012年10月の期間に，サーベイ調査の回答者から選抜された26名を対象に実施された。そのうち本人の許諾を得た23名（労働者側11名，使用者側12名）のインタビュー記録をまとめた記録集を2013年3月に刊行した（佐藤・樫村編 2013）。

調査結果の詳細は別稿（佐藤 2013a, 2013b参照）に譲るが，全体としては，労働審判制度を利用した当事者の評価は肯定的であることが示されたなかで，労働審判制度をめぐるいくつかの課題も確認された。その重要な一つが，労働審判制度に対する当事者の評価や満足度が全般的には高いなかで，中小企業の使用者では各種の評価や満足度が系統的に低かったことである（佐藤 2013a，46-47頁）。以下，この点が本稿の分析の焦点となる。

Ⅲ——労働審判手続をめぐる当事者の評価構造

1 労働者・中小企業使用者・大企業使用者の評価・満足度の違い

図表1は，労働審判手続の結果に関する諸項目（解決の「公平性」「実状反映性」「法律反映性」「不偏性」「不均衡是正」「適切性」「有利性」，「結果の満足」，他者への「推奨意思」）の評価を，労働者（n = 309），小規模企業（従業員30人未満）の使用者（n = 64），中規模企業（従業員30～299人）の使用者（n = 65），大規模企業（従業員300人以上）の使用者（n = 56）に分けて集計したものである。

なお，調査票の実際の回答者の属性であるが，労働者側については，調査票の「記入上の注意」欄で当事者本人の回答を依頼し，使用者側については，同じく「会社・団体において，該当する事件の詳細をよく理解している方」に回答を依頼した上で，調査票に回答者の立場・所属部局を聞く質問を設けた。その回答の結果は，小規模企業（n = 64）では，回答者が「経営者」である場合が85.9％，「総務」が9.4％，「法務」が0％，「人事」が1.6％，「その他」が3.1％である。中規模企業（n = 65）では，同じく50.8％，26.2％，4.6％，10.8％，7.7％，大規模企業（n = 56）では10.7％，44.6％，5.4％，33.9％，5.4％である。小規模企業では8割以上で経営者自身が回答しており，中規模企業では，総務・人事部門の比率が小規模企業よりは高くなっているが，それでも約半数は経営者自

第2部　紛争と紛争処理

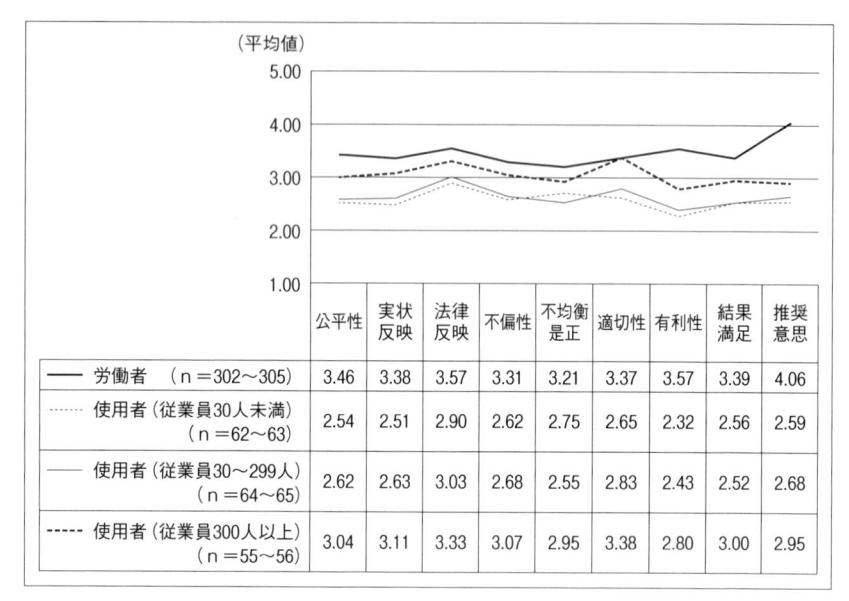

図表1　労働者と使用者（企業規模別）の評価の比較

	公平性	実状反映	法律反映	不偏性	不均衡是正	適切性	有利性	結果満足	推奨意思
労働者 （n＝302～305）	3.46	3.38	3.57	3.31	3.21	3.37	3.57	3.39	4.06
使用者（従業員30人未満）（n＝62～63）	2.54	2.51	2.90	2.62	2.75	2.65	2.32	2.56	2.59
使用者（従業員30～299人）（n＝64～65）	2.62	2.63	3.03	2.68	2.55	2.83	2.43	2.52	2.68
使用者（従業員300人以上）（n＝55～56）	3.04	3.11	3.33	3.07	2.95	3.38	2.80	3.00	2.95

（注）それぞれ次の質問に対する回答の平均値。
公平性：「今回の結果は公平なものである」（1 まったくそう思わない／2 あまりそう思わない／3 どちらともいえない／4 少しそう思う／5 強くそう思う）。
実状反映：「今回の結果は労働関係の実状をふまえている」（同上）。
法律反映：「今回の結果は法律上の権利義務をふまえている」（同上）。
不偏性：「今回の結果は当事者双方の事情を偏らずに考慮している」（同上）。
不均衡是正：「今回の結果は当事者の力の不均衡を是正している」（同上）。
適切性：「今回の結果は事件の解決として適切である」（同上）。
有利性：「今回の結果はあなた（の会社）にとって有利なものでしたか，不利なものでしたか」（1 不利／2 やや不利／3 中間・どちらともいえない／4 やや有利／5 有利）。
結果満足：「今回の結果に満足しているか」（1 まったく満足していない／2 あまり満足していない／3 どちらともいえない／4 少し満足している／5 とても満足している）。
推奨意思：「同じような問題で困っている知人がいたら（会社・団体等があったら）労働審判手続で問題を解決するように勧める」（1 まったくそう思わない／2 あまりそう思わない／3 どちらともいえない／4 少しそう思う／5 強くそう思う）。

身が回答している。これに対して，大規模企業では，経営者自身が回答している比率は全体の1割に過ぎず，総務・人事部門の担当者の回答が約8割に達する。この結果は，企業規模が大きくなるほど，労務管理・人事等の組織内の機

能分化が進んでいること，逆に言えば，中小企業では間接部門に十分な人材を投入できず，法的処理を行える人材をそろえることができないという，先に村中（村中他2000，13頁）も指摘している点を裏付けるものとなっている。

以上を前提に図表1をみると，まず労働者の回答は，すべての評価項目を通じて高い値を示している。いずれも平均値が中間値3（「どちらともいえない」）を上回って，「結果は公平である」「結果は労働関係の実状をふまえている」「結果は法律上の権利義務をふまえている」「結果は当事者双方の事情を偏らずに考慮している」「結果は当事者の力の不均衡を是正している」「結果は事件の解決として適切である」「結果は有利である」「結果に満足できる」「同じような問題で困っている知人がいたら労働審判手続で問題を解決するように勧める」の方向に踏み込んだ肯定的回答となっている。とくに最後の「推奨意思」はきわめて高い。労働審判制度が，労働者側当事者にとって評価・満足度が高い制度となっていることがわかる。

他方，使用者側をみると，まず，小規模企業・中規模企業の使用者の回答は，いずれの評価項目も評価・満足度が低い結果となっている。しかも，小規模・中規模企業の使用者の回答は，単に，労働者の回答に比べて低いだけでなく，平均値が3を大きく下回って，「結果は公平でない」「結果は労働関係の実状をふまえていない」「結果は法律上の権利義務をふまえていない」「結果は当事者双方の事情を偏らずに考慮していない」「結果は当事者の力の不均衡を適切に是正しているとは思わない」「結果は事件の解決として適切でない」「結果は不利である」「結果に満足できない」「同じような問題で困っている会社・団体等があったとしても労働審判手続で問題を解決するように勧めない」の方向での否定的回答となっている。中小企業の使用者は労働審判制度に対して厳しい評価を示している。

これに対して，同じ使用者側といっても，大企業の使用者の回答は，中小企業とは異なった傾向を示している。一部の項目（「不均衡是正」「有利性」「推奨意思」）で評価が中間値3をわずかに下回っているとはいえ，概ね中間値3の水準を維持し，さらに，「解決の適切性」については平均値が3.38と，労働者側の回答に匹敵する高い評価である。大企業使用者の評価は，手続の結果は自分側

にとって不利であるので満足しているとまではいえないが、しかし、その解決は適切であると評価するというものであり、労働審判手続に対して全般的に否定的評価を示す中小企業使用者とは異なる傾向を示すものとなっている。

このように同じ使用者でも大企業と中小企業の評価が異なる傾向を示すことは、インタビュー調査における当事者の発言のなかでも明確に確認される[11]。

インタビュー調査において、中小企業使用者は、労働審判制度について強い不満を示した。特徴的な発言を拾うと、たとえば、「今の労働審判はもう圧倒的に労働者の立場に立った内容になっている」「これで1回味をしめちゃうと、こうすればお金がとれるんだということになる」(以上、ケース12〔従業員10人未満〕)[12]、「〔労働者の〕ごね得。裁判所の制度を悪用された」(ケース15〔同約10人〕)、「今の労働審判は、労働者が裁判をしかけたら経営者側がお金を渡す場。企業側が被害者のような気がしてならない」(ケース17〔同30人未満〕)、「こちらのいい分も聞かないで、〔労働審判委員会から、解決金の〕金額がポッと出てきた」(ケース18〔同約30人〕)、「今の制度は〔労働者が〕訴えたほうが得ということ。紛争を挑発する制度」(ケース20〔同約50人〕)、「こういうことを経験した経営者は、もう正社員は雇わない」(ケース15〔約10人〕)などである。労働審判手続では、労働者側に有利な解決となることが多く、また、多くの場合、使用者側が労働者側に解決金を支払う形で解決されていることを前提に、中小企業の使用者は、自己が経験した労働審判手続についてきわめて厳しい評価を下している。

これに対して、同じ使用者側でも、規模の比較的大きな企業では、しばしば、労働審判制度に対する肯定的な評価が聞かれた。たとえば、従業員550人のある企業の担当者(人事課長)は、解雇の有効性が争われた労働審判手続において、労働審判委員会の労働審判で「会社側の主張〔解雇有効〕が100%認められた」ことを前提に、労働審判制度は「裁判〔訴訟〕と比較してすごくいいシステム」とのべている(ケース22)。また、従業員1,000人の企業の担当者(総務部長)も、解雇の有効性が争われた労働審判手続において、労働審判委員会の労働審判で会社側の主張(解雇有効)が認められたことを前提に、一般的に労働者保護の社会的風潮が強まる中で、「裁判〔労働審判という裁判所の手続〕で〔解雇は有効と〕決まったよと胸を張って言える」ことのメリットを指摘している(ケー

ス23)。手続の結果が会社側に有利であったこともさることながら，雇用管理について法的に適切な対応をしていれば企業側にとって困った結果とはならず，むしろ，企業側の対応に落ち度がなかったことを司法手続で迅速に確認してもらえるメリットが，大企業の総務・人事の担当者にはあるようである。ここでも，中小企業と大企業では労働審判手続の評価が大きく違うという結果である。

2　法的解決性をめぐる評価

ところで，あらためて前述の図表1を見ると，労働者・使用者とも，「法律反映」の評価が他の評価項目より高めであることに気づく。全体の評価が高い労働者は高いなりに，全体の評価が低い使用者は低いなりに，「今回の結果は法律上の権利義務をふまえている」の評価がほかの項目よりは高めになっている。このことは，さしあたり現状の認識として，労働審判制度が法律上の権利義務をふまえた解決を与える制度（法的解決制度）として機能していることを示唆する[13]。

しかし，労働審判制度が法的な解決制度として機能していることが解決の適切性に対する当事者の評価や満足につながっているかと言えば，そうとはいえない。たとえば，インタビュー調査の結果では，中小企業使用者は，中小企業の実情に対する労働審判委員会の無理解に関連し，「法律」と職場の「実状」の乖離に強い不満を述べている。たとえば，【引用1】のケース[14]は，解雇の有効性が争われた事件で使用者が労働者に解決金約100万円を支払う内容で調停が成立したケースであるが，使用者（経営者）は，同じ会社と言っても大企業から中小企業までさまざまであるのに労働審判委員会はそれを十把ひとからげにしており，中小企業の厳しい経営状況を全く理解していないこと，そして，解決金約100万円の支払いという解決は小規模零細企業にとって倒産という深刻な事態さえ招きかねなかったことに強い不満を述べている。

第2部　紛争と紛争処理

> 【引用1】（ケース12）
> 　従業員10人未満，解雇事件，解決金約100万円を支払う内容で調停成立。
> ○　最終的には，調停では，90万プラスアルファ，100万近く払うことになり，でもまあ地位の回復がなかったのがよかったということですが，この調停の内容について，あらためてＳさんの感想は。
> Ｓ氏　全く納得していない。……大企業から中小の会社，いっぱいあると思うんです。法律の目から見れば，個人と法人という分け方になっちゃうんでしょう。でもその法人って十把ひとからげにまとめられても，やっぱりそれは違うと。90万，100万というお金をキャッシュで払うって大変なんですよ。結局この裁判をするために，お金を借りましたから。……弁護士さんにも50万くらい払っているので，結局150〔万〕くらい出てるんですよね。だからちょっとね。どれだけ去年1年苦しかったことかという話です。ちょうどまた時期も，リーマンショックがあって，もう去年，おととし，先おととしあたりからずっと景気が悪いんですよね。それに追い打ちをかけるような出費だったので，倒産してもおかしくないですよ。この裁判〔労働審判〕がもとで，ですね。

　また，【引用2】のケースも，解雇の有効性が争われた事件で使用者が労働者に解決金約80万円を支払う内容で調停が成立したケースであるが，使用者（経営者）は，労働審判委員会は会社にはお金（解決金の支払能力）があるとの先入観があり，小規模零細企業の実状を理解していないことへの不満を述べている。

> 【引用2】（ケース13）
> 　従従業員4人，解雇事件，解決金約80万円を支払う内容で調停成立。
> Ｓ氏　ウーン，あの審判の人〔労働審判委員会〕に私，ちょっとがっかりしたね。3人いたけど，結局会社というものにはお金があるものだと思っているんですね，ああいう人というのは。こういう小さい会社のお金って，どういうふうにして出てくるか，つくられているか，わかってないんですね。会社組織イコール金があると。……会社には〔お金が〕あるんだという，そういう先入観が強いね。

　そして，このような大企業とは異なる中小企業の苦しい経営事情に対する労働審判委員会の無理解への不満は，「法律と現実の乖離」への不満として現れている。【引用3】のケースは，解雇の有効性が問題となった事件で使用者が労

働者に解決金約100万円を支払う内容で調停が成立したケースであるが，使用者（経営者）は，自身は人間としての情を重視し労働者に温情的に臨んできたのにそれが裏切られた不満とともに，労働審判委員会が依拠する「法律」と中小企業がおかれている「現状」の乖離に言及している。

【引用3】（ケース15）
　従業員5人未満，解雇事件，解決金約100万円を支払う内容で調停成立。
S氏　労働者側が自分で自分の首を締めている面もあると思いますよ。だって，お互いにフェアに真面目にやろうということで労使関係はあると思うんですよね。……はっきり言って，寂しかったですね。私としてみれば。……結局，恩を忘れてという言い方は，よくやってくれたのでしたくないですけど，でも，やっぱりそういったことではないと思うんですよね。受けた恩はきれいに忘れて，これは権利だからって。ちょうど遺産がある人と一緒ですよ。何もしていないくせに，相続になると権利だからって主張してくるのがいるでしょう。いま日本でも問題になっていますよね。昔は長男が家督相続だったけど，その名残が残っているので長男が面倒をみていると。それで，いざ相続となったら，法律通りやれと。それで揉めていますが，それと全く同じですよ。だから，そこで法律と現状の乖離があるのではないかと思いますね。……昔からの良き日本の伝統みたいなもの，全てにおいて無くなっているでしょう。……だから，これから人を雇うときには気をつけなきゃねと。そうすると，労働者側が自分で自分の門戸を狭めているんじゃないかなという思いもあります。こういうことを経験した経営者は，もう正社員は雇わないですよ。

このように見てくると，労働審判制度が法的解決制度として機能しているまさにそのことが労働者・大企業使用者と中小企業経営者との評価・満足の違いを生み出す原因となっているのではないかとの推測が成り立つ。そこで，この点を検証するため，再度サーベイ調査のデータに立ち戻り，労働者，中小企業使用者，大企業使用者の評価構造の違いを探ることにする。

4　労働審判手続をめぐる当事者の評価構造

　ここでは，「解決の適切性」の評価に注目し，「解決の適切性」を従属変数，「時間の迅速性」「審理の充実性」「結果の有利性」「法律反映」を独立変数とする重回帰分析を行った。図表2は，「労働者」「使用者（従業員30人未満）」「使用者（同

第2部　紛争と紛争処理

図表2　「解決の適切性」の規定要因（重回帰分析）

	労働者		使用者（従業員規模別）					
			30人未満		30-299人		300人以上	
	β		β		β		β	
時間の迅速性	0.031		0.133		0.112		0.169	*
審理の充実性	0.190	**	0.424	**	0.495	**	0.029	
結果の有利性	0.281	**	0.321	**	0.254	**	0.340	**
法律反映	0.454	**	0.136		0.207	*	0.569	**
n	298		59		63		55	
調整済 R^2	0.670	**	0.594	**	0.683	**	0.788	**

（注）**p<.01　*p<.05.　β は標準偏回帰係数。
解決の適切性：「今回の結果は事件の解決として適切である」（1 まったくそう思わない／2 あまりそう思わない／3 どちらともいえない／4 少しそう思う／5 強くそう思う）。
時間の迅速性：「今回の労働審判手続を終えて，かかった時間をどのように思いますか」（1 非常に長い／2 長い／3 どちらともいえない／4 短い／5 非常に短い）
審理の充実性：「今回の労働審判手続では，充実した審理が行われた」（1 まったくそう思わない／2 あまりそう思わない／3 どちらともいえない／4 少しそう思う／5 強くそう思う）。
結果の有利性：「今回の調停ないし審判の結果は，全体として，あなたにとって有利なものでしたか，不利なものでしたか」（1 不利／2 やや不利／3 中間・どちらともいえない／4 やや有利／5 有利）。
法律反映：「今回の結果は法律上の権利義務をふまえている」（1 まったくそう思わない／2 あまりそう思わない／3 どちらともいえない／4 少しそう思う／5 強くそう思う）。

30〜299人）」「使用者（同300人以上）」ごとに，その結果を示したものである。

　この結果を見ると，まず第1に，いずれのグループも，結果が有利であれば解決は適切であると評価する傾向がある点では共通である。やはり結果の有利・不利は解決の適切性の評価に重要な影響を及ぼす。しかし，それ以外の点では，当事者のグループごとに異なる評価構造が示された。

　労働者の場合は，「審理の充実性」「法律反映」が有意にプラスの効果を及ぼしている。すなわち，結果の有利・不利と独立に，審理が充実していると思うほど，また，結果が法律上の権利義務を踏まえていると思うほど，解決は適切であると評価する傾向が見られる。

　他方，従業員が300人以上の大企業の使用者の場合は，「時間の迅速性」と「法律反映」が有意にプラスの効果を及ぼしている。結果の有利・不利と独立に，

迅速な処理がなされていると思うほど解決は適切であると評価し，また，結果が法律上の権利義務を踏まえていると思うほど解決は適切であると評価する傾向が見られる。大企業の場合に迅速性が重視されていることは，一般的な時間的コストの縮減と同時に，紛争やもめごとによる企業イメージの低下が長期化することを望まないという理由も働いているものと推測される。また，法律上の権利義務を踏まえていることの重視はコンプライアンス（法令遵守）の観点から理解できる。ここでは，先に述べたように，大企業の使用者側の実際の回答者は，経営者ではなく，総務や人事の担当者であることも想起する必要があろう。労働審判手続という抜き差しならぬ紛争状態に至った事案の処理に際して，実際の担当者としては，事案の処理が企業にとって有利か不利かと別に，その結果が法の適用によるものであることを経営陣にきちんと説明できることが重要であるという事情がここには現れている。

　これに対して，従業員が30人未満の小規模企業の使用者の特徴は，「審理の充実性」が結果の適切性の評価に有意な影響を及ぼす一方，「法律反映」には有意な効果は認められないことである。この結果は，二重の意味で，小規模企業使用者の解決の適切性の評価が低いことを説明している。第1に，先のインタビュー結果の分析で見たように，小規模企業の経営者は，経営上の理由や職場の「実状」「常識」を重視している。このことは，直ちに法律上の権利義務を踏まえた解決に敵対的であるという帰結をもたらすものではないが（図表2の重回帰分析の結果において「法律反映」はマイナスにも有意な効果を示さない），しかし，中小企業の経営上の理由や職場の「実状」「常識」はしばしば公式の法制度とは抵触し，労働審判制度の「法的解決」は結果として使用者に不利な結論となることが多い。そのことが──結果の有利性要因の影響を媒介として──解決の適切性に対する使用者の評価を低いものとする。第2に，小規模企業の経営者は，結果の有利・不利と並んで審理の充実性を重視している。そして，インタビュー調査の結果を見ると，多くの小規模企業経営者が解決金の金額について十分な説明がないことへの不満を述べ，また，裁判所が最初から労働者側を勝たせようとしている「不公平」な態度をとっていること（ケース17）や調停のプロセスが不透明であること（ケース13）への不満を述べている。これらのことが

審理は充実していないとの評価を小規模企業経営者に与え，この点でも解決の適切性に対する使用者の評価を低いものとしている。

なお，従業員が30〜299人の中規模企業の使用者の回答は，零細・小規模企業と大規模企業との中間的な傾向を示している。「審理の充実性」が結果の適切性の評価に有意な影響を及ぼしている点では小規模企業と同じ傾向を示すが，「法律反映」が結果の適切性の評価に影響を及ぼしている点は小規模企業とは異なり，大規模企業に接近する。もっとも，標準偏回帰係数（β）の値を見ると，中規模企業使用者の回答における「法律反映」の影響力は大企業の場合と比べて小さい。一方，「審理の充実性」の影響力は小規模企業の場合の同等の大きさである。従業員規模の区切りをどこに引くかとも関係し，中規模企業の使用者の評価構造の位置づけは微妙であるが，本稿の区分を前提とする限り，中規模企業は，大規模企業よりは，小規模零細企業に近い位置にあるといえそうである（前出・図表1も再度参照。中規模企業使用者の各種評価は小規模企業の評価とほぼ重なり合っている）。

むすび：労働関係の「法化」

以上本稿では，労働審判制度利用者調査のデータに基づき，労働審判手続の当事者の評価構造のパターンを分析した。分析の結果，結果の有利・不利が解決の適切性の評価に影響を及ぼすのは労働者，中小企業使用者，大企業使用者に共通であるが，その他の点では評価構造が異なることが確認された。とくに法的解決について特徴的な違いが見られ，労働者は労働法により自己に保障されている権利が労働審判手続を通じて実現されることを重視し，大企業使用者も，コンプライアンス（法令遵守）の観点から法的な問題解決に理解を示す。これに対して，中小企業使用者は，中小企業の経営上の理由や職場の「実状」「常識」を重視し，労働審判手続が，法律上の権利義務を踏まえたものであるかどうかには無関心，あるいは，法律がそれらの経営上の理由や職場の「実状」「常識」に抵触する場合は否定的な評価を示す。

労働者，中小企業使用者，大企業使用者がそれぞれ示す以上の特徴は，直接的には労働審判手続の結果の適切性に関するものであるが，しかし，この評価のパターンは，より一般的に，労働関係における公式法（法律・判例）の位置づけに関する労働者，中小企業使用者，大企業使用者の意識の違いを推認させるものということができる。日本の労働法社会学の伝統的な関心の一つであった国家法と職場の実状（生ける法）の乖離は，現代日本の中小企業ではなお根強く残存することがあらためて確認された。

　しかし最後に，以上のように中小企業使用者は労働審判手続に否定的な評価を示しているが，では労働審判手続は中小企業の使用者に不満を残しているだけかといえばそうではない実態があることを付け加えて，本稿の結びとしよう。

　労働審判制度利用者調査では，一連の質問の最後に，「今回の労働審判手続の終了後，あなたの会社・団体の組織，人事管理に関してどのような変化があったか」を聞く質問を置き，具体的には「労働時間管理の適正化などのコンプライアンス（法令遵守）の重視」「就業規則の改訂などの人事管理制度の変更」「人事管理担当者の配置などの人事管理体制の整備」「管理職への研修」「現場の意向聴取，個人面接など，職場コミュニケーション施策」の各項目について「実施した」「検討中である」「とくに検討していない」「わからない」の回答を求めた。その結果について，「実施した」と「検討中である」の回答を使用者の企業規模別にまとめたのが図表3である。

　これを見ると使用者側当事者が，それぞれに組織・人事制度の改善に向けて一定の対応をとっていることがわかるが，ここではとくに，中小企業使用者（経営者）がコンプライアンスの重視や人事管理制度の変更に向けた行動をとっていることに注目したい。小規模企業使用者では，「労働時間管理の適正化などのコンプライアンス（法令遵守）の重視」の回答が，「実施した」と「検討中である」をあわせて約7割（70.7％）になり，「就業規則の改訂などの人事管理制度の変更」も7割を超える（72.6％）。また，中規模企業でも「労働時間管理の適正化などのコンプライアンス（法令遵守）の重視」が約7割（69.3％），「就業規則の改訂などの人事管理制度の変更」が66.7％である（なお，大規模企業使用者の回答が中小企業使用者の回答より比率が低くなっているのは，大規模企業ではすでにコンプ

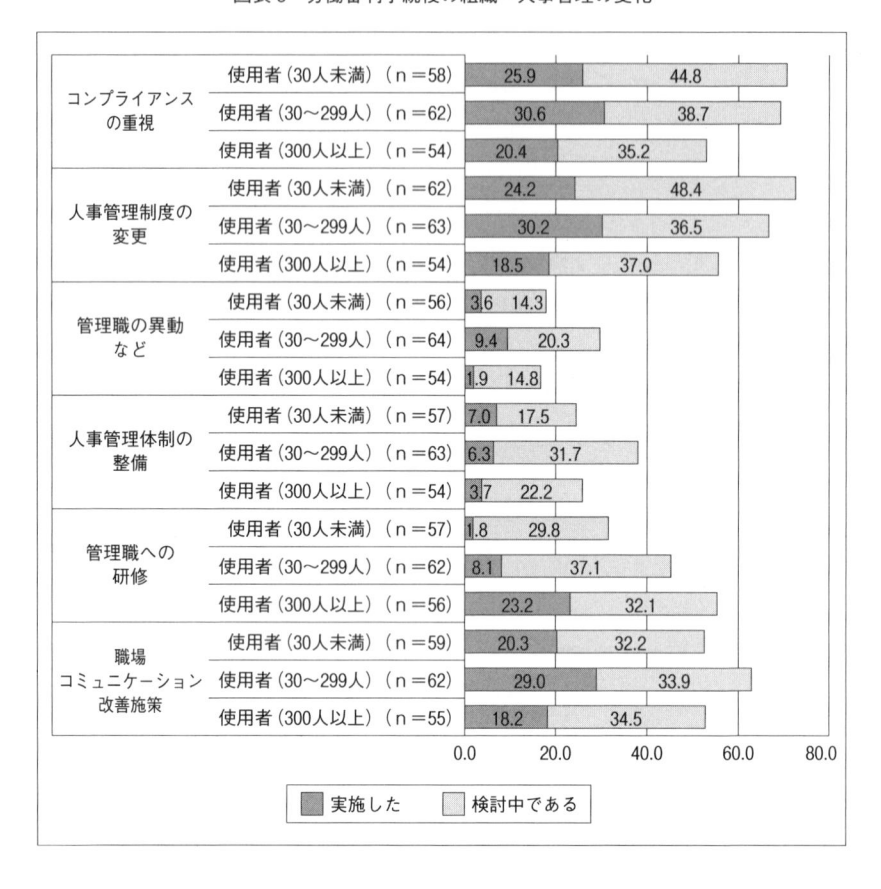

図表3　労働審判手続後の組織・人事管理の変化

項目	区分	実施した (%)	検討中である (%)
コンプライアンスの重視	使用者（30人未満）（n＝58）	25.9	44.8
	使用者（30～299人）（n＝62）	30.6	38.7
	使用者（300人以上）（n＝54）	20.4	35.2
人事管理制度の変更	使用者（30人未満）（n＝62）	24.2	48.4
	使用者（30～299人）（n＝63）	30.2	36.5
	使用者（300人以上）（n＝54）	18.5	37.0
管理職の異動など	使用者（30人未満）（n＝56）	3.6	14.3
	使用者（30～299人）（n＝64）	9.4	20.3
	使用者（300人以上）（n＝54）	1.9	14.8
人事管理体制の整備	使用者（30人未満）（n＝57）	7.0	17.5
	使用者（30～299人）（n＝63）	6.3	31.7
	使用者（300人以上）（n＝54）	3.7	22.2
管理職への研修	使用者（30人未満）（n＝57）	1.8	29.8
	使用者（30～299人）（n＝62）	8.1	37.1
	使用者（300人以上）（n＝56）	23.2	32.1
職場コミュニケーション改善施策	使用者（30人未満）（n＝59）	20.3	32.2
	使用者（30～299人）（n＝62）	29.0	33.9
	使用者（300人以上）（n＝55）	18.2	34.5

ライアンスの取り組みや就業規則等の整備が一定程度進んでおり，労働審判手続を契機に新たにそのような対応をする必要性が相対的に少ないためと解される）。

　同様の結果は，追加インタビュー調査でも確認されている。たとえば，事件の教訓として「雇用は慎重にしなきゃいけない」と述べる一方，契約書をきちんと用意し，内容を慎重に吟味することにしたケース（ケース12），社会保険労務士に依頼して新たに就業規則を作成するなどの対応を行ったケース（ケース16），従来あいまいにすませてきた事項について書面を取り交わすことなど，いくつかの対応策を講じたケース（ケース18），労働審判の経験を契機に，雇用

契約関連の書類作成をより厳正・適切に行うこととし，そのために顧問の社会保険労務士・司法書士をより積極的に活用することにしたケース（ケース19）などである。

　以上のように，中小企業の使用者は，労働審判手続の結果に不満を持ちつつも，労働法の遵守に向けた行動をとっている。その意味で，労働審判手続の経験は，自発的とまでは言えないにしても，中小企業の労働関係に労働法の規律が浸透する効果をもたらしている。労働審判手続の経験は，従来の考え方になじんだ中小企業使用者にとっては直ちには受け入れがたいものであるかもしれない。しかし，労働審判制度の導入によって労働者の司法アクセスが従前より拡大された状況を前提に，事後の対応をふまえた労働審判手続の経験が中小企業使用者の間に共有されていくならば，中小企業の労働慣行への公式法の浸透を促す「法化」のインパクトは軽視できないように思われる。

【注】

1)　棚瀬教授は，川島以来の近代化論（法による近代化）を批判的・反省的に捉える文脈の中で「法援用の適切性」という重要な問題提起を行った（棚瀬1995＝2002ほか）。佐藤（1998）はこの議論を意識しつつ，あらためて自分なりの法化論をめぐる課題を整理したものである。その行き着いた結論はなお近代的思考の範囲にとどまり，棚瀬教授の問題提起を十分に受けとめるものとはなっていないかもしれないが，筆者にとって常に大きな知的刺激を受ける研究者の一人であった同教授に，この場をかりて感謝と古希のお祝いを申し上げたい。

2)　最近，労働法社会学に関する研究のレビューを行った石田（2012）も，「労働関係に生起する法現象に対して社会学的アプローチを試みる学問」とほぼ同様の定義を与える。

3)　理論的関心にも裏打ちされた代表的な研究として，たとえば西谷（1988；2001）を参照。

4)　杉野・村山の研究および後述の樫村の研究の基礎となった調査は，2003年から2008年にかけて行われた市民の日常の法律問題経験およびそれへの対応行動を解明する大規模な共同研究（「法化社会における紛争処理と民事司法」〔略称：民事紛争全国調査〕）の一部として行われたものである。同共同研究の成果は3巻のシリーズ（村山・松村編2010，樫村・武士俣編2010，フット・太田編2010）にまとめられている。

5)　労働審判制度利用者調査の目的・方法・内容の詳細は，サーベイ調査については東京大学社会科学研究所編（2011），追加インタビュー調査については佐藤・樫村（2013）を参照。

6)　制度設計段階では，利用件数は年間1,500件程度と想定されていたが，実際の利用件数は2006年（4月～12月）に1,055件，2007年（1月～12月。以下同じ）に1,494件，2008年に2,052件，2009年に3,468件となり，2010年に3,375件とわずかに減少したものの，以

第2部　紛争と紛争処理

後，2011年に3,586件，2012年に3,719件と増加している（最高裁判所事務総局行政局編 2013，44頁第4図参照）。
7) 労働審判手続では，全体の約76％が申立てから3か月以内で終了し，平均審理期間は2.4か月と迅速な処理が行われている（最高裁判所事務総局行政局編 2013，55頁第12表参照）。
8) 調停成立による終結および労働審判が異議なく確定したことによる終結を合わせると既済件数の約8割が労働審判手続で解決されている（最高裁判所事務総局行政局編 2013，54頁第11表参照）。
9) なお，量的調査の結果および質的調査の結果を総合的に用いる方法は，近年，「混合研究法」として方法論的な議論が深められている。本稿ではこの問題には立ち入らないが，議論状況につき，Tashakkori and Creswell（2007），Creswell and Plano Clark（2007＝2010），中村高康ほか（2013）参照。
10) なお，サーベイ調査の個票データは，東京大学社会科学研究所・SSJデータアーカイブに寄託され，学術目的利用のため公開されている（調査番号0871。同アーカイブの利用方法は以下を参照。http://ssjda.iss.u-tokyo.ac.jp/access/renewal/）。
11) 以下，インタビュー調査の当事者の発言の引用は，佐藤・樫村編（2013）からの抜粋であり，ケース○とあるのは同書のケース番号を指す。引用文中の〔 〕は本稿筆者の挿入を示す。なお，インタビュー調査には，佐藤のほか，入江秀晃，樫村志郎，小佐井良太，髙橋裕，髙橋陽子，中山和彦，水町勇一郎，山田恵子，彼谷直子各氏が参加した。各ケースの担当者は，佐藤・樫村編（2013）所収の各ケースの記録の末尾に記載されている。
12) 従業員数は佐藤・樫村編（2013）の記載に従うが，同書では，匿名化のため，「約」「程度」「未満」などの表記を用いている。
13) なお，労働審判手続は調停成立で終結することが多いが，調査結果を見ると，この調停では法律上の権利義務をふまえた解決がおこなわれていると当事者が認識していることにつき，佐藤（2013b）94-96頁参照。
14) 以下の引用において，○は質問者，「S氏」は使用者側当事者を指す。「ケース○」は佐藤・樫村編（2013）のケース番号を指す。
15) 労働審判制度が労働現場における労働法や契約法の普及に寄与する機能を持ちうることにつき，菅野（2007）9-11頁参照。
16) この点につき，労働経済学者の仁田は，未組織労働者ならみ，中小企業の「未組織経営者問題」に注意を促し，中小企業経営者の組織化による最低限の労働法知識の普及の必要性を指摘する（仁田 2013参照）。

【引用文献】

石田眞（2012）「労働法社会学」日本労働研究雑誌621号68-71頁．
磯田進（1947）「日本の労働関係の特質：法社会学的研究」東洋文化1巻1号78-115頁．
樫村志郎（1987・1990）「我が国の労使紛争における当事者の『背景報告』：不当労働行為紛争を素材として（1）（2）」神戸法学雑誌37巻1号19-79頁，39巻4号1073-1096頁．

―― (1989)「紛争行動と文化的説明：日本の労働争議における文化の使用法」藤倉晧一郎・長尾龍一編『国際摩擦：その法文化的背景』，日本評論社，174-202頁．

―― (1991)「労働仲裁の社会学的秩序」『民事手続法学の革新（上）・三ヶ月章先生古稀記念祝賀』有斐閣，649-680頁．

―― (1992)「労使紛争解決システム：法社会学の視角から」日本労働法学会誌80号83-101頁．

―― (2008)「労働紛争と法的対処行動：今日の日本における個別労働紛争を焦点として」日本労働研究雑誌581号13-25頁．

樫村志郎・武士俣敦編（2010）『トラブル経験と相談行動（現代日本の紛争処理と民事司法2）』東京大学出版会．

川島武宜（1947＝1982）「労働法の特殊性と労働法学の課題」中央公論62巻1号（1947年）（後に同『川島武宜著作集1 生ける法と国家法』〔岩波書店，1982年〕41-57頁に収録）．

最高裁判所事務総局行政局編（2013）『平成24年度労働関係民事・行政事件の概況』法曹時報65巻8号35-62頁．

佐藤岩夫（1998）「法化論の展開と課題」日本法社会学会編『法社会学の新地平』有斐閣，34-44頁．

―― (2013a)「労働審判制度利用者調査の概要」菅野和夫他（2013）21-51頁．

―― (2013b)「労働審判制度の基本的特徴の検証：『迅速性』『専門性』『適正性』」菅野和夫他（2013）76-100頁．

佐藤岩夫・樫村志郎編（2013）『労働審判制度をめぐる当事者の語り：労働審判制度利用者インタビュー調査記録集』東京大学社会科学研究所研究シリーズNo.54．

末弘厳太郎（1926）『労働法研究』改造社．

菅原郁夫（2012）「ニーズ調査の二次分析とそこからの示唆」総合法律支援論叢1号25-50頁．

菅野和夫他（2007）『労働審判制度［第2版］』弘文堂．

菅野和夫・仁田道夫・佐藤岩夫・水町勇一郎編著（2013）『労働審判制度の利用者調査：実証分析と提言』有斐閣．

棚瀬孝雄（1995＝2002）「語りとしての法援用：法の物語と弁護士倫理」民商法雑誌111巻4・5号677-706頁，6号865-903頁（初出1995年．後に同『権利の言説：共同体に生きる自由の法』勁草書房，2002年に収録）．

東京大学社会科学研究所編（2011）『労働審判制度についての意識調査基本報告書』東京大学社会科学研究所発行（研究所のウェブサイトからダウンロード可能）．

中村高康ほか（2013）「特集／量と質を架橋する：混合研究法の可能性」社会と調査11号4-46頁．

西谷敏（1988）「生活・社会構造の変化と法」法の科学16号（特別増刊号）11-29頁．

――(2001)「労働裁判改革の展望」法の科学30号（特別増刊号）111-119頁.
仁田道夫（2013）「労働審判制度と日本の労使関係システム：労使関係論の視点から」菅野和夫他（2013）225-238頁.
濱口桂一郎（2012）『日本の雇用終了：労働局あっせん事例から』労働政策研究研修機構.
ダニエル・フット，太田勝造編（2010）『裁判経験と訴訟行動（現代日本の紛争処理と民事司法3）』東京大学出版会.
村中孝史，テオドール・トーマンドル編（2000）『中小企業における法と法意識：日欧比較研究』京都大学学術出版会.
村山眞維・松村良之編（2010）『法意識と紛争行動（現代日本の紛争処理と民事司法1）』東京大学出版会.
Creswell,John, and Plano Clark, Vicki L.（2007＝2010）*Designing and Conducting Mixed Methods Research,* SAGE Publications, 2007（『人間科学のための混合研究法：質的・量的アプローチをつなぐ研究デザイン』大谷順子訳，北大路書房，2010年）.
Sugino, Isama, and Murayama, Masayuki（2006）"Employment Problems and Disputing Behavior in Japan," *Japan Labor Review,* Vol.3, No.1, pp. 51-67.
Tashakkori, Abbas, and Creswell, John（2007）"The New Era of Mixed Methods," *Journal of Mixed Methods Research,* 1(1), 3-8.

非専門訴訟における専門的知見の利用と評価
——セクシュアル・ハラスメント訴訟からの一考察

渡辺千原

はじめに

　ジェンダーに関わる問題が裁判で争われる場合，しばしば，裁判官の理解不足や自らの知識経験にのみ基づいて事実認定を行うゆえに，女性のしかるべき主張が認められてこなかったという嘆きが聞かれる。ジェンダー問題に応答性のある司法の実現は，女性の人権の伸張にとっても喫緊の課題とされ，日本に対しては女子差別撤廃委員会からの最終勧告でも裁判官をはじめとする法曹への意識啓発の取り組みの強化等が要請されている。今期の司法制度改革でも，その理念として，これまでの消極的受動的な司法を脱却し，より応答性の高い司法への転換が求められており，ジェンダーの問題に限らず，応答性を高めるために，多様な知に開かれた柔構造を有する司法の実現が必要となっているといえよう。多様な知を司法に導入する，伝統的な窓口として，個別の事件における専門家の意見書や専門家証言の提出という方法があり，実際にこれまで，現代型訴訟ないし政策形成訴訟といわれるような裁判においては，法学者の意見書をはじめ，医学者，心理学者，社会学者など多様な専門分野の意見書や専門家証言が出されている。しかし，そうした専門家の意見や知見が，実際に裁判でどのように利用され，どのように評価され，判決やそれを通じた法理の展開に影響を与えてきたかについては，明らかではなく，そうした研究は未開拓といって良い。

もっとも，今次の民事司法改革の中でも，「専門的知見を要する事件への対応」は，重要な課題とされてきた。裁判において専門家の協力を得られる体制づくりに焦点が当てられ，専門委員制度の導入や，鑑定制度の改革等もとりくまれた[1]。こうした専門訴訟では，しかるべき専門家の協力を得ることが困難であるために，適正な判断が困難であることと，審理が長期化することが問題とされた（司法制度改革審議会 2001）。民事司法において，当該領域における専門的知見に即した判断が改めて要請され，その要請への対応を正面から課題としたという意味では，民事司法の新しい潮流が生まれつつあるといえる。

　しかし，「専門的知見を要する事件」としては，「知的財産権関係事件，医事関係事件，建築関係事件，金融関係事件等」と，「等」がつきつつも，ここに列挙のある事件が念頭に置かれており，そうした類型以外の裁判については，専門家の協力や，裁判所がわが専門化して事件に対応すべき分野とはされていない。専門訴訟との対比において，それを通常訴訟と呼ぶことができるが，本稿ではそれを「非専門訴訟」と称することにする。それにより，裁判は基本は「非専門訴訟」である－との一般的な認識に焦点を当てる。専門訴訟という言い方には，専門的知見を要するものの，適切な専門的知見を調達できれば正規化され，裁判官が自らの経験と法的知識に基づいて事実認定および法的判断を行うことが基本であり，それにより妥当な判断を導くことができるということが前提とされていると考えられる。

　実際には，専門訴訟に列挙されるような類型の事件でも，専門的知見を導入する公式の手続である専門委員や鑑定手続が活発に利用されているわけではない。たとえば，医事関係事件でも，私的鑑定の利用のほうが一般的であり，医学文献などの書証の活用によって多くの事件が処理されており，時間も費用もかかり，どのような結果が出るか予測できない鑑定の利用は当事者にとっても利用のメリットは薄く，裁判所もその活用には消極的である[2]。その意味では，日本では，実は，専門訴訟／非専門訴訟を問わず，当事者による立証活動の中での，専門家の書いた意見書や専門家証言の活用こそが，専門的知見の導入方法の主流なのである。ところが，専門的知見の導入という場合には，鑑定など，中立的第三者と想定される専門家による専門的知識の供与に焦点が当たり，当

事者提出型の専門家証言の利用や評価について、特別に検討されることは少ないし、それが検討されるにせよ、対象はいわゆる専門訴訟が中心で、非専門訴訟における専門的知見の利用の意義については、意識されることが少なかった。しかし、応答的かつ、当該領域での専門的知見に即した裁判を実現するためには、非専門訴訟においても、積極的かつ的確に専門的知見を導入、評価し、判断に反映していく可能性を追求していく必要があるのである。

本稿では、その手がかりとして、ジェンダーにかかわる問題への対応がなお消極的と言われている日本の裁判所の中では、比較的積極的に、裁判がその法理の展開を牽引してきたと考えられるセクシュアル・ハラスメント訴訟を対象に、裁判での専門的知見のあり方について検討する。

セクシュアル・ハラスメント訴訟は、その萌芽期においては、その概念の社会的認知を高め、裁判をしながら、運動を進めており、典型的な「政策形成訴訟」「社会問題開示型訴訟（長谷川1988）」であった。そこでの専門的知見の利用は、法理の展開を支える事実＝立法事実を明らかにしていくという意味もある。さらに、その後、セクシュアル・ハラスメント訴訟では、被害者の行動理解において、性暴力被害についての知見や、被害者の状況を法廷で説明するフェミニストカウンセリングの協力が、裁判でのセクシュアル・ハラスメントの事実の認定や被害の評価に貢献するようになる。[3]

I——セクシュアル・ハラスメント訴訟の展開と専門的知見

1 「現代型訴訟」としてのセクシュアル・ハラスメント訴訟：福岡事件

今では、すっかり日本で定着した「セクハラ」であるが、アメリカ生まれのその言葉が日本で広く知られるようになったのは、1988年の女性雑誌「MORE」での特集記事にさかのぼると言われる。そして、セクシュアル・ハラスメント訴訟が初めて日本で提起されたのは、1989年であり、「セクシャル・ハラスメント」がその年の流行語大賞を獲得したのも、この訴訟提起の影響があったと考えられ、その意味でも、この訴訟には社会問題開示の意義があったといえる。

第2部　紛争と紛争処理

　職場や学校での性的嫌がらせがこれまでなかったわけではない。今まで社会問題として認識されていなかったことに言葉を与え，社会問題として構築したことによって，法的にも対応の必要な問題として認知されるようになったのである。この言葉は，1970年代にアメリカのフェミニズム運動のなかで考案され，職場におけるセクシュアル・ハラスメントを雇用における性差別の問題としてとらえることが提唱され，1980年代半ばに，セクシュアル・ハラスメントを性差別の問題として取り扱うようになった。

　そうした状況が，日本でも紹介され，80年代後半より，不法行為訴訟を通じてその法的救済が模索されていく。1号事件とされる福岡セクシュアル・ハラスメント事件[4]は，出版社に勤務する女性Aが，職場で性的な事柄についての噂をされるなどの上司による嫌がらせ行為に耐えかねて，直談判に及んだところ，それが職場の和を乱すとしてAのみが退職に追い込まれたという事例である。

　Aは，加害上司と会社に対して不法行為責任を問い，1992年4月に原告勝訴の判決を得る。この事件は，当初より，女性問題に取り組むことを目指して設立された女性弁護士事務所が，事件を受任し，全国的な訴訟支援組織を結成し，社会運動と連携して訴訟が進められた。この裁判は，一人の原告の訴えであるが，セクシュアル・ハラスメントは多くの女性の問題であるということを示すために，裁判所宛のはがきを配布して，様々な女性の声を裁判所に届けるという活動や，セクシュアル・ハラスメントの実態を明らかにするための大規模なアンケートを他団体と協力して行い，その結果をまとめて出版された『女6500人の証言』を証拠として裁判所に提出もしている。これらの活動は，「裁判をめぐるインフルエンス活動」(棚瀬 1972) と評しうる。裁判の公開性に対して，原告を守るために，匿名性を保持する試みも行い，訴訟過程に対する一種の政策提言も行ったが，Aは，それに異和感を覚え後に名前を明らかにしており (晴野 2001)，こうした訴訟に付随する支援グループと当事者との緊張関係もみられる。

　この地裁判決では，165万円という十分とは言えない賠償額ではあるものの，原告の請求が認められ，その後のセクシュアル・ハラスメント訴訟の展開への

道を切り開いた。訴訟プロセスだけでなく，判決としても，新たな法理を提示し[5]，その先例化，権威づけがはかられ[6]，後続訴訟に影響を与えた裁判であった。

　セクシュアル・ハラスメントは，上司＝部下，教員＝生徒など，社会的な権力の格差を背景として生じる。裁判もそうした構造的な差のある当事者間の訴訟となる点で，現代型訴訟固有の性質も備えている。

　こうした裁判では，社会運動と連携しながら，社会問題を世に問うこともねらいつつも，やはり一次的には裁判官への説得のために，種々の訴訟戦略が講じられる。その一環として，専門家の意見書や専門家証言なども利用されることが多い。福岡事件でも，社会学者や法学者の専門家証言が重要な役割を果たしたとされる（職場での性的嫌がらせと闘う裁判を支援する会編 1992）。法学研究者の林弘子，山田省三の意見書では，欧米でのセクシュアル・ハラスメントの論議も踏まえた上で，不法行為責任や債務不履行責任を認める理論を提示し，本件にその理論を当てはめた上で，セクシュアル・ハラスメントとして法的責任が問われるとの結論を出している[7]。これらの法学者の意見書が，判決に直接どのように影響したかをはかることは困難ではあるが，本件での人格権侵害の構成は，林の意見書の中でも言及されており，法理の形成に一定の寄与をした可能性がある。しかし，判決文の中では，これらの意見書に直接言及はされておらず，実際にどのように評価されたのかは明らかではない。

　裁判が，社会運動の一部として遂行される場合，訴訟に提出される専門家の意見書は，訴訟戦略の一環として提出されており，裁判官も，社会運動や裁判が与えた社会的な認識の変化も読み取りながら，最終的な判断を導いていると考えられる。よって，裁判に顕出した専門的知見が個別に裁判官の判断にどのような影響を与えたかをはかることは困難であるし，あまり意味はないとも言える。積極的に社会科学的な証拠が用いられ，時にそれが新たな法理の展開に結びつけられたと考えられることの多い，合衆国の最高裁判決においても，法理の展開を支えると考えられる科学的証拠の採否や評価のあり方には一貫性がなく，判決での言及も散発的であるといわれる（Eric & Rosemary 1998, Ancheta 2006）。

　しかし，日本の裁判では，アメリカよりも裁判の非政治性が強調され，証拠

に基づいて適正な事実認定と法的判断がなされていることでその正当性や権威を得てきたはずである。よって，むしろ日本においてこそ，こうした法理の展開を支える事実という意味での立法事実についても，できるだけデータや社会科学的な証拠についても明示してその妥当性についての判断を示すべきではないだろうか（渡辺 2010）。専門的知見にもとづいた判断が必要と正面から考えられるようになってきた昨今，そうした要請は強まってくると考えられる。そして，こうした訴訟を提起していく側の訴訟戦略としても，今後専門家証言の信頼性や妥当性に対して，よりきめ細やかな評価が行われる可能性があることを意識していく必要があるだろう。

2　レイプ・トラウマとセクシュアル・ハラスメント訴訟：京大事件

　福岡事件はセクシュアル・ハラスメントを人格権侵害と構成し不法行為訴訟として損害賠償請求を行いうる問題と認めて，一定の成果を出したが，次には「何がセクシュアル・ハラスメントとなるのか」という範囲やその被害の程度をどう認定するかが問題とされるようになる。

　セクシュアル・ハラスメント訴訟のもうひとつの画期となった事件として，京大セクシュアル・ハラスメント事件が挙げられる。この事件は，国際的にも著名なY京都大学教授が加害者として告発されたこともあり，社会的な注目度も非常に高い事件であった。Y教授による複数の相手に対するセクシュアル・ハラスメントが問題となったが，その中でも反復的に性行為を強要したとされる，被害者Bに対する行為の事実とその評価が，重要な争点となった。もっとも，判例集にも登載されている有名な裁判例は，Y教授のセクシュアル・ハラスメントへの対応をめぐって小野和子氏が執筆した京大新聞での論評記事をめぐって，Y教授がわが小野氏に対して名誉毀損を根拠に提起した損害賠償事件である[8]。しかし，その事件でなされた被害者の証人尋問結果が，その後のセクシュアル・ハラスメント訴訟でもそのまま利用され（甲野 2001），ここでの認定が他のセクシュアル・ハラスメント訴訟にも影響を与えたと考えられることから[9]，ここでは，この名誉毀損事件での事実認定を，基本的にセクシュアル・ハラスメント事件での事実認定として検討する。

このタイプのセクシュアル・ハラスメント事件では，性行為に被害者の合意があったかが問題となる点，密室での出来事で他にめぼしい証拠も乏しいことから，原告と被告の供述のいずれを正当と見なすかが重要なポイントとなる。これは，強姦や準強姦等の刑事事件における事実認定とも共通する課題である。
　本件，京都地裁平成9年3月27日判決[10]では，名誉毀損の認定の前提として，「レイプ」「セクシュアル・ハラスメント」は，強姦や不法行為としてではなく，日常用語としてのそれらに当てはまるかどうかという観点から事実認定がなされている。ホテルでの性的関係の強要を，「原告（Y教授）の威圧の下にBの意に反して行われたものであるから『レイプ』というべきものである」とし，その後の7年間に及ぶ原告とBとの継続的な性的関係についても，発言力・人事権を握っていた教授と，その教授の下で研究を行いたいという希望をもつ学生ないし非常勤講師であるBとの関係の「構図のなかで，暴力的行為を伴いつつ，形成，維持されてきたものであった」のであり，その関係の形成・維持は，「『情的な言動または行為によって相手方の望まない行為を要求し，これを拒んだ者に対し，職業，教育の場で人事上の不利益を与えるなどの嫌がらせに及ぶこと』というセクシュアルハラスメントに該当するというべきである」と，判断している。その際，最初のレイプにおいて，Bが逃げ出さず，着衣を自ら脱いで二度の性交渉を拒まなかったことについては，原告の罵倒や暴力によって驚愕混乱したことによるもので，それをもって合意があったとは言えないとし，その後の継続的な関係も，研究者をめざすBにとって，その関係を拒むことの出来ない精神状態になっていたとみるのが合理的であると根拠づけた。その際に，「強姦の被害者が意に反した性交渉をもった惨めさ，恥ずかしさ，そして自らの非を逆に責められることを恐れ，告発しないことも決して少なくないのが実情であって，自分で悩み，誰にも相談できない中で葛藤する症例（いわゆるレイプ・トラウマ・シンドローム等）もつとに指摘されるところであるから，原告と性交渉を持った直後或いは原告の研究室を退職した直後にBが原告を告発しなかったことをもって原告との性的関係がその意に反したものではなかったということはできない」とした。
　この裁判でも，裁判の支援組織が形成され，専門家による意見書が証拠とし

て提出されている。セクシュアル・ハラスメント被害の告発が困難な社会的構造を説く社会学者の江原由美子氏の意見書や，フェミニストカウンセラーの立場から，性暴力被害者のPTSDや心理状態についての知見をもとに，加害者から逃げることなく黙って性的な関係を長期にわたって継続したことを説明する井上摩耶子氏の意見書が提出されている（小野1998）。本判決では，日常用語としてのセクシュアル・ハラスメントを認定するという際に，社会学におけるセクシュアル・ハラスメント概念に言及している。また，Bの心的外傷体験の深刻さ，PTSDに罹患していてなお回復できていないこと，Bが逃げず早期に告発しなかったことが不合理とはいえないとしつつ，井上がそうした結論とともに根拠として示した欧米での研究である，ハーマンのトラウマ研究や，グラハムのストックホルム症候群についての知見も，裁判におけるセクシュアル・ハラスメントの認定に貢献したと言える。

　本件でのセクシュアル・ハラスメントの認定は，その後のセクシュアル・ハラスメントに対する損害賠償請求訴訟での事実認定にも影響を与えたと考えられている。平成7年に横浜地裁で，上司によるセクシュアル・ハラスメント行為について，上司に身体を触られたりキスされた際に，抵抗したり悲鳴を上げたり逃げたりしなかったこと，冷静な対応をしていたこと，供述に変遷があることなどから，原告の供述は信用できないとして，セクシュアル・ハラスメントの事実を否定した判決が出されたが，その平成9年の控訴審判決では[11]，証拠として提出されていた米国での強姦被害者の対処行動の研究を引きながら，被害女性の供述内容が不自然ではないと評価し，「当該行為が相手方に対する性的意味を有する身体的な接触行為であって，社会通念上許容される限度を超えるものであると認められるときは，相手方の性的自由又は人格権に対する侵害に当たり，違法性を有する[12]」として不法行為の成立を認めている。フェミニストカウンセラーによる専門家証言とその内容にも明示的に言及して，セクシュアル・ハラスメントの事実と，その被害についての損害賠償を認める事例も見られる。たとえば，熊本地裁平成9年6月25日判決では，「強姦の被害者は，一般に，神経の高ぶった状態が続き（過覚醒），被害当時の記憶が無意識のうちに生々しく再生され（侵入），被害を思い出さないように感情が麻痺して現実感

を喪失する（解離）外，……このような状態は強姦の被害者としては通例であり，特異なものではないこと」と，アメリカの精神医学会の診断マニュアルによるPTSDの症状，アメリカの心理学者オクバーグによる犯罪被害者の心理についての研究に言及して，専門家証言の信用性を評価している[13]。

　これまで，上司等からの望まない誘いや性的接触を正面から拒絶したり逃げたりせず，その被害についてもすぐには告発しようとしない被害女性の行動や供述は，「不自然」で信用できないと考えられることが多かったが，フェミニストカウンセラーなどの専門家の支援により，それが性暴力の被害者にとって自然で合理的な行動であることが認められるようになってきたし，PTSD被害が認識されるようになると，その被害の深刻さにも一定の評価がなされるようにもなった。セクシュアル・ハラスメント被害の現実について正確に認識するには，こうした専門的知見の利用が必要なのである。

　しかし，一般的にはセクシュアル・ハラスメント訴訟は，専門的知見を要する事件として認識されてはいない。日本の民事裁判では，証拠の許容性はほとんど問題にならないため，専門家による意見の提出等には制限もなく，比較的自由に証拠として専門家の意見書や証言を利用することはできるが，その必要性について裁判所が認識しているとは言い難く，またそうした専門的知見の評価のあり方も不明である。非専門訴訟においては，経験則に則して，常識的良識的な判断を行うものと考えられている。セクシュアル・ハラスメント訴訟に専門的知見の利用は不要と考える場合には，そうした証人調べには消極的になるだろうし，たとえ専門家の意見や証言が出されても，その信用性の評価が低くなる危険性も否定できない[14]。これまでの社会通念や，常識的判断に対抗するべく適切な専門的知見を裁判で活用，評価することの意義を改めて検討する必[15]要があろう。そこで，次節では，「フェミニストカウンセリング」という，場合によっては，その専門性や，その知見の客観的中立性に疑いが呈されかねない専門的知見を取り入れて，セクシュアル・ハラスメント被害を認めた京大事件で，いかにそれが可能とされたのかについて更に若干の検討を行いたい。

　もっとも，日本では，当事者に対して専門家の支援の利用可能性が十分に開かれていないことのほうが重大な問題かも知れない。本稿で検討した，福岡事

件や京都大学事件では，弁護団や裁判の支援組織を立て，そうしたコネクションを通じて専門家の支援も得ることができて，セクシュアル・ハラスメント被害を裁判所も認めた。しかし，賠償額も決して高額とは言えないセクシュアル・ハラスメント訴訟において，そうしたフル装備でなければ，主張を認められないということでは，「国民にとって，より利用しやすく，分かりやすく，頼りがいのある司法」とは言い難い。対策が講じられつつある専門訴訟においてすら，なお適切な専門家の協力を得ることは容易ではないなか，非専門訴訟においては，より一層困難な課題であることは間違いない。専門訴訟だけでなく，こうした非専門訴訟も含めて専門家証人の利用可能性も，司法へのアクセスの課題の一部と位置づける必要があることを強調したい。

II──セクシュアル・ハラスメント訴訟における専門的知見と事実認定

京大事件をはじめ，性暴力被害を伴うセクシュアル・ハラスメント訴訟では，フェミニストカウンセラーの意見書や証言が，重要な役割を果たしてきたとされる。法と心理学の協働については，近年その必要性が認識されつつあるものの，臨床心理学のなかでも，かならずしもメジャーとは言えない，このフェミニストカウンセリングという専門知は，どのようなものであり，その知見が，裁判でどのように評価されたのだろうか。

1 専門的知見としてのフェミニストカウンセリング

フェミニスト心理学ないしセラピーは，アメリカで展開し，日本では，「フェミニストカウンセリング」として成長してきた(河野 1991)。1960年代のフェミニズム運動の興隆のなかで，アメリカのアカデミックな心理学が女性を無視してきたということが指摘され，そうした学問状況を変革し，女性の現実に結びつけることを目指してきた。1969年には，女性心理学会(Association of Women in Psychology)も結成される。フェミニスト・セラピーは，フロイト派を中心とする従来の心理分析に対して，「個人的なことは政治的である」という命題を念

頭に，意識覚醒グループ（CR）などによる取り組みを行う。女性の病理について，女性の内的な問題だけでなく，その外的な源，つまり社会的政治的文脈に注意を払う。力の不均衡を認識し，平等な関係を促す。個人的・社会的アイデンティティを尊重し，開拓する。女性の観点に価値をおくことで，女性の生きている経験，アイデンティティ，個人的な強さを評価するといった角度から，女性の問題に対応する。しかし，こうしたフェミニスト心理学をめぐっては，従来の心理学からは，政治的で科学的でないなどの反発も生じている。また，子ども時代に受けた性的虐待被害によって抑圧された記憶を記憶回復療法という心理療法によって回復した者が，この回復した記憶に基づいて訴えを起こすのに対し，逆にその記憶が誤りであることがあるという「偽りの記憶」を主張する論者との論争も展開している[16]。

日本でフェミニストカウンセリングをアメリカから輸入した河野（1991）によると，日本では1980年での開業カウンセリングが最初で，その後，公立の女性施設での相談事業にも参入するようになる。そして，そうした実践者たちで1994年に連絡会を結成し，2001年には日本フェミニストカウンセリング学会を発足させ，「フェミニストカウンセリング研究」という学会誌も発行している。福岡事件を支援したグループも，その後，フェミニスト・カウンセラーとして活躍を続けているとも言われている。

京大事件では，「フェミニストカウンセリング」が，被害者の被害の認定において，非常に重要な役割を果たしたが，その後も，フェミニストカウンセリングは，セクシュアル・ハラスメント訴訟や刑事の強姦事件などでの被害者のアドヴォケイト活動の一環として裁判支援がある。

京大事件や熊本事件などで意見書を出して，被害者勝訴の判決を得るのに大きな役割を果たした井上摩耶子は，フェミニストカウンセラーの仕事の一部に明示的にアドヴォケイト活動を据えている（井上2010）。民刑事を問わず，レイプやDVが関わるような裁判において，専門家としての意見書を書き，専門家証言を行うという活動を積極的に行っており，事件後早い段階からカウンセラーとして関与し，裁判を闘ったケースの多くは勝訴をおさめてきたという。

フェミニストカウンセリングの方法論は一つではないが，井上は，認知行動

療法／ナラティヴ・アプローチを採用している。男性中心の社会や，女性や強姦などについての「支配的な物語（いわゆる強姦神話など）」に対抗して，被害女性の経験に即した「もう一つの物語」を構築していく。被害者のストーリー（外傷物語）を組み立てたて，そのストーリーで，被害者の認識を改めていくことを通じてトラウマからの心理的回復を目指すのである。

　裁判は，そうしたトラウマカウンセリングの最終段階において必要に応じて行われ，アドヴォケイト活動は，そうした裁判での意見書提出や専門家証言による支援を行うのである。裁判におけるセカンド・レイプの問題は深刻であり，安易に裁判を勧めることはできないものの（井上 2013），被害者は，裁判での証言や活動を「サバイバー・ミッション」として遂行し，尊厳を回復しうるとし，井上は裁判に積極的な意味づけを行っている。

　セクシュアル・ハラスメント裁判において，二次被害を防止し，「支配的なストーリー」に対抗して確固とした「もうひとつのストーリー」を示すためにも，裁判に至る前，できるだけ早い時期からカウンセラーが関与して外傷物語の構築を行うことが重要であるという。セクシュアル・ハラスメントや強姦，DVの被害者は，最初から自分は強姦やDVの被害者であって，悪いのは相手であると認識していない場合も多い。そこで，被害者の話を聞いて，女性が被害者だと判断できれば，「あなたは悪くない。悪いのは加害者だ」と明言し，認識を変えていくことがトラウマカウンセリングの一部として行われていく[17]。

　裁判において提出された意見書は，性暴力被害によるPTSDの発症の機序や症状，強姦神話についてや，性暴力被害を受けた後の被害者の行動についての研究成果にもとづく知見を柱に，それをBの事例に当てはめた所見を加える形で書かれている（小野 1998）。このように，一般的な専門的知見の提示と，当該事件に当てはめた場合の見解を示すというスタイルは，意見書として比較的一般的といえる。

2　京大事件の事実認定と専門的知見

　裁判官が，事実認定を行う過程は，種々の証拠資料の証拠価値を吟味し，取捨選択しつつ，価値の高い資料から過去の事実関係を推論する過程と言われる

が，自由心証主義をとるわが国では，そうした心証形成において用いることの出来る証拠方法や経験則を限定せずに，裁判官の自由な選択に任せている。心証形成に用いることができる資料は，適法に訴訟に顕出された一切の資料や状況で，当事者の態度など「弁論の全趣旨」も含むうえ，その弁論の全趣旨がどういうものかについては判決で記載を求められない。「通常人の常識に照らして考え得る判断でなければならない」（例えば新堂 2011：598）という制限はあっても，本来的に，裁判官の裁量の余地が非常に大きい構造となっている。そして，提出された個別の証拠の証拠価値を評価して，その評価を積み上げていく個別認定方式よりも，提出された証拠全体を総合的全体的に評価していく全体説明型の評価方式に傾斜しやすい。アメリカで事実認定モデルとして提示されるストーリー・モデル（Pennington & Hastie 1991）とも親和的といえる。

なお，元裁判官や現職裁判官による著書でも，「事実認定とは，単なる知的な分析や論証にとどまるものではなく，証拠を手がかりにして，私たちの現実の社会生活の実情にあうようなストーリーを，想像力を駆使して，苦労しながら作り上げていくことにほかならない」（土屋・林 2010）と言われている。こうしたストーリー構築型の事実認定のあり方が，規範モデルとして描かれているのである。

さて，京大事件では，井上の意見書で言及された知見を基本的に受け入れて，レイプやセクシュアル・ハラスメントの事実を認めている。井上の意見書は，証拠（甲47号証）として提出されているが，判決では，「証拠　甲1～6，乙1・2，3の1ないし11，43ないし47，48の1，2，49の2，50ないし54，55の1ないし4，55の1ないし3，55の6ないし9，56，57の1および2，59，60号証，証人○山○子，甲野乙子（B），○澤○子，○△良博，被告本人の証言及び弁論の全趣旨によれば，以下の事実が認められる」と，包括的に証拠に言及し，そのうちに，井上の意見書も含む形となっている。そして，これは，自由心証主義をとる民事訴訟法に基づいた事実認定の判決の記載のあり方として，一般的に受容されているスタイルでもある。

この記述からは，井上の意見書そのものがどのように評価されたかは必ずしも明らかではない。ここで言及されている，B本人の証人尋問での証言の真摯

な態度や，被害の深刻さの訴えが，強い説得力を持ったことも確かであるが，判決文で指摘されるレイプ・トラウマについての記述や，Bのとった行動がそうした心理状況のもと不自然でないとの評価は，井上の意見書の内容を受け入れた上でなされたと考えられる。フェミニストカウンセラーが関与して構築していった「もうひとつのストーリー」が，Bの証言と，それを裏打ちする専門的知見によって認められたといえよう。

それが，たやすかったとは決して言えない。しかし，曲がりなりにもそれが奏功した理由の一つとして，その専門的知見の専門性を尊重したというよりは，井上が行ってきた「ストーリーの構築」が，裁判における事実認定のモデルとしての「ストーリーの構築」に適合していたからとは言えないだろうか。つまり，ストーリー構築型の専門的知見は，説得力のある事実の構築に寄与し，その説得力ある事実の構築が，全体としての証拠評価において影響力を持ったと考えられるのである。

しかし，それは，本当にそういえるかという問題もさることながら，そのことをどう評価するのか，という新たな問題提起にもつながりうる。アメリカでは，証拠法に対するフェミニズムからの種々の提言，批判の議論が展開し，ストーリー構築型の事実認定の規範性もそうした文脈の中で説かれることがある。また，ストーリー・モデルは，裁判官の事実認定に対する陪審の事実認定の記述モデルとして提示されることが一般的であり，裁判官の事実認定の規範モデルとしてのストーリー・モデルの意義と，そこでの専門的知見の利用のあり方を検討する一つの準拠を提供していると思われるため，次章では，それを概観することで日本の民事裁判での事実認定の特徴と課題の整理につなげたい。

III——事実認定の専門性と物語性

1 被害のストーリーと証拠法——フェミニズム法学の示唆

アメリカで展開してきたフェミニズム法学は，様々な法の文脈において，これまでの近代法の枠組みや，近代的な合理人の想定が，主に白人成人男性を基

準としており，女性その他のマイノリティを疎外してきたという主張をしてきた。「セクシュアル・ハラスメント」も，そうしたフェミニズムの問題提起によって社会的な問題と認識され，マッキノンなどフェミニズム法学者によって法的な問題として構築され，その法的対応が講じられるようになった（Mackinnon 1979）。1990年代以降，証拠法に対しても，フェミニズムの観点から再検討が行われ，様々な改善策が求められている。フェミニズムからの問題提起は，本稿が扱っているセクシュアル・ハラスメント訴訟などでの事実認定のあり方についての提言にとどまらず，裁判での事実認定全般への批判的検討にもつながっている。

　フェミニズム法学からの証拠法学への問題提起の主たる対象は，性暴力被害やドメスティック・バイオレンスに関係する証拠法理である。それにより，レイプ・シールド法の制定や，レイプトラウマについての証言の許容性を認めるなどの改革が行われ，一定の成果を挙げてきている。[19]

　法は，女性に抑圧的な社会システムを反映しつつ，それを作り出すものでもあり，何が真実かについての基本的な理解を構築するものである。そうした法の表出機能に着目すると，証拠法も，何を信用し，何が理性的かといった社会的観念を反映するルールとして，そこに内在する様々なバイアスに目が向けられることになる（Taslitz 1999）。

　たとえば，DVの被害者の「バタード・ウーマン・シンドローム（BWS）」をめぐっては，その概念を認めた上で，暴力をふるう夫を殺害した女性の正当防衛を成立させるための証拠としてBWSの診断が利用できるかどうかについての一連の論争がある。BWSは，フェミニスト心理学者レノア・E.ウォルカーによる言葉で，パートナーからの繰り返される暴力により，女性の自発的意志が減退し，無力化し，男性から逃げ出せず，自ら従属する，「学習された無力感」に陥るという状況のことを指す。これにより，思いあまってパートナーを襲撃した場合に，それまで逃げなかったことの合理性，また急迫した危険から逃れるためにその襲撃が必要であったと考えたことの合理性を証明するために，BWSの診断の証拠の許容性が求められた。実際に，多くの州ではその許容性が認められてきたとされる。

他方で，この概念に対しては，後述するようにその科学的妥当性を疑問視する声もある（Beecher-Monas 2001: 115）ほか，フェミニズムからの強い反発も見られる。つまり，この概念は，弱く，混乱した女性像を生み出すが，他方で，そのゆがんだ認知の元でありながらも，自分や自分の子どもの身を守るために去らないという選択をする自律性を備えているという矛盾に満ちた存在として描くことになる。法の構築，表出機能を重視すると，BWSによって描かれるこのような女性像を固定化してしまうことへの懸念である。

　それに対し，マホニー（Mahoney 1991）は，BWSに代わって，別離脅迫（separation assault）という概念で被害者ではなく加害者をとらえようとする。加害者は，女性が関係から離脱しようとするのを感じると，激情してさらに支配を強めようとしてしまうということである。男性が支配をしようとする手段に焦点をあてることで，被害女性の行動を理解可能なものとする。それにより，女性を合理的な存在として描き，かつ女性への抑圧構造を持続させるメカニズムに焦点を当てることができるという。

　BWSという見方と，別離脅迫という見方は矛盾するものではない。別離脅迫とみることは，法の構築的な役割に着目し，DVにおける暴力行為の核心にある権力をめぐる争いを明らかにし，法と文化を同時に変えていくための戦略であるという（Mahoney 1991: 93）。また，論者は，こうした主張を裏付けていく際に，報道された事件や知人から聞いた逸話を，社会的事実の証拠として用いて，その説得力を強化しようとする。構築主義的な事実観に加え，逸話を意識的に用いての論述が試みられる。このように，「物語（narrative）」を使った事実の構築という事実観は，構築主義や文化フェミニズムの立場からの証拠法学の考え方の一つの流れを形成している。

　同様にシェッペル（Sheppele 1992）も，アニタ・ヒルの公聴会でのエピソード[20]を用いて，セクシュアル・ハラスメント被害の理解について論じる。被害報告が遅くなったり供述が時間とともに変遷しうるのは，セクシュアル・ハラスメントによるトラウマによるものであり，十分に治療がなされるまでは，関係を修復し，ノーマルな状態にしようとする説明をしてしまうのだという。

　シェッペルは，より一般的に，出来事の説明は，解釈の枠組みに影響を受け

た「物語」であるとする。Mehoneyの議論にもみられるように、このような「物語」アプローチは、構築主義的フェミニズムの立場から、積極的に支持される傾向にある。[21] この立場は、事実認定のあり方としての、ストーリー・モデルとも符合する。ことに、ストーリー・モデル的な全体的な証拠評価を規範モデルとする日本の事実認定モデルとも親和性が高く、こうしたフェミニズム法学の戦略は、事実認定における主流の考え方にアピールするともいえる（Park & Saks 2006: 1008）。

　もっとも、ストーリー・モデルは、一般的には、素人である陪審の常識的な事実判断のモデルととらえられることが多く、証拠に加えて、自らの経験や常識等を駆使して了解可能なストーリーを構築すると考えられている。それに対し、フェミニズムが訴えかけようとする「物語」は、もうひとつの主流の物語に対抗して説得力を得るために、「専門家証言」による補強も必要と考えられていることに注目しなければならない。

　しかし、こうした場合の専門的知見の利用については、リアリズムの流れをくんだ実証主義的な立場から社会科学的証拠も、科学的証拠として、その利用を進めようとする立場とは相容れにくい。1993年の連邦最高裁で科学的証拠の許容性についての判断基準を示したドバート判決[22]では、裁判官が、その証拠が基づいている原理や方法論の科学的妥当性について判断することを求め、その判断基準として、検証可能性や、ピア・レヴュー、公表、誤差、一般的受容性といった複合的な基準を提示している。その後、科学的証拠以外の専門的知見についても、このドバート基準による検討を要するとの連邦最高裁判決も出ている。[23] この基準で、フェミニストカウンセリングなどを含む専門家証言の許容性が判断されると、許容性が否定される危険性が高く、この枠組みで証拠を判断することに対しては警戒を示すものも多い（たとえば、Antczak 2011）。

　他方で、ビーチャ・モナス（Beecher-Monas 2001）は、専門家証言の科学性を重視する司法の流れを受け入れつつ、DV被害の状況を正しく裁判所に認定させる方法を提示している。つまり、個別の事件における社会的な文脈についての証言と、PTSDへの罹患という部分に分けて、社会的文脈について、データに基づいた専門的証言が必要であるという。専門家証言の機能として、事実認定

者への教育という側面を重視する。専門家証言の基礎となる理論やデータへの検証が求められるようになる中，それを拒否するだけでは有効な対応とは言えないだろう。ビーチャ・モナスのいうように，社会的文脈についてのデータに裏付けられた証拠や証言を専門家証言として出していくことが必要になっていくと思われる。

　フェミニズム証拠法学の議論は，具体的な証拠の許容性をめぐって提案されるものと，あまり詳細なルール化を求めず文脈的な物語から力を得ようとする議論とがあり，それらは時には対立する要請ともなりうる。また，具体的なルールを提案し，それが認められても，証拠法上での対応は，手続上の課題に応えるだけであるゆえに，それが裁判でどのような効果を生むかについて正確に予測できないという問題もある。それゆえに，様々な議論が展開しているのに比すると，実際上の改革は，比較的効果が予測しやすいレイプ・シールド法などの限定された領域の個別の改革にとどまっているとも指摘される。

　日本では証拠の許容性が問題にならないこともあり，シェペルが論じるセクシュアル・ハラスメント被害者の告発の遅れや供述の変遷の評価については，同様に問題とされるものの，証拠の問題としては論じられることは少ない。しかし，これをもって，アメリカよりも，よりジェンダー問題に応答性の高い証拠法実務が実現しており，種々の専門家証言にも障壁はないゆえに問題はないと評価することは適切ではないだろう。証拠の実質的な評価のあり方が見えない構造に内在する問題を明確化，客観化していく必要があると考える。そこで最後に，日本の民事訴訟における事実認定のあり方として通用しているストーリー・モデル型の事実認定モデルと，そこでの専門的知見の利用や評価のあり方について課題を整理したい。

2　事実認定モデルと専門的知見

　ストーリー・モデルは，陪審の事実認定モデルとして理解されることが一般で，裁判官による事実認定については，それとの対比で個別認定方式を前提に，ベイズ理論を使ったモデル化を試みる議論もみられる。陪審制をとらない日本では，事実＝法問題の区分や，陪審の事実認定のあり方と，裁判官の事実

認定のあり方を区別したモデル化はなされない。特に，民事においては，証拠の許容性はほとんど問題にならず，自由心証主義の枠の中で，あらゆる証拠を総合的に評価して事実認定を行うため，要件ごとの事実認定がなされるとはいえ，その前提となる証拠評価は，顕出した証拠の，要件に対する証明力を個別に評価して積み上げていくという分析型の評価よりも，全体としての評価という説明がなされ，そのことに対して異論が出されることも少ない。むしろ，前述したように，ストーリー・モデルこそ適切な事実認定の姿と了解されている。日本でもベイズ理論等を用いて，個別要件ごとの蓋然性の評価により事実認定を行うモデルも有力に提唱される（太田1982）が，実務的には，最終的には総合的な評価によって，事件全体のストーリーによる評価の必要性が説かれ（河村2012），こうした，証拠を全体として評価してストーリーを構築するというモデルが，規範的なモデルとして通用している。それは，素人による常識的判断というよりは，専門職の職人的な勘所によった「スワリの良い」事実の評価と考えられ，丁寧で真実により接近しうる事実認定モデルと考えられているようである。しかし，陪審の事実認定のモデルとしてのストーリー・モデルと，職人技によるストーリー構築を厳密に区別することは難しいと思われる。ここでは，アメリカでは，ストーリー・モデルが，真実発見の至上命題からは問題があるととらえられている（たとえばGriffin 2013）ことを指摘しておきたい。ストーリーの構築は，ヒューリスティックな直観的判断による部分が大きく，認知のゆがみや誤りを招起しやすい。もともと持ち合わせている裁判官の認知枠組や，好み，信念などに影響される面が強いのであり，そのことから来るゆがみにも十分に注意を払う必要がある。

　本稿で検討したセクシュアル・ハラスメント訴訟などは，これまでの職場の常識やレイプについての一般的な観念だけによって事実を評価すると，その問題性や被害の事実について理解が難しい事例であった。そこで，こうした裁判では，そうした認識を改めるために，専門家の関与が是非とも必要となる。専門訴訟において，専門的知見は，裁判官に欠ける知識を補うために用いられるが，ここでは，「裁判官に知識を供与し，その認識を変容する」という意味まで含みうる。その意味でも，裁判で受容されにくい専門的知見と考えられる

が，ストーリー・モデルを規範モデルとされる日本では，裁判官の常識や価値観の影響が大きくなりやすいために，そうした専門的知見がより必要となるはずである。[24]

　ストーリー・モデルでは，より完全な物語を作るためには，できるだけ豊富な情報を得ることが望ましいという考え方につながりやすい。実際に，証拠の許容性を広く認める実務は，そうした考え方とも符合しており，フェミニストカウンセリングの知見なども裁判に導入はされ，ストーリー・モデルとの親和性も一般的には高いとは言えるが，個々の裁判官がそれをどのように評価するかについてはなおブラックボックスである。

　他方，こうした専門的知見を導入する手続はどう評価できるであろうか。日本では，専門訴訟では，裁判所委託型の中立的な適切な専門家の関与を求めるのを基本とされており，アメリカ型の党派的な専門家証人の枠組みとは異なると考えられている。しかし，実際上は，専門訴訟でも当事者が，専門家の意見書を出したり，専門家証人をたてて訴訟活動を行っていることが多く，非専門訴訟も含めて，当事者提出型のしくみの利用が主流となっている。当事者提出型の証拠に関しては，証拠の制限や，評価についてのルールも少ない。専門家証言についての特別なルールもないことから，場合によっては，専門家証言に関しては，アメリカ以上に，無規制に当事者主義的な訴訟活動がなされているとも言える（本堂2010）。日本でも，多少はそうした党派性が専門家の意見書に影響を与えていることは認識されているが，それは「堕落形態」（石川ほか2004）ととらえられ，専門家の意見にそうした偏りがあることは当然の前提とはされていない。専門家の出す意見書や，専門家証言については，法的には通常の証拠や証言の扱いとなるが，そうした意見を「私鑑定」と評価し，鑑定に準ずるものとして理解されている面もあることからは，当事者主導型の手続においても専門家は中立的客観的データの提供者と想定されていると考えられる。

　しかし，実際には，専門的知見は，たとえ裁判所委託型の手続を利用したとしても，予め中立的客観的なものとして存在しているわけではない。その上に，党派性が想定される当事者の証人，証拠として専門的知見が導入されていることを直視するならば，なおさら，その中立性・客観性を措定することは困

難である。それを前提に，専門訴訟／非専門訴訟を問わず，目指すべき専門的知見の導入の仕方について改めて検討していく必要があるのではないだろうか。[25]

結びにかえて

　本稿は，非専門訴訟での専門的知見の必要性という観点から，セクシュアル・ハラスメント訴訟を素材に考察を行ったが，逆に，セクシュアル・ハラスメント問題に対するよりよい法的対応のあり方という観点からは，本稿での論点設定は，非常に迂遠な検討と感じられるかもしれない。
　セクシュアル・ハラスメントの予防，救済において，裁判が果たせる役割には限界がある。セクシュアル・ハラスメント訴訟は，ほとんどの場合，被害女性はその職場から去った後，あるいは去ることと引き替えに裁判が提起されている。真に目指すべきなのは，セクシュアル・ハラスメントが生じない環境作りであり，そうした問題が生じた場合には，早期に職場や学校内での調整によって問題を解決することが必要であるといわれる。そのことには，異論はない。
　しかし，裁判で闘い，自らの主張を裁判官に認めてもらうことで，被害者が尊厳を回復することもある。井上が指摘するように，裁判は，それを通じて社会的承認を得るだけでなく，同じような被害者が生まれないよう社会を変えていこうとする仕事としてとらえることができる。そのような意味では裁判は，被害者の心理的回復を助けるものともなる。少なくとも，法学者が，そのことを意識せずに，「こういった事案は裁判には向かない」ということから，裁判を改善する努力を怠ることは許されないだろう。当初のセクシュアル・ハラスメントが，裁判を通じて社会的に問題開示に向かったように，裁判の社会的インパクトも無視できない。裁判での解決は，裁判外での紛争解決のあり方にも影響を与えうる。こうした裁判の意義は過小評価すべきではなく，必要な場合に，司法にアクセスし，そこで適正な審理を受けられるようにするには何が必

要なのかは，つねに問い続ける必要がある。

そして，そのためには，裁判が，フェミニズムも含む様々な知に開かれ，そうした知を取り入れ，応答性の高いシステムとして機能する必要がある。専門的知見の利用は，そうした柔構造の裁判を実現していくための重要な窓口であり，そうした専門的知見の利用や，適切な評価を目指すことは，決してマージナルな論点ではなく，非常に重要な課題であることを再度主張して，本稿の結びに代えたい。[26]

【注】
1) 日本の裁判では，専門的知見を導入する基本の手続が鑑定と考えられている。職権鑑定は認められていないが，裁判所が選任し，中立的な第三者として専門的知見を供与するという位置づけの鑑定や，専門委員制度は，裁判所委託型の専門家であり，当事者の党派性の影響を受けにくい構造となっている。民事訴訟における専門家の位置づけについては杉山(2007)。他方で，今期の民事司法改革では，知財高裁の設置や，医療過誤に対応する医事集中部の設置など，裁判所がわが一定程度，専門性を高めることで専門訴訟に対応する対策もとられている。
2) 医学情報については，書籍・論文・インターネットなどが有力な手段となっているとされる。また，患者側代理人にとって協力医による意見書や証言が重要な要素であることも指摘される。大橋正春・新間祐一郎(2012)。
3) 「性暴力被害によるPTSDの罹患」が主張されることも増えている。PTSDの診断の評価では，精神医学の専門知識を要する。その意味では，非専門訴訟と考えられてきたセクハラ訴訟が，部分的に「専門訴訟」化するとも言えるが，PTSDについてはその医学的判断と司法判断の区別の必要性が説かれており，医療や科学における事実と法的な事実の相違という問題を深めるうえでも重要な論点となっている。
4) いわゆるセクハラ事件として，最初に判決が出された事件としては，1990年に判決が出されたニュー・フジヤホテル事件の静岡地裁浜松支部判決(平成2年12月20日 判例タイムズ745号)がある。もっとも，この事件では，「セクシュアル・ハラスメント」という言葉は用いられていない。他方で，日本で最初の「セクハラ」事件として，西船橋駅で襲いかかってきた男性を払いのけた際，よろけて線路がわに転倒した男性が死亡したという事件が言及されることも多い(原山2011)。これは，上司＝部下，教師＝学生などの関係における支配・従属関係を背景に性的な行為の強要や嫌がらせを行うという意味でのセクハラとはかなり異なる。
5) もっとも，本件では，現象としてはセクハラの違法性が争われたものの，判決の重要な部分においては，これまでの名誉感情の侵害の有無に焦点を当てているし，適用面では性的な言動や職場環境の悪化といったセクハラの核心となる部分が後退しており，法理としてセクハラが認められたとは言いにくいという評価もある(大村2010)。
6) 棚瀬(1972)では，こうした権威付けによる裁判の権力の強さは，国民による裁判の

役割についての位置づけに依存し，日本の裁判が非政治的と受け取られているからこそ，裁判がこのように社会運動に利用されることになるという。
7) これらの意見については，いわゆる正式な鑑定手続ではなく，当事者が証拠として提出する意見書であるが，鑑定書・鑑定意見書という位置づけで紹介されている。
8) 小野和子氏の書いた手記・文書が，加害者たる原告の名誉を毀損するかどうかが問題となる裁判であるため，その文書が原告の社会的評価を低下させるかどうかが問題となる。そこで，「セクシュアル・ハラスメント」についても，それ以前の判例で蓄積された法的概念ではなく，日常用語としての理解が問われており，その点では，セクハラに対する損害賠償請求を認めるかどうかという通常のセクハラ訴訟で問われる「セクハラ」とはとらえ方が異なる面は否めない。
9) 当初，Bは，裁判ではなく人権救済申立を行ったが，それに対して矢野側が，名誉毀損で小野氏やBたちに提訴してきたことで裁判闘争が始まる。Bが証言台に立ったのは，この名誉毀損訴訟であり，そこでの証言が他の裁判でも援用されることとなったという。
10) 判例時報1634号110頁。
11) 横浜地裁平成7年3月24日判決，判例時報1539号111頁。
12) 東京高裁平成9年11月20日判例タイムズ1011号195頁。仙台高裁秋田支部平成10年12月10日判決も，同様に，被害者の行動や供述を不自然とした地裁判決を覆して，セクハラ被害を認めている。
13) 比較的新しいところでは，山形ストーキング・レイプ・セクハラ事件，山形地裁平成17年9月5日では，被害者である原告が，被告のしつこい誘いに「今度の機会に」と言ったり，性的な関係がつづいている期間に被告に迎合的なメールを送っていることについて「心理学専門のカウンセラーである証人井上摩耶子の供述によれば……原告が被告による心理的監禁状態においてこれに服従して義務的にメール応答しているという側面と，被害者の無意識的な自己防衛として積極的に恋人気取りの迎合メールを送っているという側面とが共に認められ，この間の原告の心理状態は，前記認定の通り，心理学上ストックホルム症候群として説明することが可能であると認められる」と，被害を認めている。
14) 現に，平成23年には最高裁第二小法廷で，セクハラ訴訟同様に，被害者と被告人の供述が対立した刑事での強姦事件で，被害者が逃げたり助けを求めなかったのは不自然であるとして，地裁・高裁での有罪判決を破棄して無罪判決を出している。この事件では最高裁判事の常識で了解できる経験則（それは，しばしばレイプ神話と言われるものでもある）にもとづいた判断と批判もされている（杉田編著2013）。これは，刑事の強姦事件での判断であるが，最高裁判決であることもあり，後続する同様の刑事の性犯罪被害事件だけでなく，民事のセクハラ訴訟での事実認定への影響も懸念され，実際に，セクハラ訴訟でも，被害を否定するような判決が出始めているとも言われている。
15) 性犯罪被害についての専門的知見に基づいて，セクシュアル・ハラスメントの事実を認めた平成9年の東京高裁判決でも，セクシュアル・ハラスメントの成立を判断する基準として「社会通念」を挙げている。「社会通念」は，裁判官の価値観や経験によるバイアスの影響を受けやすい概念であり，専門的知見の導入なしに，この基準のみが維持されると，むしろセクシュアル・ハラスメントの事実が認められにくくなる恐れがある。
16) 1992年には，性的虐待で告発された側が，「偽りの記憶症候群財団」を設立して大論争

となった。日本では、矢幡洋（2003）『危ない精神分析』が、ハーマンの『心的外傷の回復』に対する、ロフタスによる偽りの記憶の主張をベースに、偽りの記憶の立場から日本でのPTSDブームを批判している。この論争に対する批判的検討として、周藤（2004）。しかし、PTSDは、すでに損害賠償の対象となる被害や、刑事における傷害としても認められるようになってきており、その診断基準も精緻化してきている。PTSDのように目に見えない損害が、深刻な損害として認めていくことには意義があるし、非専門訴訟とされてきたセクハラ訴訟のような訴訟で、精神医学的証拠が用いられて、その被害をより客観的に評価し、その深刻さを損害賠償等に反映することは、専門訴訟化の流れとして評価しうる。我々が論ずべきなのは、PTSDという概念そのものではなく、精神医学上の診断と、法的な判断の違いを認識した上で、いかに専門的知見を活用していくかという課題だろう。

17) これは、事実が客観的に存在し、それを確認するという実証主義的な考え方とは異なり、まさに、事実を構築していく作業でもあるゆえに、「カウンセラーによる被害事実のねつ造である」との批判にもつながる。偽りの記憶の主張にもつながりかねない。しかし、これは後述するように、裁判における事実認定そのものの構築性ともつながるのであり、フェミニストカウンセリングをもって、それをジャンクサイエンスの名で片付ければ済む問題ではないだろう。他方で、フェミニストカウンセリングの専門性については、確かに、一種の専門的知見と評価できるものの、そもそもその出発点において、専門家＝素人という権力関係を否定する脱プロフェッショナリズム運動の流れから生まれたカウンセリングであることからも、その専門性の意味について問い直す必要もあるだろう。

18) これについて、甲野（2001）に詳しい。そして、証人尋問の後、Bは、大きく心理的回復の一歩を踏み出すことが出来たとされ、まさに「サバイバー・ミッション」を達成できた例と言える。

19) レイプ被害者の過去の性的関係についての証拠を許容しないとするルールで、事件の争点を、女性の貞節ではなく、加害者の行動に置き、被害者をプライヴァシー侵害から保護することを目的とする。

20) 連邦最高裁の候補だったトーマスの公聴会で、かつてトーマスからのセクハラ被害にあったというアニタ・ヒルの証言の公聴会でのやりとり。

21) 棚瀬教授も、こうした批判的な議論の示唆を受け、法の構築的性格を正面から据えて、法理論を展開されていた（たとえば棚瀬2001）。

22) Daubert v. Merrell Dow Pharmaceuticals, Inc.113S.Ct.2786（1993）.

23) Kumho Tire Co., Ltd. v. Chemicael, 526U.S.137（1999）.

24) 今回、事例として扱った京大セクハラ事件などは、フェミニストカウンセリングが利用されて、男性の想定するセクハラ被害者像が現実とは異なることを裁判官に示すことに成功した事例であった。しかし、そうした認識が裁判官に定着していない以上、その意味での教育者としての専門家の関与を進めるほか、やはり裁判官の意識向上やそのための研修の強化も進める必要があろう。

25) 本稿では、これ以上展開できないが、たとえば両当事者の立てた専門家証人同士で議論をして、専門家の間で合意できる点を確認していくコンカレント・エビデンスという方式が、オーストラリアなどで導入され、成果を挙げているが、こうした方式は、日本

の事実認定モデルと本来的にはなじみやすく，導入の検討がなされるべきではないかと考えられる。

26) 本稿は，科学研究費基盤(B)の研究助成の研究成果の一部である。

【参考文献】

Ancheta, N.Angelo (2006), SCIENTIFIC EVIDENCE AND EQUAL PROTECTION OF THE LAW, Rutgers Univ. Press.

Antczak, M.Harriet (2011), "Problems at Daubert: Expert Testimony in Title VII Sex Discrimination and Sexual Harassment Litigation", 19Buff.J.Gender L.& Soc.Pol'cy33

Beecher-Monas, Erica (2001), "Domestic Violence: Competing Conceptions of Equity in the Law of Evidence" 47Loy.L.Rev81-136.

Eric, J.Rosemary & Simon, J.Rita (1998), THE USE OF SOCIAL SCIENCE DATA IN SUPREME COURT DECISIONS, University of Illinois Press.

Griffin, K. Lisa (2013), "Narrative, Truth, and Trial" 101Georg. L.J.281.

原山擁平 (2011)『セクハラの誕生　日本上陸から現在まで』東京書籍.

晴野まゆみ (2001)『福岡セクシュアル・ハラスメント裁判手記　さらば，原告A子』海鳥社.

長谷川公一 (1988)「『現代型訴訟』の社会運動論的考察」法律時報61-12，65-71頁.

本堂毅 (2010)「法廷で科学はどのように捉えられているか」科学80-2，154-160頁.

井上摩耶子編 (2010)『フェミニストカウンセリングの実践』世界思想社.

井上摩耶子 (2013)「フェミニストカウンセラーからはじまるセクシュアルハラスメント」現代思想41-15，188-196.

石川正ほか (2004)「座談会：現代型訴訟と鑑定—私鑑定を含めて」NBL 782号，4-23.

河村浩 (2012)「民事裁判の基礎理論・事実判断の構造分析(上)(中)(下)」判例時報2176号，3-20，2177号，13-27，2179号，2-28.

河野貴代美 (1991)『フェミニストカウンセリング』新水社.

――― (2004)『フェミニストカウンセリング　パートⅡ』新水社.

甲野乙子 (2001)『悔やむことも恥じることもなく　京大・矢野教授事件の告発』解放出版社.

Mackinnon, A.Catharine, SEXUAL HARASSMENT OF WORKING WOMEN, Yale Univ. Press.（邦訳　キャサリン・A．マッキノン『セクシャル・ハラスメント・オブ・ワーキング・ウイメン』こうち書房1999）

Mahoney,R.Martha (1991), "Legal Image of Battered Women: Redefining the Issue of Separation", 90Mich.L.Rev.1-93.

大橋正春・新間祐一郎 (2012)「証拠の収集―――現代型訴訟と証拠収集」新堂幸司監修『実務民事訴訟講座〔第3期〕第4巻　民事証拠法』日本評論社.

大村敦志（2010）「不法行為判例に学ぶ　第21回　福岡セクシュアル・ハラスメント事件」月刊法学教室363号102-110頁.
小野和子編著（1998）『京大・矢野事件　キャンパス・セクハラ裁判の問うたもの』イザラ書房.
太田勝造（1982）『裁判における証明論の基礎』弘文堂.
Park ,C. Roger& Saks,J.Michael（2006）, "Evidence Scholarship Reconsidered: Results of the Interdisciplinary Turn", 47B.C.L.Rev.949-1031.
Pennington, Nancy & Hastie, Reid（1991）, "Cognitive Theory of Juror Decision Making: The Story Model", 13Cardozo.L.Rev.519.
新堂幸司（2011）『新民事訴訟法　第五版』弘文堂.
職場での性的嫌がらせと闘う裁判を支援する会編（1992）『職場の「常識」が変わる──福岡セクシュアル・ハラスメント裁判』.
杉田聡編著（2013）『逃げられない性犯罪被害者　無謀な最高裁判決』青弓社.
杉山悦子（2007）『民事訴訟と専門家』有斐閣.
Suk, Jeannie（2010）, "The Trajectory of Trauma: Bodies and Minds of Abortion Discourse",110Colum.L.Rev.110.
周藤由美子（2004）「『偽りの記憶』論争から何を学べばいいのか──『危ない精神分析』を批判する」フェミニストカウンセリング研究3，58-67.
棚瀬孝雄（1972）「裁判をめぐるインフルエンス活動」（法社会学講座5）岩波書店.
──（2001）「法の解釈と法言説」棚瀬孝雄編著『法の言説分析』ミネルヴァ書房.
Taslitz, E. Andrew（1999）, "What Feminism Has to Offer Evidence Law", 28SW. U. L.Rev.171
土屋文昭・林道晴（2010）『ステップアップ民事事実認定』有斐閣.
渡辺千原（2010）「法を支える事実」立命館法学333-334号1803頁.
矢幡洋（2003）『危ない精神分析』亜紀書房.
井上摩耶子氏（ウィメンズカウンセリング京都）へのインタビュー（2013年4月19日＠ウィメンズカウンセリング京都）からも，多くの示唆を得ました.

地方自治への司法介入
――神奈川県臨時特例企業税事件を手がかりとして

阿部昌樹

I――拒否権プレイヤーとしての裁判所

　地方分権の推進を図るための関係法律の整備等に関する法律の制定によって，地方税法の法定外税に関する諸規定の大幅な改正が行われたのは，1999年7月のことであった。主たる改正点は，次の3点である。第1に，それまで自治体には，普通税に限って法定外税の創設が認められていたが，法定外目的税の創設も可能となった。第2に，自治体が法定外税を創設するに際しては，それまでは自治大臣の許可を得なければならなかったが，自治大臣と協議したうえで，その同意を得なければならないものとされた。自治大臣の関与の権力性を弱めることを意図した，許可制から協議に基づく同意制への移行である。第3に，それまでは，自治体が創設を企図している法定外税に関して，その税収入を確保できる税源があることと，その税収入を必要とする財政需要があることとが，自治大臣がその法定外税の創設を許可しなければならない積極要件として明示されていたが，それらが削除され，それ以前から法定されていた3つの消極要件のいずれにも該当しない場合には，自治大臣は，税源や財政需要の有無を考慮することなしに，法定外税の創設に同意しなければならないものとされた。3つの消極要件とは，「国税又は他の地方税と課税標準を同じくし，かつ，住民の負担が著しく過重となること」，「地方団体間における物の流通に重大な障害を与えること」，および，「国の経済施策に照らして適当でないこ

と」である。なお、2001年に実施された中央省庁再編により、自治省は、総務庁および郵政省と統合され、総務省となったため、それ以降は、自治大臣ではなく総務大臣と協議し、その同意を得ることが、法定外税創設の必要条件となった。

　この新たな仕組みの下で、はじめて創設された法定外普通税は、神奈川県臨時特例企業税であった。2001年3月に制定された神奈川県臨時特例企業税条例によって創設されたこの税は、同年6月に総務大臣の同意を得たうえで、実施に移された。ところが、2005年10月に、いすゞ自動車株式会社が、神奈川県臨時特例企業税条例は憲法および地方税法に違反しており、無効であるとして、同条例に基づいて同社が神奈川県に納めた税の還付等を求める訴訟を提起した。この訴訟において、第1審の横浜地方裁判所では、原告であるいすゞ自動車が勝訴したが、控訴審の東京高等裁判所では、控訴人である神奈川県が逆転勝訴した。そして、最高裁判所では、上告人であるいすゞ自動車が再逆転勝訴した。この最高裁判決を踏まえて、敗訴が確定した神奈川県は、いすゞ自動車のみならず、臨時特例企業税を納付していた他のすべての企業に対しても、納税額相当額を還付するとともに、還付加算金をも支払うこととなり、その総額はおよそ634億円となった。還付加算金の分だけ、税収よりも支出が上まわる結果となり、法定外普通税の創設によって税収増を実現しようという神奈川県の企図が、最高裁によって完全に挫折させられたことになる。

　ただし、神奈川県臨時特例企業税条例それ自体は、最高裁判決が出された2013年3月21日の時点では、既に失効していた。2003年3月に地方税法が改正され、法人事業税に外形標準課税が一部導入されたことを踏まえて、翌2004年2月に同条例の改正が行われた際に、同条例の附則に、2009年3月末をもって同条例はその効力を失う旨が規定され、この規定に基づいて、同条例は、最高裁判決が下されるおよそ4年前に、その法的な効力を喪失していたのである。したがって、臨時特例企業税の課税を自治体レベルにおける租税政策のひとつとして捉えるならば、最高裁判決は、この政策が実施され、終了した後に、その合法性を事後的に評価したにすぎない。最高裁判決によって、この政策を実施できなくなったわけではないのである。これに対して、総務大臣の同意は、

もしもそれが得られなければ，自治体レベルにおける租税政策の実施それ自体が不可能になる。総務大臣が新税創設に同意しない場合と最高裁が新税を違法と認定する判決を下す場合とでは，それに後続する事態の推移はけっして同一ではないのである。

　しかしながら，税収を増加させようという神奈川県の目論見が，最高裁判決によって挫折させられたことは確かであり，それは，総務大臣の同意が得られなかったならば生じたであろう事態と異ならない。また，総務大臣の同意が得られなかった場合には，その効果は，期待していた税収が得られないだけにとどまるのに対して，神奈川県の場合，最高裁判決の後に，臨時特例企業税を納付していたすべての企業に対して，納税額相当額を還付するとともに，還付加算金をも支払うことになった点を重視するならば，総務大臣の不同意よりも条例を違法と認定する最高裁判決の方が，神奈川県が被ったダメージは大きかったと言うこともできる。これらの点を踏まえるならば，この事例において，最高裁は，神奈川県の租税政策上のイニシアティヴに対して，G.ツェベリスのいうところの，拒否権プレイヤー（veto player）としての役割を演じたと見なしてよいであろう（Tsebelis 2002＝2009）[1]。

　ツェベリスは，政策を変更するためには，その同意を得なければならないアクターを，拒否権プレイヤーと呼んでいる。彼によれば，政策変更の容易さを左右するのは，拒否権プレイヤーの数と，それらの拒否権プレイヤー相互間の選好の相違の程度である。すなわち，拒否権プレイヤーの数が多いほど，そしてまた，拒否権プレイヤー相互間の選好の相違が大きいほど，政策の変更は困難となる。ツェベリスによれば，大統領制と議院内閣制とでは，いずれが政策変更が容易かといった問いや，二大政党制と多党制とでは，いずれが政策変更が容易かといった問いは，政策変更の容易さを左右する変数の把握を誤っている。政策変更の容易さを左右するのは，大統領制か議院内閣制か，二大政党制か多党制かといった政治システムの特徴ではなく，それぞれの政治システムにおける拒否権プレイヤーの数と，それらの拒否権プレイヤー相互間で，理想とする政策や許容できる政策に，どの程度の隔たりがあるかなのである（Tsebelis 2002：2-6＝2009：2-6）。

ツェベリスによれば，拒否権プレイヤーは，その合意が得られなければ政策の変更ができない旨が憲法に規定されている制度的拒否権プレイヤー（institutional veto player）と，政治過程をとおして産み出された党派的拒否権プレイヤー（partisan veto player）とに大別できる。内閣の提案した法案が法律になるためには，上院と下院の両院による可決が必要とされる場合，両院のそれぞれが制度的拒否権プレイヤーである。また，ある種の法案に関しては，それが法律となるためには，国民投票によって投票者の過半数の賛成を得なければならないとされている場合，有権者の集合が制度的拒否権プレイヤーであるし，裁判所が違憲法令審査権を有しており，裁判所の判断によって法律を無効とすることができる場合，裁判所とりわけ最上位裁判所もまた，制度的拒否権プレイヤーである。これに対して，結束力の強い政党が下院の圧倒的多数の議席を占めており，その政党が是としないような法案が下院で可決されることはあり得ないような場合には，その政党が党派的拒否権プレイヤーである（Tsebelis 2002：19-20, 78-81＝2009：25-26, 99-103）。

　もっとも，裁判所に関しては，ツェベリスは，裁判所は制度的拒否権プレイヤーではあるが，裁判官の選好が，その任命権者の選好と大きく隔たることは稀であり，それゆえ，裁判官の任命権を有するアクターが政策変更の発案者もしくは拒否権プレイヤーである場合に，その裁判官任命権者を含む裁判所以外の諸アクターの選好から予想される政策変更の容易さの程度が，裁判所を分析対象に含めることによって変化することはほとんどないと論じ，このことを，裁判所はほとんど常に，他の拒否権プレイヤーによって吸収されてしまっていると表現している（Tsebelis 2002：226-228＝2009：284-287）。

　しかしながら，裁判官の選好は，必ずしも常に，任命権者の選好と一致するとは限らないし，裁判官を任命する権限を有するアクターが，あらゆる種類の政策に対して，拒否権を行使する権限や機会を有しているとも限らない。それゆえ，裁判所が拒否権プレイヤーとしての役割を演じうる余地は，ツェベリスが想定しているよりも広いように思われる。そして，実際，ツェベリスの研究に示唆を受けた多くの研究者が，裁判所を拒否権プレイヤーとして位置づける研究を行っている。例えば，N.アリヴィゼイトスは，ヨーロッパ諸国におけ

る裁判所の，拒否権プレイヤーとしての活動の積極性の程度に相違をもたらす要因を検討しているし (Alivizatos 1995)，M.ヴォルカンセクは，具体的争訟の存在を前提としない抽象的違憲法令審査権を有するイタリアの憲法裁判所を拒否権プレイヤーとして捉えたうえで，その存在および活動が，立法府および執政府の活動に対して及ぼす影響を分析している (Volcansek 2001)。また，M.テイラーは，イタリアの憲法裁判所と同様に抽象的違憲法令審査権を有するブラジルの連邦裁判所を，少なくとも潜在的には拒否権プレイヤーとして活動しうる存在であると見なしたうえで，そのことの政治的含意を探究しているし (Taylor 2006)，F.ボウズは，インドにおける国会と最高裁判所の関係を，拒否権プレイヤーの概念を用いて分析している (Bose 2010)。

さらに，神奈川県臨時特例企業税のような自治体レベルの政策に関しては，裁判所は，違憲法令審査権を行使することなしに，その政策が国会が制定した法律に違反していることを理由としても，その政策を葬り去ることができる。すなわち，裁判所は，拒否権を行使するために，国会が制定した法律の合憲性を否定する必要がない。このことは，裁判所は，拒否権を行使しても，そのことによって，少なくとも表面的には，法律を制定した国会やその法律の案を国会に提出した内閣と対立せずに済むということを意味している。そして，そうであるがゆえに，裁判所が拒否権プレイヤーとしての役割を演じることは，法律という形式を採った国レベルの政策に対してよりも容易であり，それゆえ，裁判所がそうした役割を演じる頻度は，法律が審査対象となった場合に比して，相当程度高まるのではないかと想定される。

もっとも，内閣提出法案を国会のいずれかの院が否決する事例のような，同一の政治システムに属するアクター間の関係と，自治体の議会が制定した条例を国の機関である裁判所が違法と判断する事例のような，異なる政治システムに属するアクター間の関係とを，同じ拒否権プレイヤーという語で捉えることの適切性に関しては，それを疑問視することも可能であろう。しかしながら，ツェベリス自身が，ある国の政策形成過程において，外国のアクターが，その介入がなければ形成されたであろう政策の形成を阻む役割を演じているならば，その外国のアクターも拒否権プレイヤーとして数え上げるべきであると述

べているし（Tsebelis 2002：36＝2009：47），B.ハインミラーは，合衆国において連邦水資源開発法（Water Resources Development Act）によって制度化された，五大湖周辺の各州知事が，他州による五大湖の湖水の利用に対して，所定の条件を充たした場合には拒否権を行使しうる仕組みを，ツェベリス等の研究に依拠しつつ，拒否権プレイヤーという語を用いて分析している（Heinmiller 2007）。また，我が国においても，北村亘が，神奈川県臨時特例企業税もそのひとつである法定外税の創設過程を，自治体の首長を発案者とし，自治体の議会と総務大臣とを拒否権プレイヤーとする「地方課税ゲーム」として描き出している（北村2002; 2004）。拒否権プレイヤーという概念は，単一の政治システムの内部で完結する政策形成過程のみならず，複数の政治システムにまたがる政策形成過程にも適用可能な，汎用性の高い概念なのである。

　しかしながら，こうした汎用性の高さは，拒否権プレイヤーという概念の利点ではなくむしろ，その欠点であると見なすべきかもしれない。あるアクターが拒否権プレイヤーであるという指摘は，それ自体としては，そのアクターが同意しなければ現状を変更するような政策の形成は不可能であるということの，単なる言い換えにすぎなくなってしまうからである。重要なことは，むしろ，あるアクターが拒否権プレイヤーであるか否かではなく，あるアクターが拒否権プレイヤーであることが，そのアクターを包摂する政治システムの作動や，その政治システムと他の政治システムとの関係に対して，どのような効果を有しているかなのである。

　本稿が重視するのは，まさにその点である。すなわち，神奈川県臨時特例企業税条例を違法と判断した最高裁判決をひとつの素材として，自治体が政策上のイニシアティヴを発揮したことに後続するプロセスにおいて，裁判所がその自治体の企図を挫折させる拒否権プレイヤーとしての役割を演じることが，自治体の政策形成過程やその産出物としての政策に，そしてさらには国の統治機構総体と自治体との関係に，どのような影響をもたらすのかを検討することが本稿の課題である。この課題に取り組むためにはまず，神奈川県臨時特例企業税がいかなる税であり，この税を，総務大臣が，そしてまた，この税が地方税法に反するものであるかが争点となった訴訟を審理した各審級の裁判所が，ど

のように評価したのかを概観しておく必要がある。

II——神奈川県臨時特例企業税事件

1 神奈川県臨時特例企業税条例

　2001年3月21日に制定された神奈川県臨時特例企業税条例によれば，神奈川県臨時特例企業税は，当分の間の措置として（同条例2条），神奈川県内に事務所または事業所を設けて事業活動を行っている，資本金額もしくは出資金額が5億円以上の法人に対して（同条例3条および4条），課税年度における利益のうちで，法定税である法人事業税の課税標準である所得の計算に際して，前年度以前の欠損金の繰越控除が認められ，それゆえに，課税対象とはならない金額を課税標準として（同条例7条1項），原則として3％の税率で課税するものであった（同条例8条）。

　同条例が制定されたことを受けて，神奈川県は，翌3月22日に，地方税法の規定に基づいて，総務大臣に協議の申し出をした。これを受けて，総務大臣は，神奈川県と協議を進めるともに，同じく地方税法の規定に基づいて，財務大臣への通知と地方税制審議会への意見聴取を行ったが，財務大臣からの異議の申し出はなされず，地方税制審議会は，神奈川県の新税創設に同意することが適当であると考える旨の意見を述べた。そこで，6月22日付けで，新税の創設に同意した。この総務大臣の同意を受けて，同条例は，7月2日に公布され，8月1日に施行された。

　その後，2003年に地方税法が改正され，法人事業税に外形標準課税が一部導入されたことを受けて，2004年2月に同条例の一部改正が行われた。この改正によって，臨時特例企業税の課税標準に関する規定が，改正された法人税法の規定を踏まえたものに改められるとともに，税率が3％から2％に引き下げられ，あわせて，同条例は2008年度限りで失効する旨の附則が加えられた。

　いすゞ自動車が，同条例は憲法および地方税法に違反しており，無効であるとして，同条例に基づいて同社が神奈川県に納めた税の還付等を求める訴訟を

横浜地方裁判所に提起したのは，この条例改正の翌年，すなわち2005年の10月25日のことであった。

2　横浜地方裁判所2008年3月19日判決[4]

　第1審の横浜地裁は，概ね以下のように判示して，原告であるいすゞ自動車の請求を認容した。

　地方税法において，法人事業税の課税標準である所得の計算に際して欠損金の繰越控除が認められているのは，特定の事業年度に生じた欠損金をある範囲内において以後の事業年度の利益と通算することにより，法人の所得を長期的に把握し，そうすることによって法人の担税力を的確に課税に反映させるためであり，地方税法は，そうした目的を有する欠損金の繰越控除の制度を，全国一律に適用すべきものとして定めている。そして，欠損金の繰越控除が行われる結果，法人に所定の事業年度内の欠損金がある場合には，当期の所得から繰越控除欠損金を除いた額が課税標準となり，その限度で法人事業税が課税されることになるという効果が生じている。これに対して，神奈川県臨時特例企業税は，その創設経緯から判断するならば，法人事業税における欠損金の繰越控除のうちの一定割合について，その控除を実質的に遮断し，その遮断した部分に相当する額を課税標準として，法人事業税に相当する性質の課税をすることを目的としたものであり，実際，そのような効果を発生させている。すなわち，地方税法の定める法人事業税における欠損金の繰越控除の制度と神奈川県臨時特例企業税の課税とは，その目的および効果が相反しており，法人事業税と神奈川県臨時特例企業税が同時に課せられる法人については，後者の課税により，前者に関して地方税法に規定された，欠損金の繰越控除制度の目的および効果が阻害されることになる。したがって，神奈川県臨時特例企業税の課税は，地方税法に違反しており，そうした税を創設する神奈川県臨時特例企業税条例もまた違法である。

3　東京高等裁判所2010年2月25日判決[5]

　神奈川県は，横浜地裁判決を不服として控訴したが，控訴審を担当した東京

高裁は，概ね以下のような理由に基づいて横浜地裁判決を破棄した。

　地方税法は，法人事業税の課税標準である所得の計算に際しての欠損金の繰越控除を，全国一律に必ず実施されなければならないほどの強い要請として法定しているわけではないし，同法が，法人事業税については，原則として，欠損金の繰越控除により課税をしないものとしている控除前の利益に，別の税が課税されることを，強く拒否しているわけでもない。その一方で，法律の定める税目の課税標準等を条例によって変更することは，法律がそれを許容している場合を除いては許されない。こうした観点から神奈川県臨時特例企業税を見ると，同税は，法人事業税が課税の対象としていない欠損金を繰越控除する前の利益に課税するものであり，法人事業税とは課税標準が同一ではない別の税目であって，法人事業税の課税標準等を変更する趣旨のものではない。すなわち，同税は，法人事業税とは別個の，より応益性を重視した性格を有する税目として，法人事業税と併存しうる実質を有している。したがって，同税を創設する神奈川県臨時特例企業税条例は，地方税法の法人事業税に関する規定と矛盾抵触し，これに違反するものであると言うことはできない。

4　最高裁判所第一小法廷2013年3月21日判決[6]

　逆転敗訴したいすゞ自動車は，最高裁に対して上告受理申し立てを行った。最高裁は上告審として事件を受理したうえで，口頭弁論を開き，概ね以下のような理由に基づいて東京高裁判決を破棄した。

　神奈川県臨時特例企業税条例の同税に関する規定は，地方税法の定める欠損金の繰越控除の適用を一部遮断することをその趣旨・目的とするものであり，また，同税を賦課することによって，各事業年度の所得の金額の計算に際しての欠損金の繰越控除が，実質的に一部排除されるという効果が生じる。こうした趣旨・目的および効果に鑑みるならば，神奈川県臨時特例企業税条例は，各事業年度間の所得の金額と欠損金額の平準化を図り，法人の税負担をできるだけ均等化して公平な課税を行うという趣旨・目的から，欠損金の繰越控除の必要的な適用を定める地方税法の規定との関係において，その趣旨・目的に反し，かつ，その効果を阻害する内容のものであって，法人事業税に関する同法

の強行規定と矛盾抵触するものとしてこれに違反し，違法・無効であるというべきである。

　この最高裁判決によって神奈川県の敗訴が確定し，その結果，神奈川県は，訴訟の相手方であったいすゞ自動車に対してのみならず，臨時特例企業税を納付していた他のすべての企業に対しても，納税額相当額を還付するとともに，還付加算金をも支払うこととなり，その総額はおよそ634億円となったことは，既に述べたとおりである[7]。

5　最高裁判決の重要性

　裁判所を，自治体にとっての，その同意を得なければ自らの政策的意図を貫徹することのできない，ツェベリスのいうところの拒否権プレイヤーとして捉えようとする本稿にとって，神奈川県臨時特例企業税事件最高裁判決は，次の2点において重要なものである。

　その第1は，この最高裁判決は，法律の規定に従うならば，このような判決しかあり得なかったと見なしうるようなものではないという点である。地方税法が，法定外普通税を創設しようとする自治体の企てに対して，どのような制約を課しているのかは，少なくてもその制約の細部に関しては，けっして明白ではない。そして，神奈川県臨時特例企業税事件は，そうした地方税法の不確定性を前提とした，同法をいかに解釈すべきかを中心的な争点とした訴訟だったのである。このことは，同じ地方税法の規定に基づいて，横浜地裁と最高裁は神奈川県臨時特例企業税条例を違法であると判断し，東京高裁はそれを違法ではないと判断したことから明らかであろう。

　ちなみに，東京高裁は，その判決理由において，神奈川県臨時特例企業税事件が，適用すべき法が不確定なハード・ケースであることを，正面から認めている。すなわち，この事件においては，「当事者双方から多くの行政法・税法学者を中心とする専門家の意見書等が証拠として提出されている」ことや，それらは，大きくは，控訴人の主張を結論として支持するものと被控訴人の主張を結論として支持するものとに二分されるが，「結論を同じくする見解の中でも，その論拠は必ずしも同一ではない」ことに言及し，「このことは，本件の

争点が慎重な検討を要する困難な問題であることを如実に表している」と述べているのである。この事件が，法律の条文それ自体や判例として確立された法解釈をそのまま適用することによって解決しうるような案件ではないことの，率直な承認に他ならない。このような事件における裁判所の判断は，法的な観点からはいずれを選択することも可能な複数の選択肢のうちの1つを主体的に選択した，その結果に他ならないのである。

　第2の重要な点は，総務大臣が，神奈川県との協議を経て，そしてまた，財務大臣から異議の申し出がなされず，地方税制審議会からは，神奈川県が企図している臨時特例企業税の創設に同意することが適当であると考える旨の意見が出されたことを踏まえて，この新税を創設することに同意したにもかかわらず，最高裁はこの新税を違法と判断したのであるが，しかし，最高裁は，総務大臣の同意に関しては，それを違法になされたものであると否定的に評価しているわけではないということである。最高裁は，神奈川県臨時特例企業税は違法であるが，その違法な法定外普通税の創設に総務大臣が同意したことには，何らの法的瑕疵もないと判断しているのである。

　なぜそのような判断が可能であるのかは，金築誠志判事の補足意見に示されている。すなわち，金築補足意見によれば，地方税法が定める総務大臣の同意制度は，「不同意事由の内容や規定振りからして，少なくとも主として，政策的観点からのコントロールを意図しているもの」であり，「仮に条例の法律適合性の審査をも含むとしても，法律適合性全般をカバーするものとは解し難」い。

　総務大臣の同意制度がそのようなものであるとするならば，総務大臣がある法定外税の創設に同意したということは，総務大臣としては，その法定外税が完全に合法であると判断したということを意味しない。総務大臣は，ただ単に，同意を求められている法定外税については，「国税又は他の地方税と課税標準を同じくし，かつ，住民の負担が著しく過重となること」，「地方団体間における物の流通に重大な障害を与えること」，および，「国の経済施策に照らして適当でないこと」という，地方税法に規定された3つの消極要件のいずれも存在しないと判断したにすぎないのである。そして，ある法定外税について，

これらの消極要件のいずれも存在しなくても，その法定外税が，地方税法の消極要件について規定する条文以外の条文や，同法ないしは同法によって創設された諸制度の趣旨・目的，そしてさらには地方税法以外の法律の条文や法の一般原則等に照らして違法である可能性は残る。金築補足意見によれば，そうした可能性を精査するのは，総務大臣ではなく裁判所の役割である。そして，そうであるがゆえに，裁判所は，ある法定外税の創設に対して総務大臣が与えた同意を，法的観点から見て何らの瑕疵もない正当なものであると認めつつ，同時に，総務大臣が同意したその法定外税を，違法と認定することができる。神奈川県臨時特例企業税事件は，そうした案件に他ならない。

もちろん，実際には，総務大臣もしくはその命を受けた総務省の官僚たちは，その審査を地方税法が定める消極要件の存否に限定することなく，神奈川県臨時特例企業税が合法なものであるか否かを，細かに検討したかもしれない。そして，そのうえで，同税は完全に合法であるという判断に達したがゆえに，神奈川県に対して同意を与えたのかもしれない[11]。しかしながら，実際がどうであったのかは，差し当たりは問題ではない。ここで確認しておくべきことは，法解釈のレベルにおいて，総務大臣の判断は政策的判断であり，裁判所の判断はそれとは別の法的判断であるという切り分けを行うことによって，総務大臣の判断は誤りであったと指弾することを回避できているということである[12]。

以上の第1の点と第2の点とを結びつけることによって，次のような結論を導き出すことができよう。最高裁は，神奈川県臨時特例企業税事件に上告審裁判所として対応することをとおして，裁判所が，ある法定外税の創設に対して総務大臣が与えた同意を瑕疵のあるものとして指弾することなしに，かつ，国会が制定した法律の諸規定を，それ自体としては尊重しつつ，そのうえで，それらの法律の諸規定の複数の可能な解釈のうちから，その法定外税は違法であるという判断につながるようなものを主体的に選択することによって，自治体の租税政策上のイニシアティヴに対して拒否権を発動しうることを，実例をもって示したのである。この判決の重要性は，その点にある。すなわち，この判決は，裁判所が，国の立法部門や執政部門と正面から対立することなしに，

自治体が政策上のイニシアティヴを発揮したことに後続するプロセスにおいて，その自治体の企図を挫折させる拒否権プレイヤーとしての役割を演じることができることを示した事例として，重要なのである。

Ⅲ——裁判所が拒否権プレイヤーであることの効果

　ツェベリスは，拒否権プレイヤーの追加は，その追加される拒否権プレイヤーの選好が，既存の拒否権プレイヤーのいずれかの選好と近似するか，あるいは，その拒否権プレイヤーが理想とする政策が，政策空間において既存の拒否権プレイヤーのそれぞれが理想とする政策を示す点を結ぶ線分上に位置づけられるような場合を除いては，現状変更を困難にすると述べている（Tsebelis 2002：20-30＝2009：26-39）。このツェベリスの指摘は，自治体の政策形成に対して裁判所が拒否権プレイヤーとしての役割を演じる場合についても，当然に妥当する。すなわち，神奈川県臨時特例企業税事件が示しているように，条例の形式を採って形成される自治体の政策は，たとえその政策に関連した法律を所管する中央府省がそれを是認したとしても，裁判所が違法と認定すれば，法的に有効なものとしては存続し得なくなるのであり，それゆえ，現状を変更するような政策の形成は，裁判所がその合法性を是認する範囲内に限定されることになるのである。

　この裁判所が拒否権プレイヤーであることに由来する制約は，それが現実化するのは，自治体の政策の違法性を主張する訴訟が提起され，その政策を違法と認定する裁判所の判決が確定した段階においてであるが，自治体としては，政策が裁判所によって違法と認定されることを回避したいと欲するのであれば，まずは政策形成段階において，形成しようとしている政策の違法性を主張する訴訟が提起された場合に裁判所が下すであろう判決を予測したうえで，それへの対応を考えざるを得なくなる。[13]

　そのような対応として考えられる第1のものは，裁判所が確実に合法と認定するような政策を形成することである。[14] しかしながら，形成しようとしている

政策がそれと抵触する可能性がある国の法令の諸規定の意味内容が不確定であり，それゆえに，複数の解釈が可能であり，なおかつ，その法令の解釈が争われた裁判例がほとんどないような場合には，どのような政策であれば裁判所は合法と認定するのかを精確に予測することは，きわめて困難である。

　また，そもそも，法令の規定の意味内容の不確定性の程度は，法令の規定それ自体の属性であるというよりもむしろ，特定の実践的意図に基づいてその法令の規定を解釈する者の主体的営為によって異なってくる，可変的なものである。一見したところ，その意味内容が誰の目から見ても明らかであると思われるような法令の規定であっても，たとえその字義的な意味を完全に無視してでも，何とかして自らに有利な意味内容を有するものとして解釈しようと試みる利害関係者があらわれたならば，そして，その利害関係者が法解釈のための種々の技法を使いこなす能力を有していたならば，複数の解釈の可能性に開かれた，意味内容が不確定なものとすることは可能なのである。

　このように，法令の規定の意味内容の不確定性は例外的な事象ではなく，少なくとも潜在的には常態であるとしたならば，裁判所が考えもしなかったような法解釈が，訴訟において相手方当事者から主張されるということは，ある頻度で確実に生じうるということになる。そして，そうした新規な法解釈に裁判所がどのように対応するかを十分な精度で予測することは，たとえ裁判所の法解釈上のスタンスを熟知していたとしても，困難であると考えざるを得ない。そうであるにもかかわらず，自治体職員が，裁判所が確実に合法と認定するような政策のみを立案することに拘泥したならば，自治体の政策形成は過度に萎縮し，他の自治体にも前例がないような新規の政策の形成は，ほとんど不可能になってしまいかねない。

　それは避けるべきであるとしたならば，考えられる第2の対応は，裁判所を説得しうるような法解釈を工夫するというものである。拒否権プレイヤーの概念を用いた研究は概して，ツェベリスのそれを含めて，拒否権プレイヤーの選好を所与のものとして扱っているが，裁判所の法解釈上のスタンスを，具体的な訴訟提起に先だって確定している，動かしようのないものと想定する必要はない。裁判官は，あらゆる法令に精通し，そのすべてについて自らの解釈上の

立場を確立しているわけではないし，また，何らかの法解釈上の立場にコミットしている場合であっても，訴訟当事者やその代理人を務める弁護士の弁論によって，あるいは法廷に提出される専門家の意見書によって説得され，立場を改めることは十分に想定可能である。それゆえ，政策の形成に際しては，その政策の違法性を主張する訴訟が提起される可能性を念頭に置いて，その政策が合法であることを裁判官に納得させるような，関連する法令の精緻な解釈をあらかじめ構築しておくことが，自治体として採りうる第2の対応であるということになる。

考えられる第3の対応は，訴訟が提起される可能性を，可能な限り低減させるというものである。自治体の政策に対して裁判所が拒否権を行使しうるのは，その政策の合法性を争う法的資格を有する者が，訴訟を提起した場合に限られる。訴訟を提起する法的資格を有する者がいなければ，あるいは，訴訟を提起する法的資格を有する者が訴訟を提起しなければ，裁判所は拒否権を行使し得ないのである。訴訟を提起する法的資格を有する者をなくす方策としては，住民や企業に納税やその他の法的義務を課すような規制的政策ではなく，住民や企業が期待される行動を採った場合に税の一部を免除したり報償金を与えたりする，助成的政策を形成することが考えられる。また，訴訟を提起する法的資格を有する者に訴訟を提起させないようにする方策としては，政策の立案段階や実施段階において，それらの者を説得し，政策の実施に伴う負担を受忍してもらうことが考えられる。

自治体がこれらの対応のうちのいずれを選択するかは，現状を変更するような新たな政策の必要性の程度，政策変更のために用いることができる人的および財政的な資源の総量，政策変更を成し遂げなければならないタイム・リミット等の様々な要因によって左右されるであろう。確認しておくべきことは，自治体がいずれの対応を採るにせよ，それは，自治体の政策形成に対して，裁判所が拒否権プレイヤーとしての役割を演じうる存在であることの効果であるということである。

自治体の政策形成との関係で裁判所が拒否権プレイヤーであることの効果は，こうした自治体に対するそれにとどまらない。それとともに重要なのは，

自治体の政策によって不利益を受ける可能性がある者に対する効果である。それらの者にとっては，裁判所が拒否権プレイヤーとしての役割を演じる可能性が高ければ，自らに不利益をもたらす自治体の政策の違法性を主張して訴訟を提起することが，不利益を受ける状態を解消するための見込みのある選択となる。すなわち，裁判所が拒否権プレイヤーであるということは，自治体の政策によって不利益を受ける可能性がある者にとっては，裁判所が，その拒否権行使を求めてそこに働きかける価値のある，E. イムマーガットのいうところの「拒否点 (veto point)」となるということを意味しているのである（Immergut 1990：396）。

それらの者には，自治体の政策が形成され，実施に移されて，自らに不利益がもたらされるのを待ち，その後に訴訟を提起するという選択肢のみが与えられるわけではない。それに加えて，自らに不利益をもたらすような政策が実施に移されたならば訴訟を提起することを「脅し」として，自治体の政策形成過程に働きかけ，自治体から何らかの譲歩を引き出すという選択肢も与えられることになる。このことは，訴訟を提起する法的資格を有する者に訴訟を提起しないよう働きかけることが，自治体にとって，拒否権プレイヤーとしての裁判所に対処するための可能な対応のひとつであることと，表裏一体の関係にある。

なお，訴訟を提起するという「脅し」がどの程度の効果を発揮するかは，裁判所が拒否権を行使する蓋然性の高さによって異なってくるであろう。裁判所が自治体の政策に対して拒否権を行使する蓋然性が高いほど，訴訟を提起するという「脅し」は，ゲーム理論でいうところの「信憑性のある脅し (credible threat)」（平田 2009：115-118）としての性格を強め，それを用いることによって自治体からの譲歩を引き出すことができる可能性は高まるはずである。

それでは，自治体に対して，この訴訟を提起するという「脅し」を最も有効に活用することができるのは，どのような者であろうか。それは，「法的能力」，すなわち，「法令や条例に含まれる法的ルールを読解したうえで，それを自らの抱く特定の要求を基礎づけ得るように解釈的に操作するとともに，法的な諸制度の作動の実際を熟知したうえで，それらを効果的に利用することのできる能力」（阿部 2003：80）を自ら有している者か，あるいは，他者の有するそ

うした能力を,容易に調達することができる者であろう。もっとも,自治体の政策形成過程において多数派の地位を保持しており,それゆえに,訴訟に訴えるまでもなく,「数の力」によってその利害関心を政策に反映させることができる者は,敢えて訴訟を提起するという「脅し」を用いる必要はないはずである。それゆえ,実際に,自治体に対して,訴訟を提起するという「脅し」を有効に活用するのは,自治体の政策形成過程においては少数派であり,かつ,高い水準の「法的能力」を自ら有しているか,それを容易に調達することができる者であるということになろう。神奈川県を相手取って最高裁まで争ったいすゞ自動車は,まさにそうした存在であった。

　それらの者が,訴訟を提起するという「脅し」を有効に活用することによって,自治体の政策形成過程における発言力を強めたならば,その結果として,自治体の政策形成過程における,そこに関与するアクター間のパワー・バランスに変化が生じるはずである。そして,そうしたパワー・バランスの変化は,産出される政策を,変化が生じる以前とは異なったものとするはずである。それらもまた,自治体の政策形成との関係で,裁判所が拒否権プレイヤーとして振る舞うことの効果に他ならない。

　さらに,神奈川県臨時特例企業税をその一例とする法定外税については,総務大臣の同意がその創設の要件とされているように,自治体の政策形成への国務大臣の関与が法定されている場合には,裁判所がその拒否権プレイヤーとしての役割を強めることが,関与権限を有する国務大臣もしくはその下で実務を担う中央府省の官僚たちの行動にも変化をもたらすかもしれない。すなわち,国務大臣や官僚たちは,自治体の政策が合法なものであるか否かの詳細なチェックは,いずれ裁判所が行うであろうという認識に基づいて,自らが行う自治体の政策形成への行政的関与は,自らが所管する国レベルの政策の実現を大きく阻害することはないかどうかを判断する程度の,緩やかなものにとどめるようになるかもしれない。

　このように,裁判所が,実際に訴訟において,自治体の立案した政策を制度化すべく制定された条例等を違法と判断することは稀であったとしても,そうした稀な事例を手がかりとして,自治体の首長,職員,議員,その政策によっ

第2部　紛争と紛争処理

て影響を受ける利害関係者，そしてさらには，国務大臣や中央府省の官僚たちが，裁判所は潜在的には常に同様の判断を行いうる拒否権プレイヤーであると認識したならば，あるいはそうした認識を強化したならば，そうした認識の変化それ自体が，それらの諸アクターの行動の変化を媒介として，自治体の政策形成過程やその産出物としての政策に変化をもたらしていくのである[15]。神奈川県臨時企業税条例を違法と認定した最高裁判決には，そうした多段階的な変化をもたらす可能性が胚胎しているように思われる。

【注】

1) ツェベリスが最初に拒否権プレイヤーという概念を提示したのは，1995年に公表された論考(Tsebelis 1995)においてであり，この論考の公表以降，主として比較政治学の分野において，多くの論者が，拒否権プレイヤーという概念の有効性を検討したり，この概念を具体的事例に適用したりすることを試みた論考を公表している。ツェベリス自身の著作としては，2002年に出版した著書が邦訳されているほか(Tsebelis 2002 = 2009)，2000年に公表した論考の邦訳(Tsebelis 2000 = 2002)もある。また，眞柄・井戸編(2007)に，ツェベリスの論考"Veto Players, Agenda Setting, and Politics"の邦訳(ツェベリス 2007)が収録されている。
2) ただし，北村は，法定外税の創設をめぐる「地方課税ゲーム」において，裁判所が拒否権プレイヤーとしての役割を演じる可能性には言及していない。
3) 神奈川県臨時特例企業税条例の制定経緯およびその内容に関して，井立(2001)。
4) 最高裁判所民事判例集67巻3号631頁。
5) 最高裁判所民事判例集67巻3号758頁。
6) 最高裁判所民事判例集67巻3号438頁。
7) 神奈川県が，いすゞ自動車以外の，臨時特例企業税を納付していたすべての企業に対して，納税額相当額を還付するのみならず，それに加えて還付加算金を支払ったことについて，阿部泰隆は，その法的妥当性を疑問視している(阿部 2013：41-43)。
8) 最高裁判所民事判例集67巻3号765頁。
9) ただし，東京高裁判決の判決理由における言明が，法律の条文の意味内容が不確定であるか否かは，全面的に，法律の条文それ自体の属性であるといった認識や，ある事件がハード・ケースであるかどうかは，全面的に，その事件それ自体の属性であるといった認識に基づいているとしたならば，それは誤りである。後述のとおり，法律の条文の不確定性の程度は，それを特定の実践的意図に基づいて解釈する者の主体的な営為によって異なってくるのであり，ある事件がハード・ケースとなるか否かも，その同じ主体的営為によって左右される事柄なのである。
10) 最高裁判所民事判例集67巻3号460頁。なお，総務大臣の協議に基づく同意制度についての同様の認識は，横浜地裁判決においても示されている(最高裁判所民事判例集67巻3号702-704頁)。これに対して，東京高裁は，法定外税の創設に総務大臣の同意を必

要としているのは，条例の上位法であり，地方税に関する基本的ルールを定める地方税法を所管する総務大臣に，その法定外税の適切性についての審査をさせる趣旨であると解されることや，国の立法機関である国会が制定した地方税法の規定するところは，「国の経済施策」の最たるものの1つであると解し得ることなどを根拠として，総務大臣は，それに対して同意することを求められた法定外税が，地方税法のいずれかの規定に違反する違法なものであると判断した場合には，不同意とすることができるものと解するのが相当であると述べ（最高裁判所民事判例集67巻3号775頁），金築補足意見の表現を用いるならば，総務大臣による協議に基づく同意制度は，同意対象である法定外税の「法律適合性全般をカバーするもの」であるという認識を示している。この東京高裁の考え方に従うならば，特定の法定外条例を違法と認定する裁判所の判断は，その法定外税の総務大臣による吟味が不十分ないしは不徹底なものであったという評価を含むものであるということになる。最高裁判決は，まさにこうした考え方を否定したのである。

11) 少なくとも，神奈川県はそのように認識していたようである。そのことは，神奈川県税制企画課長の，県議会総務政策常任委員会における以下の答弁から窺い知ることができる。「総務大臣の同意でありますが，……不同意の要件が3つありますが，これに該当しなければ，総務大臣は同意しなければならないという規定です。そうは申しましても，該当しないということをもって，これは法的に違法かどうかというのを全く判断していないというふうには，私どもは認識はしておりません。当然のことながら，同意の前提としては違法性がないということが前提だと，私どもは認識をしております」（神奈川県議会総務政策常任委員会議事録（2013年3月22日））。

12) ちなみに，新藤義孝総務大臣は，以下のように述べて，総務大臣の判断が最高裁によって否定されたわけではなく，それゆえ，最高裁判決に対して異論はないことを公言している。「この訴訟は総務大臣の同意そのものが争われたものではないと，このように承知をしておりますし，また法定外税について，これは，総務大臣が同意するものは，不同意要件に該当するものを除いて同意することが義務付けられているのであります。したがって，この場合には不同意要件には該当していなかったという判断で我々は同意をしたということでございます」（参議院総務委員会議事録（2013年3月26日））。

13) 地方税制実務検討グループ（2013：33）は，「企業が税務訴訟において行政を訴えることは現在，日常的になっており，このような『訴訟リスク』を十分に認識した税務行政を行わなければならないことは，今回の訴訟の教訓の一つと言えるだろう」と述べている。以下に示す3つの対応は，まさに想定される「訴訟リスク」への可能な対応に他ならない。

14) ストーン・スウィートは，国会と憲法裁判所との関係についてであるが，法案立案者や国会もしくはその多数派が，裁判所の対応を予測してうえで，当初抱いていた政策目的をある程度修正してまでも，裁判所に違憲と判断されないような法律を制定することを，自動制約（autolimitation）という語で捉え，憲法裁判所が違憲法令審査権を有することの，立法過程への間接的なインパクトのひとつとして指摘している（Stone Sweet 2002：94）。

15) C.フリードリッヒは，ある者が，自らの行動に他の者がどのように反応するかを予測したうえで，その予測に基づいて，自らの行動を当初意図していたものとは異なったものに修正するという現象を，反応を予測される側の予測する側に対する影響力の

発現として捉え,「反応の先取り (anticipated reaction)」という語を用いて論じているが (Friedrich 1937:16-18; 1963:201-206), 諸アクターが, 訴訟になったならば裁判所はどのような判決を下すかを予測したうえで, その予測に基づいて行動選択を行っていくとしたならば, それはまさに, フリードリッヒが言うところの「反応の先取り」に他ならず, そこに, 拒否権プレイヤーとしての裁判所の, 他の諸アクターに対する影響力を看取することができるのである。

【引用文献】

阿部昌樹 (2003)『争訟化する地方自治』勁草書房.
阿部泰隆 (2013)「憲法無視の制定法準拠主義」税2013年7月号35-43頁.
Alivizatos, Nicos C. (1995) "Judges as Veto Players," in Herbert Döring ed., *Parliaments and Majority Rule in Western Europe*, St Martin's Press, 566-589.
Bose, Feler (2010) "Parliament vs. Supreme Court," 21 *Constitutional Political Economy* 336-359.
地方税制実務検討グループ (2013)「臨特税の導入経緯にみる法定外税の限界」税2013年7月号26-34頁.
平田彩子 (2009)『行政法の実施過程』木鐸社.
Friedrich, Carl J. (1937) *Constitutional Government and Politics*, Harper & Brothers.
―― (1963) *Man and His Government*, McGraw-Hill.
Heinmiller, B. Timothy (2007) "Do Intergovernmental Institutions Matter?," 20 *Governance* 655-674.
Immergut, Ellen M. (1990) "Institutions, Veto Points, and Policy Results," 10 *Journal of Public Policy* 391-416.
井立雅之 (2001)「『臨時特例企業税』の概要について」税経通信2001年10月号164-170頁.
北村亘 (2002)「地方税導入の政治過程」甲南法学42巻3・4号143-196頁.
―― (2004)「都道府県の法定外税導入の分析」レヴァイアサン35号30-58頁.
Stone Sweet, Alec (2002) "Constitutional Court and Parliamentary Democracy," 25 *West European Politics* 77-100.
Taylor, Matthew M. (2006) "Veto and Voice in the Courts," 38 *Comparative Politics* 337-354.
Tsebelis, George (1995) "Decision Making in Political Systems," 25 *British Journal of Political Science* 289-325.
―― (2000) "Veto Players and Institutional Analysis," 13 Governance 441-474 (ツェベリス, ジョージ (2002)「拒否権プレーヤーと制度分析」(栗崎周平訳) レヴァイアサン30号138-177頁).
―― (2002) *Veto Players,* Princeton University Press (ツェベリス, ジョージ (2009)『拒否権プレイヤー』(眞柄秀子・井戸正伸監訳) 早稲田大学出版部).

ツェベリス, ジョージ (2007)「拒否権プレイヤー, アジェンダ設定, 政治学」(原田真理子訳) 眞柄秀子・井戸正伸編『拒否権プレイヤーと政策転換』早稲田大学出版部, 3-40頁.

Volcansek, Mary L. (2001) "Constitutional Courts as Veto Players," 39 *European Journal of Political Research* 347-372.

第3部
法専門職の変容

弁護士所得の出生コーホート分析の試み

藤本亮

I──問題の設定

　1990年代後半以降の弁護士数の増加により，弁護士業務マーケットにおける供給過剰から（山本 2012）[1]，弁護士所得が大幅に低下していると指摘される。

　弁護士業に従事する者の所得について考察する際に，近年の弁護士増加に伴い弁護士人口の構成が大きく変化していることに着目する必要がある。弁護士白書（日本弁護士会連合会 2013）によると，女性弁護士の比率は2013年3月末現在で17.7％に達した。30年前の1983年にはわずか4.2％であった。また，年齢構成も全弁護士に占める30歳代の割合が極端に大きくなっており，同じく2013年3月末のデータでは，40歳未満の弁護士は，男性では44.5％であるし，女性弁護士の3人に2人，66.5％が40歳未満である。

　所得に目を向けると，日弁連（2011a）によれば弁護士所得は，その平均値でも中央値でも50歳代がピークとなる傾向があり，またジェンダー間の所得の格差も指摘されている。端的に言えば，若い年齢層と女性は所得が相対的に低いのである。母集団における相対的低所得クラスタが増加しているのであるから，全体として所得水準が低下する傾向を示すのは当然とすら言える。

　弁護士のキャリアに沿っての所得の推移は，経験年数が浅いうちは所得が低くとも，キャリアを積み重ねるにつれ，所得が上昇し，その後，仕事をセーブしたりリタイアが始まったりする高齢層でふたたび低下する傾向を示す。人口

構成の大きな変化を踏まえた全体的な分析も必要であるが，さらにはそうした大きな変化があるからこそ，キャリアトラックに沿っての所得水準の推移を世代別に検討することも必要になってこよう。[2]

関連する調査で分析・報告されている年齢層ごとのデータを，調査時点とその時点での年齢とを組み合わせて，生年ごと（ここでは10年単位）のグループに分類し，キャリアの展開の中でその所得がどのように動いているのかをみることを本稿では試みている。

他方で，所得水準の変動は，景気変動や物価水準などともかかわり，そうした変動要因は極めて複雑に絡んでおり，単に所得の額面だけでその高低を評価することは一面的に過ぎることも確かである。本稿ではこれらの点に留意しつつも，入手しうるデータを謙虚に分析することで，キャリア展開に沿った所得の推移を検討し，弁護士の中の相対的低所得層の分析を行い，今後の弁護士業務のあり方にとってのその意味を考察する。

II――分析されるデータと分析の方法

1 分析されるデータについて

主として分析のベースとするのは，日弁連の「経済基盤調査」の報告書に示されたデータである。日本弁護士連合会は1980年以降10年ごとにこれまでに4回の経済基盤調査を実施し，その結果を機関誌「自由と正義」の増刊号として公表している（日弁連 1981, 1991, 2002, 2011a）。あしかけ30年に渡る調査であることも関係し，調査ごとに調査方法が微妙に異なるだけでなく，この増刊号に集計・公表された内容には，調査で収集されたデータが必ずしも網羅的には示されていない。また，報告書の紙幅の関係でいたしかたない面であるのだが，登録地域，性別，年齢層等の属性ごとのクロス表はあるものの，三次クロス表，つまり性別×年齢層のクラスタと所得水準などのクロス表は限定的に報告されているだけである。

これらの調査は，サンプリングを基本的に東京，大阪・名古屋，その他の高

裁所在地，高裁不所在地という地域ベースに行っている。1980年調査では，調査時点における全弁護士（11,466人）を母集団とし，「地域」ごとの会員数に応じて4000サンプルを抽出している。加重平均による回収率は41.2％である。その際，予定サンプル数を4000とし，「東京」は1/4，「大阪・名古屋」は1/3，「その他高裁所在地」と「高裁不所在地」はそれぞれ1/2を抽出率とし差をつけている。これは地域間比較をするために地方のサンプルを多めに抽出しているのだが，全国データである母集団の値を統計的に推測するためには，抽出率と回収率をもとにウェイトバック（重みづけ）をする必要が出てくる。なお，日弁連（1981）の基本報告においてはそれぞれの地域ごとの集計のみがなされているが，二次分析報告書である『日本の法律事務所』（日弁連弁護士業務対策委員会1988）に示されている全国結果は地域ごとの抽出率と回収率をウェイトバックした値となっている。

　1990年調査では，調査時点における全弁護士（13,919人）を母集団とし，「地域」ごとの会員数に応じて4000サンプルを抽出している。抽出率は全地域とも同じであり，28.7％である。回収率は25.8％である。ウェイトバックされていない結果のみが報告されている。

　2000年調査では，全弁護士（17,193人）を母集団とし，「地域」ごとの会員数に応じて6000サンプルの設計標本を抽出している。ここでもウェイトバックされていない結果のみが報告されている。[3]

　2010年調査では，女性弁護士についての重みづけサンプリングに加えて，女性の予備サンプルも抽出・回収されているが，日弁連（2011a））では，正規サンプルのみウェイトバックされた集計結果が示されている。

　また，クロス表による報告の中で，主たる独立変数やそれらのカテゴリー分けについても異なる点がある。たとえば，先に触れた調査間の調査方法の違いに加えて，ジェンダー別の分析あるいはジェンダーと年齢を組み合わせての分析は2000年調査と2010年調査でのみ可能となっている。1980年調査と1990年調査では，調査集計表においては，「地域」「地位別」「年代」等とのクロス表は示されているが，「性別」のクロス表はなく，ここからは回答者中の男女比はわからない。1980年当時の女性弁護士は総数（母集団）で446人（3.7％），1990年当

時でも同766人（5.6％）であり，サンプルに含まれるケース数が小さいため，独立変数として分析に含めるのは煩雑に過ぎると考えられたのであろう。

所得については，クロス表のカテゴリー分けが2000年調査までの3回の調査と2010年調査とで異なっている。これも直接的な比較を困難にする要因となっている。とりわけ低所得カテゴリーが前3回は「500万円以下」で一括になっているのに対し，2010年調査ではかなり細分化されている。近時の「低所得」の傾向を分析するには不十分ではあるが，所得水準の低下傾向を分析するにあたっては，10年単位の推移をみるために，2000年調査までのカテゴリー分けによるクロス表分析を中心に行うにとどめたい。

さらに，サンプリングに用いられた地域ごとの母集団人数については，全4回の調査に報告があるが，本稿で分析しようとする年齢層別の母集団人数については2000年調査と2010年調査にしか報告がない。1980年と1990年調査については年齢層別にみた際の標本誤差等の統計指標を計算することはできない。

このように，報告されているデータはサンプリングやまとめ方について違いがあり，単純な比較を難しくしている。本稿においては，年齢層別分析については4回の調査データを用いることはできるが，性別分析については2000年と2010年データしか確認できないので，年齢層別分析に限定する。また，所得分析についても，上記のように限定的な分析となる[4]。ウェイトなしの集計（1990年，2000年）とウェイトありの集計（1980年，2010年）が混在している点にも留意が必要である[5]。

2 分析の視点

本稿の目的は，ある世代の弁護士（群）のキャリア展開の過程で，所得水準がどのような推移を示しているかを明らかにする点にある。上記のようなデータの制約を考えると，4回に渡る経済基盤調査だけでこの課題に応えることには限界がある。とはいえ，調査目的を同一とし，定期的に実施されたこの貴重なデータを用いて，世代ごとのキャリア展開を追ってみることは，弁護士の専門化や階層化を，より洗練された方法で探っていく際の出発点たる作業であると考える。

【表1】 分析する年齢層別ケース数

	1980年調査		1990年調査		2000年調査		2010年調査	
	生年	サンプル数	生年	サンプル数	生年	サンプル数	生年	サンプル数
20歳代	1951-1960	68	1961-1970	6	1971-1980	10	1981-1990	72
30歳代	1941-1950	456	1951-1960	142	1961-1970	93	1971-1980	322
40歳代	1931-1940	426	1941-1950	278	1951-1960	178	1961-1970	209
50歳代	1921-1930	251	1931-1940	212	1941-1950	227	1951-1960	213
60歳代	1911-1920	117	1921-1930	144	1931-1940	165	1941-1950	250
70歳代以上	-1910	155	-1920	60	-1930	102	-1940	210
合計		1474		842		775		1276

※1980年と2010年調査はウェイトバック済
※サンプル数は生年と所得がともに有効回答であるサンプル数

　本稿で主に扱うのは年齢層別の集計データである。年齢層別の集計結果が，いずれの報告書でも本文中の図表あるいは巻末の集計表においてクロス表にまとめられている[6]。本稿での分析視点は極めてシンプルである。10年ごとの調査であるので，そこで調査されている年齢層ごとのサンプルを人口学的なコーホートとして，すなわち生まれ年による世代集団として分析してみようとするものである。たとえば2010年調査時点で30歳代に相当するのは，概ね1960年代生まれであるし，40歳代は1970年代生まれの世代となる[7]。1980年調査で20歳代であった層に着目すれば，1990年に30歳代，2000年に40歳代，2010年に50歳代となる。

　【表1】にみるように，各調査におけるサンプル数は大きく異なっており，20歳代はサンプル数が少ないので参考程度にしかならない。また，70歳代以上はそれ以上，すなわち80歳代以上の世代も含むことになるので，世代別コーホートとしてみた場合に，このコーホートの母集団は4回の調査で同一ではない。

　経済基盤調査は回収率がそれほど高くない点はひとまずおくとしても[8]，調査ごとの調査対象の母集団たる弁護士会への新規入会者が各年齢層に存在することから，世代ごとの母集団がとくに新規入会者の多い若い年齢層を中心に変化している。これに加えてパネル調査（同一のサンプルを追跡的に調査する調査法）ではないことから，回収された分析サンプルは調査間で比較可能な同一性を

もった集団ではない。したがって、これらの複数の経済基盤調査のデータを用いての出生コーホート別分析がそもそも可能かどうかという点でも、より慎重に検討すべき点は少なくない。

　他方で、他にこれだけ長期的に、くりかえし、弁護士の経済状況を明らかにするという問題意識により、一定の方法を用いて全国規模で実施され報告されている比類すべき調査データがないことを踏まえると[9]、このような分析を試みることは、今後の発展的調査を進める上で必要な基礎的な作業である。また、あくまで所得水準の経年的な推移パターンの「出生コーホート間の比較」が主眼であり、4回の調査間の調査方法の違いが大きく問題となる「各調査間の比較」は主たる課題ではない（ただし、行論において必要な言及は行う）。本稿においては、このように探索的な目的を持って、既存のデータの分析を行うものである。

Ⅲ——世代別にみた所得水準の推移の分析

1　売上額の推移

　売上金額ないし粗収入について、世代別にみていこう。これは、弁護士がキャリアを積むにつれ、売上金額が増えていっているのかを分析しようとするものである。【図1】は平均値、【図2】は中央値を示している。【図1】では煩雑となるので、1950年代生まれと1960年代生まれを中心に、ラベルは一部のみ示している。1980年調査では中央値の報告がないので図からは省いてある。2000年調査までは弁護士業務売上（粗収入）額であるが、2010年調査は弁護士業務以外収入も含む金額である。これを生まれた年代で世代ごとにみると、売上金額は、全体として50歳代をピークとして推移している。1950年代生まれの売上金額については、40歳代から50歳代にかけて、1940年代生まれと同じように伸びている。どの世代も50歳代をピークとして売り上げが落ちる傾向を示している。この推移のパターンは各世代に共通である。

　2010年調査で40歳代、つまり1960年代生まれの世代の30歳代から40歳代にか

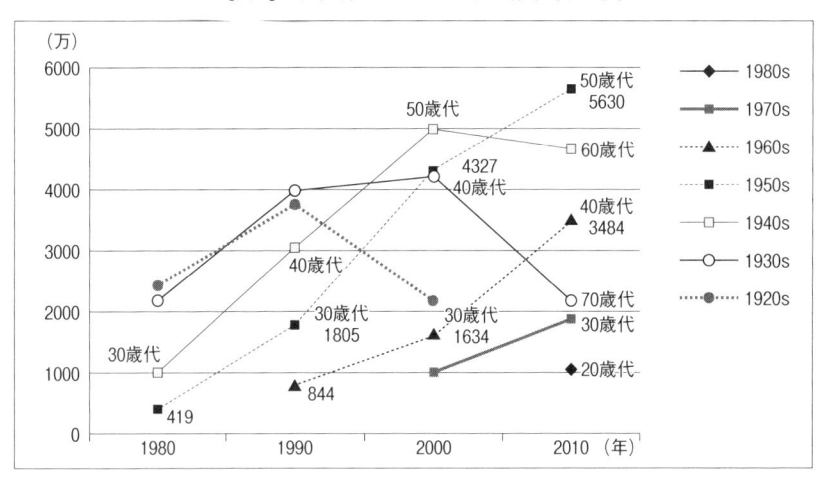

【図1】 世代別にみた売上金額の推移（平均値）

【図2】 世代別にみた売上金額の推移（中央値）

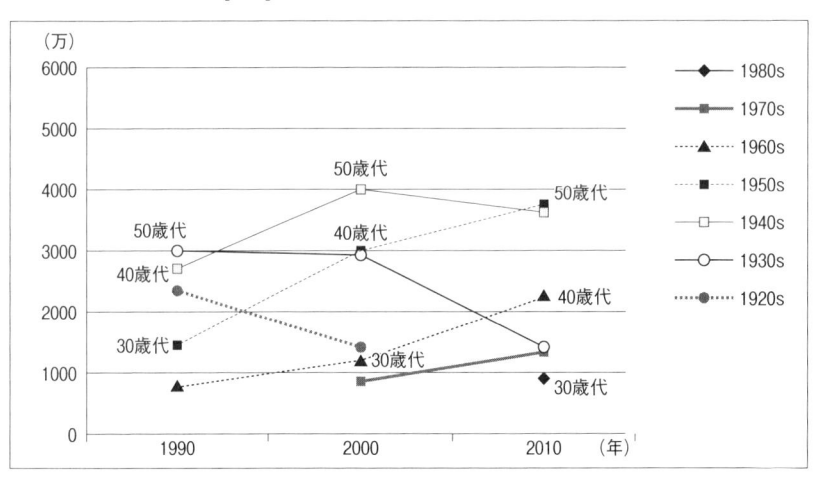

けての売上金額の伸びが，平均でみても中央値でみても，それより上の世代に比べて相対的に小さい点に注目したい。平均値でみると，1950年代生まれが30歳代1805万円から40歳代4327万円と，2522万円増加しているのに対し，1960年代生まれは30歳代1634万円から40歳代3484万円と，1850万円の上昇にとどまっている。中央値での伸び幅は，1950年代生まれ世代が1548万円であるのに対

し，1960年代生まれは1008万円である。

2　所得額の推移

各調査時点における出生コーホートに従って，売上から経費を除いた後の所得水準の推移をみてみよう。

生まれた年代による世代別に所得額の推移を平均値と中央値で示したものが【図3】と【図4】である。「70歳代以上」が最高齢カテゴリーであるので，その該当する調査年以降はグラフの中には含まれていない。1980年のデータについては，報告されているクロス表の所得階級区分の上限と下限の中間の値をもって中央値とした。いずれの世代も20歳代から所得を伸ばしていき，50歳代でそのピークを示し，60歳代，70歳代以上と徐々に所得水準が下がっていく。このキャリアを通じての所得水準の変化は，売上金額と同じパターンを示している。

ここで【図4】の中央値の変化を追うと，1950年代生まれの中央値に他の世代とは異なる点がある。当該世代の40歳代（2000年調査）から50歳代（2010年調査）の所得水準（中央値）が伸びておらず，同水準の約1500万円でとどまっている。平均値で同じ比較をすると約2000万円から約2400万円への伸びを示していることを考慮すれば，この世代の所得分布において他の世代よりも所得が減少した層が多い傾向にあると思われる。この点については2010年データの分析の際に改めて検討することとして分析を進める。

3　給与経費の世代別分析

前節の分析で，1950年代生まれの世代にあって，低所得層の割合が増えている可能性が明らかとなった。これはこの世代の事務所が増加する新人弁護士を，多少無理をしても勤務弁護士として雇い入れているからではないかとの仮説が考えられる。この点について，間接的に検討するために，給与経費の推移をみてみよう[10]。ただし，1980年調査は集計結果報告に経費の細目についての集計が見当たらないのでここでの分析から省く。

給与経費あるいは人件費という経費内の細目については，1990年調査と2000年調査では，勤務弁護士，事務員，専従者給与といった項目を区別せずに「人

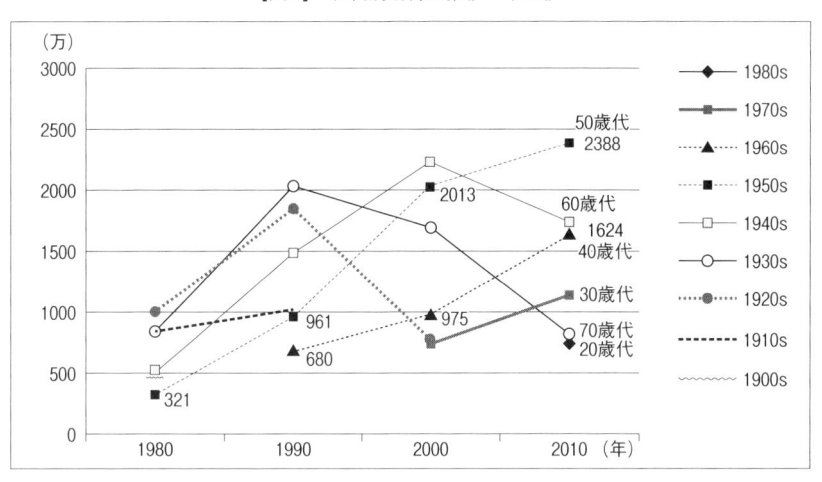

【図3】 世代別所得の推移―平均値

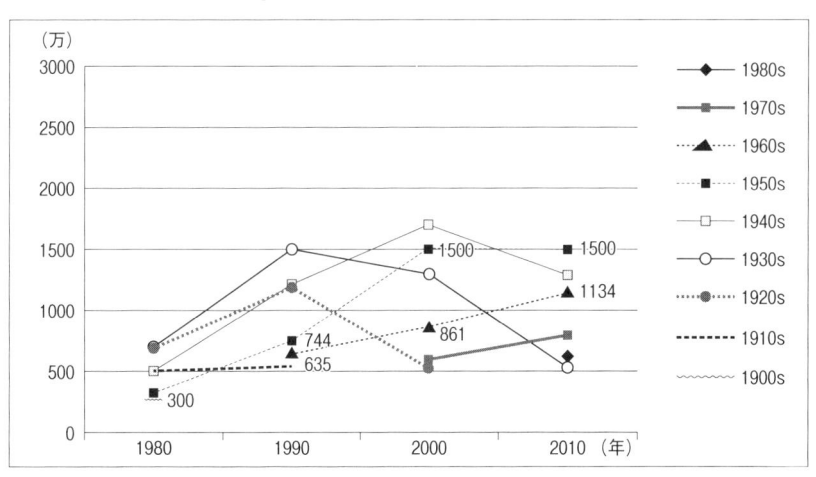

【図4】 世代別所得の推移―中央値

件費」としているが，2010年調査では確定申告決算書の項目にしたがって，勤務弁護士と事務員の給与と専従者給与とに分けて計上している。ここでは，比較可能なように2010年調査については，両者の算術平均を合計した値を用いる。[11] 単独事務所などについては，勤務弁護士への給与はここに含まれていない。[12] また，「無理をして」勤務弁護士を雇いいれているかどうかだけでなく，

弁護士事務所に所属する弁護士数の変化も反映したものであるので，その点でも留保が必要である。なお，2010年調査では，給与経費と専従者給与につき，それぞれ「0を含む平均」と「0を含まない平均」が報告されているが，1990年調査と2000年調査では「0を含む平均」のみ報告されているので，ここでは比較可能なように「0を含む平均」を取り上げている。なお，「0を含む」ということはその限りにおいて，単独事務所や勤務弁護士がいない事務所の多寡もまた反映されているとも考えられる。

【図5】はこうして計算した給与経費（人件費）を世代別に示したものである。ここでは30歳代から60歳代への変化に着目しよう。40歳代から60歳代にかけて給与経費が伸び続け，70歳代になるとどの世代でも給与経費が下がる傾向にある。図からはいずれの世代をみてもこうした傾向があることがわかる。その一方で，全体としては，勤務弁護士を雇いいれていない者が多いであろう30歳代の弁護士数増加を反映して，給与経費の平均が2010年にかけて下がっている。

1950年代生まれと1960年代生まれの世代の2000年から2010年にかけての変化に注目してみよう。弁護士急増期の2000年代に所得がピークとなる50歳代になった世代（1950年代生まれ）の「給与経費」が金額において他の世代と比べ増加幅が相対的に大きいという傾向が確認できる。1960年代生まれの世代は2010年調査時点で40歳代であるが，その「給与経費」の平均額は二世代前の1940年代生まれが40歳代であった時のそれとほぼ同水準で約600万円である。1950年代生まれが40歳代だった2000年調査時点では人件費はこれらの水準を大きく超え約900万円となっている。

他方で経費総額の平均額は，1990年調査から順に，1636万円，2112万円，1689万円と大きく変動している。そこで，この経費総額に対する人件費の割合を比較してみることにする。【図6】に示したように，全体として経費に占める人件費の割合は増加傾向にあり，これはどの世代においても観察される。各世代別にみると，2010年調査で70歳代である1930年代生まれと同じく60歳代である1940年代生まれにおいてその伸びが相対的に大きい。

回答サンプルに占める「勤務弁護士」の割合は，1990年調査で12.9％，2000年調査で13.6％，2010年調査では24.0％と大幅に増加していることを考えれば，

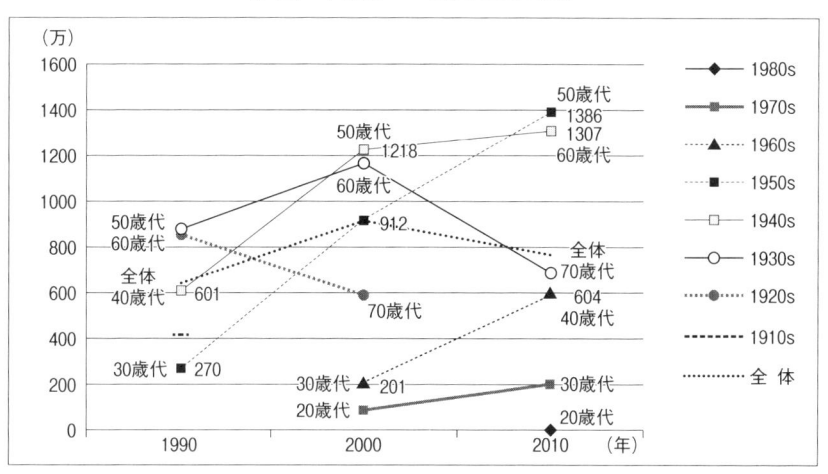

【図5】 世代別にみた給与経費の推移

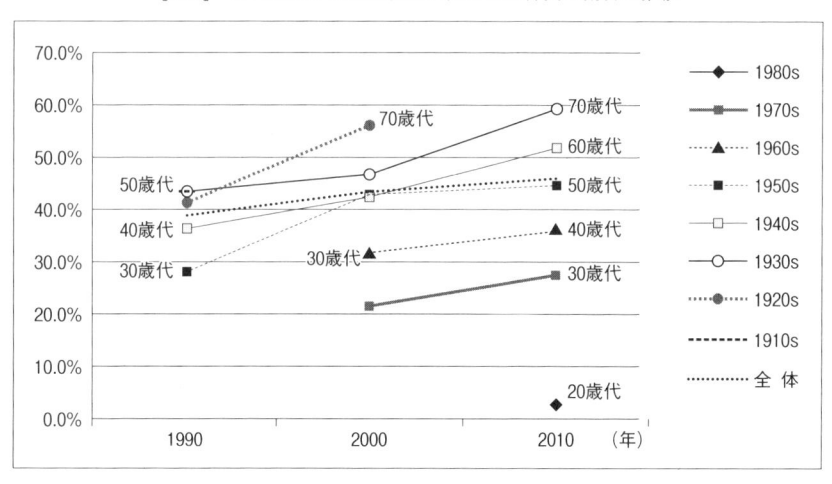

【図6】 世代別にみた経費総額に占める人件費の割合の推移

個々の勤務弁護士へ支払われる給与額（事務所としての給与賃金経費）の低下傾向をある程度反映しているとも考えられよう。しかし，経済基盤調査にみる勤務弁護士の平均所得額は，1980年調査から順に，474万円，754.6万円，947.8万円，848万円となっており，その影響は限定的であると思われる。

IV——相対的低所得層の分析

1 所得水準の年齢層別構成

　平均値や中央値を全体の傾向を示すためにみてきたが，ここではとくに相対的な低所得層の割合がどのように変化したのかを所得分布に着目して分析を進める。まず，所得の年齢層別分布について比較してみることにしよう。

　【図7】は，年齢層ごとの所得分布を調査ごとに100％帯グラフで示したものである。1980年調査は区分が200万円ごとになっているのでカテゴリーをまとめていないが，1990～2000年の調査については，比較しやすいようにカテゴリーをまとめている。また，いずれの調査においても20歳代のデータは，そのケース数が少ないので参考程度にしかできない点に留意が必要である。

　30歳代と40歳代に着目すると，1990年から500万円未満の層が増加傾向にあることが分かる。また，50歳代については2000年調査と2010年調査を比較すると500万未満の層も1000万未満の層もやや増加している。

　また，1940年代生まれの世代(1990年調査で40歳代，2000年調査で50歳代)と1950年代生まれの世代(2000年調査で40歳代，2010年調査で50歳代)を比較すると，1940年生まれ世代は，40歳代から50歳代にかけて所得1000万円未満の比率が30％強から20％弱に減っている。それに対し，1950年生まれ世代は，20％台でやや増加している一方で，3000万円未満のカテゴリー，すなわち2000万円台以上の所得層は2000年調査の30％弱から40％弱に増加している。このことから前節でみたこの世代の平均値では所得の伸びを示しつつ，中央値では伸びが観察されないという現象になっていると考えられるのである。

2 税務統計にみる所得分布における弁護士の所得

　ここまでみてきた世代別に分析するという視点を維持しつつ，税務統計での分析と，データの許す限りで2010年調査のデータ[13]を中心に低所得層の「増加」の背景を探っていこう。

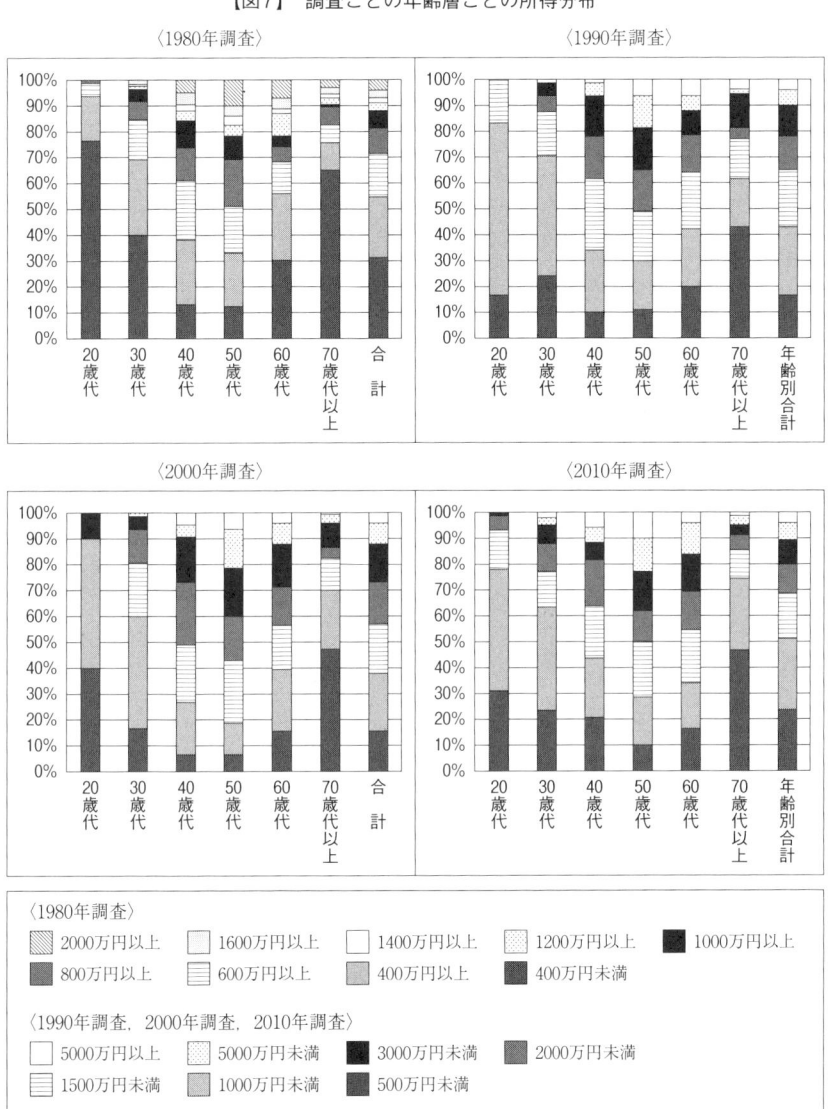

【図7】 調査ごとの年齢層ごとの所得分布

〈1980年調査〉　〈1990年調査〉

〈2000年調査〉　〈2010年調査〉

〈1980年調査〉
- 2000万円以上
- 1600万円以上
- 1400万円以上
- 1200万円以上
- 1000万円以上
- 800万円以上
- 600万円以上
- 400万円以上
- 400万円未満

〈1990年調査，2000年調査，2010年調査〉
- 5000万円以上
- 5000万円未満
- 3000万円未満
- 2000万円未満
- 1500万円未満
- 1000万円未満
- 500万円未満

　税務統計では，まず「事業所得を確定申告書上の記載等に基づいた業種に細分化し」，業種別の人員と「総所得金額等」額が示されている。2010年調査は前

第3部　法専門職の変容

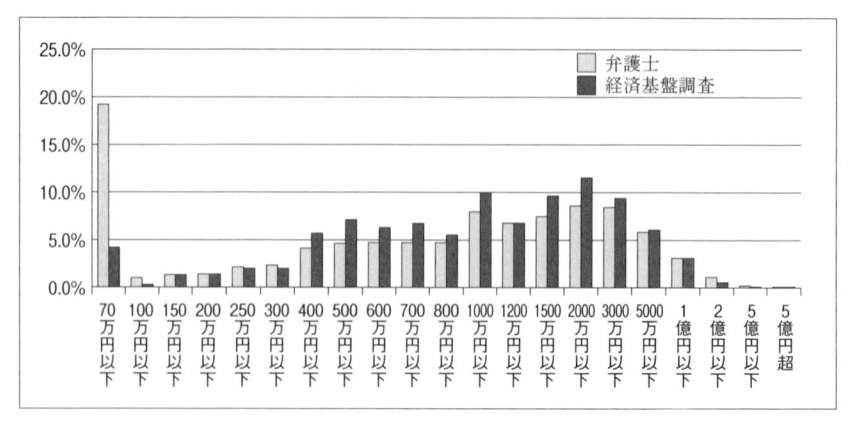

【図8】　税務統計(2009年)における弁護士と経済基盤調査(2010年)の所得階級分布の比較

年度の所得をたずねているので、それと対応する2009年の税務統計をみると、弁護士に分類されているのは2万5533人で、その「総所得金額等」総額は3030億2900万円である。したがって、一人当たりの「総所得金額等」額は1186万8131円となる（日弁連2011a: 174)。

税務統計では所得階級別に人員数が示されている。この階級区分に合わせて2010年調査のデータをリコードし、それぞれの分布状況を比率で比較したのが【図8】である。これをみると税務統計における70万円以下のカテゴリーがたいへん多いことがわかる。[14] その余の分布状況は、税務統計と本経済基盤調査（ただし、申告所得額）とで近似している。

この70万円以下が突出するという現象について、税務統計全体と他の専門職種との比較で検討しよう。【図9】にみるように税務統計全体(2367万3901人)の所得階級分布は、所得分布として典型的な左よりに偏った山形となっている。それに対して弁護士の所得階級分布は「70万円以下」を別として、やや右よりになっている。そして70万円以下の突出は弁護士に限ったことではないこともわかる。

さらに、同じデータと、司法書士・行政書士と医師の所得分布とを比較したのが【図10】である。弁護士だけでなく司法書士・行政書士においても70万円以下の層が大きくなっている。70万以下の区分を別として最頻値(モード)をみ

286

【図9】 税務統計(2009年)における弁護士と税務統計全体(確定申告者全体)の所得階級分布

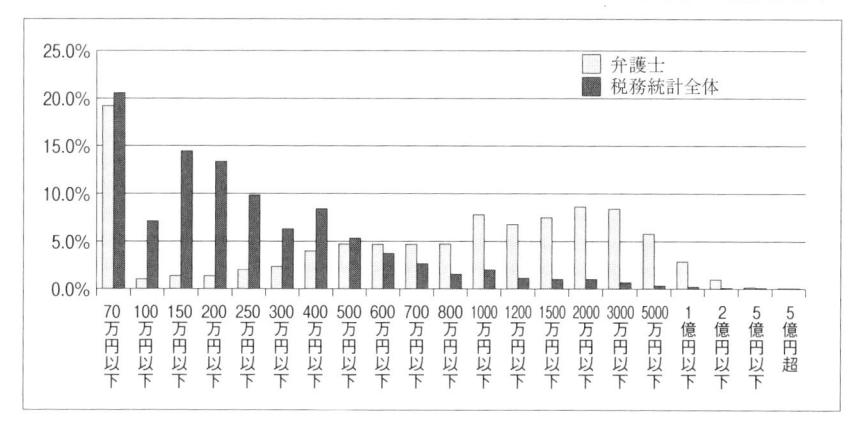

【図10】 税務統計(2009年)における弁護士／司法書士・行政書士／医師の所得階級分布

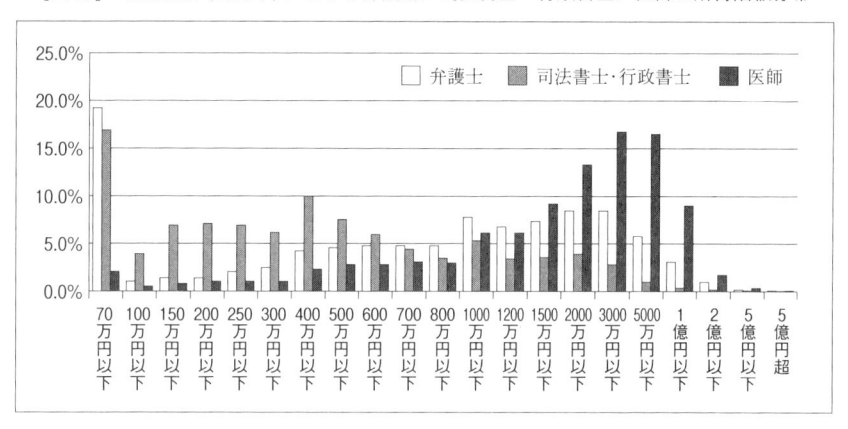

ると,医師が2000万円台と3000～5000万円が拮抗しており,司法書士・行政書士は300万円台の割合が最も多い。それに対し,弁護士は800～1000万円,1500～2000万円,2000万円台が拮抗している。

前節では,所得分布について,過去の経済基盤調査との比較が可能なように低所得者層を500万円以下のカテゴリーにまとめて検討した。それとの対比がしやすいように,税務統計においての500万以下の層の占める割合を示したのが【図11】である。参考までに公開されているもっともあたらしい2012年の所得についての税務統計から500万円以下の層と2010年経済基盤調査における申

【図11】 税務統計(2009年, 2012年)と経済基盤調査(2010年)における申告所得500万円以下の人数割合
※2010年経済基盤調査は申告所得額, 税務統計は「総所得金額等」

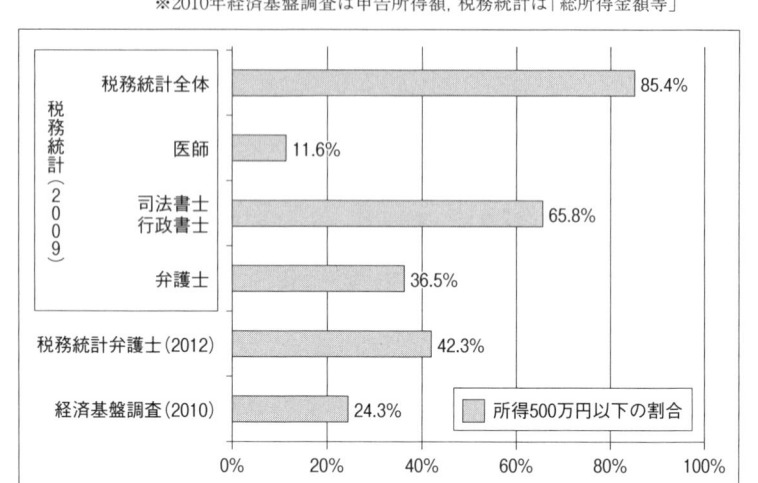

税務統計(2009)
- 税務統計全体: 85.4%
- 医師: 11.6%
- 司法書士・行政書士: 65.8%
- 弁護士: 36.5%

税務統計弁護士(2012): 42.3%

経済基盤調査(2010): 24.3%

（所得500万円以下の割合）

告所得額での500万円以下の層を示した。弁護士の事業所得に区分される申告所得額で，500万円以下の層の割合は2009年からの3年間で約6％増加していることになる。図には含まれていないが，2012年分の税務統計で司法書士・行政書士は71.0％，全体では90.0％が，事業所得による申告額が500万円以下であるので，やはりその割合は増えている。したがって，弁護士の500万円以下の層の増加は，経済状況等の影響も小さくないと考えられるのである。

3 2010年調査における500万円以下所得層の属性別分析

柳楽(2012)は，2008年と2009年のデータについて，「全国12ブロックの国税局単位で分析したところ……『70万以下』の層が東京において突出して多い」ということを明らかにしている。さらに，東京国税局管轄の所得分布でみると，70万円以下の層が2400人台から4500人台へと1年の間に2倍近くに増加しているのである。国税局管轄単位でみると70万円以下の層が最頻値であるのは東京だけである。東京の分布は他の国税局管轄の分布とは大きく異なるのである。東京三会への登録弁護士数は2009年時点で全弁護士の48.0％であるので全

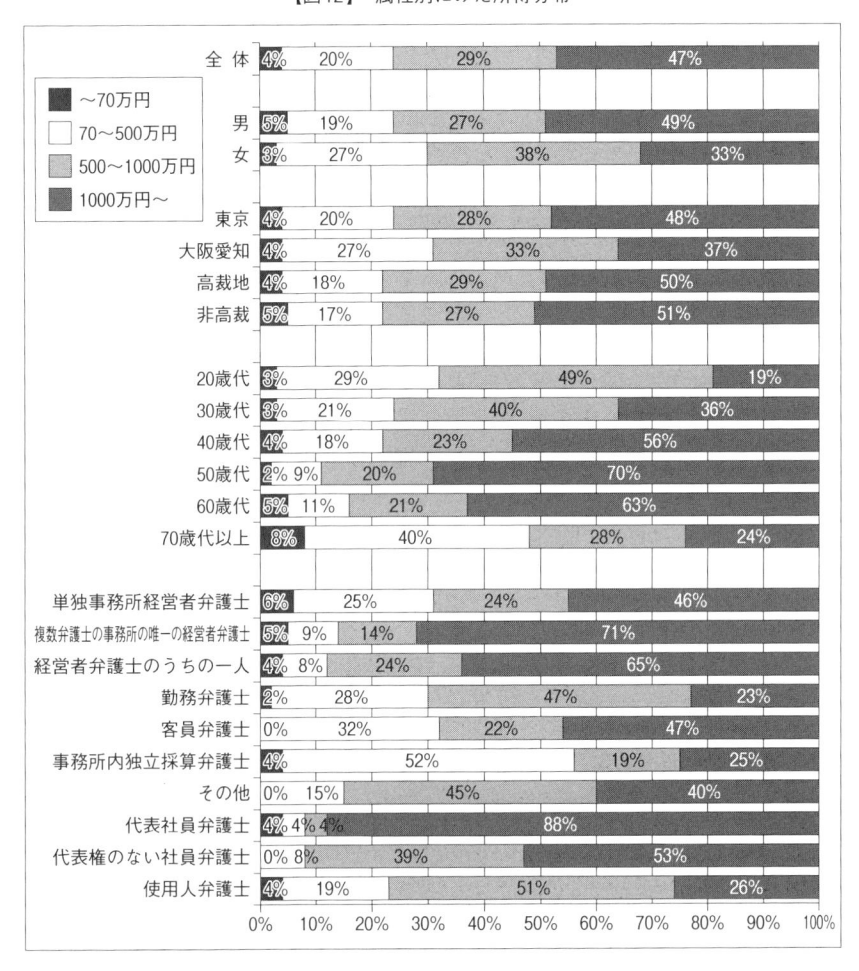

弁護士所得の出生コーホート分析の試み

【図12】 属性別にみた所得分布

属性	～70万円	70～500万円	500～1000万円	1000万円～
全体	4%	20%	29%	47%
男	5%	19%	27%	49%
女	3%	27%	38%	33%
東京	4%	20%	28%	48%
大阪愛知	4%	27%	33%	37%
高裁地	4%	18%	29%	50%
非高裁	5%	17%	27%	51%
20歳代	3%	29%	49%	19%
30歳代	3%	21%	40%	36%
40歳代	4%	18%	23%	56%
50歳代	2%	9%	20%	70%
60歳代	5%	11%	21%	63%
70歳代以上	8%	40%	28%	24%
単独事務所経営者弁護士	6%	25%	24%	46%
複数弁護士の事務所の唯一の経営者弁護士	5%	9%	14%	71%
経営者弁護士のうちの一人	4%	8%	24%	65%
勤務弁護士	2%	28%	47%	23%
客員弁護士	0%	32%	22%	47%
事務所内独立採算弁護士	4%	52%	19%	25%
その他	0%	15%	45%	40%
代表社員弁護士	4%	4%	4%	88%
代表権のない社員弁護士	0%	8%	39%	53%
使用人弁護士	4%	19%	51%	26%

体を集計する際には，この点を留意して分析をする必要がある。東京を除けば70万以下の層はやや多くなるが，それは先にみた確定申告全体の傾向と同じ程度になると思われる。しかも，東京三会における70万円以下の層の2000人以上の拡大は，2008年から2009年にかけての新規登録者がこの低所得層に集中しているというだけでは説明がつかない。ひとつ考えられることは，弁護士の過度の集中が，供給過剰を生み，低所得層を増加させているということである。都

市部において，70万円以下の層がやや多いという点を踏まえた分析が必要なことを示唆している。

2010年調査のデータでこの点を分析しようとすると70万円以下の層の有効回答ケース数が55と少なく，実質的な分析は困難である。500万円以下に分析の目を広げ，以下に検討してみよう。

【図12】では，所得を70万，500万，1000万で区切った分布を100％帯グラフで示した。煩雑になるので図中においては四捨五入した値を示している。性別では，70万円以下は男性が4.5％，女性が2.6％であるが，500万円以下の累積比率，すなわち70万円以下の割合と70万円～500万円以下の割合の合計では，男性23.4％，女性29.5％と女性の方が多くなる。地域別では大阪愛知が500万円以下の累積比率で30.5％ともっとも多い。年齢層別では70万円以下の層は70歳代以上が最も多く8.4％であり，次いで60歳代の5.0％である。500万円以下の累積割合でも70歳代が最も多く48.1％となっている。事務所における地位別でみると，「単独事務所経営者弁護士」と「複数弁護士の事務所の唯一の経営者弁護士」が5％台，「事務所内独立採算弁護士」と「代表社員弁護士」が4％台である。

経済基盤調査でみる限り，ケース数が少ないためもあって所得70万円以下の層にどの層が集中しているのかは明らかではない。地域別にみても税務統計にみるような東京国税局管内である東京三会登録弁護士の突出も観察されない。他方，500万円以下の所得階層が多いセグメントはある程度常識的に理解可能である。これは今後のさらに分析すべき課題であるが，それを指摘するにとどめ，出生コーホートについての分析に戻ろう。

4　世代別の相対的低所得層の分析

相対的低所得層について世代別の変化をみてみよう。20歳代はサンプル数が少ないので，30～70歳代の変化に注目して，生まれ年による世代ごとに500万円以下の層の占める割合の推移に注目する。【図13】は世代ごとに折れ線グラフでその割合の推移を示したものである。

30歳代から40歳代への変化をみると，世代ごとに異なるパターンが示される。1990年調査で30歳代の1950年代生まれの世代における所得500万円以下の

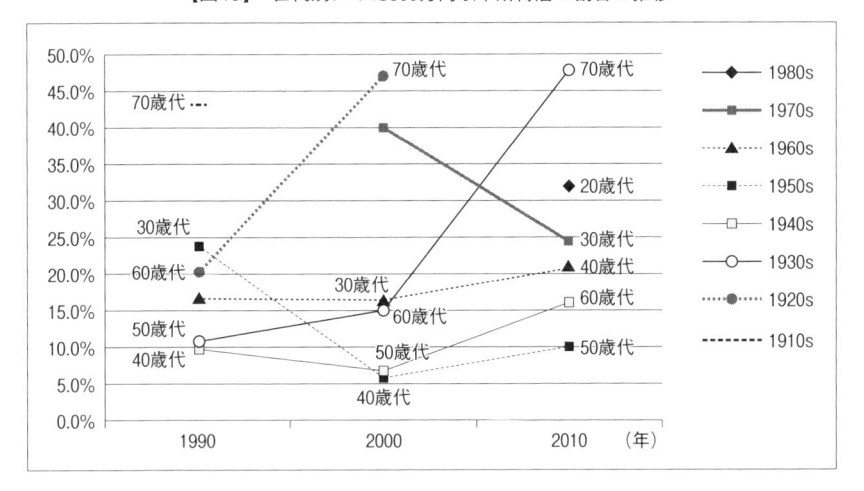

【図13】 世代別にみた500万円以下所得層の割合の推移

層の割合は1990年から2000年にかけて23.9％から5.6％と大きく下がっているのに対し，2000年調査で30歳代である1960年代生まれの世代ではその層が16.1％から21.3％へとやや増えていて対照的である。40歳代から50歳代への変化をみると，1990年調査で40歳代である1940年代生まれの世代は9.7％から6.6％とほぼ同水準であり，2000年調査で40歳代である1950年代生まれの世代では6.6％から10.2％とやや増えているが，一割前後の水準にとどまっている。50歳代から60歳代にかけては，1990年調査で50歳代である1930年生まれの世代は10.8％から15.2％へ，2000年調査で50歳代である1940年代生まれの世代は6.6％から16.1％へと，両者とも割合がやや増加する同じ傾向を示している。そして70歳代になるといずれの世代も40％台にまで500万円以下の所得層が拡大するのである。

そうするとここでも世代別にみて，1950年代生まれの世代と1960年代生まれの世代との間で違いがみられるのである。2010年調査で50歳代である1950年生まれの世代の500万円以下の層はそれ以前の世代と同じパターンを示しているのに対し，1960年代生まれの世代の所得が伸び悩んでいる。

ちなみに各調査時点における同じ年齢層を比較すると20歳代では，1990年調査から順に16.7％，40.0％，32.7％，同じく30歳代が23.9％，16.1％，24.5％となる。

Ⅴ——おわりに

　弁護士が増加する流れの中で若い年齢層と女性の比率が高まる傾向は，けっして日本だけのものではない。Galanter（2011：71-75）は，1970から2000年にかけての世界的な人口当たり弁護士数を比較し，「法典国もコモンロー国も，もともと法律家（Lawyers）の少なかった国も多かった国も」，それぞれの国において人口増よりも法律家人口が大きく増えてきていることを指摘している。[15]この傾向は，新規に参入する法律家人口の方が，引退や死亡によって退出する法律家人口よりも多いことを意味し，それは弁護士人口構成における若年層（と女性）の増加をもたらしている。アメリカを例にとると，1970年代に法律家が急激に増加し始めた際に，30歳代の法律家の人数は50歳代の約3倍であったのが，2010年現在ではその比が1.3倍程度になっており，このまま推移すると2020年にはほぼ同人数になると考えられている。

　日本では1970年から2000年にかけて10万人当たりの弁護士数は，8.1人程度から13.5人程度と相対的に伸びは緩やかであった。しかし，2011年の10万人当たりの弁護士数は25.1人であるので，これは1970年と比較して3倍以上，2000年と比較しても約2倍と急激に増えている。[16]30歳代と50歳代の弁護士数の比は，2000年調査時点で2888人対4241人であり，その比は1.47であるが，2010年調査時点では7955人対4225人で，その比は逆転し，0.53となっている。新規参入弁護士数が今後も現状と同じであると仮定して単純に計算すれば，この比はこれから数十年かけて徐々に1に近づいていくことになる。

　本稿での分析との関係では，こうした人口構成の将来的変化の弁護士キャリアに対する影響が重要となる。Galanter（2011：75）は，今後，弁護士業務についてよりチーム化が進行し，そのチーム内での階層性が強まるという前提にたてば，管理業務を担う高齢層がだぶつき，その層に対する早期引退への圧力が高まるかもしれないと示唆している。本稿の分析による知見は，断定的なものではないが，時代や増加のテンポはずれつつも，国際的に共通する背景事情も

踏まえると，今後展開していく方向を一定程度示したものといえる。

　1950年代生まれの世代と1960年代生まれの世代の間で，所得を中心としてみたキャリア展開に違いがみられることはたいへん興味深い。粗収入ないし売上高においては，1960年代生まれの世代の30歳代から40歳代への平均金額の伸びが，それより上の世代よりも相対的に小さかった。経費を引いた後の所得の平均金額は1960年代生まれの世代の30歳代から40歳代への伸びが，1950年代生まれの世代に比べ，やや鈍い。同じく中央値でみると，1950年代生まれの世代は40歳代から50歳代にかけて伸びておらず，相対的低所得層の増加が推測された。給与経費は1950年代生まれが他の世代と異なり，金額において他の世代と比べ増加幅が相対的に大きいという傾向が確認できた。しかし，この世代の経費総額に占める給与経費の割合の推移は他の世代とあまり異ならない。他方で，1990年代以降，どの世代でも，50歳代以降であっても経費総額に占める給与経費の割合は増加する傾向を示している。この傾向は，弁護士事務所の規模が大きくなって，勤務弁護士の割合が増えていることを反映していると考えられる。こうした時期に，事務所の経営者層になってきている1950年代生まれの世代，その次世代の1960年代生まれの世代との間に，ここでみてきたような違いがみられることは今後とも継続的に観察すべき課題であろう。

　30歳代に注目した際の売上，所得について各調査間の差は，40歳代以上の年齢層に比べて相対的に小さい。キャリアのスタートアップの状況は同じであるが，その後の独立や業務展開により，所得においても階層化が進行していくのではないかという仮説を想定できる。2010年調査時点では30歳代が大きな構成割合を占めていることを考えると，この世代が今後キャリアを積んでいくにあたり，これまで以上に階層化が進行するのかは注目に値する。

　司法修習終了後，勤務弁護士を経て，独立し，さらに勤務弁護士を雇うようになるという伝統的なキャリアトラックは，新司法試験時代であっても「多数派」である。人数が増えたからと言って，法曹養成という高度な専門職養成過程にあって「徒弟的修行」が不要となるわけではないし，司法修習を終えた新人がすぐに「一人前」になるわけでもない。しかし，それゆえにまた，若い年代の弁護士の急激な増加は，1950年代以前生まれの世代の弁護士が，勤務弁護

士を多少無理しても雇うという圧力となっていることは想像に難くない。

さて，本稿では経済基盤調査を中心に分析をしてきた。回収率の低さにとどまらず，所得にかかる質問は無回答が多くなる傾向にあるし，低所得層の回答拒否が多い点は社会統計学で指摘されているところでもある (宇南山 2009)。また，修習を終えても登録をしていない (その多くは「就職」ができず「即独・軒弁」も選ばなかったと考えられる) 層も調査対象には含まれない。この点は強調しておく必要があるが，本稿の分析の限りでは，弁護士としてのキャリアをスタートできたグループは，所得に関して，先行する世代よりもやや低いとはいえ，ほぼ同じパターンを踏襲していっているようにみえる。

他方で，弁護士事務所の規模が大きくなり，勤務弁護士数が2000年代に増えていることを考えるならば，Galanterの示唆する通り，今後数十年かけて，いわゆる「パートナー」にならないベテラン弁護士が増えていくことにつながっていくのかもしれない。税務統計との比較と相対的低所得層の分析を重ね合わせると，ラフな分析ではあるが，特に弁護士が集中する地域にあっては，こうして所得構造が二極化する傾向も予想することができよう。これは今後の継続的な調査によってフォローすべき課題であると考える[17]。その際，現時点での弁護士人口の30歳代への集中と，東京三会に弁護士の約半数が登録しているという，二つの偏在の問題 (本稿では前者の分析にとどまっているが) を踏まえて，「弁護士の実態」の全体像を明らかにしていく視点が重要となるのである。

【注】

1) 山本 (2013) は，2000年調査と比して2010年調査に占める業務経験10年未満の弁護士の増大が調査結果に影響していることは指摘しているが，世代別の分析は行っていない。
2) 日弁連 (2011a)：125) でも以下のように記されている。「……今回の調査と前回までの調査とは，弁護士の構成が大きく異なっていることは注意しなければならない。今回の調査では10年未満の経験年数の弁護士の回答が全体の約43％を占めており，2000年調査の27.5％とは大きく異なる。この点の影響を考えなくては，分析を誤ることになる。」
3) この点につき，日弁連 (2000：14) は，間接的な表現でのみ，ウェイトバックしていないことに言及している。
4) 1980年調査と1990年調査の原データは散逸しているようであるが，2000年調査と2010年調査についてはデータが存在し，そのうち2010年調査についてはデータアーカイブへの寄託も進められている。このような原データに立ち帰っての分析をしかるべき手続き

をふまえて行うことは，多大なコストとエネルギーを用いて実施されている経済基盤調査の価値を高めるものとなるが，本稿では公表データに基づいて分析を進めるにとどめ，それを越えての分析は他日を期したい。

5) 本稿での分析は，4回の調査に表れた同じカテゴリー（セグメント）の比較を行い，弁護士の人口構成の違いを考慮にいれたときの変化をみていこうとするものであるので，それぞれの調査自体の方法的差異はある程度吸収されると思われる。2010年調査ではウェイトバックした値のみが報告されている点に留意されたい。また1980年調査については全国統計については日本弁護士会連合会弁護士業務対策委員会(1988)においてウェイトバックされた値のみが報告されており，第一次報告書に相当する日弁連(1981)には地域ごとの集計値しか示されていない。

6) 本文で触れたように，性別集計は1980年調査と1990年調査で欠落している。1980年調査では，質問紙問38(イ)において「性別」をたずねているが（日弁連 1981：35），この問いについての集計はない。1990年調査でも同様に質問紙問47(イ)において「性別」をたずねているが（日弁連 1991：146），この問いについての集計は見当たらない。

7) 1960年代生まれといっても，厳密な意味で年齢層と対応しているわけではない。本稿では2010年調査における70歳代は，2000年調査の60歳代，1990年調査の50歳代，1980年調査の40歳代というように扱うこととする。

8) 弁護士対象の調査に限らず，社会調査における回収率の低下は社会調査方法上の大きな問題である。

9) 日弁連では，2002年以降『弁護士白書』を発行し。その中で2年に一度実施している「弁護士実勢調査（弁護士センサス）」の結果を一部報告している。ただし，弁護士センサスは2008年調査の結果までが報告されているにとどまる（日弁連 2011b）。

10) この点について勤務弁護士数の推移を回答年齢層別にみることができるとこの仮説の検証が容易であると考えられる。2010年調査においては非経営者弁護士数として層別の報告がされている（日弁連 2011a：37）が，2000年調査までにはその報告がないためここではその分析はしていない。

11) 2010年調査においては，問28Dにおいて，問28Bで回答した「給与賃金経費」の勤務弁護士と事務員とについての内訳と合計をたずねている。しかし，問28Bの「給料賃金経費」への有効回答数が1033ケースであるのに対し，この問28D合計への有効回答数は620ケースにとどまっており，欠測値が多い。したがって，ここでは問28Bを用いることとする。ただし，問28Dを用いて分析しても全体の傾向に大きな違いはない。

12) 1990年調査・2000年調査では専従者給与を含む人件費（問31(h)）とそのうちの専従者給与を除く事務員給与（問31(i)）が尋ねられている。ここからは勤務弁護士に対する給与額は不明である。2010年調査では，問28Dにおいて，給与賃金経費として勤務弁護士と事務員（専従者は除く）が質問されているので，勤務弁護士の給与賃金経費についての算術平均を求めることは可能である。

13) 経済基盤調査に限らず，所得についての質問紙調査では，回収サンプルにおいても無回答が多くなる傾向がある。また，低所得者層で回答拒否が多く，サンプルから低所得層が脱落している傾向が指摘される。（宇南山 2009：8-9）

14) 70万円以下が突出することについては，弁護士の困窮化の典型的な証左として言及されることが多い。ここでの分析とは直接かかわらないが，税務統計において注意を要

するのは，H19（2007）年分税務統計までは，申告納税額がある者のみが統計に挙げられており，「確定申告をしても申告納税額のない者及び給与所得者等で源泉徴収による納税額があっても確定申告等を要しない者は，調査の対象から除かれている」（国税庁 2008：52）点である。H20（2008）年分の税務統計からは還付申告をした者を含んだ表（国税庁 2009：136以下）とそれまでと同様に申告納税者のみの表（国税庁 2009：148以下），還付申告をした者のみの表（国税庁 2009：160以下）が示されている。

15) 1970年から2000年にかけて，人口当たりの弁護士数はアメリカ合衆国，オーストラリア，フランス，イスラエル，イタリアで約2倍に，カナダ，スペイン，英国で約3倍，ドイツ，オランダ，ポルトガルで約4倍になっている（Galanter 2011：73）。国際比較における法律家の定義はたいへん煩雑であるが，それぞれの国での時間を追っての比較を主眼としている点で参考になる分析である（Galanter 2011：71）。
16) 日本の人口は総務省統計局（2014）による。弁護士数については日弁連（2013）等による。
17) 62期弁護士に対する継続的調査については，（宮澤ほか 2011；2013）を参照されたい。

【文献一覧】

Galanter, Marc（2011）More Lawyers than People The Global Multiplication of Legal Professionals. In Scott L. Cummings, ed., *The Paradox of Professionalism: Lawyers and the Possibility of Justice*, Chapter 4, pp. 68-89.

国税庁（2008）『第133回国税庁統計年報　平成19年度版』.

国税庁（2009）『第134回国税庁統計年報　平成20年度版』.

宮澤節生ほか（2011）「第62期弁護士第1回郵送調査の概要：記述統計の提示」青山法務研究論集4，57-191頁.

宮澤節生ほか（2013）「第62期弁護士の教育背景，業務環境，専門分化，満足感，及び不安感：第1回郵送調査第2報」青山法務研究論集6，35-235頁.

日本弁護士連合会（1981）「弁護士業務の経済的基盤に関する実態調査基本報告」自由と正義32巻10号（臨時増刊）.

――（1991）「日本の法律事務所'90――弁護士業務の経済的基盤に関する実態調査報告書――」自由と正義42巻13号（臨時増刊）［※なお，本号の表紙には，VOL.42 NO.13という表記と第43巻第13号という表記が混在しているが，奥付けは第42巻第13号と表記されているので，42巻として扱う。］.

――（2002）「日本の法律事務所2000――弁護士業務の経済的基盤に関する実態調査報告書――」自由と正義53巻13号（臨時増刊）.

――（2011a）「弁護士業務の経済的基盤に関する実態調査報告書2010」自由と正義62巻6号（臨時増刊号）.

――（2011b）『弁護士白書2011年版』日本弁護士連合会.

――（2012）『弁護士白書2012年版』日本弁護士連合会.

日本弁護士連合会弁護士業務対策委員会（1988）「日本の法律事務所——弁護士業務の経済的基盤に関する実態調査報告書——」ぎょうせい．

総務省統計局（2014）『日本の統計2014』（http://www.stat.go.jp/data/ nihon/index1.htm 2014/03/31アクセス）．

宇南山卓（2009）「家計調査の課題と改善に向けて」（東京経済研究センター（TCER）・東京大学日本経済国際共同研究センター（CIRJE）2009/5/7 ワークショップ報告ペーパー）http://www.cirje.e.u-tokyo.ac.jp/research/ workshops/macro/macropaper09/macro0507.pdf（2013/3/1アクセス）．

山本実（2013）「規制緩和を含む司法改革が弁護士にもたらした変化について」ビジネスクリエーター研究Vol.4．81-92頁．

柳楽久司（2012）「業界ニーズから読み解く弁護士の就職問題」二弁フロンティア2012年6月号．23-38頁．

日中企業における弁護士役割比較

福井康太

はじめに

　棚瀬孝雄先生と私は，大学院生時代に関西法社会学研究会で報告の機会を与えていただき，それ以来の関係である。私は，先生から直接に指導を受けたことはないが，贈らせていただいた論文に詳細なコメントをいただくなど，様々な形で研究をご指導いただいた。私が弁護士についての実態調査研究を行うに至ったのは，棚瀬先生の勧めによるところが大きい。その学恩に報いるべく，本稿を棚瀬孝雄先生の古稀を記念するこの論文集に献呈する。

　本稿は，公益財団法人日弁連法務研究財団の研究助成（基金研究89「グローバル化する社会と弁護士の新しい職域」）による調査研究の成果である。私は，大阪大学で研究グループを組織し，2012年から2013年にかけて「中国企業における弁護士ニーズに関する調査」（以下「本調査」とする）を実施し，その調査結果を纏めたものが本稿である。調査票の作成は私と西本実苗（調査主任・大阪大学大学院法学研究科特任助教），李楓（研究員・同博士後期課程在学），王永令（研究員・同博士前期課程修了・中国弁護士）の協力のもとに中国語に翻訳した。当初，2012年8月上旬から9月上旬にかけて，上海交通大学凱原法学院の協力のもとに，上海市でアンケートを実施した（第1調査）。第1調査では，上海市の上場企業リストから約2000件の送付先を抽出し，調査票を郵送した。しかし，調査方法に問題があり[1]，また折悪しく発生した尖閣諸島問題の影響のため，調査票が9

通しか回収できないという事態となった。その後，調査方法を改め，第1調査と同一内容のWebアンケートを作成し，留学生の知人を数珠つなぎ式に紹介してもらう方法で，第2調査を11月下旬から実施し，2013年1月31日の時点で，第1調査と第2調査を合わせて97件の有効回答を得た。協力を得た留学生は上海や瀋陽，深圳の出身であり，回答企業のほとんどは彼らの出身都市の企業である。

中国ではここ数年，毎年80,000人程度の司法試験合格者を出し，弁護士数は急増している[2]。その多くは都市部に集中し，法律事務所に就職するか，企業内弁護士となる。とくに，企業内弁護士となる弁護士が中国でも急増しているということを聞く[3]。そこで，上海など中国都市部の企業において弁護士がどのように活用されているのかを知ることは重要な課題となる。本調査では，中国企業における弁護士の活用状況，活用の理由，弁護士を活用したい業務などについて質問した。本稿では，本調査の分析結果を紹介するとともに，大阪大学の研究グループ（上記グループとはメンバーが異なる）が2007年に日本企業を対象に行った「企業における弁護士ニーズに関する調査」[4]（以下「日本企業調査」）の調査結果と比較して，日中企業における弁護士役割のそれぞれの特徴を明らかにする。

I ── 中国における弁護士の活用状況

1 顧問弁護士と企業内弁護士の活用

本調査では，対象企業における弁護士の活用状況について把握するため，①外部の弁護士との顧問契約の有無，②企業内弁護士を雇用しているか否か，③未登録の弁護士有資格者を雇用しているか否かについて尋ねた。

まず，①外部の弁護士との顧問契約の有無については，「契約している」が53.6%，「契約していない」が44.3%と，どちらもほぼ半数であった（図1）。さらにそれぞれの理由を尋ねたところ，外部の弁護士と顧問契約を結ぶ理由として最も多かったのは「弁護士でしかできない仕事が多い」（39.2%），第2位は「投

第3部　法専門職の変容

図1　現在外部の弁護士と顧問契約を結んでいる

- 無回答　2.1%
- 契約していない　44.3%
- 契約している　53.6%

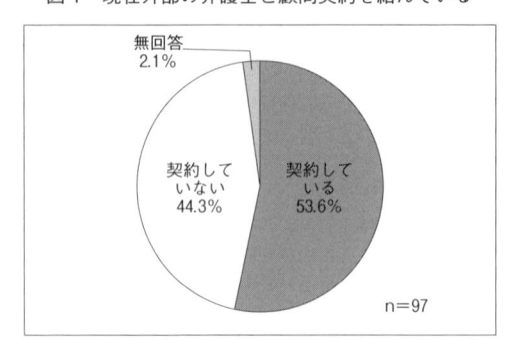

n=97

図2　顧問契約を結んでいる理由（外部の弁護士と顧問契約を結んでいる場合）

%（複数回答可）

項目	%
弁護士でしかできない仕事が多い	39.2
投資家や取引先等から弁護士の利用を求められる	31.4
企業の社会的評価に関わる	31.4
企業形態上弁護士を使うことが法定されている	29.4
弁護士は有能だから	29.4
その他	19.6

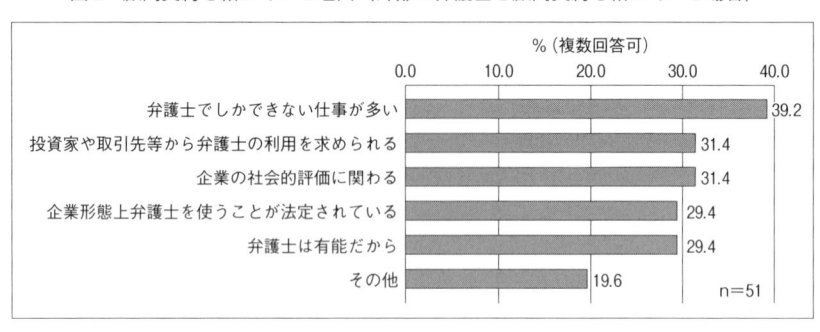

n=51

図3　顧問契約を結んでいない理由（外部の弁護士と顧問契約を結んでいない場合）

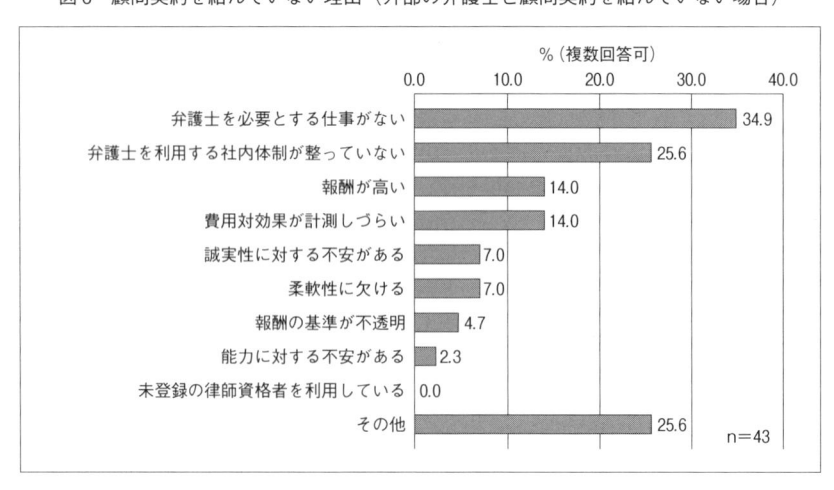

%（複数回答可）

項目	%
弁護士を必要とする仕事がない	34.9
弁護士を利用する社内体制が整っていない	25.6
報酬が高い	14.0
費用対効果が計測しづらい	14.0
誠実性に対する不安がある	7.0
柔軟性に欠ける	7.0
報酬の基準が不透明	4.7
能力に対する不安がある	2.3
未登録の律師資格者を利用している	0.0
その他	25.6

n=43

図4 現在弁護士を「企業内弁護士」
(in-house lawyer) として雇用している

- 雇用している 51.5%
- 雇用していない 34.0%
- 無回答 14.4%

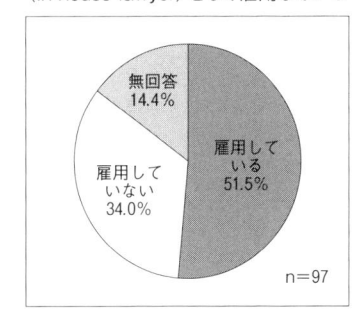

n=97

図5 企業内弁護士の人数
(企業内弁護士を雇用している場合)

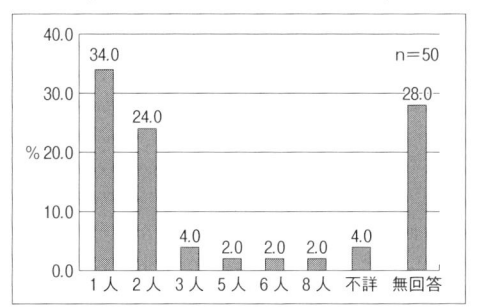

- 1人 34.0
- 2人 24.0
- 3人 4.0
- 5人 2.0
- 6人 2.0
- 8人 2.0
- 不詳 4.0
- 無回答 28.0

n=50

図6 企業内弁護士を雇用する理由（企業内弁護士を雇用している場合）

%（複数回答可）

- 企業形態上弁護士を雇用することが決定されている 47.9
- 弁護士でしかできない仕事が多い 41.7
- 投資家や取引先等から弁護士の利用を求められる 27.1
- 弁護士は有能だから 25.0
- 企業の社会的評価に関わる 20.8
- その他 22.9

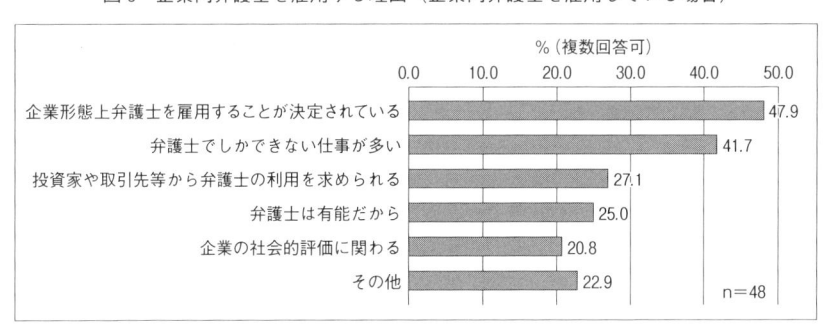

n=48

図7 企業内弁護士を雇用していない理由（企業内弁護士を雇用していない場合）

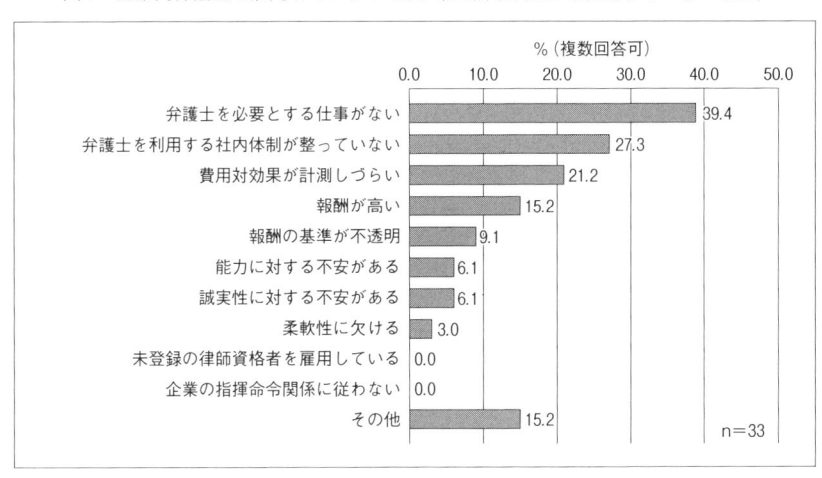

%（複数回答可）

- 弁護士を必要とする仕事がない 39.4
- 弁護士を利用する社内体制が整っていない 27.3
- 費用対効果が計測しづらい 21.2
- 報酬が高い 15.2
- 報酬の基準が不透明 9.1
- 能力に対する不安がある 6.1
- 誠実性に対する不安がある 6.1
- 柔軟性に欠ける 3.0
- 未登録の律師資格者を雇用している 0.0
- 企業の指揮命令関係に従わない 0.0
- その他 15.2

n=33

第3部　法専門職の変容

図8　未登録の従業員を雇用している

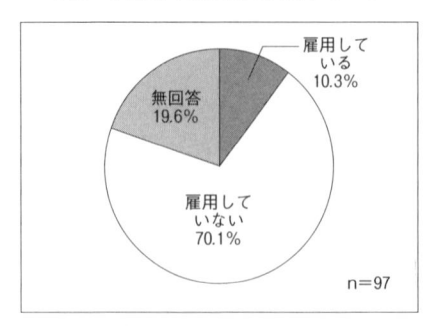

- 雇用している 10.3%
- 無回答 19.6%
- 雇用していない 70.1%
- n=97

※ただし現在弁護士資格を有している

図9　未登録の弁護士有資格者の人数

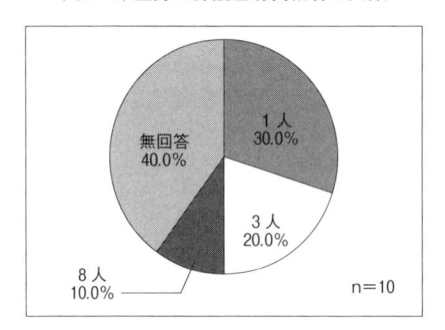

- 1人 30.0%
- 無回答 40.0%
- 3人 20.0%
- 8人 10.0%
- n=10

※未登録の弁護士有資格者を雇用している場合

図10　未登録の弁護士有資格者に登録弁護士と同様な業務を行わせているか

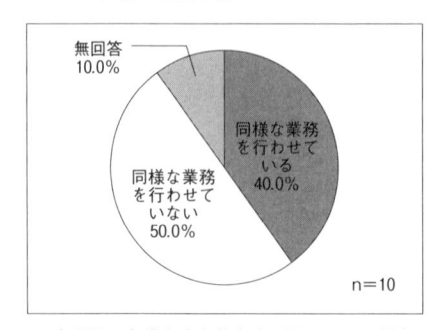

- 無回答 10.0%
- 同様な業務を行わせている 40.0%
- 同様な業務を行わせていない 50.0%
- n=10

※未登録の弁護士有資格者を雇用している場合

資家や取引先等から弁護士の利用を求められる」、「企業の社会的評価に関わる」（どちらも31.4%）であり（図2）、一方、顧問契約を結んでいない理由としては「弁護士を必要とする仕事がない」（34.9%）が最も多かった（図3）。

次に、②企業内弁護士の雇用については、「雇用している」が51.5%と半数を超えたが、「雇用していない」も34.0%あった（無回答が14.4%）（図4）。企業内弁護士を雇用している場合、その人数は「1人」が最も多く34.0%で、「2人」の回答とあわせると約7割であった（図5）。企業内弁護士を雇用する理由として最も多かったのは「企業形態上弁護士を雇用することが法定されている」（47.9%）であり、「弁護士でしかできない仕事が多い」（41.7%）がその次に多かった（図6）。一方、雇用しない理由としては「弁護士を必要とする仕事がない」が39.4%と最も多かった（図7）。

さらに、③未登録の有資格弁護士の雇用については、「雇用している」が10.3%、「雇用していない」が70.1%であった（無回答19.6%）（図8）。先の②の結果とあわせて考えると、弁護

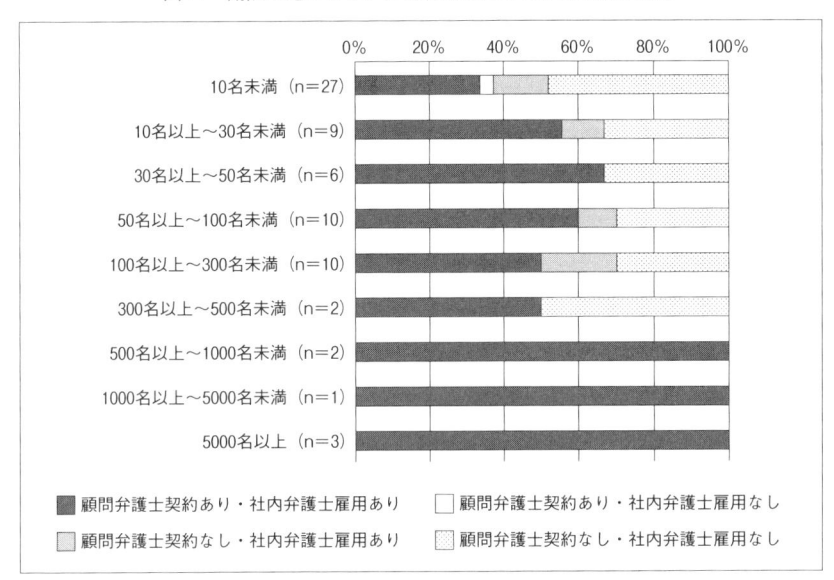

図11　期限の定めのない労働者数別にみる弁護士活用状況

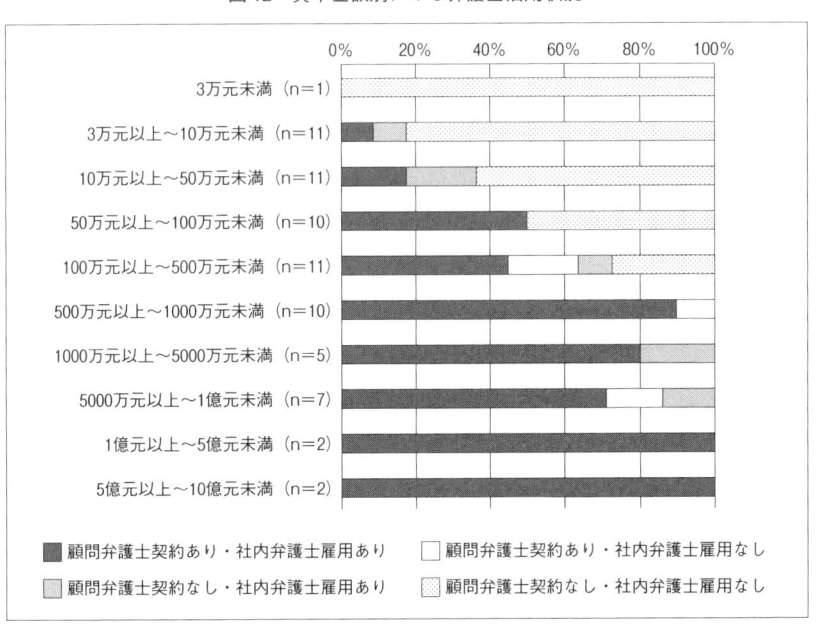

図12　資本金額別にみる弁護士活用状況

表1　外部弁護士との顧問契約の有無と企業内弁護士雇用の有無

			企業内弁護士	
			雇用あり	雇用なし
外部弁護士との顧問契約	契約している	度数	41	4
		%	91.1%	8.9%
	契約していない	度数	8	29
		%	21.6%	78.4%

士有資格者を企業で雇用する場合は，そのほとんどが弁護士登録をしていることが伺える。未登録の有資格者を雇用している場合，登録弁護士と同様な業務を行わせているか否か質問したところ，「同様な業務を行わせている」が40.0%，「同様な業務を行わせていない」が50.0%であった（無回答10.0%）（図10）。

ちなみに，外部弁護士と顧問契約を結んでいる企業の91.1%は，企業内弁護士も雇用している（表1）。サンプル数に問題はあるが，正規従業員数500人以上の企業では100%が「顧問弁護士契約あり・企業内弁護士雇用あり」であり（図11），また，資本金500万元以上の企業には「顧問弁護士契約なし・企業内弁護士雇用なし」は皆無である（図12）。これは，一定規模以上の大企業には法的に弁護士活用が義務づけられていることの表れである。他方，外部弁護士と顧問契約を結んでいない場合，その約8割(78.4%)は企業内弁護士も雇用していない（表1）。図11および図12から読み取れるとおり，それらの企業のほとんどは中小企業である。ここから，中国企業は，弁護士を高度に活用している大企業と，ほとんど活用していない中小企業に二極分化していることが読み取れる。さらに，先の②と③の結果とあわせて考えると，弁護士有資格者を企業で雇用する場合には，おおむね弁護士登録をさせていることが理解される[5]。以上から，中国の大企業においては，かなり弁護士の活用が進んでおり，企業内で弁護士が活躍する機会がかなり多いことが窺われる。

2　将来弁護士を活用したい業務

現時点で企業内弁護士を雇用しているか否かにかかわらず，中国企業がどのような弁護士活用ニーズを有しているかについて知るために，「弁護士の数が

増加し,規制がさらに緩和されて,これまで以上に弁護士を活用しやすくなった」という仮定のもとで,30種類の業務について,自社で弁護士を「使いたくない」,「どちらかといえば使いたくない」,「どちらともいえない」,「どちらかといえば使いたい」,「使いたい」という5件法で質問した。全30種類の業務のうち「使いたい」の回答率が高かったもの上位5つを見ると,第1位は「契約書の審査」と「取引上の紛争解決のための交渉」(どちらも63.9%),第3位は「金銭債権の回収」と「第三者に対する損害賠償訴訟の提起」(どちらも58.8%)であり,第5位は「契約交渉」(57.7%)であった(表2)。

全般的には,「契約書の審査」など契約にかかわる業務や,取引上の交渉,債権回収,訴訟にかかわる業務について弁護士を活用したいというニーズが大きいことが読み取れる。また,上位5つまでには入らなかったものの,「M＆A(企業合併および買収)への対応」(「使いたい」52.6%)といった経営にかかわる業務についても弁護士活用ニーズが大きいことがわかった。ここから,中国企業では,訴訟関連業務とともに,契約書の審査など予防法務のニーズも大きいことが理解されるが,他方,取引交渉など日常業務に関わる弁護士ニーズもあり,M＆A対応など経営により近いところで日常的に弁護士を活用するニーズがあることが読み取れる。

全30種類の業務について,「使いたい」と回答された割合を平均すると38.9%と4割近くに達するのであり,企業の様々な業務について全般的にみて弁護士ニーズは大きいと言える。しかし他方,無回答の割合も全30種類の業務について平均33.7%あり,「使いたい」割合の平均38.9%とあまり差がみられない。中国では,弁護士を活用している企業では全般的に大きな弁護士活用ニーズが見てとれる一方,そうではない企業ではそもそも弁護士の役割がよく認知されていないと思われ,ここからも弁護士活用の二極分化傾向が顕著であると理解される。

表2　弁護士サービスを利用したい業務内容について（数値は％, n = 97）

	使いたくない	どちらかといえば使いたくない	どちらともいえない	どちらかといえば使いたい	使いたい	無回答
1. 契約書の審査	9.3	0.0	0.0	0.0	63.9	26.8
2. 国内取引にかかわる契約書の作成	10.3	3.1	3.1	5.2	49.5	28.9
3. 海外取引にかかわる契約書の作成	11.3	0.0	3.1	1.0	50.5	34.0
4. 経営戦略に関する全般的なアドバイス	18.6	5.2	8.2	5.2	24.7	38.1
5. 法令遵守体制の整備	11.3	2.1	4.1	9.3	45.4	27.8
6. 環境保護対策	22.7	3.1	11.3	7.2	16.5	39.2
7. 個人情報保護・情報セキュリティ管理	20.6	2.1	10.3	7.2	26.8	33.0
8. Ｍ＆Ａ（企業合併および買収）への対応	7.2	1.0	4.1	3.1	52.6	32.0
9. 知的財産のマネジメント	2.1	0.0	0.0	1.0	44.3	52.6
10. 資産（不動産等）の運用	16.5	1.0	12.4	9.3	23.7	37.1
11. 金融商品の活用	23.7	1.0	9.3	8.2	19.6	38.1
12. 税務管理	18.6	3.1	4.1	4.1	36.1	34.0
13. 契約交渉	6.2	2.1	3.1	8.2	57.7	22.7
14. 取引上の紛争解決のための交渉	4.1	0.0	1.0	2.1	63.9	28.9
15. 競争戦略目的での訴訟	10.3	2.1	5.2	5.2	44.3	33.0
16. 専門知識（建築・医療・知的財産など）を要する訴訟	6.2	1.0	4.1	3.1	49.5	36.1
17. セクシュアル・ハラスメントへの対応	17.5	4.1	21.6	9.3	9.3	38.1
18. 企業ブランドの管理	15.5	5.2	10.3	5.2	29.9	34.0
19. 人事・労務管理（解雇を除く）	17.5	2.1	4.1	9.3	32.0	35.1
20. 解雇による雇用調整の実施	15.5	4.1	2.1	7.2	33.0	38.1
21. 労使間の交渉	12.4	4.1	4.1	8.2	39.2	32.0
22. 外国法令調査	11.3	2.1	6.2	4.1	45.4	30.9
23. 行政との交渉	27.8	3.1	4.1	9.3	16.5	39.2
24. 株主総会対策	19.6	1.0	10.3	11.3	22.7	35.1
25. 株主代表訴訟対策	16.5	3.1	8.2	7.2	27.8	37.1
26. 企業年金の管理	23.7	6.2	6.2	5.2	19.6	39.2
27. 契約の履行請求	6.2	4.1	5.2	8.2	48.5	27.8
28. 金銭債権の回収	7.2	2.1	3.1	2.1	58.8	26.8
29. 第三者に対する損害賠償訴訟の提起	5.2	1.0	2.1	5.2	58.8	27.8
30. 第三者から訴えられたときの応訴対応	7.2	1.0	2.1	5.2	56.7	27.8

II──企業内弁護士に期待されるタイプと能力・特性

1 企業内弁護士に期待されるタイプ

　現時点で企業内弁護士を雇用しているか否かにかかわらず，企業内弁護士を雇用するとしたらどのようなタイプの弁護士が望ましいかについて，「ホームドクター型」（契約書の作成・チェックから紛争処理まで，あらゆる法務に関与する「かかりつけのお医者さん」タイプの弁護士），「エキスパート型」（特定の専門分野におけるエキスパートとして，当該分野の仕事に専念する専門家タイプの弁護士），「ロビイスト型」（事業に関する立法・行政の活動をリサーチし，業界を代表して諮問機関・諮問委員会などに参加し，適切な立法がなされるよう政策誘導する弁護士），「訴訟専門型」（主に訴訟・審判など，紛争処理を専門的におこなう弁護士），「ゼネラルカウンセル型」（経営に関する法律面での最終的な判断と実行をおこない，複数の部署を束ねてプロジェクトを遂行する弁護士），「一般従業員型」（一般従業員と同様の業務において，法的知識を活用する弁護士）の6つのタイプを説明つきで提示して質問した（複数回答可）。

　望ましいタイプの弁護士として最も多く選ばれたのは「ゼネラルカウンセル型」（29.9%）であり，2番目に多かったのは「訴訟専門型」（21.6%）で，3番目は「ホームドクター型」（19.6%）であった（図13）。中国企業では，弁護士にゼネラルカウンセルなどとして，経営陣に近い立場で仕事をすることが求められていることが窺われる。

2 企業内弁護士に期待される能力や特性

　次に，自社が企業内弁護士を雇用しているか否かにかかわらず，企業内弁護士を雇用するとしたら法律に関する専門知識以外にどのような能力や特性を重視するか，全17項目から当てはまるものをすべて複数選択で回答してもらった。回答率の高い方から上位5位までを挙げると，第1位は「責任感」（62.9%），第2位は「交渉能力」と「リスク判断能力」（どちらも61.9%），第4位は「企業へ

図13 望ましい弁護士のタイプ（複数回答可）

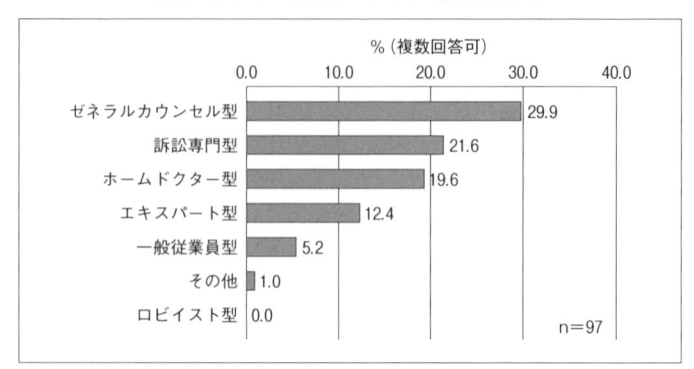

タイプ	%
ゼネラルカウンセル型	29.9
訴訟専門型	21.6
ホームドクター型	19.6
エキスパート型	12.4
一般従業員型	5.2
その他	1.0
ロビイスト型	0.0

n＝97

図14 企業内弁護士に期待する能力・特性

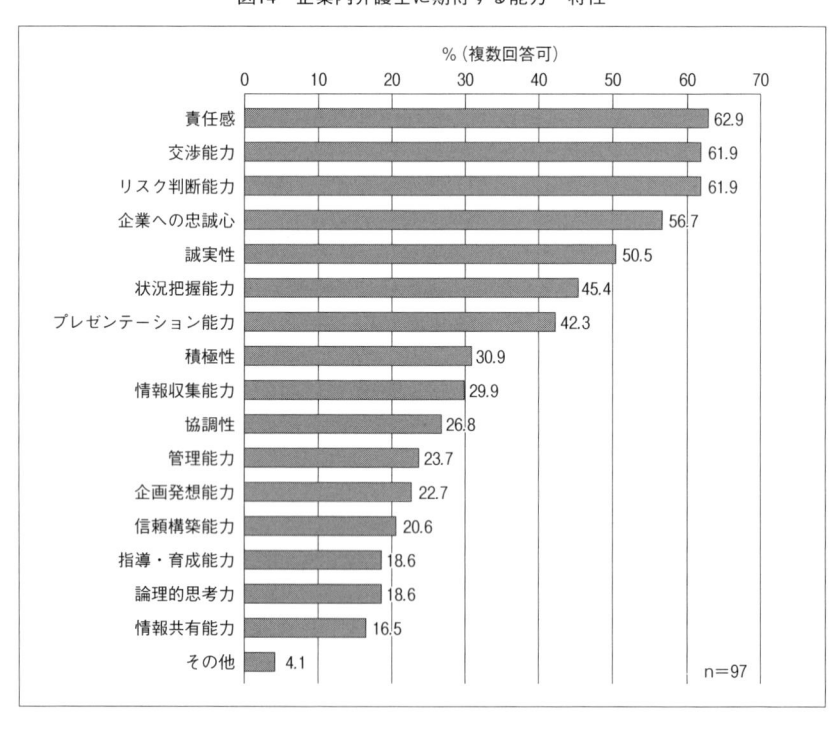

能力・特性	%
責任感	62.9
交渉能力	61.9
リスク判断能力	61.9
企業への忠誠心	56.7
誠実性	50.5
状況把握能力	45.4
プレゼンテーション能力	42.3
積極性	30.9
情報収集能力	29.9
協調性	26.8
管理能力	23.7
企画発想能力	22.7
信頼構築能力	20.6
指導・育成能力	18.6
論理的思考力	18.6
情報共有能力	16.5
その他	4.1

n＝97

の忠誠心」(56.7%)，第5位は「誠実性」(50.5%)であった（図14）。交渉能力とともにリスク判断能力が求められることは先ほどの弁護士の活用が期待される業

務と対応しており，責任感や忠誠心，誠実性は組織内人材として求められる特性である。中国企業でもまた，弁護士に独立の専門家としての役割とともに，組織人としての役割が強く求められていることと理解される。

Ⅲ──企業内弁護士の役割に関する日中比較

1　弁護士の活用状況について

　大阪大学の研究グループが2007年に実施した日本企業調査によれば，外部の弁護士と顧問契約している企業は約半数（50.5%）あるものの，企業内弁護士の雇用は回答企業の2.2%に留まっており，企業内弁護士の雇用は進んでいない[6]。しかも，弁護士を活用しない理由の第１位は，顧問弁護士と企業内弁護士のいずれについても，「弁護士を必要とする仕事がない」（顧問45.9%，企業内弁護士46.2%）となっている[7]。日本では，単に企業で弁護士の活用が進んでいないだけでなく，そもそも弁護士をどのような業務に使えばよいのかということについてさえ明確に認知されていないということが窺われる。これに対して，中国企業の場合，外部の弁護士との顧問契約の有無については，「契約している」が53.6%，企業内弁護士の雇用についても「雇用している」が51.5%であり，とくに企業内弁護士の雇用率について，日本と顕著な違いがある。弁護士を活用する理由についても，外部の弁護士との顧問契約について，「弁護士でしかできない仕事が多い」が第１位（39.2%），第２位が同率で「投資家や取引先等から弁護士の利用を求められる」，「企業の社会的評価に関わる」（どちらも31.4%）であり，また，企業内弁護士の雇用について，第１位が「企業形態上弁護士を雇用することが法定されている」（47.9%），第２位が「弁護士でしかできない仕事が多い」（41.7%）である。ここから，中国では，一定規模以上の企業で企業内弁護士の雇用が義務づけられているというばかりでなく，弁護士にしかできない仕事が多々あることが十分に認知されていることから企業内弁護士の雇用が進んでいることが窺われる。企業において「弁護士でしかできない仕事が多い」と認知されているということが，企業の日常業務が法に基づいて処理されると

いう意味での「法化」の指標となり得るとすれば，——あくまで調査対象企業について言えるに過ぎないのだが——，中国企業の方が日本企業に比べてより「法化」が進んでいるということになる。

次に，「将来弁護士を活用したい業務」についての「使いたい」という回答の上位5位を比較すると，中国企業の場合には，第1位が「契約書の審査」と「取引上の紛争解決のための交渉」（どちらも「使いたい」63.9%），第3位が「金銭債権の回収」と「第三者に対する損害賠償訴訟の提起」（どちらも「使いたい」58.8%），第5位が「契約交渉」（「使いたい」57.7%）となっており，中国企業では日常の企業活動に弁護士をより積極的に活用したいという傾向が読み取れるのに対して，日本企業の場合には，第1位が「第三者から訴えられたときの応訴対応」（「使いたい」69.3%），第2位が「第三者に対する損害賠償訴訟の提起」（「使いたい」61.4%），第3位が「取引上の紛争解決のための交渉」（「使いたい」59.2%），第4位が「専門的知識を要する訴訟」（「使いたい」58.7%），第5位が「競争戦略目的での訴訟」（「使いたい」47.8%）となっており，日本企業では「弁護士は訴訟をするもの」という意識がより強く，日常業務で弁護士を活用するという意識は希薄であることが窺われる。ここからも，中国企業の方が，日本企業に比べて，より「法化」が進んでいるということが見てとれる。

2 弁護士に期待されるタイプと能力・特性について

さらに，企業内弁護士に期待されるタイプについて見ると，中国企業の場合，期待されるタイプの第1位が「ゼネラルカウンセル型」(29.9%)，第2位が「訴訟専門型」(21.6%)，第3位が「ホームドクター型」(19.6%)であるのに対して，日本企業の場合，第1位が「ホームドクター型」(70.9%)，第2位が「訴訟専門型」(26.9%)，第3位が「エキスパート型」(19.1%)である。ここから，日本企業は弁護士を困ったときの「よろず相談」の相談相手とみているのに対して，中国企業は弁護士をゼネラルカウンセルなどとして経営により近いところで使いたいと考えているとわかる。

他方，期待される能力・資質について見ると，中国企業の場合に，第1位は「責任感」(62.9%)，第2位は「交渉能力」と「リスク判断能力」（どちらも

61.9%），第4位は「企業への忠誠心」(56.7%)，第5位は「誠実性」(50.5%) であるのに対して，日本企業の場合には，第1位は「交渉能力」(60.9%)，第2位が「情報収集能力」(56.9%)，第3位が「責任感」(56.3%)，第4位が「リスク判断能力」(55.9%)，第5位が「誠実性」(51.6%) となっており，順位は若干違うものの上位5位中4つが重なっている。この点に関しては日中企業間に顕著な違いは見られないということになる。

3 日中企業の「法化」の検討

以上の日中比較を通じて，「弁護士でしかできない仕事が多い」と認知されているという意味で，中国企業の方が日本企業に比べてより「法化」が進んでおり，また，弁護士をより経営者に近いところで日常的に活用したいという傾向が見られることがわかる[8]。日本の方が早く近代化を実現し，一般的により成熟した経済大国とみられているのに，本稿の分析によれば，中国企業の方がより「法化」が進み，弁護士を日常的な企業活動に用いる欧米先進国型モデル[9]に近いということになる。それがいかなる理由によるのかについての解明は，今後の調査研究に委ねられる。もっとも，推測するに，日本が経済大国になるにあたって，日本企業が，官公庁やメインバンクの指導のもとに，弁護士をあまり必要としない独自の経営モデルを確立してきたのに対して，後発国の中国は欧米先進国型モデルをそのまま輸入しようと試み，その結果として中国企業の方がより「法化」が進んでいるということになっているのではないか。いずれにしても，この点については，今後さらなる検証が必要である。

おわりに

ここまで，本稿では，本調査の主要な分析結果を紹介し，それを日本企業調査の結果と比較検討した。この結果，日本企業に比べて中国企業の方が，「弁護士でしかできない仕事が多い」と認知されているという意味において「法化」が進んでいること，より経営者に近いところで日常業務に弁護士を利用する

ニーズが大きいことが確認された。もっとも，本調査はサンプル数が少なく，サンプル抽出方法もランダム性に欠けるのであり，分析結果の信頼性には問題がある。したがって，本調査の結果はあくまで準備的な作業に用いることができるに留まっていると言わねばならない。また，本稿の分析結果どおり日本企業に比べて中国企業の方が弁護士の活用が進んでいるとして，その理由の検証も今後の課題となる。

今回の調査結果は，あくまでより長期にわたる調査研究の一里塚にすぎない。今回の調査結果をもとに作業仮説を再構築し，より本格的な調査研究を行いたい。

《謝辞》　本調査を実施するに当たっては，平成23年度から24年度にかけて，公益財団法人日弁連法務研究財団から研究助成（基金研究89「グローバル化する社会と弁護士の新しい職域」研究員：上石圭一［追手門大学］，米田憲市［鹿児島大学］，小佐井良太［愛媛大学］，飯考行［弘前大学］，大澤恒夫［桐蔭法科大学院］，研究主任：福井康太）をいただき，このおかげで本調査の研究成果を得ることができた。実際の調査および分析作業は，大阪大学の研究グループ（西本実苗，李楓，王永令，福井康太）が行った。調査研究の成果はすべてこの研究グループによるものである。公益財団法人日弁連法務研究財団，研究グループのメンバー，そのほかこの研究にご協力いただいた多くの方々にこの場を借りてお礼を申し上げる。

【付記】　本稿で紹介した調査結果は，2013年3月22日から23日にかけて中国・上海交通大学凱原法学院で開催された3rd East Asian Law and Society Conference in Shanghaiにて報告し（報告日3月22日），また同年5月30日から6月2日までアメリカ合衆国ボストンで開催されたLaw and Society Association 2013（報告日5月30日）で再度報告した。

【注】
1）　中国では，公的機関を除いてアンケート調査を行うことが認められておらず，郵送法で企業に回答を求めることには，そもそも方法論的に問題があった。
2）　中国では司法試験合格者の正確な数字は公表されていないが，中国法学会「中国法治建設年度報告［2012］三」によれば，2012年の司法試験は33万人余りが受験し，8.4万人が試験に合格した（「2012年国家司法考試共有33万余人参考，8.4万人通過考試」）とされ，合格率は25.5％となる。なお，中国司法部「2013年国家司法考試今天開考」によれば，2013年には43.6万人が司法試験に申し込みをし，2012年より3.2万人増（「今年全国報考人数達43.6万人，比去年増加3.2万人」）とされることから，2012年の司法試験受験申込者は40.4万人となる。

3）　中国の弁護士制度の概要については，やや古いが鈴木（2003：366-371頁）を参照。
4）　「企業における弁護士ニーズに関する調査」は，日本全国の企業2000社を対象として，2007年2月に実施した弁護士ニーズに関するアンケート調査である。サンプルについては帝国データバンクから，従業員数100人以上の企業1000社と従業員数100人未満の企業1000社をランダムに選び，比較的に規模の大きな企業と中小企業が半々になるように工夫した。調査票は郵送法で配布し，320票を回収した（回収率は16.0%）。以上の詳細については，福井（康）・福井（祐）（2010）を参照。
5）　少し以前に中国人留学生から聞いたところによれば，中国企業では，有資格者に弁護士登録をさせるとより高い給与を払わなければならないので，有資格者であっても登録を認めないケースが多いとのことだった。現在では，大企業への企業内弁護士雇用の義務づけなどによって状況がかなり変わりつつあると思われる。
6）　小島・米田・経営法友会法務部門実態調査検討委員会（2010）によれば，企業内弁護士の雇用率は9.9%である。この調査は基本的に上場企業を対象としており，大阪大学の研究グループが実施した「企業における弁護士ニーズに関する調査」とは対象を異にしているが，そのような上場会社ですら企業内弁護士の雇用率が10％未満であることは注目に値する。
7）　この調査結果は，日本弁護士連合会（2008）の弁護士利用状況の調査結果とも符合するものである。
8）　「法化」の概念はこのように単純ではない。例えば，田中成明（2000：16-20頁）は法化を法の三類型論に関連づけて，自立型「法化」，管理型「法化」，自治型「法化」に分類し，管理型「法化」と自治型「法化」が深化することで，自立型「法化」が損なわれる危険性を指摘している。本文で採り上げた「法化」は企業における管理型「法化」と言い換えることができるものであり，これが強化されることで，司法制度を支える自立型「法化」が損なわれる結果になるとすれば大きな問題である。最近の「法化」論の動向については，日本法社会学会編（2007）を参照。
9）　アメリカの企業内弁護士の最近の状況についてはBartlett・Lee（2012：51-56頁，同訳77-80頁）に詳しい。

【参考文献】

福井康太・福井祐介（2010）「企業の弁護士役割間は変わりつつあるのか──弁護士業務に関する三つのアンケート調査から──」阪大法学第59巻6号1-48頁.
小島武司・米田憲市・経営法友会法務部門実態調査検討委員会（2010）『会社法務部【第10次】実態調査』別冊NBL No.135，商事法務.
日本弁護士連合会（2008）「中小企業の弁護士ニーズ全国調査報告書」（調査結果編）
http://www.nichibenren.or.jp/library/ja/jfba_info/publication/data/chusho_chousakekka.pdf（最終アクセス2014年1月31日）
日本法社会学会編（2007）法社会学第67号『「法化」社会のゆくえ』有斐閣.
Robert P. Bartlett・John C. Lee（2012），The Transformation and Re-Transformation of American Business Law, 1980 to the Present, 法社会学第76号『法曹の新しい職域と法

社会学』有斐閣，42-71頁（同訳72-88頁）．
鈴木賢（2003）「X〔補論〕中国の法曹制度」広渡清吾編『法曹の比較法社会学』東京大学出版会，341-384頁．
田中成明（2000）『転換期の日本法』岩波書店．

〔ホームページ〕
中国法学会「中国法治建設年度報告〔2012〕三」：
http://www.chinalaw.org.cn/cnfzndbg/2012nianzhongguofazhijiansheniandubaogao/2013/0731/6029.html（最終アクセス2014年1月31日）
中国司法部「2013年国家司法考試今天開考」：
http://www.moj.gov.cn/sfkss/content/2013-09/16/content_4852478.htm?node=226（最終アクセス2014年1月31日）

本人訴訟の規定要因——『弁護士の地域分布と本人訴訟率』再考

馬場健一

I——概要

　本稿ではまず、日本における本人訴訟の規定要因を統計的手法を用いて解析した古典的実証研究（棚瀬 1977a, b）（以下「棚瀬論文」と呼び、参照形式もこれに限り（棚瀬 1977a：83）を（a：83）のように略記する）を参照し、その方法論に批判的考察と補正を加え、それを同じ往時のデータに適用することを通じて、やや異なる結論の提示を試みる。さらに同じ手法を近年の状況にも当てはめ、そこにどのような異同が生じているかを検討する。また本人訴訟率の戦後の通時的な変動を追い、現在の変化がどのようにして生じ、またそれはどのように説明されるべきかを考察する。こうした検証を通じて本稿は、冒頭の古典研究の射程と法社会学的意義を再検討・再確認しようとするものである。

　棚瀬論文の分析結果のうち、本稿で扱う主要部分を要約すると以下のとおり。[1]①地域の弁護士の少なさが本人訴訟の多さの原因であるという、人口に膾炙した仮説は支持されない。②本人訴訟の主な規定要因は、地域の豊かさの差異であり、とくにそれと連動して訴額が変動することにある。すなわち、訴額の高い訴訟が多いため都市部で本人訴訟が減り、地方ではその逆ゆえ本人訴訟が増えるのである。ただし、③さらに一般的な生活水準の向上や都市化といった要因も、本人訴訟の低下に独自に寄与している。また、④これら経済的要因の寄与分を差し引くと、弁護士の多寡と本人訴訟の多寡はむしろ弁護士が多い

と本人訴訟も増え，少ないと減る，というように順接的に連動している。以上。

本稿では，これらのうちあるもの（①②）は維持され，他のもの（③④）は必ずしも支持されえないことが主張される。また30年あまりを経た近年では，構図に大きな変化が生じていること，その原因は往時には生じていなかった新傾向に求められるべきこと，が示される。

Ⅱ——方法論の再吟味

棚瀬論文は，1974年時点の地裁第一審通常民事訴訟の都道府県別データの分析を主軸に，それまでの戦後の推移も加味しつつ，そこにおける本人訴訟率の規定要因を多面的に検討したものである。相関分析を主とした統計的方法を司法統計に適用し，日本の司法利用の背景要因を検討する先駆的業績であり，実証的法社会学研究の古典例として，今なお参照されるべき意義を持つ。このことは近時司法に大きな変化が生じていることや，にもかかわらず後続研究が必ずしも多いとはいえない現状[2]に照らすといっそう際立つ。そうした問題意識に立ち本稿では，あえてこの古典的業績を批判的に再検証することを試みる。

まずその方法論に関して，とくに以下の二点において，再検討あるいは補正の余地を指摘したい。

1 「本人訴訟率」の算定方法

第1は，被説明変数である「本人訴訟率」それ自体にかかわる。棚瀬論文では，都道府県ごとの「双方本人事件を全事件で割ったもの」を本人訴訟率として用いている（a：82）。

このような方法ではしかし，ある地域の人口あたりでみた訴訟総数が多く，またそれと同様に本人訴訟も多い場合（例えば人口10万人あたり訴訟総数100件，本人訴訟数20件）の本人訴訟率と，逆に人口あたりの訴訟総数が少なく，それに応じて本人訴訟も少ない場合（例えば人口10万人あたり訴訟総数10件，本人訴訟数2件）が，どちらも同じ値（本例では20%）となる。これは妥当であろうか。むし

ろ人口あたりで見て10分の1である後者のほうが，本人訴訟は少ない（また訴訟総数自体も少ない）と見るべきではなかろうか。

　実際棚瀬論文では，滋賀県と福井県の本人訴訟率はそれぞれ17.8％（全都道府県中少ない方から数えて16位），17.9％（同17位）とほぼ同値とされている（a：83）が，上記のように県民人口を使って計算し直すと，人口10万人あたり滋賀は5.69件（同5位），福井は10.0件（同22位）と全く異なる相貌を見せる[3]。この場合，本人訴訟数は両県で同程度と考えるよりも，滋賀のほうが少ないと考えるほうが妥当ではなかろうか。そしてその上で，そこには例えば県民所得の差異や，または弁護士集中地域に隣接している滋賀とそのような状況にない福井との違いが反映されている可能性がある等と考えていくべきではなかろうか。

　そもそも棚瀬論文の重要な結論の1つは，各地の本人訴訟率は，その地域の弁護士率（人口10万人あたりの弁護士数）とは，一般にいわれるような負相関はもたない，というものであった（前記Ⅰ①（a：82-86））。しかるにこの本人訴訟率は，上記の通り「双方本人事件数／全事件数」というかたちで与えられており，この分母の「全事件数」とは，要は本人訴訟数に，弁護士の双方代理事件数および一方代理事件数（以下両者を「弁護士訴訟数」とする）を加えたものである。ここでは本人訴訟率自体が，弁護士訴訟数の多寡によって（すなわち弁護士の活動態様によって）変動しうるものとなっている。いわば被説明変数自体の中に，説明変数が影響を与えうる要因がはじめから取り込まれているのであって，変数の選択として問題なしといえるかやや疑問である。

　このような問題性を回避するには，「本人訴訟率」としてこのように本人訴訟数と訴訟総数との比を使うのではなく，弁護士率と同様，上記でも見たように単純に県民人口10万人あたりの件数を用いればよい。こうすれば弁護士訴訟数とは独立した被説明変数としての本人訴訟率をえることができる。以下このようにしてえた新しい本人訴訟率を「本人訴訟率（絶対値）」とし，棚瀬論文方式を「本人訴訟率（相対値）」と呼んで区別する。

　この絶対値と相対値とを比較すると，どのような違いが生じるであろうか。実は本人訴訟率の低い地域においてかなりの変化が見られる。両方式において計算し，値の小さい方から全体の約3分の1の15地域を列挙し，弁護士率（括

表1　低本人訴訟率（相対値）上位地域（1974）

順位	地域	本人訴訟率(%)	弁護士率（人／10万人）と順位
1	東　京	6.3	42.5（1）
2	大　阪	8.3	16.2（2）
3	愛　知	9.6	7.4（5）
4	石　川	10.2	5.4（10）
5	静　岡	10.3	3.8（21）
6	京　都	10.8	8.0（3）
7	神奈川	10.9	4.9（14）
8	栃　木	11.3	3.5（26）
9	埼　玉	11.9	2.1（45）
10	千　葉	12.3	2.7（34）
11	奈　良	12.6	2.5（38）
12	兵　庫	14.0	5.8（7）
13	群　馬	15.0	4.0（17）
14	宮　城	15.1	5.7（9）
15	山　梨	16.5	5.3（12）

表2　低本人訴訟率（絶対値）上位地域（1974）

順位	地域	本人訴訟率(件／10万人)	弁護士率（人／10万人）と順位
1	埼　玉	3.80	2.1（45）
2	神奈川	4.92	4.9（14）
3	静　岡	5.01	3.8（21）
4	千　葉	5.17	2.7（35）
5	滋　賀	5.69	2.1（45）
6	栃　木	5.90	3.5（26）
7	愛　知	5.95	7.4（5）
8	奈　良	6.06	2.5（38）
9	石　川	6.82	5.4（10）
10	東　京	7.16	42.5（1）
11	群　馬	7.36	4.0（17）
12	京　都	7.64	8.0（3）
13	茨　城	7.75	2.5（38）
14	山　梨	8.10	5.3（12）
15	三　重	8.51	2.6（35）

弧内は順位）と併記したのが表1，表2である[4]。

　本人訴訟率が低い地域の中には，弁護士率の高い地域が，相対値方式ではたくさん入る（上位10地域中7地域）。他方で新方式の絶対値方式では減る（4地域）上，すべて順位を下げている。東京でさえ1位から10位に落ち，大阪などは2位からランク外である。他方，本人訴訟率が高い地域については，順位の若干の変更があるものの，両方式でほぼ共通（15県中13県が双方に入る）の結果となっている（表は略）。すなわち，相対値方式では，弁護士人口の多い地域の本人訴訟率が低くなる傾向がみられるのであって，これはやはり，弁護士率の高い地域では弁護士訴訟事件が他地域に比べて相対的に多く，そのために相対値方式で求めた本人訴訟率が，人口比による絶対値方式よりも低く出ることを示している。実際にも相対値方式による本人訴訟率自体が，はじめから弁護士のありようと関連をもってしまっているのである。

2 「弁護士率」における補正の必要

　この表 1, 表 2 を見ると別のことにも気づく。どちらにも東京や京都といった弁護士率の高い地域とともに，逆に埼玉や千葉，奈良など，大都市圏近郊地域でありつつも弁護士率がかなり低い地域も入っているという点である。これは棚瀬論文でも触れられているとおり，大都市圏近郊の県において，比較的交通の便のよい大都市圏に弁護士人口が吸引されている（「弁護士の職域としては，東京，大阪のメガロポリスに組み込まれている」(a：82)) ために生じた現象である。換言すれば弁護士率の低さの原因には，大都市圏に吸引されていることと，本来の過疎地域であることとの，性質の異なる二種が混在しているのである。埼玉県が弁護士率が最低水準だといっても，ここを弁護士過疎地として九州や東北の各地と同等に扱うことは分析上好ましいことではなく，大都市圏周辺の (擬似的) 弁護士過疎地域は，本来大都市圏に含まれるものとして補正する必要があるのではなかろうか。そうした補正が行われていない棚瀬論文[5]では，弁護士率と本人訴訟率の単純相関 (-0.351) よりも，県民所得と本人訴訟率の単純相関 (-0.727) が高くなっている (a：86) が，弁護士率の低い地域には，県民所得の高いこの大都市圏周辺地域と県民所得の低い本来の過疎地域とが混在していることを踏まえると，この差の違いは割り引いて考える必要がある。

　こうした補正の方法としては，弁護士率の低い地域のリストから，吸引効果があると思われる大都市圏近郊地域を探し出し，そうした各地の弁護士人口と当該大都市圏のそれとを合算し，あらためて各都道府県人口比で分け直すことが当面考えられよう。弁護士率の低い順に上位約 3 分の 1 の15県を並べると表3 の通りとなる。

　地理的関係や交通事情等を勘案し，吸引効果が生じている地域は次の 7 県と判断する。東京に吸引されている埼玉，茨城，千葉，愛知 (名古屋) に対応する岐阜，三重，さらに京都と大阪に対応する奈良，滋賀である。よって埼玉，千葉，茨城については東京の弁護士人口と合算したあと各地の住民人口比で分け，三重と岐阜については愛知と合算し，滋賀と奈良については，京都と大阪と合算し，同様に分ける。そのように修正した各地の弁護士人口[6]と弁護士率，弁護士率の全国順位を，補正前のものと併せて表 4 で示す。

表3 低弁護士率地域（1974）

順位	地域	弁護士率（人／10万人）
1	埼　玉	2.1
1	滋　賀	2.1
3	鹿児島	2.3
4	岩　手	2.4
5	青　森	2.5
5	山　形	2.5
5	茨　城	2.5
5	奈　良	2.5
5	島　根	2.5
10	秋　田	2.6
10	岐　阜	2.6
10	三　重	2.6
13	千　葉	2.7
14	長　野	2.8
14	宮　崎	2.8

表4 弁護士率の補正（括弧内は修正前の値）

地域	弁護士人口（人）	弁護士率（人／10万人）	全国順位（昇順）
東　京	2574 (4747)	22.1 (42.5)	1 (1)
埼　玉	1029 (93)	22.1 (2.1)	1 (45)
千　葉	886 (100)	22.1 (2.7)	1 (35)
茨　城	509 (57)	22.1 (2.5)	1 (41)
愛　知	315 (415)	5.4 (7.4)	15 (5)
三　重	86 (40)	5.4 (2.6)	15 (35)
岐　阜	99 (46)	5.4 (2.6)	15 (35)
大　阪	972 (1262)	11.9 (16.2)	5 (2)
京　都	284 (191)	11.9 (8.0)	5 (3)
滋　賀	115 (18)	11.9 (2.1)	5 (46)
奈　良	125 (25)	11.9 (2.5)	5 (42)

「弁護士の職域として……メガロポリスに組み込まれている」地域の弁護士率の補正としては，とりあえず妥当なのではなかろうか。

Ⅲ——再検証

つぎにこれら絶対値による本人訴訟率と，補正後の弁護士率とを用いて，棚瀬論文におけると同様の分析を行い，両者の結果を比較する。

1 本人訴訟率と弁護士率，県民所得との関係

まず第1に，これらに各地の1人あたりの県民所得データを加えた三変数間の相互の単純相関を取り，その上で県民所得を統制した弁護士率と本人訴訟率の偏相関，および弁護士率を統制した本人訴訟率と県民所得との偏相関を算出する[7]。結果を表5に示す。

表5 本人訴訟率と弁護士率, 県民所得との相関・偏相関 (新旧比較)

単純相関	新方式	棚瀬論文	偏相関	新方式	棚瀬論文
弁護士率×県民所得	+0.557	+0.713			
本人訴訟率×弁護士率	-0.410	-0.351	本人訴訟率×弁護士率（県民所得を統制）	-0.149	+0.350
本人訴訟率×県民所得	-0.551	-0.728	本人訴訟率×県民所得（弁護士率を統制）	-0.426	-0.728

　弁護士率と県民所得との単純相関（正相関）がやや下がっているのは，当時県民所得が突出していた大都市圏の弁護士率が補正で緩和されたためであろう。また本人訴訟率と弁護士率との間の単純相関（負相関）が強まっているのは，大都市圏周辺地域の弁護士吸引効果を補正した結果，低本人訴訟率地域の中で弁護士率の高い地域が増えた効果であり（表2，表4参照），それが，先に論じたとおり本人訴訟率を絶対値に変えたことで大都市圏の優位が下がる（表1，表2参照）ことを凌駕しているのである。他方で，本人訴訟率と県民所得の単純相関（負相関）がやや下がっているのは，この絶対値での本人訴訟率の大都市圏の優位性の低下を反映している。

　県民所得を統制した本人訴訟率と弁護士率との偏相関分析の値は，-0.149とほぼ無相関となり，棚瀬論文におけるように，負相関から正相関へとスウィングすることはない。これは，弁護士が少ないことが本人訴訟が多いことの原因だと見る一般的見解を否定し，両者の間に直接の関係はないとする限りでは，棚瀬論文と矛盾せず一貫しているといえる。他方で棚瀬論文がそれを超えて，「弁護士率が増加するほど，その純効果として，本人訴訟が増大する」（a：86），「弁護士率の高さが本人訴訟率を‥‥押し上げるような作用をする」（a：87）としたこと，すなわち先にⅠで示した，「④経済的要因の寄与分を差し引くと，弁護士の多寡と本人訴訟の多寡はむしろ順接的に連動している」ことは支持されず，その理由として論じられている各種解釈（a：87-90, b：121）も必要でない可能性を示す。他方で本人訴訟率と県民所得との間の負相関は，新方式においても，弁護士率を統制してもなお残り続ける。よって本人訴訟率を規定する主要因はその地域の所得水準であるとする，棚瀬論文の分析結果（前記Ⅰ②）は維持され続ける。

2 本人訴訟率と平均訴額，県民所得との関係

つぎに棚瀬論文では，司法統計から都道府県別の対象地裁訴訟事件の訴額の平均値（「平均訴額」）（その求め方について（a：92）参照）を求め，それと県民所得とが高く正相関（+0.819）し，他方で本人訴訟率とは高く負相関（-0.768）することから，「県民所得の上昇と本人訴訟率の低下とを平均訴額の上昇が媒介している」「県民所得の上昇による本人訴訟率の低下は，訴額の高い事件ほど弁護士代理がなされやすいという一般的な命題で説明される」（a：87）とする。すなわちⅠで示した，「②本人訴訟の主な規定要因は，地域の豊かさの差異であり，とくにそれと連動して訴額が変動することにある」ことを主張する。他方で平均訴額を統制して県民所得と本人訴訟率の偏相関を計算してもなお負相関（-0.269）が一定残り続けることから，訴額の違いの影響を除いても，県民所得の高い地域はなお本人訴訟率が低いと判断し，「一般的な生活水準の向上が本人訴訟の低下をもたらす」「生活のゆとりが弁護士需要を喚起する」（a：87，関連してb：126も参照）とする。すなわちⅠで示した，「③さらに一般的な生活水準の向上や都市化といった要因も，本人訴訟の低下に独自に寄与する」との分析を導く。

そこでここでも本人訴訟率を絶対値に変えて再検証を行ったところ[8]，本人訴訟率と平均訴額の単純相関は-0.689とやはり高い負相関になるが，平均訴額を統制して県民所得と本人訴訟率の偏相関を計算すると，+0.076と無相関となった。そこから上記②はなお強く維持されるが，他方で③は支持されない。すなわち当時において豊かな地域ほど本人訴訟率が低いのは，主にそうした地域の訴訟の係争金額が平均して高額になりがちであり，そういう事件ほど弁護士が付きやすいためである，という理由だけで説明され，それ以外の追加的説明は要さない，というよりシンプルな結論をえる。

3 本人訴訟率と提訴率，弁護士訴訟率との相関等

本人訴訟率が弁護士の活動と関係をもたないことを別の角度から示すデータも存在する。棚瀬論文では各地の人口10万人あたりの年間地裁第一審通常事件数を「提訴率」として分析に用いている（a：83，90）。本稿における絶対値によ

る本人訴訟率は，人口10万人あたりの本人訴訟事件数なのであるから，後者は前者に含まれる。また前者から後者を差し引いた残りは，人口10万人あたりの弁護士訴訟数（弁護士による双方代理事件数と一方代理事件数の和（Ⅱ1参照））を示している（以下「弁護士訴訟率」とする）。ここでこれらの間の相関を測定してみると[9]，提訴率の構成要素が本人訴訟率と弁護士訴訟率なのであるから，提訴率と後二者との相関は高く，提訴率と弁護士訴訟率との間が+0.891，提訴率と本人訴訟率との間が+0.410となる。地裁では弁護士のつく事件のほうが多いのだから前者のほうが高いのはいわば当然である。他方で興味深いのは，本人訴訟率と弁護士訴訟率の間の相関であり，これが-0.048とほぼ無相関となる。すなわち，ある地域で弁護士がかかわる訴訟が起こされる頻度と，本人訴訟が起こされる頻度とは関係をもたない，ということである。すなわちここからもまた，先の①が維持されるだけでなく，同時に④が支持されないことにもなる。棚瀬論文では弁護士率と提訴率との相関の強さ（+0.673）からも④を導いている（a：90）が，弁護士率と弁護士訴訟率の相関はさらに強く（+0.787）[10]，弁護士率と提訴率との相関はそれを映したものである。以上から，弁護士率が提訴率とかかわるのは弁護士訴訟率を通じてのみであって，本人訴訟の帰趨には影響を与えておらず，「弁護士過疎地域におけるアクセスの困難さが……裁判による権利追求をあきらめる」（a：90）といった本人訴訟自体の抑制には至っていないといってよいと思われる。

4　再検証まとめ

以上から，方法論を再検討した追試によると，1974年段階における地裁での本人訴訟の主な規定要因は，地域ごとの豊かさの差異であり，とくにそれと連動する訴額の変動のみであるとの結論をえる。換言すれば本人訴訟は，一定額以下の事件を弁護士が扱わないことのみを理由として生じている，と想定することがもっとも適切だということになる[11]。この結論の妥当性の判断は，読者にゆだねたい。

Ⅳ——近年の変化とその背景

1 本人訴訟率の近年の変化

つぎに同じ方法論によって近年の状況を探り，変化があるのか考察を進めていきたい。執筆時点では2010年がデータの入手可能な最近年であるが，2006年以降は，過払金返還請求事件の急増という特殊事情があり，これが一時的ノイズとなってデータの攪乱が生じている可能性を考慮し，それ以前の直近の2005年を対象年として取り上げる。[12]

まずは本人訴訟率（絶対値および相対値）の低い地域と高い地域をそれぞれ上位から15地域示す（表6，表7）。

本人訴訟の少ない地域においては1974年（表1，表2）と比較して，10万人あたりの絶対値も，事件総数の中の割合としても，本人訴訟は増加していることがわかる。また増加の割合は，絶対値のほうが1.5から2倍程度なのに対して，相対値はそれほど増えておらず総じて1.5倍以下である。これは本人訴訟だけでなく弁護士代理訴訟もある程度増えていながらも，その増加率は本人訴訟のそれには及んでいない，ということを示している。他方で本人訴訟の多い地域については，絶対値はやや増加傾向だが，相対値はむしろ下がっている（1974年のランク表は略。(a：83) 参照）。これらの地域では本人訴訟事件以上に弁護士代理事件が増えていることを示している。また本人訴訟は訴額の低い事件に多いことを前提するなら，本人訴訟率が絶対値でも相対値でも高い地域においては，弁護士人口増にもかかわらず，彼らが近年も少額事件をなおあまり扱おうとしていないことを示しているように思われる。また本人訴訟の絶対値の増加は，近年，少額事件が増えているか，弁護士に頼らず自ら訴訟を手がける人が増えているかのどちらかあるいは両方によるものと思われる。いずれにせよ当事者による直接的な司法利用が活性化しているものといえるであろう（後述のⅤも参照）。

地域の入れかわりについても興味深い結果が出ている。まず沖縄の変化が劇

表6 低本人訴訟率上位地域(2005)

順位	絶対値	値(件／10万人)	相対値	値(%)
1	新 潟	7.61	岡 山	10.7
2	岐 阜	7.97	岐 阜	11.5
3	香 川	8.30	香 川	12.3
4	福 井	8.39	東 京	13.2
5	岡 山	9.10	宮 城	14.8
6	富 山	9.62	福 井	14.8
7	岩 手	9.89	静 岡	14.8
8	静 岡	10.07	山 口	15.0
9	山 口	10.25	富 山	15.5
10	栃 木	10.81	新 潟	15.7
11	高 知	11.43	群 馬	15.8
12	山 形	11.51	栃 木	16.2
13	徳 島	11.73	山 梨	16.4
14	三 重	12.64	高 知	16.5
15	宮 城	12.84	北海道	16.6

表7 高本人訴訟率上位地域(2005)

順位	絶対値	値(件／10万人)	相対値	値(%)
1	沖 縄	49.05	福 岡	35.0
2	福 岡	39.62	沖 縄	34.2
3	京 都	37.99	千 葉	29.5
4	大 阪	36.55	佐 賀	28.9
5	東 京	32.27	青 森	27.4
6	千 葉	26.32	鳥 取	26.4
7	兵 庫	25.51	京 都	25.1
8	佐 賀	23.44	滋 賀	25.0
9	鳥 取	22.24	埼 玉	24.6
10	広 島	22.07	広 島	24.5
11	熊 本	20.63	秋 田	24.3
12	奈 良	19.77	長 崎	24.3
13	愛 知	18.77	和歌山	23.8
14	和歌山	18.63	島 根	23.7
15	滋 賀	18.55	福 島	23.6

的である。表1,表2では略しているが,74年段階では絶対値(3.13件/10万人)でも相対値(6.0%)でも本人訴訟率は全国最低だったのが,05年段階では逆に両方において最上位クラスとなっている。返還直後はほとんどの事件が弁護士代理されていた状況から,県民所得の低さに応じたかのように対極へ移る皮肉な「本土化」である。ここでは弁護士職のあり方に対するかなり深刻な問題提起がなされているようにも思われるが,本題を離れるのでこれ以上立ち入らない。

また74年段階では,低本人訴訟率地域には都市部が多く含まれ,高本人訴訟率地域は県民所得の低い地方・周辺地域から構成されていた。05年ではこの点にも大きな変化が見られる。低本人訴訟地域においては,相対値方式においてこそ東京が依然として上位(4位)を占めるものの,大阪,京都,愛知といったそれ以外の弁護士率の高い地域が軒並み姿を消している。それどころかこうした弁護士率の高い地域は,東京自身も含め,絶対値方式においては高本人訴訟地域にランクインしており,ここでも逆転現象が生じている。先に見たとおり,全国的に本人訴訟は増加傾向にあるが,この現象は大都市圏において先鋭

的であり，昔は少なかった本人訴訟が急増している。ちなみにこうした絶対数における変化は，相対値方式ではあまりはっきり見いだすことができない。弁護士訴訟の増加の効果によって打ち消されて見えにくくなっているのである。

このような変動の結果，05年段階の本人訴訟の高低の地域分布は，低訴訟率地域にも高訴訟率地域にも，都市圏と地方とが混在し，74年段階に比べて特色がつかみにくいものとなっている。とりあえずこれは，一方で74年の状況から大きく変化しない地域が残存すると同時に，先に見たとおり，74年段階では低本人訴訟率地域に含まれていた大都市圏が軒並み高訴訟率地域に変貌し，そこに入り込んできた結果だと考えると，現象的には一応説明が付く。このことは本人訴訟率の経年変化を見ると一目瞭然であるので，つぎにこれを検討する。

2 本人訴訟率の経年変化（1960-2011）

図1は，各地の本人訴訟率（絶対値）を，東京と大阪，さらにそれ以外の地域の平均値の3つにつき，統計のある1960年から2011年まで比較してみたものである（(b：121-126) も参照）。いろいろ興味深い特徴が見いだされる。2006年に始まり2009，10年あたりにピークを持つように見える近年の過払金返還請求事件の影響の急増部分を除くと，東京・大阪以外の地域の平均値は，21世紀に入っても1960年末の水準を超えていないのに対して，東京は90年代から，大阪は80年代後半から増加傾向に転じている。これら大都市圏は，1980年前後までは全国的に見て本人訴訟率の低い地域であったのが，その後の時期に逆転し高率地域に転じていく。またほぼ一貫して，大阪のほうが東京よりも値が高いことも興味深く，近年の突出も顕著である。大阪人が本人訴訟をためらわない傾向が強いというのは示唆に富むが，これも脱線になるので触れるにとどめる。また棚瀬論文でも示されている60年代末あたりからの本人訴訟率の減少傾向 (b：122, 125-126) は，絶対値による本方式でも現れているが，このように長期的トレンドのなかにおいてみると，高度経済成長期の現象ではあるものの，都市化等といった社会の大きな「構造的変動」の帰結 (b：125-126) というより，石油危機前までの好景気期の影響とみるべきであり，80年代後半のバブル期にもみられると同様の一時的な退潮現象にすぎないもののように思われる。この

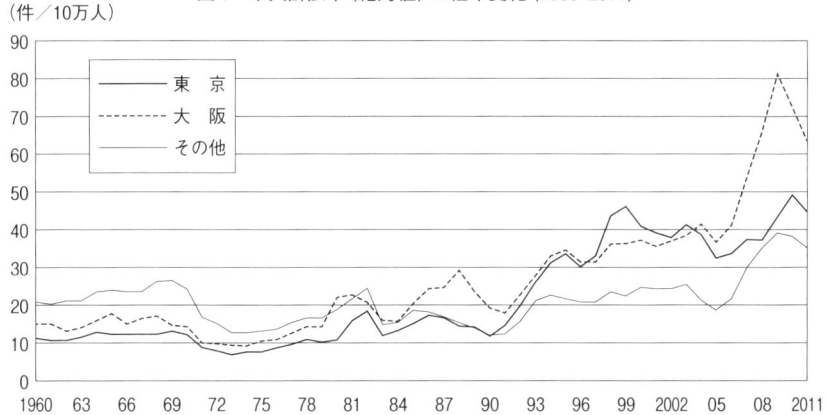

図1 本人訴訟率(絶対値)の経年変化(1960-2011)

(件/10万人)

凡例：東京、大阪、その他

図からはより大きな構造変動はむしろ，大都市圏において本人訴訟が急増し残りの地域と逆転していく80-90年代以降に生じているようにも見える。

問題はなぜそのような変化や逆転現象が，大都市圏を中心に生じてきたのか，であるが，ここでは結論を急がず，74年のデータについて行ったのと同様の分析を05年のものにも順次適用し，そこから何らかの傾向性が析出できるかどうか，検討していきたい。

3 本人訴訟率と弁護士率，県民所得との関係

まずIII1でしたと同様の，本人訴訟率と弁護士率，県民所得との単純相関と，県民所得を統制した弁護士率と本人訴訟率の偏相関，および弁護士率を統制した本人訴訟率と県民所得との偏相関をとる（表8）（74年当時のデータを併記）[13]。

補正した弁護士率と県民所得との単純相関は，1974年時に比べほとんど変化がなく，相変わらず弁護士は豊かな地域に多い傾向がある。他方で本人訴訟率と弁護士率との単純相関は，以前は負相関だったものが，正相関に転じている。また本人訴訟率と県民所得との間は，以前はこれも負相関だったのが，ほぼ無相関になっている。これらの変化は，先に見たとおり大都市圏において本人訴訟率が急増した結果の反映であろう。そうした地域は弁護士率も県民所得も高いことから，74年に見られた負相関が逆転し，あるいは打ち消されている

表8 本人訴訟率（絶対値）と弁護士率（補正済），県民所得の相関・偏相関（2005/1974）

単純相関	2005	1974	偏相関	2005	1974
弁護士率×県民所得	+0.541	+0.557			
本人訴訟率×弁護士率	+0.351	-0.410	本人訴訟率×弁護士率（県民所得を統制）	+0.348	-0.149
本人訴訟率×県民所得	+0.110	-0.551	本人訴訟率×県民所得（弁護士率を統制）	-0.101	-0.426

のである。この傾向は偏相関をとっても消えず，05年における本人訴訟率は，74年のように県民所得によってではなく，弁護士率によって，それも弁護士が多いほど本人訴訟も増える方向に規定されている。弁護士率と本人訴訟率のこうした正の相関・偏相関の存在は，以前と異なり，地域の豊かさといった要因よりも，弁護士の存在が本人訴訟を活性化させる主要な要因になりつつあるようにもみえる。しかしながら本人訴訟が増えている大都市圏は，もとから弁護士の多い地域でもあるから，前者が増えれば両者の間に相関が出るのは当然であり，そこに因果関係を認めることは慎重であるべきだろう。この点さらに検証，検討を進めていきたい。

4 本人訴訟率と平均訴額，県民所得との関係

Ⅲ2で検討したとおり，74年段階では，県民所得と平均訴額との間には強い正相関（+0.819）があったが，これは2005年においては，+0.362となり，依然として正ではあるが大幅に弱まっている。現在は以前のように豊かな地域の訴額が高い，とはそれほどいえなくなってきているのである。このことは生データからもうかがえる。平均訴額の上位県を例によって15位まで選ぶと，表9のようになる。

74年段階では関東，関西，中部の大都市圏が安定して上位に入るのに対し，05年段階では東京でさえトップでなく，都市部と地方の混在が明らかである。地方で大型事件が増加しているといったことは考えがたく，むしろこれは，先に見たように相対的に豊かな大都市圏で本人訴訟率が上がっており，また本人訴訟事件は少額事件が多いことと考え合わせると，大都市圏で少額事件が増えていることを示しているものと思われる。

つぎに74年段階では，これもⅢ2でみたとおり本人訴訟率と平均訴額との間には逆に強い負相関（-0.689）がみられた。前者の高いのが地方であり，後者の高いのが都市部であるという一貫した傾向があったためである。ところが05年ではほぼ無相関（-0.027）となる。これも従来本人訴訟率が低く平均訴額が高かった都市部で少額訴訟が増え，平均訴額が下がった結果，以前から本人訴訟率が高く平均訴額が低かった地方と，数値の上では接近しているためである。

74年段階では豊かな都市部ほど本人訴訟率が低かったのであるが，

表9　平均訴額上位地域（2005/1974）

順位	2005	平均訴額(万円)	1974	平均訴額(万円)
1	大　分	3096.0	東　京	762.1
2	鹿児島	2886.8	兵　庫	626.4
3	東　京	2771.3	神奈川	610.5
4	福　井	2733.9	大　阪	610.1
5	滋　賀	2415.1	静　岡	601.2
6	埼　玉	2386.4	埼　玉	596.4
7	新　潟	2151.1	茨　城	587.2
8	岐　阜	2140.9	京　都	579.1
9	大　阪	2075.8	広　島	576.4
10	三　重	2050.2	千　葉	553.1
11	山　口	1987.9	愛　知	546.4
12	長　崎	1965.3	徳　島	536.7
13	栃　木	1962.1	富　山	536.3
14	徳　島	1946.0	山　梨	525.6
15	北海道	1929.9	栃　木	522.2

その原因は平均訴額の違いのみ（地方では大型事件が少なく都市部では多い）によって説明されたのであった。しかし2005年段階では，都市部で少額事件が増えた結果，本人訴訟率は県民所得や平均訴額といった経済的指標では説明されなくなっているのである。

5　本人訴訟率と提訴率，弁護士訴訟率との相関等

05年段階において本人訴訟率と相関がみられる変数は，ここまででは弁護士率のみである。他方で，先にⅢ3において検討した提訴率や弁護士提訴率は，これ以上に強くこれと相関をもっている（表10）。

74年段階には相関が全く見られなかった，本人訴訟率と弁護士訴訟率との間に，+0.612というかなり強い正の相関が出現し，その帰結として提訴率と本人訴訟率との相関も上がっている。この値は，先に見た弁護士率と本人訴訟率との間の単純相関値（+0.351）よりも強い。それゆえこの結果は，05年段階では，本人訴訟率の高低が，「その地域の弁護士人口」に規定されているというより

第3部　法専門職の変容

表10　本人訴訟率と提訴率，弁護士訴訟率との単純相関（2005/1974）

	2005	1974
提訴率×弁護士訴訟率	+0.979	+0.891
提訴率×本人訴訟率	+0.766	+0.410
本人訴訟率×弁護士訴訟率	+0.612	-0.048

むしろ，「その地域の弁護士たちがどのくらい積極的に代理人として訴訟をおこしているか」とより強く関係していることを示しているように思われる。このことは，弁護士率を統制して本人訴訟率と弁護士訴訟率との偏相関をとると，+0.546と正相関が残り続けるのに対し，逆に弁護士訴訟率を統制した本人訴訟率と弁護士率との偏相関は，+0.041と無相関となることからも確認できる。すなわち近年では，弁護士が訴訟を活用する程度が高い地域ほど，本人訴訟も多い傾向がある，ということである。

　ここで問題を別の側面から検討するため，先に本人訴訟率において見たと同様の，弁護士訴訟率（絶対値）の現在までの経年変化を東京，大阪およびその他の地域の平均値につき見てみる（図2）。

　図1の本人訴訟率のグラフに比べてみると，変動は緩やかである。また東京，大阪，その他の順序が変わらないのは弁護士人口の差を映しているのであろう。またこちらも本人訴訟率同様80〜90年代以降増加基調であり，その傾向は大都市圏において著しい。2005年という単年度で見て地域ごとの本人訴訟率と弁護士訴訟率の相関が高かった事実は，通時的に見ればこのような両者の連動現象の発生として現れているといえるであろう。

　要するに従来は弁護士訴訟率と本人訴訟率との間には相関がみられず，後者が高かろうと低かろうと，それとは関係なく本人訴訟は発生していたが，現在は前者が高い地域（大都市圏中心）において本人訴訟も多くなっているということである。[14]

まとめ　　都市における法化と訴訟利用

　本稿を通じた分析結果をまとめよう。棚瀬論文の方法論を見直し，本人訴訟

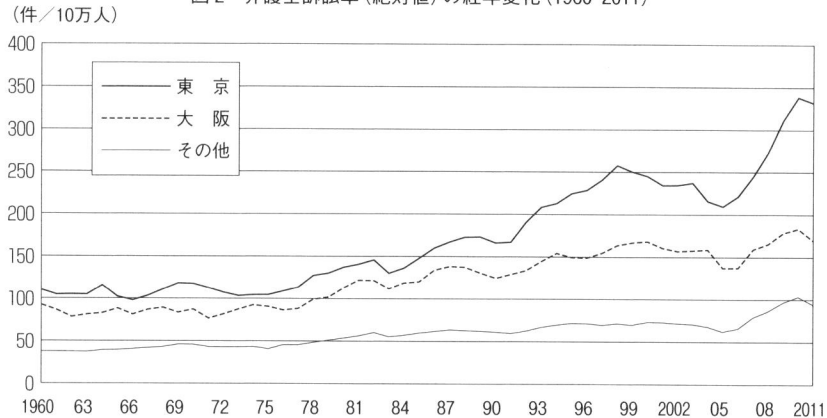

図2 弁護士訴訟率（絶対値）の経年変化（1960-2011）

（件／10万人）

 率および弁護士訴訟率を人口10万人あたりの絶対値を使用し，また大都市圏周辺地域の弁護士吸引効果を調整した弁護士率を用いたところ，1974年段階では，平均訴額を統制すれば本人訴訟率と弁護士率との間には偏相関がみられない。また本人訴訟率と弁護士訴訟率の間にも相関はない。ここから，当時は弁護士の多寡や弁護士による訴訟遂行の頻度と本人訴訟の発生とは関係がなく，その主たる規定要因は，訴額の多寡のみであると考えられる。すなわち，地方で本人訴訟が人口あたりで多いのは，弁護士が受任を望む高額事件が少なく，本人訴訟にしかならない小さな事件が多かったためであり，都市部では本人訴訟が少ないのはその逆であり，またそれだけで十分説明されうる。すなわち都市でも地方でも，当時の本人訴訟率を規定するのは，弁護士が受任するかしないかの経済的閾値のみであった。

 他方で2005年段階では，従来から弁護士が訴訟をより頻繁に起こしてきた大都市圏地域を中心に本人訴訟が増加した結果，県民所得も平均訴額も本人訴訟率と相関を示さなくなり，他方で弁護士率やそれ以上に弁護士訴訟率との相関が高くなっている。すなわち都市部を中心に弁護士訴訟も本人訴訟も増えており，いわば裁判利用一般が増えている一方で，そうした変化がそれほど顕著でない地方・地域もなお残存している，ということになろう。

 こうした変化・差異はどのように説明されるべきだろうか。とくに近年の大

第3部　法専門職の変容

都市圏の裁判所利用の活性化の原因は何だろうか。筆者はこれは，大都市圏を中心に，裁判所や弁護士を紛争処理サービス機関として有効に利用できるなら利用しようとする，合理的な意識が利用者の間に高まっているためではないかと考える。拍子抜けするような単純な結論であるが，従来少なかった本人訴訟事件≒少額事件が都市圏中心に増加していることは，従来なら裁判所に持ち込まれなかった事件が持ち込まれるようになっているということである（ほとんど同義反復であるが）。またそうした積極姿勢を利用者が持つ地域では当然，より高額な事件や複雑な事件であれば，弁護士利用をためらわない傾向も強いであろうし，弁護士の側も事件処理に当たって訴訟を選択肢として勧め，選ぶことへの抵抗も低くなるであろう。従来，あるいは今現在でも多くの地域では，訴訟は「やむをえない最後の選択」「できれば使わないにこしたことのない非常手段」として選択され，本人訴訟も同様に「弁護士が受けない／弁護士代理は割に合わない」からと消極的に選択されていたものが，「裁判も弁護士も利用価値があるなら使う，弁護士よりも本人訴訟のほうが合理的ならそちらを選ぶ」という積極的選択に，大都市圏中心に転じつつある，とはいえないであろうか。「弁護士主導の訴訟・弁護士利用」から「利用者主導の訴訟・弁護士利用」への重心の移動，と言い換えてもいいかもしれない。[15]

　以上の分析が妥当だとして，こうした変化をどう評価するか，また理論的にどう捉えるべきか（「法化」「近代的法意識」「法的社会化」等の進展？）の検討については，別の機会にゆだねたい。またこれら訴訟利用の活性化や本人訴訟の増加現象は，近時の司法制度改革動向に対しても各種理論的・実践的示唆をもたしうるようにも思われるが，この点についてもここでは立ち入らない。

　以上で，1977年に発表された棚瀬論文の再検討と展開をひとまず終える。PCで簡単に統計分析ができる現在とは異なり，大型計算機の面倒な手続を駆使して出された先駆的業績にあらためて敬意を表し，筆を措く。

【注】
1）　棚瀬論文の分析結果と解釈は詳細多岐にわたり，そのすべてにつき検討することが本稿の課題ではない。あくまでその基本的方法論および主要分析結果と筆者が判断したも

のに対しての検討にすぎない。
2) 日本における訴訟利用や裁判所利用のありようを，弁護士人口その他の司法制度関連データや県民所得その他の社会経済的データと関連づけた，統計的手法による探索的実証研究としては，ヘイリー（1978＝1978,1979），棚瀬（2001），Ginsburg & Hoetker（2006），馬場（2011）などがある。また日本の低訴訟率の原因を国際比較の中で論じたヴォルシュレーガー（1997＝2001），民事訴訟利用のヨーロッパ諸国間比較につきWollschläger（1989），アメリカの「訴訟社会」の実態を実証的に検証しようとする古典研究としてGalanter（1983）などもあるが，これらは手法としては時系列的分析や単純集計にとどまる。
3) 本人訴訟数については，最高裁判所事務総局『昭和49年司法統計年報　1民事・行政編』158頁，県民人口については，総務省統計局のHP（http://www.stat.go.jp/data/jinsui/2.htm#05）（2014/4/17アクセス）掲載のものを利用（以下同様）。
4) 比較の必要から，棚瀬論文同様，沖縄は除外している（a：91）。なお弁護士率は（a：83）の値をそのまま用いた。
5) 実はこうした吸引効果とその補正の要否については，別論文で論じられている（棚瀬1987：18-20）。そこでは県民所得と弁護士率の回帰式を用いて周辺県の推定弁護士率を出し，それを用いても「基本的な関係そのものには大きな変化が生じない」ことから，補正値を使わずに分析が進められている。しかしこの方法では，県民所得が同じ地域では大都市圏隣接地域でもそれ以外でも推定弁護士率は同値となり，隣接するがゆえの特有の吸引効果が反映されない。この点につき本稿同様「東京隣接県をひとまとめにして弁護士率を出す」余地を指摘する（六本1991：168-169）も参照。但しこれは指摘にとどまり，補正した上で実際に検証が行われているわけではない。
6) 弁護士人口については，日弁連法制部法制第一課より提供いただいたものを使用。以下同じ。
7) 県民所得データについては（a：83）をそのまま用いた。
8) 平均訴額については（a：83）をそのまま用いた。
9) 棚瀬論文では提訴率の算出のためには年間新受件数が使われており（a：90），他方で本人訴訟率と弁護士訴訟率は元データが既済事件であるため，本稿では提訴率を既済事件数から新しく計算し直している。
10) 弁護士提訴率との相関という問題の性質上，弁護士率は補正前の値を用いた。
11) 他方で以上の分析は，本人訴訟率と関係するのはつきつめれば平均訴額だけだ，といっているにすぎず，例えば，本人訴訟や弁護士訴訟の平均訴額が，弁護士の多寡に関係なく地方でも都会でもほぼ同額である，などといったことは示していないことに注意。
12) 以下の分析では棚瀬論文では除外されていた沖縄も含めている。また地域ごとの本人訴訟数や訴額別事件数等司法統計データは，最近の司法統計年報では公表されなくなっており，最高裁判所情報政策課に作成・提供頂いた。さらに県民所得については，内閣府のHP（http://www.esri.cao.go.jp/jp/sna/data/data_list/kenmin/files/files_kenmin.html）（2014/4/18アクセス）掲載のものを利用（以下同様）。なお先取りになるが，以下の分析結果は，大筋において2010年のデータにおいても維持されている。
13) 弁護士率については，以前ほどではないが，依然として大都市圏の吸引効果が残っていたため，先と同じ方法と基準によりこれを補正したものを用いている。

14) ちなみにこうした通時的変化は，本人訴訟率を相対値でとると，分母の弁護士訴訟の増加によって相殺され見えにくくなることを指摘しておく．
15) 司法制度利用の活性化を異なる視点から捉えたものとして，弁護士増が弁護士代理増を通じて訴訟増につながることを実証した（馬場：2011）も参照．他方，地裁・簡裁の通常訴訟既済事件から「審理が開かれなかったか，1回しか開かれなかった事件を非争訟的な事件として除」けば，「この半世紀近く長期に安定的に推移している」ことから「制度の側の対応と訴訟事件の顕在化との間に，戦後一貫して安定的な関係が見られる」とするものもある（棚瀬 2001：320）．そうした見方はしかし，本稿で示したような新傾向を切り捨ててしまうものではなかろうか．

【参照文献】

馬場健一（2011）「弁護士増は訴訟増をもたらすか―司法統計からの検証―」『法社会学』74号163-190頁．
Galanter, Mark（1983）"Reading the Landscape of Disputes: What We Know and Don't Know (and Think We Know) about Our Allegedly Contentious and Litigious Society," *UCLA Law Review* 31, 4-71.
Ginsburg, Tom & Glenn Hoetker（2006）"The Unreluctant Litigant? An Empirical Analysis of Japan's Turn to Litigation," 35（8）*The Journal of Legal Studies* 31-59.
ヘイリー，ジョン・O（1978＝1978,1979）「裁判嫌いの神話（上）（下）」（加藤新太郎訳）判例時報902号14-22頁，907号13-20頁．
六本佳平（1991）『法社会学入門 テュトリアル18講』有斐閣．
棚瀬孝雄（1977a）「弁護士の地域分布と本人訴訟率（上）」ジュリスト635号80-92頁．
――（1977b）「弁護士の地域分布と本人訴訟率（下）」ジュリスト636号120-126頁．
――（1987）『現代社会と弁護士』日本評論社．
――（2001）「訴訟利用と近代化仮説」青山善充他編『新堂幸司先生古希祝賀 民事訴訟法理論の新たな構築 上巻』有斐閣，287-322頁．
Wollschläger, Christian（1989）„Die Arbeit der europäischen Zivilgerichte im historischen und internationalen Vergleich. Zeitreihen der Europäischen Zivilprozeßstatistik seit dem 19. Jahrhundert," in E. Blankenburg (Hrsg.), *Prozeßflut? Studien zur Prozeßtätigkeit Europäischer Gerichte in historischen Zeitreihen und im Rechtsvergleich*, Köln.
ヴォルシュレーガー，クリスチャン（1997=2001）「民事訴訟の比較歴史分析――司法統計からみた日本の法文化――」（佐藤岩夫訳）法学雑誌48巻2号502-540頁，3号731-776頁．

対話調停における共約不可能性

仁木恒夫

はじめに

　わが国において，正義へのアクセスの関心から民事紛争処理へのアプローチがなされるようになってから，調停は多様な選択肢の一つとしてより積極的にとらえられるようになった。そして，1990年代には，同席調停の試行的な実践が報告され，対話調停への関心もこれまでにないほど高まった。裁判外紛争処理は多様な特性をもった機関の設置運営が考えられるが，いずれにおいても当事者の自律性を共通の本質的特性とする。そして，対話調停は，この当事者の自律性という特性を非常に強く備えた裁判外紛争処理であるといえよう。裁判外紛争解決手続の利用の促進に関する法律（以下，「ADR法」）は，こうした対話調停を実践する民間調停機関の活性化をもうながすことが期待された。その後，このADR法の認証を受けた民間ADR機関は多数設立されている。[1]

　対話調停方式を採用した民間調停機関は，多くがアメリカのミディエーションをモデルとしている。レビン小林久子[2]，稲葉一人[3]，入江秀晃[4]らによる，アメリカの実情をふまえた紹介とトレーニング指導は，各種ADR機関の設置運営に絶大な影響を及ぼしたといえる。しかし，現在，紛争処理機関として十分に機能しているといえる機関は少ない。ADR法施行から7年を経た現在，ADR機関は普及定着どころか，すでに衰退へ向かいつつあるようにもみえる。当初の期待から大きく乖離する現状は，アメリカ型の対話調停モデルを導入するに

あたり，それが機能している諸条件をふくめた検討が十分になされていなかったことにも起因するといえるであろう[5]。

しかし，そもそもアメリカ型の対話調停は擁護するにあたいするものなのだろうか。それは法化がすすむ現代社会で調停がどのような機能をはたしうるのかにかかわってくる。棚瀬孝雄の「自律型調停への期待」[6]は，わが国で対話調停の現実的な動きが活発になる以前に，すでにこの問題に取り組んでいた。棚瀬は，アメリカでの経験的調査をふまえて，現代社会においては「自己を独立の人格として意識し，また他人にもそれを承認させうる強い主体性と，そうした主体間の自由な関係づけによって作られる柔軟な秩序」[7]と対応した調停を構想する必要性を説き，「調停内部での利己的なモメントと共同的なモメントとの接合」[8]による，現代社会にふさわしい調停を「自律型調停」とよんだのである。法化社会における調停の可能性を示した重要な指摘である。

わが国においても，アメリカの影響を受けた対話調停が，十分とはいえないまでも実践されている。その対話調停は，現代の法化社会に適合した「自律型調停」といえるものであろうか。「自律型調停」といえるとすれば，どのような「利己的なモメントと共同的モメントの接合」が実現されているのだろうか。対話調停の実態を把握することが，今後なお対話調停を維持し，普及定着戦略を構想していくべきかどうかの前提となるであろう。本稿は，こうした関心から，ある民間調停機関で実施された対話調停事件の会話資料を素材に，その対話過程を検討する。

I──調停過程の概要

ここでとりあげる事案の概要をみておこう[9]。申立人（堀田氏）が外構工事会社（ACIJエクステリア）に自宅の外構工事を頼んだところ，施工後に不具合箇所が複数でてきたため，その改善補修工事を求めている。具体的に不具合が出たのは，主庭の排水やポスト，塗装工事の塗り替えなどであった。それに対して，外構工事会社は，担当者が対応してきたが，その打合せの中で内容が変更さ

れ，過大な要求になっているため，目地割れの塗装塗り替えなど要求の一部しか対応できないと返答している。

　調停の申込みは2010年ごろなされている。まず事件管理者が，申込みの受付から相手方への連絡，第1回期日の調整をおこなった。当日は，主たる調停者（調停者1）と補佐的な調停者（調停者2）と二名で調停にあたった。第1回目の期日が6月に，第2回目の期日が7月に，そして第3回目の期日が9月に設けられた。対話の機会は1月半の間隔で設定されてきたのである。第1回期日は，申立人側には本人と妻が，相手方側には外構工事会社から現在の担当者（千葉氏）と技術者（山本氏）が出席して，約2時間の対話がおこなわれた。第2回期日も，やはり同じ出席者によって約2時間の対話がおこなわれた。第3回期日は，申立人側には本人と妻が出席したのは変わらないが，相手方側には担当者と社長（小松氏）が出席して，約1時間半の対話がおこなわれている。

　第1回目の調停では，申立人夫妻と会社側の担当者および技術者のあいだで，次のようなことが話し合われている。申立人側からは，前年の12月に両者間で補修についてすべて無償でおこなう合意が形成された，それをすべて履行してほしい，事前に図面を出してほしい，社長と直接話がしたいということが述べられた。相手方側からは，12月の合意内容はすべて無償ということではなく，有償部分の一部を当時の担当者である鈴木氏がお金をだすことになっていたが退職したためできなくなった，詳細な図面はコストがかかるので難しい，何度も変更が出てくるので決まらずに困っていたということが述べられた。

　第2回目の調停では，双方当事者から第1回目とほぼ同じ内容が語られたが，申立人からは鈴木氏の退職金を削ってでも補修するというのは今回会社の代表者としてきている千葉氏が言ったことであるという発言があり，相手方からは12月の合意のうちまず無償部分を先に工事させてもらって有償部分はあとで個別に話し合いをさせてもらいたいということが提案された。第2回目を通しても12月の合意からどのようにするかについては「平行線」のままであった。しかし，相手方会社の千葉氏から社長に話して，この事案の事件管理者に連絡をしてもらえるか聞いてもらうことになった。その後，社長から事件管理者に電話があり，第3回目の期日に出席することになった。

第3部　法専門職の変容

　第3回目の調停には，社長もまじえて，これまでとほぼ同じ内容についての対話が繰り返されている。ただし，鈴木氏が一部負担してでもすべて無償で補修工事をおこなうという話がでていたということは，社長は今回初めて聞いたという。この日，最終的には当事者双方で合意にいたっている。合意内容の中心は，「本件についてACIJエクステリア代表取締役の小松氏が自ら誠意を持って対応する」ということと，「12月の合意書をベースに有償無償を誠意を持ってACIJエクステリアが対応する」ということである。以下の検討では，おもにこの第3回目の調停での会話記録を中心にみていく。

Ⅱ──主体的な要求の提示と過去の重力

　対話調停は将来志向の紛争処理手続であるとされる。第三者である調停者の役割は，当事者間の交渉を促進することであり，裁判のように過去の事実を確定することではない。表だって主張されている言い分の背後に，どのような実質的な利益を満たそうとしているのかを参加者のあいだで共有したら，当事者双方がその利益を満たす解決方法を模索できるように支援する。対話調停は，当事者自身がもともと持っていた答えや潜在的に持っていた答えを見つけ出す手続なのである。[10]
　ここで検討する事案はすでに第3回目の期日に入っている。手続構造の理念に従えば，解決へ向けた将来志向の対話になることが期待されるであろう。しかしながら，対話調停の当事者にとって，対立の原因となっている事件の経緯は重要な関心事ではないだろうか。当事者が過去の出来事に強い関心をよせて，頻回に言及することも考えられる。[11] そして，この事案でも，そのことに合致して，第3回目の期日であるにもかかわらず，当事者によって過去の事実が繰り返し呼び出されるのである。まずそれを資料【対話調停事例2-3-2】および資料【対話調停事例2-3-3】で確認しよう。

【対話調停事例2-3-2】
調停者1　それで，え〜結局こういうかっこうになるんですけれども
堀田夫人　でもじっさい
調停者1　有償でできる部分できない部分を分けて提示してもらいますか，それともどうされますか，別に違う意見ありますか。
堀田夫人　その時点でね，現場もじっさいにご覧いただいていますし，その合意の下で作成したものだと思うんですよ。そのへんはどのようにお考えですか。
小松社長　ただ私，この文章を読むからにはですね，たとえばですよ，どういう言い回しをしたのか，ちょっとあれですけど，「検討する」「やりかえする」と書いてあるところはわかりますけれど，「検討する」とかなんかいろいろありますね，そういう…
堀田氏　書かれたのは，私もそう思ったんですけど，信用しとったんでね，いちいち言わなかったんです。

【対話調停事例2-3-3】
調停者1　これ，どう解決しますか。ぜんぶこういう合意事項の通りやってくださいという意見と，有償の部分と無償の部分があって，有償の，ごめんなさい無償でできる部分をできるだけがんばらせていただいて，もう一回提出するとおっしゃってます。ここで平行線たどります。どうされますか。
堀田氏　これ，だから，さっき言っていた，鈴木さんが辞めたことによってどれだけの金額みてたということすら，金額が頭にない状態で鈴木さんからさせようとしているわけですよね。
小松社長　いや，鈴木君にはもう請求しませんよ。
堀田氏　そういうことをゆうてはるわけですよね。それからおかしくなっているんですよね。これはぜんぶ履行できないというのは，その事柄からおかしくなっているんです。この時点ではやるということきめてはるんですよね。
堀田夫人　会社としては負担できない部分もあったかもしれないけれども，鈴木さんがお支払するからやるという感じですよね。

　資料【対話調停事例2-3-2】は，調停者が，相手方の提案に基づいて，当事者双方が納得できる解決案を考えるよう方向づけようとしている場面といえよう。調停者は「有償でできる部分，できない部分を分けて提示してもらいますか」と話し合いに向けた問いかけをしている。しかし，申立人の妻は，12月に取り結んだ合意をどう考えるのかと相手方に問うのである。資料【対話調停事例

339

2-3-3】でも，調停者はやはり，有償でできる部分とできない部分の提示へと対話を向けようとしているが，ここでもその試みは挫折する。すでに退職している当時の担当者，鈴木氏の退職金から補修工事費を賄おうとしたことへと話を戻している。しかも，いずれの話題も，この対話調停のこれまでの期日においてすでに共有されている内容なのである。

　現実の対話調停においては，必ずしも想定されたモデルのとおりにすすむわけではない。紛争当事者にとって，紛争に至った過去の事実は非常に重要な関心事であり，それが相手方への要求や対応の根拠にもなっている。相手方には非難されるべき点があり，その責めを負うべきと考えている[12]。この事案においては，申立人のがわでは，「十分話し合った上で12月に「無償工事」の合意にいたった」こと「元社員の鈴木氏の退職金を充ててでも工事をするといった」ことが，相手方のがわでは，「元社員の鈴木氏はすでに退職しており約束は履行できない」し，「12月の合意以降も変更が繰り返されてきた」ことが，最後まで何度も繰り返し持ち出される。そして，こうした当事者それぞれの事実認識が，やはり当初から表だって主張されている要求を呼び起こしているのである。ここでは，対話調停の対話において，過去の重力が強く働いていることを確認しておきたい。

Ⅲ——他性に開く非同一的な主体

　当事者はともに，過去の経緯の認識に縛られ，理念的な対話調停の想定する将来へはなかなか向かない。2時間の日程をすでに2回経て，3回目に突入しているが，同じように過去の経緯を根拠にした言い分に終始し，対話は先に進まないように見える。しかし，この第3回目の期日では当事者間の対話に大きな変化が見られる。申立人は，調停のあいだずっと，相手方の代表者である社長の出席を求めてきたが，今回その社長が出席し，ACIJエクステリアの主な話者になったのである。まず，この日の調停が始まって早い段階のやりとりをみてみよう。

【対話調停事例2-3-1】

調停者1　あの，これ，わたし中立的な立場なんですけれども，聴いててですね，ACIJさんのほうが，堀田さんのほうに説明する時にはですね，すべて無償でやりますといういいかたで，社内で説明するに際してですね，無償の部分と有償の部分がありますと，二つの説明の仕方になっている可能性があるんですけれども，それはいかがですか。

小松社長　いや，それはね，よくわかりませんけど，わたし，立ち会っておりませんので。ただ，社員がその場で決定した言葉を吐いたということ自体もしあったとしたら，これは申し訳ないと思いますけれども，やはりこれはうちの会社の倫理性みたいになっていますから，いろんな形でわたしは許可しますんで。そういう形できましたら，この分はこうしなさい，この分はだめですということでこっちが判断しますから。はい。だから私としたら，自分だけは終始一貫，ちゃんとうちの悪いところは認めてしなさい，でもそうでない部分は引き取っていただきなさいとしてきたつもりですけどね。

調停者1　いかがですか。

堀田氏　ゆっていただいたとおり，私も会社経営するならぜったいそういうのあたりまえだと思っています。でも実際そうなってないんです。なってないんです。Noという言葉を聞いたことは一回もないんですよ。だからこういうことになってるんです。ね，それは分かっていただけます？

小松社長　はいはいはい。

　相手方の社長の言い分自体は，これまで担当者の千葉氏が主張してきたことと同じである。すなわち，補修工事は，無償の部分と有償の部分とで対応したいというのである。それにもかかわらず，申立人は，その社長の対応を同調とまではいかないにしても，認めているのである。ここには，当事者双方の距離の縮まりがみてとれる。そして，この場面を最初として，今回，申立人は，繰り返し12月の合意の履行要求に戻ってはいくものの，何度か同じような応答をしているのである。

　申立人が会社側に理解を示す契機となったこの場面をもう少しみてみよう。この調停では一貫して，12月の合意がすべて無償でおこなうという内容だったのか，有償と無償とがあったのかについて，当事者双方の認識の違いがもちだされる。それを調停者は，ACIJエクステリアの担当者が，申立人にはすべて無償，社内では有償と無償とがあると説明していた可能性があると指摘したの

に対して，社長は「いや，それはね，よくわかりませんけど，わたし立ち会っておりませんので」と答えて，自分ならば無償の部分と有償の部分とをはっきりと顧客に伝えると述べている。この応答は，それまでの会社側担当者のそれとは顕著な対照をなしている。次の資料【対話調停事例2-2-1】を見てみよう。

【対話調停事例2-2-1】
調停者1　お話合い，有償のということですね。
山本氏　はい。いまご主人さんがおっしゃったんですけど，ずっと無償でやりますということで，流れできていたということをおっしゃるんですけども，それは堀田さんがそう思われていただけで，こちらとしては無償でやるということは一切いってなくて，すすんでいると。だからそこでもう噛みあっていないと。
調停者1　噛みあっていないのは確かです。前回からそうだと思います。
堀田氏　いや，山本さんはこの場に来て入ったんですね。
山本氏　ですから聞いた範囲で。
堀田氏　聞いた範囲だけども，想像での話ですよね，あくまでもね。この流れをずっと知っているのは，私と妻と千葉さんのはずなんですよ。千葉さんからぜんぜんいわれないし，Aからこのわざわざ番号と英数字と変えて，AからSの分はアフターメンテナンスですよ。アフターメンテナンスで書かれている透水管の話ですら無償の，今回無償ですっていっているなかに入っていないですよ。

　これは第2回目の後半に，それまでほとんど発言のなかった会社側担当者に同行した技術者が積極的に発言している場面である。技術者によれば，すべて無償でおこなうというのは，申立人が「そう思」っていただけのことである。しかし，申立人からすると，技術者は補修工事についてのやりとりにはまったく参加していないのであり，それこそ「想像での話」なのである。ここでは，会社側は，自分が知らないことまでをも自分の説明に押し込めている。それに対して，資料【対話調停事例2-3-1】では，社長は，鈴木氏による相談対応につき自分は「立ち会って」もいないので，知らないことは「よくわか」らないとしている。そのことは，自分の説明による事態の全面的なコントロールを断念していることをあらわしている。当事者が，同一性のうちに自己完結しているよ

うなふるまいをするのではなく，見知らぬ他性をもふくみこんだふるまいをしているのである。

そして，社長の発話では，さらに仮に社員がその場で権限を超えた決定をした言葉を言ったのであれば「申し訳ない」と思うと，申立人の状況理解の上に立った発言が続いている。申立人から，「私も会社経営するならぜったいそういうのあたりまえだと思っています」と，自身を社長の立場に置き換えたような発言がでるのはそのあとであった。ここで重要なことは，当事者は相手方の気持ちが本当にわかっているのかどうかではなく，相手の立場に身を置くという「うわべ」が観察されるということである[13]。それは，自己の理解に還元できない他者に身をゆだねることで，異質なものを異質なまま受け入れる「身ぶり」なのである。このような身ぶりは，それまでの当事者の自分の言い分への拘り，同一性とはそぐわない。むしろ，自らのうちに，相手方の存在のほうが優位を占め，自己の同一性が揺さぶられている。

さらに，社長から発したこの身ぶりは，そのあと今度は申立人の堀田氏にも複製されている。当事者双方とも先にみたような過去の重力を受けながらも，その後また社長が堀田氏の立場に身を置き，それに続いて堀田氏も社長の立場に身を置くというような場面が2回やってくる。ここには，異質な他者に開く身ぶりが当事者一人のうちに完結しているのではなく，当事者相互のあいだに相手の立場に身を置く身ぶりの循環が生じている[14]。そのことが，これまでの2回の調停期日とは異なり，各当事者の非同一的な主体化とともに，過剰で非決定的な対話の運動を促しているように思われるのである。

V──合意と共約不可能性

当事者間の対話は繰り返し過去の経緯に立ち戻っていったが，第3回期日についていえば，対話の早い段階から潮目の変化が見られた。そして，申立人が，この過去の経緯と連動して主張してきた要求を手放す場面が到来する。当事者間で合意にいたったのである。どのように合意は達成されたのだろうか。以下

の資料【対話調停事例2-3-4】の会話がそれである。少し長いが見てみよう。

【対話調停事例2-3-4】

堀田氏　そういう面で，いろいろ，たとえばコストがかかるんであればそれに代わるものを提案していただければ，その中で気に入るものを選べば別になんともいい部分ですけど，もうはたから私たちはできませんとか，もうこれ以上ありませんとか，私たちは要望が高い高いというようなことでずっと言われているんですけど，他の外構屋さんとかも，話聞いてもらえないんで他の外構屋さんとかも話しにいっているところもあるんですよ，はっきりいって。

小松社長　まあ，私が社員から報告を聞いているのは，なかなか決めていただけないというのはそうやって聞きます。

堀田氏　社長さんの思いはそのとおりやと思いますけど，ハッキリ言ってそのレベルに達していないので，

小松社長　うんうんうん，，，そしたらね，こうしましょう。彼らも，はっきり言うと私はきついですから，彼らが失敗したらものすごく怒ったり，こういう無駄なお金がというと私はものすごくきついですから，いろんな萎縮して私への報告が遅れたりとかあったのかもしれません。それは非常に私の不徳の致すところだと思いますけど。あの，私，さしていただきます。彼らでなく，私と堀田さんのあいだで，ぼくはさせていただきたい。ぼくがはっきり，ぼくも言わせていただきます。これはご理解ください，そのためこれだけやります，というかたちでぼくは責任をもってさしていただきますので，もう一度〇〇〇いただいて，冷静な話し合いを，話し合いというか，こういう話し合いじゃないですよ，こういう話じゃなくて，こういう席を通じてこうやりましょうか，そのためにはこれだけ負担を覚悟くださいと正直言いますし，そのときにいやもうちょっと何とかしてという話になるとは思いますけれども，それをさしていただいて，さしていただけましたらぼくはちゃんと責任をもってあの。だからご自宅おうかがいしてもう一度，あの，ご迷惑かわかりませんけども，もう一度おんなじことを聞きなおすことになるかもわかりませんけども，私の方からさせていただいて，現場の状況と把握させていただいて，その上で自分なりの議論のアップダウンをさしていただいて，そして会社の思いをとりあえず堀田さんにぶつけるように，さしていただきたいと思います。

調停者1　いまのでよろしいですかね。あの～ACIJエクステリアさんとしては，誠意，誠意という言葉を使っていいのかどうかわかりませんけども，示されたうえで，有償の部分と無償の部分はでるということですね。

小松社長	そうですね。
調停者1	それでもよろしいですかね,社長さんが。
堀田氏	それは話し合いをもってと。
小松社長	そうですね。ぼくはそこで話をさせていただければ,
堀田氏	基本的には12月のは (小松社長:いやいやいや) 忘れないでほしいという。
小松社長	それは重々,あのしております。あの,まあ,ちょっとご迷惑をかけて,気分を悪くしてっていうことも自分なりに考えて,それはさしていただきます。
堀田氏	いいです。もう,話していて,ふつうにちゃんと話しできるなっていうことが分かりましたんで。いままでのがおかしかったんやなっていうのが分かりましたんで,それでいいです。

　ここでも,申立人の「社長さんの思いはそのとおりやと思いますけど」と,その身に置き換えた発話がみられる。それに続いて,社長から新たな提案が出ている。社長は,自分が直接に申立人とやり取りをさせてもらって,できるかぎり値引きした満足してもらえる補修工事をしたいというのである。そして,申立人は,「それでいいです」と社長の提案に同意する。

　合意内容それじたいは,従前から会社が主張してきた,無償の部分と有償の部分と分けて補修工事を行うというものであった。申立人は,「いいです」とここで合意するまえに,「基本的には12月のは忘れないでほしい」と発言しており,12月の合意への拘りは残っている。しかし,これまでこの調停の場でみられた,過去の経緯についての,申立人と会社担当者,技術者,社長のあいだの認識のずれははっきりと一元化させることなく,宙吊りのままおかれている。当事者にとって重要な過去について共約不可能な状態は維持されているのである。

　また,この合意内容には,社長が現場にいって,相談から図面作成や監督も行うという提案が加わっており,そのことが申立人の合意への跳躍を促しているようにみえる。第2回期日まで,会社側では,まず今の時点で無償でできる箇所を先に工事させてほしいと提案していた。申立人がこの提案を拒絶していたのは,残った部分は放置される心配があるからと説明している。そこには,会社側が,それまでの調停で見せていた自己完結した姿勢とそこから形成され

た関係のあり方から予測される不安があったのではないだろうか。しかし，「いままでおかしかった」社員たちとは違う「ふつうにちゃんと話ができる」社長が対応するのであれば，知らないことはわからないとし，自分たちの生活現場でその身を置いて考えてくれる手ごたえを，申立人はこの対話調停の場の体験からつかんだと考えることもできそうである。すなわち，申立人は社長とのあいだで，補修工事の具体的な話し合いと施工について，相互に他なる相手方に対して自らを開いた関係に入ることに合意したのではないだろうか。その関係があれば，調停を出たあとも対話は可能なのである。過去の重力から合意への跳躍は，こうした互いに共約不可能でありながら他性に自身を寄せていく関係の生成と展望から生じているようにみえるのである。[15]

むすびに

現在，わが国で実践されている対話調停においては，当事者は主体性を持ちながらも他者へ自らを開き，そうした当事者たちが互いに異他なものは安易に共約してしまわないままに関係を取り結ぶ可能性を示唆していた。それは，当事者の利己的なモメントと共同的なモメントを止揚する「自律型調停」の一つのあり方を示すものではないかと考える。わが国の対話調停は，現在苦境にありながらも，そこで行われている実践は，法化社会にふさわしい役割を果たすことが期待されるのである。

しかし，ここで明らかになったのは，「一つの」あり方であることに加えて，その自律型調停の一端にすぎない。対話調停は中立的な第三者である調停者が関与する手続である。対話調停において，当事者間の自律的秩序の形成を実現するために，その調停者はどのような役割を果たしているのかについては，ここでは検討されていない。自律型調停の実相をとらえるためには，当事者間の対話の構造と関連させて，調停者の関与の特徴についても検討する必要があるだろう。

また，現行の対話調停が現代社会に適合的な紛争処理であるとするならば，

いまだ十分に普及定着したとはいえない現状を改善していくための戦略を考えなければならない。とくにどのようにして恒常的に一定数の事件を確保するのか，どのようにして組織を運営していくのかは，わが国のADR体制にとって重要な課題である。

【注】

1) 現行ADR制度の枠組については山本和彦・山田文『ADR仲裁法』（日本評論社，2008年）が有益である。
2) レビン小林久子『ブルックリンの調停者』（信山社，2002年［初出1994年］），同『調停者ハンドブック　調停の理念と技法』（信山社，1998年），同『調停ガイドブック　アメリカのADR事情』（信山社，1999年）は重要である。
3) 稲葉一人「新しい紛争解決の技法をめざして――ブルックリン調停センターにおけるMediationの実際から――」井上治典・佐藤彰一編『現代調停の技法～司法の未来～』（判例タイムズ社，1999年）223-238頁。
4) 入江秀晃『現代調停論　日米ADRの理念と現実』（東京大学出版会，2013年）。
5) 小林学「ミディエーション・モデルに関する予備的考察」桐蔭法学第14巻2号（2008年）43-90頁，とくに76頁では，ミディエーション・モデルは，もちろんその限界はあるものの，法律学に反省を迫るほどの潜在力をもつとする。これを正確に理解し，法律家の紛争処理業務の中に適切に位置づけていこうとするならば，そうした指摘はより可能性を強めるであろう。
6) 棚瀬孝雄「自律型調停への期待――法化社会の調停モデル――」『紛争と裁判の法社会学』（法律文化社，1992年［初出1988年］）256-296頁。
7) 棚瀬・前掲「自律型調停への期待――法化社会の調停モデル――」294頁。
8) 棚瀬・前掲「自律型調停への期待――法化社会の調停モデル――」296頁。
9) 本研究が検討の素材とする経験的資料について簡単に説明しておこう。2008年から開始した複数の民間調停機関での対話調停に関する参与観察方式の研究調査で収集した実際の事件処理の記録の一つに基づく。調査対象機関の同意のうえ，さらに当事者双方から，事件の記録作成およびその記録の研究での使用につき許可を得ている。また，当事者には，当該記録を素材とした研究成果を公表する際には，固有名詞の匿名化（仮名）をはかり，事件の性格を損なわない範囲で修正することを伝えている。したがって，本稿においても，そのような匿名化および若干の修正をおこなっている。なお調査対象となった民間調停機関は，おもに士業団体が運営するもので，調査当時は認証を受けていなかった。本稿で使用する記録資料は，やはり当事者双方から許可を得た録音記録を反訳したもの，申立書，回答書，事件管理者が作成したメモ，調停者が作成したメモである。なお本稿で引用する会話記録表示は，【事件番号―日程番号―時間的順番】で記している。なお，模擬調停ではあるが家事調停の会話を素材にした先行研究として，高橋裕「家事調停の動態学」山本顯治編『紛争と対話』（法律文化社，2007年）180-199頁がある。
10) たとえば入江秀晃『現代調停論』76頁。Douglas N. Frenkel and James H. Stark, *The Practice*

of Mediation, Aspen Publishers, 2008も参照。なお，ここで想定している対話調停スタイルは，問題解決型（problem solving）と呼ばれるものである。

11) 中村芳彦「ADRにおける事実認定」和田仁孝編『ADR 理論と実践』（有斐閣，2007年）77‐92頁は，ADRにおける事実そのものの機能や役割について，これまであまり関心が示されてこなかったとして，促進型ADRや変革型ADRの理念に合致した事実のとらえ方と実践的指針を提示する。中村の事実のとらえ方は興味深く示唆的であるが，本稿で取り上げる事例では，中村のいう「事実関係自体が，当事者間で認識の大きく異なる場合」にあたると思われる。中村は，このタイプの事実へのこだわりに対しては，「とりあえずは，より現実感覚に近い，そのうちの事実の側面に焦点を当てて，そのこだわりに丁寧に付き合うことが，その後の展開に繋がることが多い（82頁）」と指摘している。

12) Carrie J. Menkel-Meadow, "Remembrance of Things Past?: The Relationship of Past to Future in Pursing Justice in Mediation", *Cardozo Journal of Conflict Resolution* Vol.5, (2004), pp.97–115は，民族虐殺後の真実和解委員会の活動などにも触れながら，過去のことがらが対話調停の当事者にとって重要であることを指摘する。

13) 以下の発想は主に，Michael Taussig, *Mimesis and Alterity: A Particular History of the Senses*, Routledge, Chapman and Hall, Inc., 1993から着想をえている。Taussigは，ベンヤミンに依拠しながら，西洋と植民地との間でのミメシスの循環をダーウィンたちとフエゴ人との接触から，クナ・インディアンの医術，ダリエンの白人インディアン探索など様々な逸話をとおして描く。ミメシスとは模倣によって他者に近づく能力である。たとえば，南西コロンビアにおいて，病にかかったインディオは呪術師の治療を受けに行くが，幻覚薬を飲むことで，コロンビア軍隊に重なる黄金の軍隊と一緒に歌い踊る幻覚をみる。インディオは，この軍隊の幻覚イメージに入り込むことで，国民国家の神聖な暴力をつかまえるとされている。他方，植民者たちも他者から呪術をかけられたことを恐れて呪術師のもとにくる。植民者たちは，やはり幻覚薬を摂取するが，ここでは呪術師がジャガーや悪魔になる幻覚イメージに入り込み，神の力を獲得するのだという（pp.59-69）。支配者も被支配者も，互いに他なる相手方のイメージへ没入することで，力を獲得しているのである。本稿で検討している事案においても，他性への没入によって当事者が力を得ているといえるかどうかは，より慎重に考えなければならないが，ベンヤミン的にいえば，対話の場で大きな変化が知覚されたと言えるように思う。

14) 和田仁孝「法化社会における自律型ADRの可能性」『吉村德重先生古稀記念論文集 弁論と証拠調べの理論と実践』（法律文化社，2002年）130-149頁も，本稿と同じく自律型ADRの可能性を論じるものである。和田の議論は，現代の都市的社会状況においては共同体的紛争処理が不可能になっていることを前提として，当事者が，関係的了解という人間関係の基層に存在する認識・期待を背景に，ときにそれを意識化させ，その主張の中に認識変容のきっかけを見出していくような過程整序をおこなうADRを推奨する。またこうした自律型ADRでは，合意は関係的了解のあり方に応じて再解釈される暫定的かつ開放的なものであるとする。本稿も，和田の主張の多くを共有しているが，ここでは和田がブルデューのプラクティス論を援用しながら導入する関係的了解が含意する無意識的な活動をより強調したい。他者を異質なまま受け入れる身振りは，当人が意図のもとで対象をコントロールする所作には還元されない。この点，ある医療過誤事件の本人訴訟を素材に，その時のやりとりを再生する当事者の声が，相手方，裁判官，

傍聴者をも出来事の現場を直接知覚させる「語りの迫真性」をもつことを指摘する西田英一「身構えとしての法——交渉秩序の反照的生成——」和田仁孝・樫村志郎・阿部昌樹『法社会学の可能性』(法律文化社, 2004年) 197-211頁が本稿にとって非常に示唆的である。

15) Sara Cobb "Creating Sacred Space: Toward a Second-Generation Dispute Resolution Practice", *Fordham Urban Law Journal* Vol.28, (2000-2001), pp.1017-1033. では，調停の場がこれまで技術的，機能的に説明されてきたが，ときにそれ以上の神聖なる何かが立ち現れる場であるとする。Cobbは，調停過程を，ジラールに依拠しながら，他者の立会いの下で被害者の物語が語られることで，その出来事を介してコミュニティや道徳が生成される神聖なプロセスとして描こうとする。会計士事務所で，構成員を家族関係の比喩でとらえているボスと，専門職能の組織としてとらえたい一員との対立事例をもとに，当事者それぞれの被害の物語の共有による関係改善を具体的に描いており，興味深い。本稿で検討してきた事例も，こうした双方の物語への立会いという観点からとらえることも不可能ではないだろう。しかし，調停において，共通道徳の生成とともに神聖さの発見をみることは，棚瀬が指摘するように，当事者の主体性を後退させ法化社会における調停の位置をより限定的なものに追いやってしまう危険性が，特にわが国においては大きいだろう。

【参照文献】

Cobb, Sara. "Creating Sacred Space: Toward a Second-Generation Dispute Resolution Practice", Fordham Urban Law Journal Vol.28, (2000-2001), pp.1017-1033

Frenkel, Douglas N. and James H. Stark, *The Practice of Mediation*, Aspen Publishers, 2008

稲葉一人「新しい紛争解決の技法をめざして——ブルックリン調停センターにおけるMediationの実際から——」井上治典・佐藤彰一編『現代調停の技法——司法の未来——』(判例タイムズ社, 1999年) 223-238頁

入江秀晃『現代調停論 日米ADRの理念と現実』(東京大学出版会, 2013年)

小林学「ミディエーション・モデルに関する予備的考察」桐蔭法学第14巻2号 (2008年) 43-90頁

レビン小林久子『ブルックリンの調停者』(信山社, 2002年 [初出1994年])

——『調停者ハンドブック 調停の理念と技法』(信山社, 1998年)

——『調停ガイドブック アメリカのADR事情』(信山社, 1999年)

Menkel-Meadow, Carrie J. "Remembrance of Things Past?: The Relationship of Past to Future in Pursing Justice in Mediation", Cardozo Journal of Conflict Resolution Vol.5, (2004), pp.97-115

中村芳彦「ADRにおける事実認定」和田仁孝編『ADR 理論と実践』(有斐閣, 2007年) 77-92頁

西田英一「身構えとしての法——交渉秩序の反照的生成——」和田仁孝・樫村志郎・阿部昌樹『法社会学の可能性』(法律文化社, 2004年) 197-211頁

高橋裕「家事調停の動態学」山本顯治編『紛争と対話』(法律文化社, 2007年) 180-199頁
棚瀬孝雄「自律型調停への期待——法化社会の調停モデル——」『紛争と裁判の法社会学』(法律文化社, 1992年［初出1988年］) 256-296頁
Taussig, Michael. *Mimesis and Alterity: A Particular History of the Senses*, Routledge, Chapman and Hall, Inc., 1993
山本和彦・山田文『ADR仲裁法』(日本評論社, 2008年)
和田仁孝「法化社会における自律型ADRの可能性」『吉村徳重先生古稀記念論文集 弁論と証拠調べの理論と実践』(法律文化社, 2002年) 130-149頁

【付記】　本稿は，文部科学省科学研究費基盤研究 (C)「対席調停の対話プロセスの実態に関する研究」(課題番号22530006)の研究成果の一部である。

あとがき

1

　棚瀬孝雄先生は，本年7月にめでたく古稀をお迎えになる。京都大学大学院法学研究科において先生のご指導を受けた者として，また，先生の講座を引き継がせていただいた者として，心からお祝い申し上げる次第である。

　かつて筆者は，棚瀬先生が京都大学をご退職される際に，先生の学問について，また，先生と筆者の個人的なかかわりについて，京都大学有信会が発行している『有信会誌』に拙い文章を寄稿させていただいた。そこで，ここでは，その「続き」を書かせていただきたい。

　大学院法政理論専攻では，棚瀬先生の10人近くの門下生をお預かりすることになったが，この間，その方々が巣立たれた——その中には本書の執筆者に名を連ねている方もおられる——一方で，新たな進学者はいなかった。法曹養成専攻（法科大学院）では，先生が創設された法解釈の方法・法政策分析（当初の担当は阿部昌樹先生）・裁判弁護実務の基礎理論（担当は和田仁孝先生）という3つの科目のうち，現在では前2者を隔年で開講している。学部では，先生が使っておられた第四教室（収容人数505人）から第八教室（収容人数121人）に教室を変更して法社会学の講義を行ってきた。

　ご退職直前まで事業拡大に意欲を燃やしておられた棚瀬先生にしてみれば，このような「縮み」を招いた筆者は後任の経営者としてまだまだ努力が足りない，ということになろう。慚愧の念に堪えない。実際，この機会に，先生の京都大学時代後期の講義ノートを読み返してみたが，そこに当時の法社会学会のありとあらゆる成果がちりばめられていることに改めて驚嘆せざるを得なかった。先生はたしかに，法と社会のすべてを語りつくそうという情熱に満ちた研究者であり教育者だった。昨年は学会活動を縮小する方向での財政改革案が採択されるなど，学会全体を取り巻く情勢はきわめて厳しいが，そうした中で法

あとがき

社会学者として歩みを進める上での指針とすべきは，あの情熱なのかもしれない。

最近の棚瀬先生は，むしろ弁護士として大いに辣腕をふるっておられるようである。衰えを知らないその旺盛な行動力にはただただ感嘆するばかりである。先生の今後ますますのご活躍を心からお祈り申し上げる次第である。【船越資晶】

2

棚瀬法社会学の特質は，序文において，阿部・樫村がいみじくも指摘するように，通常の近代的認識論の意味とは異なる批判性や構築的契機を含んだ「観察」という語に集約されている。この点を，私自身の棚瀬との出会いに関わる私的なエピソードのなかに見ていきたいと思う。

私は，棚瀬が京都大学着任後に行った最初の法社会学講義を3回生として受講している。当時の棚瀬は，ハーバードでの留学を終え，帰国してまもなくであったが，30代前半の新進気鋭の法社会学者として，すでに学界でも精力的に実績を積み重ねつつあった。法社会学に興味を持っていた私は，棚瀬の初期の論文なども読み，期待を持ってその講義に出席した。

その京都大学での最初の講義は，研究ノートをただ読み上げるという教授さえいた状況の中で，予想もしない大胆な形式で行われた。受講生は，数名ずつのグループに分けられ，統計学とSPSSの基礎知識を教授された後，棚瀬がボストンで実施した少額裁判に関する意識調査のデータを分割して渡され，これを分析し，順次発表するという形で行われた。データは，カードにパンチされており，プログラムをそれぞれパンチした後，大型計算機センターでこれを処理して，授業日に発表する形である。現在では，ノートPCでも出来る作業を，自転車の荷台にカードをくくりつけ，大型計算機センターに運び，結果が数日後に出たら回収に行くという，今では考えられない時間感覚の中での分析だった。

すでに自身が発表した内容は記憶していないが，ひとつだけ鮮明に記憶して

いるのは，単純にデータの示す結果を表面的に報告しただけのグループに対し，非常に厳しい評価と叱責が与えられたことである。質問票調査のデータを統計的に分析するというアプローチは，いうまでもなく実証的分析の手法である。しかし，この棚瀬の講義では，それを超えて，そのデータの中に，法や人々の意識に関わる深い構造的関連を読み取り，やや乱暴ではあっても，ある意味批判的な考察を加えることが，そこでは求められていたといえる。

　この棚瀬の講義は，他の受講生はともかく，人類学好きで「客観的観察」といった概念に違和感を覚えていた私には，法社会学のアプローチの広がりと自由さを感じさせ，いっそうその興味を喚起されることになった。観察の，あるいはデータの分析結果が出てそれを読み解く時の，あのわくわくする高揚感と，次にそこから自身の思索を自由に広げていくときの構築の楽しさを，そこでは教えられたのだと思う。

　そしてまた，そこに，若き棚瀬の中にすでに胚胎されていた経験性，批判性，構築性が融合した観察の視点を見ることが出来るだろう。それはおそらく，最初の弟子となった私から，その後のほとんどの弟子たちの法社会学に，程度の差こそあれ，分有された棚瀬固有の視点でもある。船越によれば，その後，円熟した棚瀬の法社会学講義には，「当時の法社会学のありとあらゆる成果がちりばめられていた」ようであるが，最初の講義は，このような形式で行われ，しかもその中に，棚瀬法社会学を貫く批判性，構築性をともなう観察の重要性と楽しさという，棚瀬法社会学のエッセンスが的確に含意されていたといえよう。

　棚瀬法社会学は，後期に至って，共同体主義，ポストモダニズム，批判法学などとの関わりで，いっそう理論的志向が強くなったように見えるが，それはおそらく表層的な表現の変化に過ぎず，その本質的視点は，若き法社会学者であった棚瀬の中にすでに内包されていたと言うべきであろう。しかし，もとより，棚瀬の視点が，一つのスタティックなものとして不動であったというわけではない。経験性，批判性，構築性といった要素は，いうまでもなく多くの矛盾と対立をはらんだ関係の中にある。近代主義とポストモダニズムのように明確に対立軸を構成する要素も棚瀬の中に共在している。棚瀬の業績の魅力は，

あとがき

　こうした相互に葛藤する要素の間を，単純にいずれに与するわけではなく，ぎりぎりまで考察を突き詰めていく苦行にも似た学問的営みのなかにある。それは，理論的著作だけでなく，経験的なデータに基づく実践的テーマの分析に置いても同様である。その文章を読みながら，その深く苦しい，しかしまたどこかで楽しみをも秘めた思索の後を，われわれはたどることが出来る。それは法社会学を志したものにとって，大きな幸せであるといえよう。

　現在，棚瀬は，弁護士として実務にそのエネルギーの多くを割いている。同様に実践的活動にも従事している私には，それが決して，学問から実務へといった単純な転換ではないことがわかる。法実務は，おそらく棚瀬にとって，原稿用紙に代えて，社会や人間のなかにその思索の成果を書き込んでいく作業にほかならない。法を経験性，批判性，構築性のダイナミズムの中でとらえてきた棚瀬にとって，最後に，実践のなかに自身の思索を書き込んでいく作業は，決して転換でも変容でもなく，まさに，その法社会学の一環にほかならない。そこで悩み，格闘する棚瀬の姿は，終わりなき法社会学者の営みとして，今後もわれわれに学びの契機を与え続けてくれるであろう。

　なお，書籍として，やや不自然ではあるかもしれないが，若き法社会学者であった初期棚瀬に薫陶を受けた者と，指導的研究者としての位置を確立した後の棚瀬の指導を受けた者の双方の声を，感謝と古稀を祝う気持ちをこめて，編者一同および法律文化社の秋山泰さんを含め相談し，併記させていただくことにした。秋山さんには，本書の企画段階から，棚瀬への想いを共有する立場から，実質的な助言を多くいただいた。ここに感謝の意を表させていただきたい。
【和田仁孝】

　　2014年5月2日

船越資晶／和田仁孝

Horitsu Bunka Sha

法の観察
——法と社会の批判的再構築に向けて

2014年7月20日 初版第1刷発行

編者	和田仁孝・樫村志郎 阿部昌樹・船越資晶
発行者	田靡純子
発行所	株式会社 法律文化社

〒603-8053
京都市北区上賀茂岩ヶ垣内町71
電話 075(791)7131 FAX 075(721)8400
http://www.hou-bun.com/

＊乱丁など不良本がありましたら、ご連絡ください。
お取り替えいたします。

印刷：中村印刷㈱／製本：㈱藤沢製本
装幀：前田俊平
ISBN 978-4-589-03610-0

ⓒ2014 Y. Wada, S. Kashimura, M. Abe, M. Funakoshi
Printed in Japan

JCOPY 〈(社)出版者著作権管理機構 委託出版物〉

本書の無断複写は著作権法上での例外を除き禁じられています。複写される場合は、そのつど事前に、(社)出版者著作権管理機構（電話 03-3513-6969、FAX 03-3513-6979、e-mail: info@jcopy.or.jp）の許諾を得てください。

和田仁孝・樫村志郎・阿部昌樹編
法社会学の可能性　　●5800円

緻密・繊細な思考で法社会学界をリードしてこられた棚瀬孝雄教授の還暦を記念した企画。「法の理論と法主体」「法意識と法行動」など全5部17論文より構成。法社会学の多彩な発展の可能性を追求。

棚瀬孝雄編〔現代法双書〕
現代法社会学入門　　●2900円

法社会学とは,何をする学問なのか!?　社会理論・経済学・心理学等を積極的に吸収し,固有の学を追求しようとする今日の法社会学の到達点を知るのに最適。「法」「裁判」「権利」の3編構成でまとめたアクチュアルな法社会学の入門書。

和田仁孝編〔NJ叢書〕
法　社　会　学　　●3200円

かつてない分岐を迎える現代法社会学。その錯綜した方法論と学問領域の多様性を「法と社会の構造理解」「実践的問題関心」「方法論的アプローチ」という3つの次元から的確にマッピングする知的刺激にみちた教科書。

法動態学叢書　水平的秩序 1〜4　　●各3800円

1 規範と交渉　樫村志郎編
ビーチから民族関係までの,ありとあらゆる人間的秩序関係において,秩序が水平的に構築されるための条件と限界を扱う。社会の中で,人々自身の手による秩序形成のさまざまな局面に光をあてる。

3 規整と自律　樫村志郎編
「市場」ないし「市場化」における,国家その他の公的権力による「市場」の管理ないし「市場」への介入という現象をとりあげ,水平的秩序化と垂直的秩序化の融合が顕著であるような領域を分析検討する。

2 市場と適応　齋藤彰編
「市場」ないし「市場化」における経済的取引を中心に,取引による規律の拡大,市場の調整能力と法制度の関係を解明し,水平的秩序が,さまざまな取引において無視し得ない基盤性をもつことを検討する。

4 紛争と対話　山本顯治編
水平的秩序化における当事者自律,対立する当事者の間の対話と相互理解を基本に,当事者の行動原理,またとりわけ,当事者を支援する専門的援助者の役割,倫理,責任の問題を検討する。

―――法律文化社―――
表示価格は本体(税別)価格です